全国高等中医药院校规划教材

全国医药院校卓越营销师培养联盟系列规划教材

# 市场调查

## （供市场营销专业用）

**主　编**

曲智勇（山东中医药大学）

**副主编**（以姓氏笔画为序）

王　辉（湖南中医药大学）　　　　　　刘　爽（天津中医药大学）

刘秀峰（辽宁中医药大学）　　　　　　吴海燕（黑龙江中医药大学）

宋宝香（南京中医药大学）　　　　　　段桂敏（成都中医药大学）

**编　委**（以姓氏笔画为序）

朱　旭（湖南中医药大学）　　　　　　李　惠（天津中医药大学）

宋慧勇（南京中医药大学）　　　　　　张鹏程（黑龙江中医药大学）

奉祁薇（湖南中医药大学）　　　　　　洪世忠（安徽中医药大学）

赵锡锋（山东中医药大学）　　　　　　黄燕玲（河南中医药大学）

中国中医药出版社

·北　京·

**图书在版编目（CIP）数据**

市场调查 / 何清湖总主编；曲智勇主编 . —北京：中国中医药出版社，2018.1
全国高等中医药院校规划教材
ISBN 978 - 7 –5132 - 4448 - 0

Ⅰ . ①市…　Ⅱ . ①何…　②曲…　Ⅲ . ①市场调查—中医学院—教材
Ⅳ . ① F713.52

中国版本图书馆 CIP 数据核字（2017）第 236991 号

**中国中医药出版社出版**

北京市朝阳区北三环东路 28 号易亨大厦 16 层
邮政编码　100013
传真　010-64405750
赵县文教彩印厂印刷
各地新华书店经销

开本 850×1168　1/16　印张 19.5　字数 461 千字
2018 年 1 月第 1 版　2018 年 1 月第 1 次印刷
书号　ISBN 978 - 7 - 5132 - 4448 - 0

定价　58.00 元
网址　www.cptcm.com

社 长 热 线　010-64405720
购 书 热 线　010-89535836
维 权 打 假　010-64405753

微信服务号　zgzyycbs
微商城网址　https://kdt.im/LIdUGr
官 方 微 博　http://e.weibo.com/cptcm
天猫旗舰店网址　https://zgzyycbs.tmall.com

如有印装质量问题请与本社出版部联系（010-64405510）

全国高等中医药院校规划教材

全国医药院校卓越营销师培养联盟系列规划教材

# 编写委员会

**总主编** 何清湖

**编　委**（以姓氏笔画为序）

曲智勇（山东中医药大学）

汤少梁（南京中医药大学）

李　胜（成都中医药大学）

何　强（天津中医药大学）

张丽青（河南中医药大学）

周良荣（湖南中医药大学）

官翠玲（湖北中医药大学）

姚东明（江西中医药大学）

夏新斌（湖南中医药大学）

徐爱军（南京中医药大学）

彭清华（湖南中医药大学）

# 编写说明

　　市场调查是企业制定企业战略、进行营销决策、检验营销效果的前提和基础。随着移动互联网、云计算和物联网等新兴技术的出现，企业的商业模式、生产方式、与消费者的互动媒介等均发生了质的变革，人们的生活方式、消费模式、社交方式等发生了翻天覆地的变化。进入了"互联网 +"大数据时代，在新的市场环境下，亟须创新与发展市场调查的理论与方法，以使调查结论更准确、调查效率更高效。

　　近年来，高等中医药院校市场营销专业的《市场调查》教材在内容和体系上都有了较大改进，但仍缺乏普遍适用性。为此，全国多所中医药大学联合协作，依托"互联网 +"大数据背景，归纳长期教学心得，总结社会实践经验，参阅国内外的优秀研究成果，共同编写了这本《市场调查》。本教材是长期理论研究和实践经验智慧的结晶，既可以作为中医药高等院校市场营销专业的教材，也可以作为其他院校、其他专业和广大市场调查工作者的参考用书。

　　本教材的内容安排以营销调研程序为基础，以"互联网 +"大数据为背景，包括市场调查概述、市场调查方案设计、市场调查方式、市场调查方法、问卷设计、市场调查的实施、数据回收整理与分析、市场预测、大数据分析技术、市场调查报告等11章内容。其中市场调查方式、市场调查方法、问卷设计、数据回收整理与分析及市场预测是市场调查的核心内容，也是本教材的重点内容。大数据分析技术是本教材的特色与亮点，系统介绍了大数据概念、来源与特征，大数据采集、抽样与预处理的方法，以及大数据挖掘的方法，为市场营销专业学生和广大市场调查工作者提供了理论指引。

　　教材编写过程中，在强调内容的科学性、实用性和新颖性的同时，力求简明易懂；在介绍调查理论与方法的同时，强调应用实例阐明调查的基本原理和思想，以提高学生学习这门课程的兴趣和分析解决实际问题的能力。

　　本教材由山东中医药大学、湖南中医药大学等9所大学联合编写而成，编写分工如下：编写说明由曲智勇编写，第一章由赵锡锋编写，第二章由宋宝香、宋慧勇编写，第三章由朱旭编写，第四章由吴海燕、张鹏程编写，第五章由刘爽、洪世忠编写，第六章由黄燕玲编写，第七章由奉祁薇、李惠编写，第八章由王辉编写，第九章由刘秀峰编写，第十章由段桂敏编写，第十一章由洪世忠编写。全书最后由曲智勇主编总纂定稿。

　　本教材的编写得到了湖南中医药大学管理与信息学院周良荣教授的鼎力支持及中国中医药出版社的关心和帮助。此外，作者们还曾参考和引用了一些国内外有关专家的宝贵研究成果，在此向所有给予支持和帮助的朋友表示衷心的感谢!

由于水平有限,时间仓促,书中若有疏漏之处,敬请广大读者提出宝贵意见,以便再版时修改和完善。

《市场调查》编委会

2017 年 7 月

# 目　录

# 第一章　市场调查概述

## 【本章导读】

市场调查是企业发现市场机会、实现科学决策的基础。随着计算机、网络技术的发展，市场调查在现代企业经营管理中的作用日益重要。本章主要介绍市场调查的概念、作用及特征，市场调查的内容、分类，市场调查的原则和步骤，以及市场调查的道德规范。通过本章的学习，同学们应了解市场调查的基本含义与特征，熟悉市场调查的实施步骤，掌握市场调查的内容与分类。

## 【导入案例】

### 海尔在美国成功的奥秘

海尔决定用自己的品牌进军欧美市场时，美国家电市场企业云集，几乎囊括了世界所有知名品牌，如通用（GE）、惠而浦（Whirlpool）等，而且在美国，家用电器也早已是处于成熟期的产品。海尔靠什么与这些著名企业进行竞争呢？

答案就是市场调查。经调查，海尔发现，在消费者需求结构方面，美国的家庭人口正在逐渐变少，小型冰箱将会越来越受欢迎。因此，海尔将战略定位于年轻消费群体。因为老一代人习惯于像 GE 这样的老品牌，年轻人则还没有养成购买惯性。

根据市场调查的结果，海尔决定在美国市场开发从 60～160L 的各种类型的小型冰箱。依靠这种营销策略，在短短几年的时间里，海尔冰箱就成功在美国市场建立了自己的品牌。

营销大师菲利普·科特勒说过："要管理好一个企业，就必须管理好它的未来，而管理未来就是管理信息。"在现代市场营销观念的指引下，企业要想在市场中获得竞争优势，就必须获得全面、及时、准确的市场信息，而获得这些信息就必须进行全方位的市场调查。

（资料来源：王慧彦主编《市场营销案例新编》，清华大学出版社，2004 年）

## 第一节　市场调查的含义、特征与作用

### 一、市场调查的含义

市场调查的英文名称是 marketing research。许多中文教科书也将它翻译为市场调研、市场分析、营销调查、营销调研、市场研究、销售研究等。

市场调查的前期课程有管理学、经济学、市场营销、消费者行为学、统计学等，其中尤以市场营销与市场调查的关系最为密切。市场营销理论是市场调查的基础，没有正确的营销理论

NOTE

做指导，缺少对营销过程的理解，市场调查就可能成为无源之水、无本之木，而市场调查的成果又会反过来促进营销理论的发展。

"没有调查就没有发言权"，调查的含义和功用不言而喻。但是作为一项专门的经济活动，市场调查并不等同于一般意义上的调查。现代意义上有计划、有组织的市场调查起源于西方，比较有代表性的是 1879 年由 N·W·Ayer 广告公司为农业设备制造者设计广告而进行的市场调查。经过长期的实践和理论探索，如今市场调查的方法和手段变得更加丰富，效率和质量也都变得更高，社会各界对市场调查概念的认识也趋于一致。

市场调查的概念有狭义和广义之分。狭义的市场调查主要是指信息的搜集、整理和分析。比较有代表性的是美国市场营销协会（AMA）所做的定义：市场调查是指系统地收集、记录和分析市场营销问题有关资料的过程。广义的市场调查包含从认识市场到制定营销决策等一切有关营销活动的分析和研究。比较有代表性的是《国际商会/欧洲民意和市场研究协会关于市场和社会研究的国际准则》所做的定义：市场调查为市场信息领域中的一个关键要素，它把消费者、顾客、公众与商家通过信息的形式联系在一起，这些信息有助于判断市场营销中的机会和问题，制定、改进和评估营销活动，加深对营销过程的理解，达成更有效的营销活动。

本教材的市场调查概念介于狭义和广义之间，更侧重于狭义的市场调查。

## 二、市场调查的特征

### （一）调查目标的明确性

市场调查是一项目的性非常强的市场活动。开展市场调查的首要任务就是要明确调查目标。调查中的各项工作，诸如方法的设计、内容的选定及数据的分析等均须围绕调查目标这个中心点展开。只有目标明确，才能保证调查各环节的协调统一。

### （二）调查方法的多样性

调查方法的多样性包含两个层面：一是调查方法本身具有多样性。市场调查的方法主要分为文案调查法、访问法、观察法、实验法及网络调查法 5 种类别，每一类方法又有若干种形式，如访问法又包括个人访问、邮寄访问、电话访问、留置调查等多种形式。二是由于调查目标和调查对象的复杂性，完成一项调查往往需要综合采用多种调查方法。如在调查的准备、设计阶段，调查者往往会采用文案调查法、访问法等多种调查方法来界定问题的性质，确定调查的具体目标；在调查的具体实施阶段，调查者又需要根据调查目标和对象的不同而采用访问法、观察法、实验法等不同的调查方法。

### （三）调查内容的广泛性

市场调查涵盖的内容非常广泛。对企业而言，市场调查的内容应包括市场环境调查、市场主体及其策略调查、企业自身调查三个方面。如市场环境调查包括宏观环境调查、行业环境（中观环境）调查、微观环境调查；市场主体及其策略调查包括消费者调查、竞争对手调查、协作者调查等；企业自身调查包括企业形象调查、企业经营活动效果调查、企业内部利益相关者调查等。

### （四）　调查活动的协调性

市场调查是一项复杂的系统工程。在由调查委托人、调查人员、调查对象等主体构成的系统中，调查的质量不仅取决于调查人员的技术、技巧，还取决于对系统中人、财、物等各类资源的协调能力。如在调查的准备阶段，调查者需要与调查委托人协商确定一个明确、可行的调查目标；在调查的实施阶段，调查项目的组织结构中往往会特设"调研督导"一职，调研督导不仅要对调研员进行调研前的培训、调研中的指导，还要与调查项目经理沟通协调调查中的资源配置，与委托人沟通协调调查中的突发事件等。

### （五）　调查程度的约束性

从经济学视角，市场调查可以理解为在既定的资源约束下，最大化调查效果的市场活动。在这些既定的资源约束下，调查的需要越高，调查的难度往往就越大；调查的精度越高，调查的费用往往就越高。"需要与可能""精度与费用"之间是互相矛盾的关系，只有统筹兼顾、妥善协调"需要与可能""精度与费用"之间的矛盾关系，才能保证调查预期达到效果。

## 三、市场调查的作用

科学的决策离不开调查，市场经济大环境下，利用市场调查这一理性工具，无论是政府机关、各类企事业单位还是个人，都能够将制定或修改决策建立在科学认识市场的基础之上，这有利于社会的健康与可持续发展。此外，市场调查对企业还具有以下重要作用。

**1. 企业制定营销方案的科学依据**　市场调查能够让企业把握市场环境、了解消费者需求与购买习惯、分析竞争对手的市场策略，实现在商战中"知己知彼"。企业在科学认识市场的基础上，可以进一步进行精准的市场定位、市场细分等工作，从而为制定营销方案提供科学的依据。

**2. 企业改善经营管理的科学方法**　通过市场调查，企业可以监测市场策略是否达到预期效果，并根据监测的结果及时调整和改进市场策略。市场调查也可以帮助企业及时发现问题，找出问题产生的原因，找出差距，从而对症下药，改善经营管理水平。此外，企业还可以通过市场调查所获得的资料，对市场变化趋势进行预测，从而提前做出计划和安排。

**3. 发现市场机会的有效途径**　当企业试图进入新的市场时，市场调查能够帮助企业挖掘未被满足的市场需求，从而发现新的市场机会；当科学技术改变了人们的生活方式时，市场调查能够帮助企业及时掌握消费者的最新需求、竞争者的最新动向，进而能够及时发现新的市场机会，为自身发展找到新的增长点。

## 第二节　市场调查的产生与发展趋势

市场调查是伴随着商品经济的发展而衍生出来的一种有计划、有组织的市场活动。它从诞生的那一刻起就展现出蓬勃的生命力。它不仅是实现经济发展、社会进步的科学方法，还成为国民经济中的一个重要产业。在科技浪潮推动下，市场调查必将迎来重大变革，我们期待这些新技术和市场调查的结合能让企业更好地了解消费者的行为、发现新的市场机会、提高决策的效率和质量。

NOTE

## 一、国外市场调查的产生与发展状况

19 世纪末 20 世纪初，由于市场迅速扩大，企业之间的竞争加剧，企业迫切需要了解市场及竞争对手的动态，这时有计划、有组织的市场调查就诞生了。根据小卡尔·迈克丹尼尔博士在其著作《当代市场调查》中的记载，具有里程碑意义的调查是 1879 年由 N·W·Ayer 广告公司为农业设备制造者设计广告而进行的市场调查，该调查标志着市场调查第一次进入营销领域。1895 年，美国明尼苏达大学的心理学教授哈洛·盖尔使用邮寄问卷的方法进行广告研究则标志着市场调查第一次进入学院研究领域。进入 20 世纪，市场调查的应用开始步入快速成长阶段，这时，一些公司开始设立市场调查机构，以了解消费者的购买习惯等特征，如 1911 年成立的柯蒂斯出版公司商业调研部、1915 年美国橡胶公司成立的商业调研部和 1917 年斯威夫特公司成立的商业调研部等。

20 世纪 30 年代爆发了全球性经济危机，其中出现的供给与需求之间的矛盾让企业进一步认识到市场调查的重要性。危机造成了社会的"大恐慌"。危机过后，资本主义经济倒退了几十年。痛定思痛，当时的企业界深刻地认识到，缺乏市场调查是导致生产和销售不可调和矛盾的根源之一。这次大危机使市场调查得到快速发展。美国政府和有关地方工商团体，还对全美进行了一次分销普查，普查收集和分析了各种各样商品的信息资料，如各商品分销渠道的选择状况、中间商的营销成本等，从而完整地体现了美国的市场结构。到 20 世纪 30 年代末，人们已经不仅仅是对应答者的回答做简单分析，而是开始根据收入、性别和家庭地位等方面的差异对被调查者进行分类和比较，简单相关分析开始得到应用。在大学中，市场调查也越来越受学生的欢迎，1937 年布朗的著作《市场调查与分析》是当时流行的大学教科书之一。

第二次世界大战席卷欧亚大陆，尽管先后有 61 个国家和地区、20 亿以上的人口被卷入战争，但它客观上也推动了调查技术的迅速发展。战争期间，各国投入了大量的人力、物力和财力进行军事研究，而士兵及后方家庭的消费行为就是非常重要的课题之一。这些迫切的战争问题促使社会学家提出了许多新的方法和工具，如实验设计、民意测验、随机抽样等。第二次世界大战后，一些曾在军队服务的社会学家进入企业界，他们用在部队中使用的调查方法帮助企业对消费者的动机、行为习惯等进行调查分析与预测。这种将战时的调查技术为和平事业服务的方法，快速推动了市场调查理论的发展。20 世纪 40 年代后，发达国家有关市场调查的教科书也不断出版，越来越多的大学商学院开设了"市场调查"课程。在当时的发达国家，"市场调查"也已经作为一门分支学科从"市场营销学"中独立出来了。

20 世纪 90 年代以来，市场调查已经成为各国国民经济中的一个重要行业，行业营业额稳步增长，该行业涌现出一大批在全球具有影响力的公司，如法国的益普索（IPSOS）、美国的尼尔森（ACNielsen）、盖洛普（Gallup）等。

当前，随着计算机技术的发展，数据的储存能力大大提高，调查数据的整理、分析变得更加准确、高效。在计算机技术的推动下，信息技术在各国的市场调查中得到重要应用，如通过安装在超市的扫描器收集市场信息，用微机和移动式终端来分析资料，用计算机来辅助电话访谈等，这使得市场调查与信息系统成为密不可分的一个整体。与此同时，市场调查的学术、出版活动也日益活跃。各国的高校等研究机构，不仅积极从事市场调查理论的学术研究，还积极从事市场调查的推广及标准化与规范化工作，这使市场调查成为国民经济发展中不可或缺的一部分。

## 二、我国市场调查的兴起与发展状况

新中国成立前，我国的商品经济不发达，当时并没有开展有影响力的市场调查工作。新中国成立以后，为了适应国民经济发展的需要，中央及各级政府相应建立了负有调查工作职能的统计机构，对宏观经济指数进行统计分析，并高度重视社会经济方面的市场调查，但由于经济体制的限制，市场调查的作用没有得到充分体现。

改革开放后，市场化进程加快，市场调查行业获得了前所未有的机遇。1983年，上海广告公司通过市场调查为瑞士雀巢公司设计了"味道好极了"这一中国本土化的广告语，这是中国第一次以现代市场调查为基础的商业运作。1988年，中国第一家商业性的市场调查机构——广州市场研究公司在广州成立。1998年9月，设立在中国信息协会之下的市场调查分会筹备委员会成立。2001年4月，全国市场研究行业协会在广州正式成立。时至今日，一批颇具实力的专业市场调查公司脱颖而出，如益索普（中国）市场研究咨询有限公司、盖洛普（中国）咨询有限公司、华南国际市场研究有限公司、央视–索福瑞媒介研究有限公司、广东现代国际市场研究有限公司、北京零点研究集团等。

当前，我国市场调查业的服务内容也从最初的以简单数据提供为主发展为提供专业化的市场调查与咨询研究报告。根据全国市场研究行业协会统计，2004年，市场调查行业总营业额超过40亿元人民币；据2015ESOMAR报告资料显示，2014年末，中国在全球调查行业的市场份额占比排名第5位，占全球4%，年总销售额达到17.8亿美元。中国市场调查业从20世纪80年代中期起步，经历了20世纪90年代中期的快速发展后，在21世纪步入了平稳发展的成熟期。尽管我国市场调查行业与发达国家还有一定的差距，还存在调查公司数量众多、规模偏小及从业人员专业化程度不高、业务水平低等不足，但随着全球一体化进程的加快，随着我国经济的高速发展，我国的市场调查行业必将迎来崭新的发展机遇。

## 三、市场调查的发展趋势

市场调查已经成为国民经济中的重要组成部分，市场调查行业的发展潜力巨大。可以预见，市场调查行业的营业额将会稳步提升，市场调查行业的竞争程度将更为激烈，市场调查行业的从业人员专业化程度、业务水平、整体素质将会进一步提升，市场调查的标准化、规范化程度也会进一步提高，调查行业没有统一的业务流程、质量标准、评审标准的缺陷将会得到改善。

值得注意的是，大数据科技浪潮将会给传统的市场调查带来重大的变革。移动互联网、物联网、云计算、云存储等新兴技术的兴起不但改变了人们生活方式，还使生产、消费、生活数据均可被记录，如数字化的商业记录数据、物流数据、消费数据、电子商务交易数据、网络在线文本、社交媒体数据、搜索引擎数据、用户位置信息、可穿戴设备捕捉的生理数据等。基于大数据的调查，可以有效提高调查对象的配合度、样本的代表性，降低调查的时间成本、减少人为误差，从而大大提升市场调查的效率和质量。但是大数据又存在公开性较差、数据结构化程度较低等问题，这给基于大数据的调查带来挑战。信息调查者们正通过清洗、挖掘、分析这些互联网、物联网衍生的大数据，深入立体地勾画用户行为，反哺政府、非营利性组织及企业决策者们。这些新技术和市场调查的结合必定会让社会各界更好地了解消费者的行为、发现新的市场机会、提高决策的效率和质量。

---

### 知识拓展

#### ZARA（飒拉）的快速反应和时尚捕捉能力

当电影或电视媒体中出现新的流行元素时，ZARA 只需几天的时间就可以完成对歌星的装束或顶级服装大师创意作品的模仿。ZARA 在快速消费品领域里创造了一个供应链的神话——ZARA 每年设计 1.8 万个新样式，平均每 2~3 周就能够有新款上架，它可以做到 7 天生产、14 天下柜、30 天上柜。

与之相匹配的是 ZARA 的设计速度，几百名设计师默默无闻地工作，平均 20 分钟就可以设计出一件衣服，这是 H&M 的 4~6 倍。ZARA 对时尚的反应能力无人能及，那么 ZARA 是如何精准地搜集这些碎片化的时尚元素呢？

这要归功于 ZARA 的大数据库系统。IT 系统已部署到 ZARA 每个门店，每个店有自己的货单。庞大的大数据库为 ZARA 在产品设计、市场反应等方面带来了极大帮助。门店经理负责查看店中的货品销售情况，然后根据下一周的需求向总部订货。总部通过互联网把这些信息汇总，发给西班牙的工厂，以最快的速度生产和发货。门店经理自己决定应该进什么货。ZARA 对门店经理的考核，是看该店的销售有没有上升，如果出现货品积压，就由门店经理为这些库存买单。

ZARA 还有一个全天候开放的"数据处理中心"。每一个零售网点都可以通过该系统追踪销售数据。此外，顾客的反馈也能在系统上反映出来，ZARA 能够很快发现哪些款好卖，哪些款滞销。走进 ZARA 店内，柜台和店内各角落都装有摄影机，店经理随身带着 PDA。当客人向店员反映"这个衣领图案很漂亮""我不喜欢口袋的拉链"等细节时，ZARA 的内部全球资讯网络就会将它们传递给总部设计人员，由总部做出决策后立刻传送到生产线，改变产品样式。因为顾客对于时尚的需求是变化的，从店铺收集的资料是具有时效性的，因此，这也就意味着设计师们不再对设计起决定性作用，而是需要洞察消费者的心理需求，这是一种倒行逆施的设计理念。

ZARA 的物流也是一个大数据库中心。大约 20 公里的地下传送带将 ZARA 的产品运送到西班牙拉科鲁尼亚的货物配送中心，该中心拥有非常成熟的自动化管理软件系统。为了确保每一笔订单准时到达目的地，ZARA 借用光学读取工具进行产品分拣，每小时能挑选并分拣超过 6 万件的服装。物流中心的运输卡车依据固定的发车时刻表，不断开往欧洲各地。ZARA 还有两个空运基地，通常欧洲的连锁店可以在 24 小时之内收到货物，美国的连锁店需要 48 小时，日本在 48~72 小时之间。在信息化手段的干预下，ZARA 出货的出错率不足 0.5%。ZARA 这种快速、灵敏的反应速度，达到了所有时尚品牌和零售商都前所未有的高度。

（资料来源：索博客科技深圳有限公司. ZARA 和它的大数据王国）

NOTE

# 第三节　市场调查的内容与分类

一般而言，市场调查的内容应至少包括市场环境调查、市场主体及其策略调查、企业自身调查三部分。

## 一、市场调查的内容

### （一）市场环境调查

**1. 宏观环境调查**　宏观环境调查包括政治、经济、法律、社会文化、科技、地理和气候环境调查等。政治环境调查主要是调查可能存在影响的国家政策方针及国际形势等内容，如调查国家新发布的《中医药发展"十三五"规划》。经济环境调查主要是调查可能存在影响的经济政策及经济指标等内容，如调查国民生产总值、CPI、就业率等指标。法律环境调查主要是调查可能存在影响的法律法规，如调查《中华人民共和国药品管理法》《药品非临床研究质量管理规范》《药品临床试验管理规范》《药品生产质量管理规范》《中药材生产质量管理规范》《药品经营质量管理规范》《药品流通监督管理办法》等法律法规。社会文化环境调查主要是调查可能存在影响的社会文化因素，如调查人们的风俗习惯、宗教信仰及审美标准等。科技环境调查主要是调查可能存在影响的科技水平及发展趋势等内容，如调查新药品的应用情况、新药品的研发情况、药品的技术标准等。地理和气候环境调查主要是调查可能存在影响的地理和气候因素，如调查天气情况、季节特征、地貌特征等。

**2. 行业（中观）环境调查**　行业环境调查包括行业企业状况调查、行业政策调查、行业进出口状况调查、行业科技创新调查和行业风险调查等。

行业企业状况调查主要是调查并了解行业内企业的整体状况。行业企业状况调查的内容主要包括行业企业性质调查、行业企业规模调查、行业企业产品结构调查、行业企业地域分布调查、行业指标调查（主要包括各类财务指标）等。

行业政策调查主要是调查并了解行业内最新的、可能有影响的各类政策，包括行业重大事件、行业支持的政策、行业禁止的政策等。如调查中药行业禁止的政策，政策规定中药饮片包装不合格一律不准销售等。

行业进出口状况调查主要是调查并了解行业国际市场状况及当前的进出口状况。如调查天然药物的行业进出口状况，调查发现：目前全球天然药物（包括各国传统药物）年销售额 145 亿美元，欧洲就占了一半，德国居西欧之首，其销售额占欧共体总额的 78% 以上，人均消费达 14.4 英镑，主要为银杏叶制剂、人参、月见草油、西侧柏叶、洋蓟、大蒜等制品。

行业科技创新调查主要是调查并了解行业内的科技创新机构及最新的科技创新成果。行业科技创新调查的内容主要包括科技创新机构调查和科技创新成果调查。如调查中医药行业的科技创新，调查发现：中国中医科学院中药研究所研制出纯中药植物制剂一身清晚安颗粒；上海中医药大学的研究人员首次发现麦冬多糖注射剂可以抗心肌缺血，增加心肌营养血流量，使缺血氧的心肌细胞较快获得修复与保护，减少心肌细胞的受损。

行业风险调查主要是调查并了解可能对行业发展造成危害的潜在风险。如调查中药行业的行业风险，调查发现：中药行业存在中药材的储备风险、中药材的价格风险等。

**3. 微观环境调查**  微观环境调查包括市场需求调查、市场供给调查、市场竞争程度调查等。

市场需求调查主要是调查并发现未被满足的市场需求。市场需求调查的内容主要包括市场潜力调查、市场需求规模调查、市场需求发展趋势调查等。

市场供给调查主要是调查并了解市场上产品的供给状况。市场供给调查的内容主要包括商品供给的来源和影响因素调查、商品供应的能力和范围调查等。

市场竞争程度调查主要是调查并了解市场上的竞争程度。市场竞争程度调查的内容主要包括市场集中度调查、市场壁垒调查等。

### （二） 市场主体及其策略调查

**1. 消费者调查**  消费者调查主要是调查并了解消费者和潜在消费者的购买动机和行为习惯等消费特征。消费者调查的内容主要包括购买对象调查、购买动机调查、购买方式调查、购买习惯调查、购买地点调查等。此调查也可以概括为"6W"加"2H"，即谁在买（who）、买什么（what）、为什么买（why）、何地购买（where）、何时购买（when）、购买多少（how much）、信息来自哪个渠道（which）、如何决策购买（how）。

**2. 竞争对手调查**  竞争对手调查主要是对直接竞争对手和潜在竞争对手采取的产品策略、定价策略、分销策略、促销策略、关系营销及不同营销组合策略实施状况与效果的调查。通过调查，认清自身的优势和劣势，做到"知己知彼，百战不殆"。竞争对手调查主要包括竞争对手状况调查，如竞争对手是谁、竞争对手的战略和目标是什么、竞争对手的优势和劣势等；产品调查，如产品生命周期调查、产品价格调查、产品功能调查、产品忠诚度调查等；价格调查，如竞争产品的价格、替代和互补品的价格调查等；渠道调查，如现有销售渠道的调查、经销单位的调查等；广告及促销调查，如促销手段调查、广告及促销媒体调查、广告及促销效果调查等。

**3. 协作者调查**  协作者调查主要是对联盟企业、供应商、代理商等协作伙伴进行的调查。协作者调查主要包括协作者的资质调查，如协作者的规模、征信、资产、优势和劣势等；协作者的经营理念调查，如经营目标调查、企业愿景调查、负责人履历调查等；协作者的经营策略调查，如战略调查、营销策略调查等；协作者信誉调查，如协作者的执行力调查、协作者的美誉度调查、协作者的现金流调查等。

### （三） 企业自身调查

企业自身调查主要是对自身经营状况的调查。通过调查，发现经营管理中的问题并进行改善。企业自身经营活动调查主要包括企业形象调查，如品牌形象调查、社会责任形象调查、消费者心目中的形象调查、其他企业心目中的形象调查等；企业经营活动效果调查，如战略执行情况调查、营销策略效果调查、渠道策略效果调查、顾客的满意度调查、广告效果调查等；企业内部利益相关者调查，如员工调查、股东调查等。

## 二、市场调查的分类

### （一） 根据调查目的分类

根据调查目的，市场调查可分为探索性调查、描述性调查、因果性调查和预测性调查。

探索性调查是为了界定问题的性质，或者更好地理解问题而进行的小规模调查活动。探索性调查有助于把一个大而模糊的问题分解为若干个小而精确的子问题，使调查方向更明确，调查的问题更具体。探索性调查适用于调查初期调查者知之甚少的问题，这包括界定概念、提出原因假设等。通过探索性调查，可以回答"有没有""是不是"等问题。如某产品的市场份额下降了，是什么原因导致的呢？是经济衰退、广告支出减少、销售代理效率低，还是消费者的习惯改变了？显然，可能的原因有很多，如果一一调查，工作量太大，时间上也耗不起。此时调查者就可用探索性调查来探索最可能的原因。探索性调查多使用小样本进行调查，方法灵活多样，且该方法不需要制定详细、周密的调查计划。常用的探索性调查方法有文案资料分析法、行业专家咨询法、小组座谈法、试点调查法、个案研究法等。

---

**知识链接**

### 某制药公司遇到的困境——探索性调查

某制药公司的利润出现持续下降，总经理召集各部门主管商讨原因及对策。销售主管说当前药品市场不景气，消费者的需求量处于近年来的最低水平，雪上加霜的是国外的制药公司利用成本优势也加入竞争。在这种严峻的形势下，销售部门一直在努力维持市场份额，但公司研发团队的研发不力、生产部门的成本控制不力让公司的药品在竞争中一直处于劣势。研发主管称公司的药物是同类药物中性价比最高的，他认为公司去年的营销力度不够，在竞争加剧时，公司更需要培育美誉度。他还认为营销活动需要资金支持，而这可能正是销售部门所欠缺的。生产主管称公司原本可以引进新技术来大幅降低制造成本，然而公司的财务部门却没有制定相应的预算。财务主管则称公司利润的下降应归咎于公司前期的收购行为，被收购企业还没有盈利。在目前经济不景气的情况下，这说明公司（董事会、总经理）的收购行为是不恰当的。

各部门主管的相互推诿让总经理有些无奈，他决定成立调查小组调查利润持续下降的真实原因。调查小组使用探索性调查的方法，先后咨询各部门主管、部门员工、中间商、终端客户，将最可能的原因归结为同业竞争、成本过高、疗效较差、营销力度不足、价格较高和政策变动这六个方面。调查小组决定下一步针对可能的原因进行描述性调查或因果性调查。

---

描述性调查是基于对调查问题性质预先理解的基础上所进行的正式的调查活动，它旨在描述事物总体的特征或功能。描述性调查适用于描述某类群体的特征；描述不同群体在需要、态度、行为、意见等方面的差异。简而言之，即回答"是什么""何时""何地"等问题，不回答"为什么"等问题。探索性调查与描述性调查的区别主要有三点，一是描述性调查往往有调查问题的具体假设；二是描述性调查都是以有代表性的大样本为调查基础，而探索性调查多以小样本为主；三是描述性调查需要制定较为详细的调查方案，而探索性调查则不需要。常用的描述性调查方法有抽样调查法、固定样本连续调查法、观察法等。

知识链接

### 某大学毕业生择业意向调查问卷——描述性调查

1. 大学毕业，你打算：

（1）先找份工作，再从长计议

（2）想办法找到满意的工作，否则就暂时不就业

（3）考研

（4）考公务员

（5）出国留学

（6）自主创业

（7）其他

2. 你认为比较理想的工作单位是哪类单位？

（1）国家机关

（2）学校、科研院所等事业单位

（3）国有企业

（4）三资企业

（5）民营（私营）企业

（6）其他

3. 毕业时你最希望从事的职业（或）工作是什么？

（1）机关干部

（2）科研、技术人员

（3）企业管理人员

（4）教师

（5）自由职业

（6）其他

4. 你对薪资的要求是每月多少元？

（1）800元即可

（2）801～1200元

（3）1201～1800元

（4）1801～2500元

（5）2501～3000元

（6）3000元以上

因果性调查是为了找出关联现象或变量之间的因果关系，或者说明某个变量是否引起其他变量的变化。因果性调查的目的就是寻找足够的证据来验证原因假设。因果性调查主要回答"为什么"的问题，因此它往往需要以描述性调查作为基础。常用的因果性调查方法是市场实验法。市场实验法是指市场实验者有目的、有意识地通过改变或控制一个或几个市场因素，观察市场现象在这些因素影响下的变动情况，从而认识市场现象的本质和发展

变化规律的一种方法。实施因果性调查需要进行实验设计，设置观察组和对照组，控制干扰变量或无关变量等。

---

**知识链接**

**某药店采用市场实验法来测试播放音乐对销售额的影响——因果性调查**

研究假设：顾客进入药店后，优美的音乐会舒缓顾客不安的心绪，延长他们在店内的逗留时间，从而增加销售额。

自变量：音乐；因变量：月销售额。

实验设计：统计没有播放音乐前的月销售额；统计播放音乐后的月销售额。

实验对象：该药店。

实验结果：播放音乐前的月平均销售额是 10 万元；播放音乐后，月销售额是 11 万元。

结论：播放音乐能够提高销售额。实验后与实验前比较，销售额增长了 1 万元，增长率是 10%。

---

预测性调查是指专门为了预测未来一定时期内某一环节或因素的变动趋势及其对企业市场营销活动的影响而进行的市场调查，也属于市场预测的范畴。它是在描述性调查和因果性调查的基础上，对市场潜在需求进行的估算、预测和推断。预测性调查多用于制定营销计划、趋势预测等领域，如预测消费者对某种产品的需求量变化趋势、调查某产品供给量的变化趋势等。常用的预测性调查方法有时间序列分析法、回归分析法等。

### （二） 根据资料的来源分类

根据调查资料的来源，市场调查可分为文案资料调查和原始资料调查。

文案资料是由他人为其他目的已经收集起来的或已经公开发表的资料，包括各类统计年鉴、报纸、期刊、图书等。文案资料调查是市场调查的首选方法，当文案资料不足的时候，才进行原始资料调查。文案资料调查具有简单、快速、节省成本等优点，但也有缺乏一致性、时效性、全面性、真实性等缺点。

原始资料是指调查者亲自收集的第一手市场资料。原始资料调查与文案资料调查不同，原始资料调查包括制定详细的调查方案，由调查者通过访问法、观察法、实验法等多种方法获得原始数据，再经过整理和分析，最终写出调查报告的过程。原始资料调查相对于文案资料调查往往具有时效性、真实性等优点，但是原始资料调查的难度较大、费用较高。

### （三） 根据调查组织的方式分类

根据调查组织的方式不同，市场调查可分为全面市场调查和非全面市场调查。

全面市场调查又称普查，它是对总体的调查，目的是对调查对象做出全面、准确的描述，从而为制定有关政策提供可靠的依据。全面市场调查的结果能够客观地体现调查总体的特征，但这种调查不仅耗费时间，还需要耗费大量的人力、物力，所以它往往用在比较特殊的事件上，如人口普查。

非全面市场调查是对总体中的部分单位进行调查。非全面市场调查又可以分为市场重点调查和市场抽样调查。重点调查是从调查总体中选择部分重点单位进行调查，其目的是通过对这

NOTE

些重点单位的调查，来反映总体的基本状况。抽样调查是采用一定的组织形式、按照一定的程序从所研究对象的全体（总体）中抽取一部分个体（样本）进行调查。

### （四） 根据研究手段的量化程度分类

根据研究手段的量化程度，市场调查可分为定性调查和定量调查。

定性调查的目的是为了提出假设，或者探索调查对象深层心理动机而进行的调查。定性调查可以帮助调查者明确调查目标、调查问题的性质，分析识别调查问题的影响因素，也可以帮助调查者更好地解释定量调查的结果。定性调查一般采用非格式化的、开放式的问题，通过文献研究、实地观察、深层访谈等方法来挖掘调查对象潜在的心理动机。常用的定性调查方法有小组调查法、深层访谈法、专家意见法等。定性调查的优点是耗费时间较短，可根据研究进展适时调整研究重点，能够挖掘消费者购买决策的真正动机等；定性调查的缺点是调查结果受调查者经验、能力等因素影响较大，结果具有较强的主观性等。

定量调查是采取结构化的调查设计将信息数量化，并选择有代表性的大样本，运用现代数学方法和统计工具对有代表性的数据进行处理分析，建立模型进行预测的调查方法。常用的定量调查方法有留置问卷调查、电话调查等。定量调查的优点是调查结果较为客观，其结果可以用来推断总体特征或者预测总体的发展趋势，也可以采用统计分析方法探索变量间的相关性；定量调查的缺点是调查往往耗费时间较长，费用较高，难以挖掘调查对象的深层心理动机。因此，定量调查往往需要配合定性调查，定性调查的结果也需要定量数据进行验证。在做调查研究时，只有将它们有机结合起来，实现优势互补，才能提高调查的准确度和可信度。

## 第四节　市场调查的原则与步骤

市场调查是通过收集、整理、分析信息资料为企业决策提供客观依据的活动，它必须遵循一定的原则和步骤。

### 一、市场调查的原则

**1. 客观性原则**　客观性原则是指在市场调查中不能主观臆断，不能因为利益、困难就编造数据或放弃对数据资料的收集。市场调查要实事求是，要尽量降低数据采集、整理、录入等各环节存在的失真风险，减少误差。只有调查的数据是客观的，才能保证经营决策是可行的。

**2. 全面性原则**　全面性原则是指在市场调查中要系统地、全方位地收集调查对象的信息资料，不能只片面地收集部分信息。企业只有在拥有完整信息资料的情况下，才能做出正确的决策，片面的信息资料，即使非常客观，也会让企业做出错误判断。

**3. 时效性原则**　时效性原则是指必须收集市场中最新的数据，在调查工作中不能拖沓。随着时间的推移，新情况和新问题不断出现，调查工作拖的时间越长，结果的价值就越小。

**4. 系统性原则**　系统性原则是指市场调查是多环节、多因素构成的有机系统，调查者应保持系统间各环节、各因素之间的一致性，同时处理好局部与整体之间的关系。

**5. 科学性原则**　科学性原则是指市场调查的整个过程都必须体现科学性，这不仅包括调查方法的科学性、数据分析方法的科学性，还包括指导思想、理论基础的科学性，调查标准的科学性，调查程序的科学性及绩效考核的科学性等。

**6. 经济性原则** 经济性原则是指市场调查要在调查费用一定的条件下最大化调查效果，或者在调查效果一定的条件下最小化调查费用。市场调查也是一项经济活动，在资源稀缺性的约束条件下，调查也要考虑投入和产出之间的对比关系。

**7. 保密性原则** 保密性原则是指调查者要对调查委托人的信息保密，也要对被调查者的信息保密。由于信息的私密性，泄露信息有可能泄露商业机密、个人隐私，严重的泄密行为甚至会触犯刑法，所以调查者在市场调查中应恪守保密性原则。

## 二、市场调查的步骤

市场调查的各步骤并不是对调查目标的简单分解，各步骤之间是相辅相成的关系。一般而言，市场调查可分为以下几个步骤。

### （一）调查实施前的准备

调查实施前的准备包括了解市场调查的背景、确定调查问题的性质、界定调查的问题三个步骤。

了解市场调查的背景主要包括了解信息需求者的基本情况、信息需求者做调查的目的、信息需求者决策目标的性质、调查对象的基本情况、信息需求者的资金预算、相关的政治法律环境等。

确定调查问题的性质主要是通过和信息需求者多交流，了解信息需求者的真实意图，同时采用文案资料调查、咨询行业专家等方法加深对调查问题的认识，确定调查问题的性质。

界定调查的问题是在确定调查问题性质的基础上，将信息需求者需要的信息进行加工，通过诸如定义等方法转换为具体的调查问题，此步骤需要调查者和信息需求者多次交流以达成一致。

### （二）调查设计

调查设计分为设计市场调查方案、制定调查计划两个步骤。

设计市场调查方案是根据市场调查的主要目的和调查对象的性质，在开展实际调查之前，对整个调查工作进行统筹规划，并提出相应调查实施方案、制定合理工作程序的过程。市场调查方案设计是调查工作关键步骤之一。如果没有科学、合理、可行的设计方案，调查工作就无法开展。

设计市场调查方案主要包括调查目标和调查内容设计、调查对象和调查单位设计、调查项目设计、调查方式和方法设计、调查资料的整理和分析方法设计、调查时间和调查工作期限设计、调查经费预算、提交报告的方式设计、调查的组织计划设计等。

制定调查计划是调查者根据设计的调查方案制定具体实施计划，它的成果体现为市场调查计划书。调查计划书一般包括以下几个方面的内容：调查背景、调查目的、调查内容、调查对象、调查方法、调查经费预算、调查进度安排、其他说明。

### （三）调查方案的实施

市场调查实施阶段主要包括选择恰当的市场调查机构、选择并培训市场调查人员、监控市场调查队伍、验收调查成果、评价调查人员的工作。在实际调查过程中，可能存在调查人员没有按要求去调查被访问者、调查人员访问的对象并不是需要的样本对象、调查人员随意更改调

NOTE

查内容、部分信息漏记或没有记录等现象，所以调查监督管理人员要做好质量控制、抽样控制、作弊行为控制、复查验收等方面的监控工作，以保证调查的质量。

另外，专业性的调查公司对每一部分工作都会制定详细的工作手册，如调查员培训手册、督导员工作手册、复查规则、调查员评价标准等。

### （四）调查实施后的数据整理、分析和预测

数据整理工作主要是对市场调查所收集到的各种数据进行审核、分类和汇总，它包括设计和编制市场调查数据的整理方案，对数据进行审核、分组、编码和汇总，编制统计表或绘制统计图等。

数据分析工作是指运用定性方法和定量方法对收集来的数据资料进行分析。定性分析法主要包括归纳分析法、演绎分析法、比较分析法等；定量分析方法主要有描述性统计、假设检验、相关分析、方差分析、回归分析、聚类分析、判别分析、主成分与因子分析、时间序列分析等。

市场预测是预测者凭借个人经验、专业知识，运用个人的逻辑推理和判断能力，结合预测对象的特点，对预测对象的未来状况及发展趋势进行预测的过程。市场预测的方法可分为定性预测和定量预测两类。定性预测方法主要有专家判断法。定量预测方法主要有时间序列预测法、指数平滑预测法、马尔柯夫预测法、回归分析法等。

### （五）提交市场调查报告

调查报告是对调查中收集的材料进行全面系统的归纳整理、严谨科学的分析、客观准确的总结提炼后得出的结论。它是呈交给客户的最终产品，应以书面或口头的形式向有关组织或个人进行汇报。市场调查报告一般由标题、目录、摘要、前言、主体、结尾、附录几部分组成。

# 第五节　市场调查中的道德规范

市场调查是和信息相关的活动，由于信息不对称，调查委托人很难监督调查者的工作，也不容易辨别调查信息的真伪。信息还具有私密性，泄露信息有可能泄露商业机密、个人隐私，甚至触犯法律，所以市场调查工作必须恪守一定的道德规范。

## 一、调查者的道德规范

**1. 信守合同**　调查者应遵守合同，履行合同约定的职责和义务。此外，调查者应视所有调查信息，包括处理过程和结果，为调查委托人所独有。如果调查者需要发布、出版或使用任何调查信息或数据，要先获得调查委托人的批准或授权。

**2. 实事求是**　调查者应遵守市场调查的原则与科学标准，认真负责、实事求是地实施调查工作，不能故意编造、更改调查数据，不能故意隐瞒事实真相，还应拒绝与那些为得到特定结论而要求篡改调查结果的委托人合作。

**3. 为客户保密**　调查者应保护被调查者的隐私权和匿名权，不得私自交易被调查者的个人信息。某些情况下，不得向委托人泄露被调查者的身份信息以免委托人报复那些作反向回答的人。

调查者应保护委托人的信息不被泄露，特别是委托人的商业秘密，在完成调查项目之后，要将所有的数据、报告或其他委托人买来的资料退还给委托人。

## 二、调查委托人的道德规范

调查委托人必须信守合同，尊重市场调查者和被调查者的意愿，坚持公平交易，不应要求调查者做正常调查以外的事情。调查委托人应合理使用调查者提供的信息资料，不发布不完整、令人误解的报道，不能以市场调查为由误导公众。

## 三、被调查者的道德规范

被调查者有是否接受调查的自主权，有所花费时间和精力的补偿权。被调查者应尽可能全面地提供真实的信息。被调查者有责任对在接受调查过程中所涉及的商业秘密加以保密，不得随意向第三方泄漏。

### 【思考与练习】

#### 一、简答题

1. 市场调查对营销决策有什么重要意义？
2. 探索性调查与描述性调查的区别是什么？
3. 市场调查应遵循哪些步骤？

#### 二、案例讨论

**可口可乐：一次市场调查失败的教训**

20世纪70年代中期以前，可口可乐一直是美国饮料市场的霸主，市场占有率一度达到80%。然而，70年代中后期，它的老对手百事可乐迅速崛起。1975年，可口可乐的市场份额仅比百事可乐多7%；9年后，这个差距更缩小到3%，微乎其微。

百事可乐的营销策略：①针对饮料市场的最大消费群体——年轻人，以"百事新一代"为主题推出一系列青春、时尚、激情的广告，让百事可乐成为"年轻人的可乐"。②进行口味对比。请毫不知情的消费者分别品尝没有贴任何标志的可口可乐与百事可乐，同时百事可乐公司将这一对比实况进行现场直播。结果八成消费者回答百事可乐的口感优于可口可乐，此举马上使百事的销量激增，百事以口味取胜。

对手的步步紧逼让可口可乐感到了极大的威胁，它试图尽快摆脱这种尴尬的境地。1982年，为找出可口可乐衰退的真正原因，可口可乐决定在全国10个主要城市进行一次深入的消费者调查。

可口可乐设计了"你认为可口可乐的口味如何""你想试一试新饮料吗""可口可乐的口味变得更柔和一些，您是否满意"等问题，希望了解消费者对可口可乐口味的评价并征询对新可乐口味的意见。调查结果显示，大多数消费者愿意尝试新口味可乐。

可口可乐的决策层以此为依据，决定结束可口可乐传统配方的历史使命，同时开发新口味可乐。没过多久，比老可乐口感更柔和、口味更甜的新可口可乐样品便出现在世人面前。为确保万无一失，在新可口可乐正式推向市场之前，可口可乐公司又花费数百万美元在13个城市中进行了口味测试，邀请了近20万人品尝无标签的新老可口可乐。结果让决策者们更加放心，六成的消费者回答说新可口可乐味道比老可口可乐要好，认为新可口可乐味道胜过百事可乐的也超过半数。至此，推出新可乐似乎是顺理成章的事了。

可口可乐不惜血本协助瓶装商改造了生产线，而且为配合新可口可乐上市，可口可乐还进行了大量的广告宣传。1985 年 4 月，可口可乐在纽约举办了一次盛大的新闻发布会，邀请了 200 多家新闻媒体参加，依靠传媒的巨大影响力，新可口可乐一举成名。

看起来一切顺利，刚上市一段时间，有一半以上的美国人品尝了新可口可乐。但让可口可乐的决策者们始料未及的是，噩梦正向他们逼近——很快，越来越多的老可口可乐的忠实消费者开始抵制新可口可乐。

对于这些消费者来说，传统配方的可口可乐意味着一种传统的美国精神，放弃传统配方就等于背叛美国精神，"只有老可口可乐才是真正的可乐"。有的顾客甚至扬言将再也不买可口可乐。

每天，可口可乐公司都会收到来自愤怒的消费者的成袋信件和上千个批评电话。尽管可口可乐竭尽全力平息消费者的不满，但他们的愤怒情绪犹如火山爆发般难以控制。

迫于巨大的压力，决策者们不得不做出让步，在保留新可口可乐生产线的同时，再次启用近 100 年历史的传统配方，生产让美国人视为骄傲的"老可口可乐"。

（资料来源：http：//www.wenku1.com/news/3CFC0B63BE2B7B65.html）

**讨论**：结合这个失败的调查案例讨论市场调查的特点及原则。

# 第二章　市场调查方案设计

## 【本章导读】

　　市场调查方案设计是在开展市场调查前，对调查工作的各个方面和各个阶段进行系统全面的统筹安排，是开展市场调查工作的重要一步。本章主要从市场调查方案设计的重要性、市场调查方案设计的内容和市场调查方案的可行性研究及评价三个方面进行介绍。通过本章的学习，同学们应在了解市场调查方案设计基本内涵的基础上，认识到市场调查方案设计的重要意义；熟练掌握调查总体方案的基本内容；并在了解市场调查可行性研究方法基础上，能对各种方案进行科学合理的分析评价。

## 【导入案例】

### A 品牌硅藻泥的市场调研方案

　　南京某集团有限公司拟在市场上推广一种新型的硅藻泥涂料。但近年来，国内硅藻泥产品市场的品牌众多，市场竞争日趋激烈，公司决策层认为要取得产品开发与市场推广的成功，需要对目前的市场环境有一个清晰的认识，从现有市场中发现新的机会，从而做出正确的决策。

　　为此，我公司受某集团有限公司的委托，在南京市范围内对硅藻泥的市场进行一次深入的市场调研与分析。通过对市场的了解，帮助企业确定如何进行产品的市场定位、制定价格策略、产品策略、渠道策略及将各种因素整合，将资源优化配置，从而使新品牌的硅藻泥能够顺利进入市场，并能在市场中站稳脚跟。为了下一步市场调研与预测工作的顺利开展，首先需要对市场调研的方案进行设计，以指导后续工作的具体实施。本章将结合该案例，对市场调研方案的设计进行逐一说明。

　　中国有句古话："凡事预则立，不预则废。"此经验之谈同样适用于组织中开展的市场调查。市场调查方案是整个调查过程的第一步，是实施调查项目的蓝图。在开展正式的市场调查之前，认真设计一套周密可行的调查方案，对调查工作进行通盘考虑和安排，以确保调查人员能够做到统一认识、统一内容、统一步骤，对于保证调查工作的顺利开展、减少调查误差、提高调查质量至关重要。

## 第一节　市场调查方案设计的重要性

　　当今，国内外越来越多的企业开始重视市场调查工作，可往往是投入了大量的人力、物力、财力，却并没有收到理想的效果。究其原因，在一定程度上是因为在开展市场调查前，没有认真设计一套周密可行的调查方案。因此，设计一个优秀的市场调查方案，对于确定科学合理的企业发展战略和提高企业经济效益具有十分重要的作用。

## 一、含义

所谓市场调查方案设计，即根据开展市场调查研究的主要目的和调查对象的性质等，在开展实际调查之前，对整个调查工作总任务的各个方面和全部过程进行通盘考虑和统一安排，提出相应的调查实施方案，制定合理的工作程序。

开展具体的市场调查，其范围可大可小，但无论是大范围的调查，还是小规模的调查工作，均会涉及相互联系的各个方面和各个阶段。这里所讲的调查工作的各个方面是指对调查工作的横向设计，即要考虑到调查所要涉及的各个组成项目。例如，对南京市硅藻泥涂料生产企业的竞争能力进行调查，就应将该市所有硅藻泥生产企业的经营品种、质量、价格、服务、信誉等方面作为整体，对各种相互区别又有密切联系的调查项目进行整体考虑，避免调查内容上出现重复和遗漏。这里所说的调查工作的全部过程，则是对调查工作的纵向设计，即调查工作所需经历的各个阶段和各个环节，包括问卷的设计、调查资料的搜集、调查资料的整理和分析等。因此，只有从纵横两个视角对调查工作事先做出统筹安排，才能保证调查工作有秩序、有步骤地顺利进行，从而减少调查误差，提高调查质量。

## 二、重要性

市场调查是一项复杂的、严肃的、技术性较强的工作。一项全国性的市场调查往往要组织成千上万人参加，为了在调查过程中统一认识、统一内容、统一方法、统一步调，圆满完成调查任务，就必须事先制定出一个科学、严密、可行的工作计划和组织措施，以使所有参加调查工作的人员都依此执行。具体来讲，市场调查方案设计的重要意义有以下三点：

第一，从认识层面来讲，市场调查方案设计通常是从定性认识过渡到定量认识的起始阶段。虽然市场调查所搜集的许多资料都是定量的，但我们同时还应看到，任何调查工作都是先从对调查对象的定性认识入手，如果没有定性认识就不知道应该调查什么、怎样调查，也不知道要解决什么问题和如何解决问题。定性研究能够在较短的时间内对所研究的问题有一个大致的了解和判断，适合做一些探测性研究。

例如：要了解南京市某集团有限公司硅藻泥的生产经营状况，就必须先对该企业生产经营活动过程的性质、特点等进行细致的了解，设计出相应的调查指标及搜集、整理调查资料的方法，然后再去开展实地调查。

可见，调查方案的设计正是实现从定性认识到定量认识的联结点，调查方案设计能够体现出调查人员对所研究问题在定性认识上的广度和深度。

第二，从工作层面来讲，市场调查方案设计起着统筹兼顾、统一协调的作用。现代市场调查可以说是一项复杂的系统工程，对于大规模的市场调查来讲，尤为如此。工作人员在调查中会遇到很多复杂的矛盾和问题，其中许多问题是属于调查本身的问题，也有不少问题并非是调查的技术性问题，而是与调查相关的问题。调查方案的制定必须建立在对调查课题的相关背景深刻认识的基础上，且做到科学性与经济性相结合。

例如：抽样调查中样本量的确定，按照抽样调查理论，可以根据允许误差和把握程度大小，计算出相应的必要抽样数目，但这个抽样数目是否可行，还要受到调查经费、调查时间等多方面条件的限制。如采用全面普查，调查精度高，但调查经费会很高、调查时间也会很长，因此通常会采用抽样调查的方式来解决费用、精度和时间等之间的协调问题。

第三，从实践要求上讲，市场调查方案设计能够适应现代市场调查发展的需要。现代市场调查的内涵已由单纯的搜集资料活动发展到将调查对象作为整体来分析的调查活动，与此相适应，市场调查过程也应被视为调查方案设计、资料搜集、资料整理和资料分析的一个系统完整的工作过程，而调查方案设计正是这个全过程的第一步。

### 三、应注意的问题

在进行市场调查方案设计时，还需要把握好以下几个关系。

#### （一）需要与可能

需要是指实施调查的组织或个人对调查对象相关信息的需要。虽然调查者希望获得与调查主题相关的尽可能多的信息，但是一个好的调查，不仅要揭示问题，更要发现问题背后的深层次原因。调查过程应该是一个对调查对象由浅入深、由表及里的不断深入探究的过程，通过一系列具体问题组合实现。不系统、不深入的信息本身对企业决策的价值并不大，因此，不能指望一次调查就能解决所有问题。

可能是指实施调查的各方面能力，包括搜集数据、加工数据的能力等。虽然有些数据需求很明确，但终因数据获取难度大等原因而无法保证数据的数量及质量。

#### （二）精度与费用

鉴于调查时间、经费的约束，通常企业在开展市场调查时一般选择抽样调查的方式对调查对象进行抽样调查，但同时还要保证调查结果的精度能够满足研究目的的需要。

所谓精度指的是样本估计值与真实值之间的差异。通常来说，人们都希望精度越高越好，即估计值与真实值之间的差异越小越好，但鉴于精度与样本数量的大小密切相关，而样本数量的大小又受到调查费用多少的制约，因此，调查精度与调查费用之间存在着一种此消彼长的关系。在费用相同条件下精度越高，或在精度相同条件下费用越少的设计是最好的、最有效的调查设计。开篇的导入案例采用了随机抽样调查的方法开展调研，正是考虑到在保证调查精度的前提下，要尽可能地降低调查所需费用。

由上可见，在设计市场调查方案过程中需要认真兼顾协调好"需要与可能"和"精度与费用"之间的关系，才有可能设计出一份科学、可行、有效的优秀调查方案。

## 第二节　市场调查方案设计的内容

市场调查的总体方案设计是对调查工作各个方面和全部过程的通盘考虑，包括了整个调查工作过程的全部内容。调查总体方案是否科学、可行，是整个调查成败的关键。本节结合导入案例对市场调查方案设计的主要内容加以说明。

### 一、确定调查目的和内容

任何一个调研问题都有其产生的背景和由来。在设计调查方案时，有必要对问题进行深入

NOTE

了解，才能确定调查目的和内容。确定调查目的就是明确在调查中要解决哪些问题，为何要调查，通过调查要取得什么样的资料，取得这些资料有什么用途等问题。

衡量一个调查设计是否科学标准，主要就是看方案的设计是否体现了调查目的的要求，是否符合客观实际。

例如：该调查的调查目的是为了了解南京市硅藻泥装修市场状况、市场需求、某硅藻泥的市场机会等。

确定了调查目的，才能确定调查的内容，明确调查任务，否则就可能偏离调查主题，把一些无关紧要的调查项目列入其中，而一些必要的调查项目被遗漏，最终无法满足调查的要求。

例如：在确定了南京市硅藻泥装修市场状况、市场需求、某硅藻泥的市场机会等调查目的后，就可以确定调查内容：①南京市硅藻泥市场的整体情况（市场容量、品牌数量、产品层次）；②目标对象（业主、设计师、油漆工、采购商）对硅藻泥的认识、需求；③某硅藻泥在市场上的情况（市场份额、产品、价格、渠道的优劣势）；④某装饰材料企业的整体情况（技术、管理、生产、销售等）。

## 二、确定调查对象、调查单位和调查地点

明确了调查目的和内容之后，就要确定调查对象、调查单位和调查地点，这主要是为了解决在何地向谁调查和由谁来具体提供资料的问题。

**1. 调查对象**　调查对象是指接受调查的社会经济现象的总体，由性质相同的各个被调查单位组成，即根据调查目的、任务，确定的客观存在的同一性质基础上结合起来的许多个别实物的整体。它是一定时空范围内的所要调查的总体。确定调查对象的关键在于科学地界定调查对象的定义，明确规定接受调查的总体的范围与界限。只有这样，才可避免因界限不清而导致调查登记的重复或遗漏，保障调查资源的准确性。

**2. 调查单位**　调查单位或称调查单元，就是所要调查的社会经济现象总体中的个体，即调查对象中的一个个具体单位，它是调查实施中需要具体回答各个调查项目的承担者。

**3. 调查地点**　调查地点是指调查对象所在的空间地理位置或范围。

例如：在本章案例中，经与营销策划公司磋商，商定在南京市的主城区进行市场调查，每一城区选择一个建材市场、装修公司及 5 个居民小区作为本次调研的调研范围，然后以南京市该产品的利益相关人群作为对象进行调查：①业主。该利益相关者以家庭住户为主，对住房环境改善有很强烈的要求，而且属于直接购买硅藻泥的人。因此，要对该人群给予高度重视。②装修公司漆工。该利益相关者虽不参与销售过程，但其长期与装修材料打交道，拥有多年的装修经验，因此，他们是购买决策过程中的影响者。如果业主对于硅藻泥知识所知不多，那漆工的专业能力就能影响业主的购买选择。③设计师。设计师因其职务和专业能力能极大影响业主对材料的选择，而且在装修公司里设计师对于材料的购买具有很大的决定权，因此在做问卷调查时，设计师也应是调查者中很重要的对象。④采购员。市场上产品种类繁多，即使是同一品牌的产品，不同经销商所卖出的产品价格也会有所差异。一般情况下，公司会对购买什么品牌的材料做出规定，但是购买什么价位及选择供应经销商，采购员有最终确定购买权。因此，采购员因其与业主具有同样的购买权利，所以也要重视对采购员的调研。

在确定调查对象和调查单位时，应该注意以下 4 个问题。

　　第一，需用科学的理论来界定调查对象的定义。由于市场现象具有复杂多变的特点，因此，在许多情况下，调查对象也是比较复杂的，必须用科学的理论为指导，严格规定调查对象的含义，并指出其与其他有关现象的界限，以免造成调查实施时由于界限不清而发生的差错。如：若以南京市城区的装饰材料市场为调查范围，以业主、漆工、设计师、采购员为调查对象，就应该明确他们的含义，以及利益相关者及其他有关人员概念的界定。

　　第二，保证调查单位与调查目的、对象的一致性。调查单位的确定取决于调查目的和调查对象，调查目的和对象变化了，调查单位也要随之改变。如调查新农合保险政策对农村老人生活消费水平影响时，就不是调查农村居民家庭消费情况，而应该是调查农村老人的消费水平。

　　第三，不同的调查方式会产生不同的调查单位。如果采取普查方式，调查总体内所包含的全部单位都是调查单位；如果采取抽样调查方式（绝大多数情况），则用各种抽样方法抽出的样本单位是调查单位，为此，要明确地给出具体的抽样设计思路。

　　第四，调查单位和填报单位是两个不同的概念。调查单位是调查项目的承担者，填报单位是负责填写和报送调查资料的单位。两者有时一致，有时不一致。如调研电子设备企业的生产经营情况，调查单位和填报单位都是每一个电子设备企业；若调查研究电子设备企业的产品质量情况，则调查单位是电子设备企业所生产的电子产品，填报单位则是每一个电子设备企业，此时二者不一致。

## 三、确定调查项目、制订调查提纲和调查表

　　**1. 确定调查项目**　调查项目是指对调查单位所要调查的主要内容。确定调查项目就是要明确向被调查者了解哪些问题，也是问卷设计的前期工作。调查项目一般就是调查单位各个标志的名称。例如，在保健品消费者调查中，保健品消费者的性别、民族、文化程度、年龄、收入等。

　　在确定调查项目时，除要考虑调查目的和调查对象的特点外，还要注意以下问题。

　　第一，调查项目的确定既要满足调查目的和任务的要求，又要能够取得数据，包括在哪里取得数据和如何取得数据。凡是调查目的需要又可以取得数据的调查项目要充分满足，否则，不能取得数据的调查项目应舍去。

　　第二，项目的表达必须明确，要使答案具有确定的表示形式，如数字式、是否式或文字式等，便于调查数据的处理和汇总。否则，会使被调查者产生不同理解而做出不同的答案，造成整理、分析时的困难。

　　第三，确定调查项目应尽可能做到项目之间相互关联，使取得的资料相互对照，具有一定的逻辑关系，便于了解现象发生变化的原因、条件和后果，从而有利于检查答案的准确性。

　　第四，调查项目的含义要明确、肯定，必要时可附调查项目解释。

　　第五，调查项目应包括调查对象的基本特征项目，调查课题的主体项目（回答是什么）和调查课题的相关项目（回答为什么）。

　　例如：导入案例中对业主的调查：①基本项目，如性别、年龄、文化程度等。②主体项目，如为何买、买什么品牌、买多少、什么价位、在哪里买、由谁买等要素。③相关项目，如质量、家庭月收入等。

**2. 制订调查提纲和调查表**　通常在调查项目确定之后，就可将调查项目科学地分类、排列，设计调查表或者问卷，作为搜集市场调查资料的记载工具和口头询问的提纲。

调查表是用纵横交叉的表格按一定顺序排列调查项目的形式；问卷是根据调查项目设计的对被调查者进行调查、询问、填答的试卷。市场调查表或问卷设计应以调查项目为依据，力求科学、完整、系统和适用，从而能够确保调查数据和资料的有效搜集，提高调查质量。详细内容将在第五章问卷设计中阐述。

对开篇导入案例 A 品牌硅藻泥的市场调查中，调查问卷可以设计以下问题，调查问卷如下：

---

### 关于 A 品牌硅藻泥的市场情况调查

尊敬的女士/先生：您好！

耽误您几分钟时间，我们来自南京市某硅藻泥集团有限公司，为了了解消费者对硅藻泥的认识、使用情况及评价，我们在南京市开展了此次面向南京市主城区装饰材料市场的调研，希望您能够认真填写以下内容。您的合作，将对我们提高产品质量及提供更好的售后服务，大有裨益。在此，本公司对您的真诚合作表示衷心的感谢！

1. 您的性别？

A. 男　　　　　　　B. 女

2. 您的年龄？

A. 22 岁以下　　　B. 23～30 岁　　　C. 31～40 岁　　　D. 41～50 岁

E. 51 岁以上

3. 您的受教育程度？

A. 小学　　　　　B. 初中　　　　　C. 高中　　　　　D. 专科/本科

E. 硕士以上

4. 您的家庭月收入是多少？

5. 您对硅藻泥的装修过程了解的程度如何？

A. 很了解　　　　B. 了解　　　　　C. 一般　　　　　D. 不了解

E. 非常不了解

6. 您是如何获得硅藻泥产品的相关信息的？

A. 电视广告　　　B. 宣传单页　　　C. 路边广告　　　D. 逛店咨询

E. 亲友介绍　　　F. 其他

7. 您知道哪些硅藻泥产品的品牌？

A. 兰舍　　　　　B. 双木林　　　　C. 绿森林　　　　D. 大秦

E. 其他_____

8. 您购买硅藻泥的标准是什么？

A. 别人用过的效果　　　　　　B. 质量　　　　　　C. 熟悉的品牌

D. 价格合适　　　　　　　　　E. 其他

9. 您关心产品质量的标准是什么？

A. 持久亮丽不褪色　　　　　　　B. 安全、健康、环保

C. 防水透气　　　　　　　　　　D. 保温、断热、调湿

E. 遇水吸收、遇火不燃

F. 其他_____

10. 您最担心硅藻泥存在什么问题？

A. 容易脱落　　B. 容易掉色　　C. 难以干燥　　D. 表面粗糙

11. 您希望门店为您提供哪些服务？

A. 代刷　　　　B. 送货上门　　C. 技术指导　　D. 售后跟踪

E. 其他

12. 您喜欢从哪些渠道购买硅藻泥？

A. 专卖店　　　B. 网上购买　　C. 建材市场　　D. 其他

13. 您心目中理想的价位是？（每平方米）

A. 200元以下　　B. 201～400元　　C. 401～600元　　D. 601元以上

## 四、确定调查方式和方法

在调查方案中，还要规定采用什么组织方式和方法取得调查资料。因为采用的调查方法是否适当，会直接影响调查结果的精确度。

市场调查方式是市场调查的组织形式，通常有普查、重点调查、典型调查、抽样调查等。市场调查方法是指在调查方式既定的情况下搜集资料的具体方法，具体调查方法有文案调查法、访问法、观察法、实验法、网络调查法等。详细内容将在第三章和第四章阐述。

在调查时，采用何种方式、方法不是固定和统一的，调查方式的选择应根据调查的目的和任务、调查对象的特点、调查费用的多少、调查精度的要求等做出选择。市场调查方法的确定应考虑调查资料搜集的难易程度、调查对象的特点、数据取得的源头、数据的质量要求等。

为了准确、及时、全面地收集市场调查资料，应注意多种调查方式的综合运用。

1. 根据调查问卷内容和要求，确定调查方式。在调查方案中，可根据调查问卷内容和要求，确定采用何种组织方式和方法取得调查资料。如在导入案例中，本调查拟在南京主城区进行调查，调查对象主要是业主、漆工、设计师和采购员这四类相关性人群。考虑本次调查涉及面较广，调查方法拟采用抽样调查。

2. 确定具体的实施方法，包括访问法、观察法、实验法、网络调查法等市场调查方法及上述方法的有机结合。如在本次案例中，采用抽样调查。根据抽样调查原理，对四类人群分别抽查搜集数据，并对不同的群体采用不同调查方法。

如：对业主的调查，建材市场的业主采取拦截方便式调查，小区业主则采用入户式调查方法。对装潢建筑公司及硅藻泥专卖店，主要以访谈式调查为主获得调研数据。对某涂料集团有限公司，采取座谈式调查，根据座谈大纲及问卷等对相关人员进行调查。

3. 评价一项市场调查结果的科学性、客观性，最重要的是检查调研方法的科学性和合理性。要获得可靠的调研结果，就必须将调研方案设计得正确合理。

### 五、确定调查资料整理和分析方法

实地调查搜集的原始资料大多是零散的、不系统的，只能反映事物的表象，无法深入研究事物的本质和规律性，这就需要对大量原始资料进行加工处理，使之系统化、条理化。为此，应对资料的审核、编码、分类、汇总、展示等做出具体的安排。

目前，对调查资料的处理工作一般已可借助计算机进行，在设计时就应予以考虑。如定性分析与定量分析的方法、所使用的软件等。

随着计算机应用的普及，越来越多的现代统计分析手段和软件（如 SPSS、SAS 等）可供我们在定量分析时选择，如回归分析、相关分析、因子分析、聚类分析等。每种分析技术都有其自身的特点和适用性，应根据调查的要求，选择最佳的分析方法并在方案中加以规定。具体内容将在第七、八、九章中介绍。

### 六、确定调查时间和调查工作期限

调查时间是指调查资料所属的时间。如调查的是时期现象（如收入、支出、产值、销售额、利润额等流量指标），应明确规定数据或指标的起止时间；如调查的是时点现象（如期末人口、存货、设备、资产、负债等存量指标），应明确规定统一的标准调查时点（如期初、期末或其他时点）。

调查期限是调查工作所占用的时间，即从意向调查工作与调查策划到调查结束的时间长度。其包括从调查方案设计到提交调查报告的整个工作进程，也包括各个阶段的起始时间，目的是使调查工作能及时开展、按时完成。为了提高信息资料的时效性，在可能的情况下，调查期限应尽可能缩短。

在总体调查方案的设计过程中，必须制订详细的调查进度安排。通常，一个市场调查项目的进度安排大致要考虑以下几个方面：①总体方案设计、论证。②抽样方案的设计，调查实施的各种具体细节的制订。③问卷设计、测试、修改和定稿。④调查员的挑选与培训。⑤调查实施，搜集资料。大型抽样调查实施之前一般还需要进行试点。⑥数据的审核、录入、整理和统计分析。⑦调查报告的撰写。⑧有关鉴定、论证、发布会和资料出版。⑨调研工作的总结和调查成果的出版。

### 七、估算调查经费

市场调查费用的多少通常视调查种类、调查范围和难易程度而定，应遵循节约原则，在有限的预算条件下达到最大调查目标。不管何种调查，费用问题总是十分重要和难以回避的，故对费用的估算也是调查方案的内容之一。调查经费预算一般需要考虑如下几个方面。

1. 总体方案策划费或设计费。
2. 抽样方案设计费（或实验方案设计费）。
3. 调查问卷设计费（包括测试费）。
4. 调查问卷印刷费。
5. 调查实施费（包括选拔、培训调查员，试调查，交通费，管理人员、督导人员劳务费，礼品或谢金费，复查费等）。

6. 数据录入费（包括编码、录入、查错等）。

7. 数据统计分析费（包括上机、统计、制表、作图、购买必需品等）。

8. 调研报告撰写费。

9. 资料费、复印费、通信联络等办公费。

10. 专家咨询费。

11. 劳务费（公关、协作人员劳务费等）。

12. 上交管理费或税金。

13. 鉴定费、新闻发布会及出版印刷费用等。

14. 未可预算的一些费用。

结合开篇案例，在进行经费预算时，一般需要考虑表2-1中的内容。

表2-1 硅藻泥调研项目经费预算表

| 项目 | 费用（元） | 项目 | 费用（元） |
| --- | --- | --- | --- |
| 调研方案撰写 | 1000 | 调查问卷复查、审核 | 2000 |
| 问卷设计 | 1000 | 座谈、访谈费用 | 5000 |
| 问卷印刷 | 2000 | 编程及调试 | 5000 |
| 座谈、访谈提纲设计 | 1000 | 数据分析 | 4000 |
| 调查员劳务费 | 10000 | 调研报告撰写 | 5000 |
| 调查督导费 | 5000 | 礼品 | 10000 |
| 调查问卷录入 | 2000 | 交通、通讯、餐费 | 7000 |
| 总计 | | | 60000 |

## 八、确定提交报告的方式

应对调查报告书撰写的原则、报告书的基本内容、报告书中图表的方法、调查报告书的编写形式和份数、成果的发布等做出安排。

在导入案例中，其调查报告中需要提交的相关成果有：①市场调查方案；②业主的调查问卷；③硅藻泥漆工的调查问卷；④装修公司采购员、设计师调查访谈提纲；⑤专营店店长、员工的访谈提纲；⑥某涂料公司员工的座谈提纲；⑦数据处理结果表；⑧市场调查分析报告。

## 九、制定调查的组织计划

调查的组织计划，是指为确保顺利实施调查的具体工作计划，主要是指调查的组织管理、调查项目组的设置、人员的选择和培训、调查的质量控制等。

例如：在导入案例中，为保证调查的顺利实施，提高调查质量，在方案确定后和印制调查问卷之前，从各类调查对象中抽取少量样本进行试调查。通过试调查，修改问卷，摸索针对具体调查对象的访问技巧等，为全面开展调查做好准备。同时，还必须对访问员进行严格的项目培训，包括解说问卷内容、分配调查对象、掌握访问技巧、明确工作进程及质量要求等。

为提高调查质量，需制定严格的质量控制细则，包括以下几方面。

1. 调查实施控制：①访问员严格进行项目培训；②实施访问员督导制度；③严格进行进度控制；④严格实施问卷回访；⑤所有问卷必须经过二次审查。

2. 问卷录入控制：采取二次录入，减少录入误差。

3. 数据处理分析及控制：①采用 Excel 进行数据录入及汇总处理；②采用 SPSS 进行统计分析处理；③采用多次核算，确保数据质量。

4. 调研报告控制：由公司策划总监亲自撰写《市场调查分析报告》。

## 十、附录

市场调查方案的最后还应附上与调查主题有关的各种有价值的信息，如调研项目负责人及主要参与者名单、调研团队成员的基本情况、抽样方案的技术要求、问卷及有关参数技术、数据处理和分析所用的统计软件等。

# 第三节　市场调查方案的可行性研究与评价

在对复杂的社会经济现象进行调查时，当根据市场调查的目的及要求完成市场调查方案设计后，还需要对设计的多个方案进行可行性研究及优中选优的综合性评价。可行性研究作为科学决策的必经阶段，也是形成优质调查方案的重要步骤。

## 一、可行性研究

可行性研究常用的分析方法主要有三种：逻辑分析法、经验判断法和试点调查法。

### （一）逻辑分析法

所谓逻辑分析法，即检查所设计的调查方案中的部分内容是否符合常规的逻辑和情理。

例如：要调查某城市居民的感冒药消费习惯，而设计的调查指标却是居民消费结构或职工医保消费情况，按此设计所调查出的结果就无法满足调查要求。又如：对于学龄前儿童要调查其文化程度、对于没有使用过手机的居民调查其手机品牌客户满意度、对于没有网络覆盖的山区要进行网络广告调查等，都是有悖于情理的，也是缺乏实际意义的。

逻辑分析法可用于调查方案中的具体调查项目设计的可行性研究，但无法对其他方面的设计进行判断。

### （二）经验判断法

经验判断法，即组织一些具有相关领域丰富调查经验的人士，对已经设计好的调查方案进行初步研究和判断，以评判设计方案的可行性。

例如：对劳务市场中的保姆问题进行调查，就不宜用普查方式，而适合采用抽样调查；对于棉花、茶叶等集中产区的农作物的生长情况进行调查，就适宜采用重点调查等。

经验判断法能够节省人力和时间，在比较短的时间内做出结论。但这种方法也有一定的局限性，这主要是因为人的认识是有限的、有差异的，而事物通常处于一个不断发展变化的环境中，各种主客观因素都会对人们判断的准确性产生或大或小的影响。

### （三）试点调查法

试点是整个调查方案可行性研究中的一个十分重要的步骤，对于大规模市场调查来讲尤为重要。其目的是使调查方案更加科学、完善，而不仅限于数据资料的搜集。

试点也是一种典型调查，是解剖麻雀。从认识的全过程来说，试点是从认识到实践，再从实践回到再认识，兼备了认识过程的两个阶段。因此，试点具有两个明显的特点，一个是它的实践性，另一个是它的创新性，两者互相联系、相辅相成。

具体来说，试点的任务主要有以下两个：一是对设计好的调查方案进行实地检验；二是作为实战前的演习，以便了解调查工作安排是否合理，发现问题及薄弱环节以便及时纠正。

开展试点调查过程中需要关注以下问题：①调查工作组织上的保障。建立一支精干有力的调查实施队伍，通常由调查方案的设计者、调查骨干、有关负责人等组成。②采取灵活的调查方式和方法。③做好试点调查的总结工作。

## 二、评价

通常，我们对市场调查方案设计的优劣评判主要从以下几个方面进行。

**1. 方案设计是否能够系统地体现调查目的和要求**　这是最基本的要求。例如，对某市居民的消费者权益保护意识调查，主要是想摸清该市居民的消费者权益保护现状，依据调查方案来进一步确定具体的调查对象、调查内容、调查具体项目及一系列完整的调查指标等。因此，调查方案项目的设置重点应围绕该市居民消费者权益保护的现状、权益保护意识的情况、维权的途径及居民对维权问题的看法等方面展开。

**2. 方案设计是否科学、完整和适用**　在导入案例的调查中，选择对南京市主城区进行市场调查，每一城区选择一个建材市场、装修公司及几个居民小区作为硅藻泥市场调研的范围。又以该城市的业主、装修公司油漆工、采购员等相关利益人群作为对象，采取抽样调查方法，并设置相互联系、相互制约的指标体系展开数据搜集，确保调查对象选取的科学性、系统性、适用性。

**3. 方案设计能否使调查质量有所提高**　科学合理的调查方案能够保障在一定的经费约束下，大大提高调查的精度和数据的质量。

**4. 调查实效检验及根据实践结果检验调查方案的科学性和可行性**　实践是检验真理的唯一标准，经得起实践检验的方案才是最好的方案。通过实践检验，发现问题及时加以改进，才能使调查方案设计得更加切合实际。

---

### 【思考与练习】

**一、简答题**

1. 为了了解居民对中药感冒制剂购买的情况，以作为药店合理进药的依据，需要进行一次调查。试根据所学内容，制定一份市场调查方案。

2. 结合实例说明市场调查方案设计的重要性。

3. 举例说明调查方式与调查单位之间的关系。

4. 举例说明调查方案设计可行性评价的三种不同方法的适用条件。

**二、案例阅读**

#### 在校大学生药品认知水平及用药选择调查设计方案

为了科学地、有针对性地了解大学生群体对日常所选购药品的总体认知水平和治疗用药情况，某调研小组于某年11月底在南京某高校通过网上答题和访谈等形式深入了解大学生群体药品认知水平及药品选购的心理，进行了一次 500 人的大样本抽样调查，并对调查信息进行了分类比较研究。根据调查目的设计的调查方案基本内容如下：

**1. 调查目的和内容** 系统了解大学生群体的药品认知水平及选购药品的影响因素，以便更有针对性地指导大学生科学合理地选择用药，为今后制药企业的研究策划提供市场依据。主要从消费者对药品知识的认知水平、各类媒体上药品广告的被关注度、影响药品选购的因素、自主购买药品的类型、对药品安全事故责任归属的看法等几个方面展开调查，以求能够较为全面地了解大学生消费者目前的药品消费情况及影响因素。

**2. 调查对象和单位** 调查对象：本次调查采用随机抽样调查的方式采集样本数据。年龄范围在 18～30 周岁，主要是不同年级、不同专业的在校大学生，调查样本中男性占比 49.3%，女性占比 50.7%。

调查单位：被随机抽取到的 500 名学生中的每一位学生均属于我们此次调查的调查单位。

**3. 调查项目** 调查主要涉及七大方面的 10 个指标，每个指标用不同的选项来刻画。从表 2-2 可以清楚看出本调查的具体内容及大致的调查项目。

表 2-2 调查具体内容及指标分解

| 调查内容 | 调查指标 | 调查项目 |
|---|---|---|
| 消费者药品认知水平 | 选购药品依据 | 多项选择题 |
| 药品广告 | 广告在各类媒体上的关注度 | 多项选择题 |
| | 各类广告内容引起的购买欲望 | 多项选择题 |
| | 药品广告的真实性 | 单项选择题 |
| | 明星或名人代言广告的态度 | 单项选择题 |
| 影响消费者治疗用药的因素 | 消费者购买药品考虑的因素 | 多项选择题 |
| 消费者对各类药品的信心 | 放心购买药品的类型 | 多项选择题 |
| 对药品安全事故的看法 | 药品安全事故责任归属的认定 | 多项选择题 |
| 对政府监管部门的期望 | 政府监管部门在处理事故上的态度 | 开放性问题 |
| 制药企业的危机处理行为 | 处理药品安全事故的态度 | 单项选择题 |

**4. 调查方式和方法** 采用分层抽样方法发放问卷并采集数据。本次调查共发放问卷 500 份，回收 415 份，有效问卷回收率为 83%。

**5. 调查资料整理与分析**

（1）整理方法：我们对原始数据进行统计分组，进行信息的挖掘。以调查者的基本情况进行基本分组，同时辅以占总体及每类类别的比重，通过频数统计、分类归纳等方法进行原始数据的初步整理。

（2）调查结果分析（部分）：本次调查对制药企业深入了解大学生消费者对所选购药品的认知水平和治疗用药情况，为今后企业的研究策划提供了充足的市场依据，调查显示：

其一，药品知识比较匮乏：86.7% 的消费者都是依据医生的指导来购买药品，其次是药店服务人员的介绍，其他选购依据见表 2-3。结果显示，若是有药品企业牵头，定期向消费者介绍关于选购和使用药品的知识，这会极大地得到消费者的欢迎。

表 2-3　消费者选购药品的依据

| | |
|---|---|
| A 医生指导 | 86.70% |
| D 药店服务人员介绍 | 58.70% |
| H 个人经验 | 38.70% |
| F 听别人介绍 | 34.70% |
| E 自己看说明书 | 26.70% |
| B 电视广告 | 20.00% |
| G 药厂人员推荐 | 12.00% |
| C 网络杂志介绍 | 5.30% |
| I 其他 | 1.30% |

其他部分略。

本次调查主要对在校大学生这个年轻的消费群体在日常选购药品的认知情况及其在选购治疗用药等方面进行了一个相对较为全面的调查，为今后进一步指导消费者科学合理用药、规范制药企业的生产经营行为提供了科学的市场依据。

**6. 调查时间和调查工作期限**　本次调查工作的工作期限为一个月，为本次调查工作从策划到调查结束所占用的时间。

**7. 调查经费预算**　结合调查目的，本调查采取分层抽样调查的方法，分年级、分性别、分学科在全校各院系全面展开，这能够在保证调查精度的情况下尽可能地降低调查费用。经费预算为 5000 元。

**8. 提交报告方式**　最终提交一份完整的调查报告，还包括初期设计的基本调查方案、调查访谈问卷、数据处理表及最终的一份调查分析报告。

**9. 调查的组织计划**　首先，成立调查工作小组并确定小组负责人，分解工作并落实到人。其次，对调查人员进行相关知识培训。再次，落实监督控制机制及相关责任人。从调查实施之前的问卷试调查、调查实施过程、问卷数据录入到最后的调查报告完成，对全过程实施监督控制，确保调查工作有序、稳定推进。

# 第三章　市场调查方式

## 【本章导读】

市场调查方式是市场调查的重要内容。本章主要分全面调查、抽样调查、抽样误差与样本容量三个部分进行介绍。通过本章内容的学习，要求学生掌握全面调查与抽样调查的内涵、随机抽样调查与非随机抽样调查的含义和主要类型、抽样误差的计算与控制、样本容量的计算。在此基础上还要求学生能自主设计简单实用的抽样方法，将各种常用的抽样方法应用到实际的调查过程中。

## 【导入案例】

### 什么是"1%人口抽样调查"

世界各国都把掌握准确的人口数量、人口素质、人口结构和人口分布等情况，作为科学治国和宏观决策的基础。国务院 2010 年颁布的《全国人口普查条例》明确规定，人口普查每 10 年进行一次，尾数逢 0 的年份为普查年度，在两次人口普查之间进行全国 1% 人口抽样调查。这项调查既是我国现有人口统计制度的组成部分，也是我国的一项法律规定。我国分别在 1987 年、1995 年和 2005 年进行过三次 1% 人口抽样调查。

在全国 1% 人口抽样调查中会采用两阶段、分层、整群、概率比例的方法进行抽样。具体来说就是：第一步，将全国 31 个省、自治区、直辖市各自所辖的全部社区/村级单位按照社会经济发展指标及地理地形进行分层；第二步，在层内按一定的比例抽取社区/村级样本单位；第三步，在每个抽中的社区/村级单位中，在已划分好的调查小区基础上，采用简单随机抽样的方法，抽取调查小区。最终全国将抽取约 6 万个调查小区，每个调查小区的人口为 200～250 人，全国大约要调查 1400 万人。

（资料来源：http：//news. gmw. cn/2014-08/26/content_ 12779280. htm）

大部分市场调查都是针对调查对象全部单位（即总体）中的某些元素或单位（即样本）进行的，用样本的情况来推断总体的情况，而不是对总体中的每一个元素逐一进行调查。这就涉及抽样问题。本章介绍市场调查方式有关的问题，包括全面调查和抽样调查的内涵和优缺点、市场调查常用的随机抽样和非随机抽样方法及样本容量的确定。

## 第一节　全面调查与抽样调查概述

### 一、市场调查中的基本概念

#### （一）总体与样本

要进行市场调查，首先要确定调查的对象。如要进行全市在校大学生兼职情况的调查，调查对象就是全市所有的在校大学生。这些符合调查目的的全部人群，称为总体。总体中最小的单位，称为个体。从总体中抽取出一部分对象进行调查，从这部分调查对象的情况来推断总体的情况，这一部分调查对象称为样本，样本中调查对象的数目称为样本含量。

### （二）　抽样框架与抽样单位

抽样框架是指包含总体中每一个个体的列表。例如：要进行全市在校大学生兼职情况的调查，全市所有的在校大学生的名册就是抽样框架。

抽样单位是指从总体中进行抽样时抽取的个体的集合形式。在单层次抽样中，抽样单位就是每一个个体。例如：在对某小学的小学生视力情况调查时，每一名小学生就是一个抽样单位。

在多层次抽样中，抽样单位与总体单位则不一定是同一批单位。例如：在对小学生的视力调查中，先抽取学校，再抽取班级，最后抽取学生，这样在前面两次的抽样中，抽样单位都不是总体中的个体。

### （三）　总体参数与样本统计量

总体参数是指总体的数量特征，样本统计量是指样本的数量特征。

例如：某调查小组想要了解全市小学生的身高水平，若采用全面调查，对每一名小学生都测量身高，得到全市小学生身高的均值，这个均值就是总体参数；若只是从中抽取出了一部分小学生测量身高，这个身高均值就是样本统计量。

### （四）　全面调查与抽样调查

按照是否覆盖所有的调查对象，市场调查被分为全面调查和抽样调查。全面调查是指对调查对象的总体中所进行的逐一的、无遗漏的调查，而抽样调查只对调查总体中的部分元素或单位进行调查。二者在获得数据的准确上，并无绝对的优劣之分。

## 二、全面调查

全面调查，又称为普查，是指对调查对象的总体所进行的逐一的、无遗漏的调查，其目的在于获得了解某一事物比较全面、比较精确的数据或资料。它一般由政府机构、行业团体和专业调研机构来进行。企业也可以通过付费的方式获得这样的数据或资料。当范围不大时，企业也可以自己进行普查，获得相关数据或资料。

### （一）　全面调查的特点

**1. 需要规定统一的标准时间（资料所属时间）**　为了使调查数据具有一致性和可比性，全面调查的数据尽量是同一时点。如第六次人口普查的标准时间点为 2010 年 11 月 1 日零时。这样就可以避免由于人口流动、出生、死亡而出现的重复计算或遗漏，保证全面调查结果的准确性。

**2. 需要统一调查项目**　全面调查量大、点多、情况复杂，因此需要规定统一的调查项目，任何人不得任意改变调查内容，以便汇总、比较和分析。

**3. 需要统一步骤和方法**　为了保证调查材料的准确性和时效性，需要参与调查的各个单位或调查点同时进行，并且在方法上、步骤上保持一致。

### （二）　全面调查的优缺点

**1. 全面调查的优点**　资料全、质量高是全面调查的优点。全面调查是对所有的调查单位都一一进行调查，所以，其调查结果必然能够最全面系统地反映调查对象的特征。另外，全面调查登记结束后，一般要进行复查，发现差错，及时改正，这样把登记性误差降到最低限度；而全面调查的代表性误差等于零，因此全面调查的资料可靠性强、数据质量高。

**2. 全面调查的缺点**

（1）实施过程需要消耗大量的人力、物力、财力，因此只适用于关乎国计民生的重要的调查。

（2）由于实施范围较大，调查消耗的时间较长，组织过程也比较困难，在实施中也比较容易出现遗漏，使调查结果出现误差。

（3）由于全面调查需要调查的对象数量非常多，因此无法进行很细致的调查，调查结果只能反应对象的一般情况。

### （三）全面调查的实施过程

为了发挥全面调查的优势，获得全面而可靠的原始数据，全面调查的组织工作非常重要。全面调查的工作需要遵循以下过程。

**1. 确定全面调查的范围和调查内容**　在开始全面调查前，需要确定好调查的范围和内容，如某市的慢性病患病情况的普查，调查范围就是全市所有的居民，调查内容就是与慢性病有关的内容。

**2. 做好全面调查的人员培训及其他准备工作**　调查员的培训在全面调查中是很重要的一个方面，会直接影响调查结果的真实度，因此在开始调查前一定要对调查员进行培训，使其充分了解到调查的目的和自身的作用，争取能得到最真实的调查结果。另外调查中所需要的调查表及相应的仪器等也要提前做好准备。

**3. 进行预调查**　预调查是在全面开始调查之前在小范围人群内进行的一次调查，目的在于通过小范围的调查发现全面调查实施过程中可能会出现的问题，及时进行调整，使全面调查可以顺利进行。

**4. 全面调查的实施**　全面调查的实施一般有两种形式：

（1）建立专门的普查机构进行调查。例如：人口普查，需要国务院设立人口普查小组，省（自治区、直辖市）、市、县、乡设置人口普查领导小组及其办公室，村民委员会和居民委员会设置人口普查小组，分别负责人口普查的领导组织和具体实施。

（2）利用原有组织机构进行填报，是指利用调查单位的组织系统进行普查。即调查单位根据已有的原始记录和相关资料，自己填写普查表，然后报送给有关单位。

**5. 调查资料的整理和分析**　全面调查结束后需要对收集到的资料进行整理和分析，将最终得到的结果上报给有关部门，使相关部门了解到目前的人群状况，为相关政策的制定和实施提供依据。

## 三、抽样调查

抽样调查的应用先驱之一是法国著名数学家 Laplace。早在 18 世纪（1786 年），他利用人口出生统计样本资料，估计了当时全法国的人口总数，开创了应用抽样调查资料做出科学推断的先河。1895 年，另一位欧洲的统计学家，挪威的 Kiaer，首次在全国范围里采用科学的抽样方法，抽选并调查了一定数量的有代表性的城市和乡村，推算了当时挪威全国的国民收入和财富，由此而写成的论文引起了当时世界各国政府和统计学界的极大重视。

抽样调查是指从总体中抽取出一部分个体进行调查，从这部分个体的情况来推断总体的情况。抽样调查包括随机抽样调查和非随机抽样调查。随机抽样调查是按照随机原则从总体中抽取部分元素或单位为样本进行调查的方法，而所有不按照随机原则抽取样本的调查方法都是非随机抽样调查（具体内容见本章第二节）。

### （一）　抽样调查的特点

**1. 调查对象为总体中的部分个体**　抽样调查的特色就是从总体中抽取样本的过程，抽样的技术有两类：概率抽样和非概率抽样。概率抽样是指总体中的每一个个体被抽取进入样本的概率相等，不受到调查组织者主观意识的影响，而非概率抽样总体中的个体被抽样进入样本的概率是不等的，受到调查组织者主观意识的干扰。

**2. 用样本资料的调查结果来推断总体资料的情况**　抽样调查通过数理统计的原理可以用样本资料推断总体资料的特征，这正是抽样调查最大的优点所在。能用少量样本的调查结果来推断总体的情况，这样就可以通过对部分个体的调查取得想要的关于总体的情况，工作量较普查来说要小很多，大量节省了调查的经济投入和时间投入，具有较高的经济适用性和时效性。

**3. 抽样技术灵活多样、实用性强**　随机抽样技术有简单随机抽样、等距离抽样、分层抽样、整群抽样和多阶段抽样；非概率抽样技术有偶遇抽样、判断抽样、等额抽样和雪球抽样。这些抽样技术可以分别适用于不同的抽样过程，也可以在同一抽样过程中结合使用以获得最好的抽样结果。抽样的过程技术性较强，而抽样过程实施的好坏会直接影响调查结果的准确性，因此最好在统计学专家的指导之下进行。

### （二）　抽样调查的程序

抽样调查有比较严格的抽样程序，特别是随机抽样，更要保证抽样过程的随机性，因此只有按照一定的程序进行调查才能顺利完成整个过程，降低抽样过程中产生的误差，取得应有的效果。

**1. 确定调查总体**　调查总体是根据调查的内容、目的和要求所确定的调查对象的全体。抽样的过程在调查总体中进行，抽取出的样本会通过一定的统计手段用于推断所在总体的特征。确定好调查总体是抽样调查的前提和基础。

例如：某眼镜公司需要对某市中小学校学生的视力状况进行调查，那么该市所有中小学校的在校学生就是此次调查的总体。

**2. 确定抽样框架**　抽样框架就是总体中每一个个体的详细名单，如班级学生的花名册。若总体比较大，则尽量找到现成的抽样框架，否则就需要花较多的精力去编写抽样框架，在找不到现成名单的情况下，可由调查人员自己编制。

**3. 抽样技术和样本含量的确定**　抽取样本的过程包括两个方面：首先要确定抽样的技术（随机抽样还是非随机抽样），还要确定具体的抽样方法（如简单随机抽样还是分层抽样），抽样的技术和方法的确定要根据调查内容和目的的具体情况进行选择；其次还要确定样本容量，样本容量的确定有具体的计算公式，详见第三节。

**4. 调查人员培训与预调查**　在调查开始前，需要先对调查人员进行培训，使其充分了解调查的内容与要求，这是降低研究误差的一个重要手段。调查人员培训后可进行一次小规模的预调查，对预调查中出现的问题及时纠正，这样开始正式调查后就会顺利很多。

**5. 实施调查，收集资料**　对样本资料的收集可以采用填写调查问卷、电话访问等方式进行，此过程需要调查人员认真对待，尽可能收集到完整和真实的资料。

**6. 资料整理和分析**    将收集到的资料进行整理，审核收集到资料的完整性、真实性和准确性，并将资料录入相应的软件，变成电子版的数据，进行统计分析，推断总体的情况。

### 四、全面调查与抽样调查的关系

**1. 对全面调查资料的质量进行评估**    全面调查是一种大范围的调查，涉及的人员多，环节多，工作量大，各个环节都有可能出现失误，从而增大调查的误差，降低得到资料的真实性。因此可以在全面调查结束后，再进行一个小范围的抽样调查，根据抽样调查得到的结果与普查结果进行比较和修正，提高普查资料的质量。

**2. 与全面调查结合使用，以提供完整的调查资料**    我国进行的全面调查有人口普查、土地资源普查等，就拿人口普查来说，每一次人口普查需要耗费大量的时间与资源，因此不可能经常进行，我国大概每10年进行一次人口普查，但人口状况在10年之间是不断变化的，仅仅依靠每10年一次的人口普查无法得知人口状况的这种变化，因此在两次人口普查之间，经常会抽取一部分人口进行调查，用得到的资料用来补充人口普查的资料。另外，普查范围较广，调查对象太多，因此不可能就某个问题进行很深入的调查。若需要深层次地分析某问题，则可以在普查的基础上使用抽样调查，便于在短时间内获取更加详尽的资料。

在市场调查中，使用较多的方法为抽样调查，但这并不表示在所有情况下抽样调查都优于普查，在选择调查方法时要根据调查自身的实际情况和项目要求进行。

## 第二节    常用的抽样方法

抽样市场调查可以采用随机抽样，也可以采用非随机抽样的方法去抽取样本，或者将随机抽样与非随机抽样法结合起来使用，下面结合例题对常用的一些抽样方法进行介绍。

### 一、随机抽样

随机抽样，就是调查对象总体中每个部分都有同等被抽中的可能，是一种完全依照机会均等的原则进行的抽样调查，被称为是一种"等概率"。随机抽样法包括简单随机抽样、分层抽样、等距离抽样、整群抽样和多阶段抽样5种方法。

#### （一）简单随机抽样

简单随机抽样是随机抽样方法中最基础的一种方法，可分为重复抽样和不重复抽样。重复抽样是指研究对象从总体中抽样出来，对其进行调查后，又将其放回到总体中，以供下一次的抽样。

如：在某次调查中，总体人数为N，调查人员从中随机抽取出样本含量为n的样本，在他们填写完调查问卷后，又将这些样本放回至总体之中，准备下一次的抽样。

这样不管进行多少次抽样，总体的人数始终是不变的，也就意味着每一次抽样都是在相同的条件之下进行，都是独立的，相互不会产生影响。不重复抽样是指研究对象被抽取出来，对其进行调查后，不再将其放回到总体中参加下一次的抽样。在不重复抽样中，总体的人数在每一次抽样之后都会减少，抽样之间不再独立，上一次抽样会直接影响下一次的抽样。

简单随机抽样主要通过抽签、查随机数字表或者软件随机等手段来实现抽样。其过程为：在总数为 N 的总体中，先将每一个个体按照某种指标进行编号（如身高、体重等指标），编为 1～N 号，每一个编号对应一个个体，然后通过抽签、随机数字表或者软件等方式从全部的编号中随机出一部分编号，这部分编号对应的个体则意味着被抽取进入了样本。下面介绍使用随机数字表和软件进行简单随机抽样的具体过程。

**1. 随机数字表法**　随机数字表由数字 0～9 组成，每个数字都有相同的机会被选中。在使用随机数字表进行抽样时，可以从随机数字表的任意一行、任意一个数、任意一个方向（从左至右或从上至下）开始，依次读取随机数字表中的数字，如果读取出来的数字在总体编号范围内，则其对应的个体即为被抽取到的样本，读取出来的数字在总体编号范围外或有与已经读取出来的数字相同的数字应跳过。

例 3-1：某班级总共 50 名学生，需要从中抽取出 10 名学生进行一项有关用眼习惯的调查，请采用随机数字表（表 3-1）的方法进行简单随机抽样。

表 3-1　随机数字表

| | | | | | | | | | | | | | | | | | | | | | | | | |
|---|---|---|---|---|---|---|---|---|---|---|---|---|---|---|---|---|---|---|---|---|---|---|---|---|
| 3 | 47 | 43 | 73 | 86 | 36 | 96 | 47 | 36 | 61 | 46 | 98 | 63 | 71 | 62 | 33 | 26 | 16 | 80 | 45 | 60 | 11 | 14 | 10 | 95 |
| 97 | 74 | 24 | 67 | 62 | 42 | 81 | 14 | 57 | 20 | 42 | 53 | 32 | 37 | 32 | 27 | 7 | 36 | 7 | 51 | 24 | 51 | 79 | 89 | 73 |
| 16 | 76 | 62 | 27 | 66 | 56 | 52 | 26 | 71 | 7 | 32 | 90 | 79 | 78 | 53 | 13 | 55 | 38 | 58 | 59 | 88 | 97 | 54 | 14 | 10 |
| 12 | 56 | 85 | 99 | 26 | 96 | 96 | 68 | 27 | 31 | 5 | 3 | 72 | 93 | 15 | 57 | 12 | 10 | 14 | 21 | 88 | 26 | 49 | 81 | 76 |
| 55 | 59 | 56 | 35 | 64 | 38 | 54 | 82 | 46 | 22 | 31 | 62 | 43 | 9 | 90 | 6 | 18 | 44 | 32 | 53 | 23 | 83 | 1 | 30 | 30 |
| 16 | 22 | 77 | 94 | 39 | 49 | 54 | 43 | 54 | 82 | 17 | 37 | 93 | 23 | 78 | 87 | 35 | 20 | 96 | 43 | 84 | 26 | 34 | 91 | 64 |
| 84 | 42 | 17 | 53 | 31 | 57 | 24 | 55 | 6 | 88 | 77 | 4 | 74 | 47 | 67 | 21 | 76 | 33 | 50 | 25 | 83 | 92 | 12 | 6 | 76 |
| 63 | 1 | 63 | 78 | 59 | 16 | 95 | 55 | 67 | 19 | 98 | 15 | 50 | 71 | 75 | 12 | 86 | 73 | 58 | 7 | 44 | 39 | 52 | 38 | 79 |
| 33 | 21 | 12 | 34 | 29 | 78 | 64 | 56 | 7 | 82 | 52 | 42 | 7 | 44 | 38 | 15 | 51 | 0 | 13 | 42 | 99 | 66 | 2 | 79 | 54 |
| 57 | 60 | 86 | 32 | 44 | 99 | 47 | 27 | 96 | 54 | 49 | 17 | 46 | 9 | 62 | 90 | 52 | 84 | 77 | 27 | 8 | 2 | 73 | 43 | 28 |
| 18 | 18 | 7 | 92 | 45 | 44 | 17 | 16 | 58 | 9 | 79 | 83 | 86 | 19 | 62 | 6 | 76 | 50 | 3 | 10 | 55 | 23 | 64 | 5 | 5 |
| 26 | 62 | 38 | 97 | 75 | 84 | 16 | 7 | 44 | 99 | 83 | 11 | 46 | 32 | 24 | 20 | 14 | 85 | 88 | 45 | 10 | 93 | 72 | 88 | 71 |
| 23 | 42 | 40 | 64 | 74 | 82 | 97 | 77 | 77 | 81 | 7 | 45 | 32 | 14 | 8 | 32 | 98 | 94 | 7 | 72 | 93 | 85 | 79 | 10 | 75 |
| 52 | 36 | 28 | 19 | 95 | 50 | 92 | 26 | 11 | 97 | 0 | 56 | 76 | 31 | 38 | 80 | 22 | 2 | 53 | 53 | 86 | 60 | 42 | 4 | 53 |
| 37 | 85 | 94 | 35 | 12 | 83 | 39 | 50 | 8 | 30 | 42 | 34 | 7 | 96 | 88 | 54 | 42 | 6 | 87 | 98 | 35 | 85 | 29 | 48 | 39 |
| 70 | 29 | 17 | 12 | 13 | 43 | 33 | 20 | 38 | 26 | 13 | 89 | 51 | 3 | 74 | 17 | 76 | 37 | 13 | 4 | 7 | 74 | 21 | 19 | 30 |
| 56 | 62 | 18 | 37 | 35 | 96 | 83 | 58 | 87 | 75 | 97 | 12 | 25 | 93 | 47 | 70 | 33 | 24 | 3 | 54 | 97 | 77 | 46 | 44 | 80 |
| 99 | 49 | 57 | 22 | 77 | 88 | 42 | 95 | 45 | 72 | 16 | 64 | 36 | 16 | 0 | 4 | 43 | 18 | 66 | 79 | 94 | 77 | 24 | 21 | 90 |
| 16 | 8 | 15 | 4 | 72 | 33 | 27 | 14 | 34 | 9 | 45 | 59 | 34 | 68 | 49 | 12 | 72 | 7 | 34 | 45 | 99 | 27 | 72 | 95 | 14 |
| 31 | 16 | 93 | 32 | 43 | 50 | 27 | 89 | 87 | 19 | 20 | 15 | 37 | 0 | 49 | 52 | 85 | 66 | 60 | 44 | 38 | 68 | 88 | 11 | 80 |
| 68 | 34 | 30 | 13 | 70 | 55 | 74 | 30 | 77 | 40 | 44 | 22 | 78 | 84 | 26 | 4 | 33 | 46 | 9 | 52 | 68 | 7 | 97 | 6 | 57 |
| 74 | 57 | 25 | 65 | 76 | 59 | 29 | 97 | 68 | 60 | 71 | 91 | 38 | 67 | 54 | 13 | 58 | 18 | 24 | 76 | 15 | 54 | 55 | 95 | 52 |
| 27 | 42 | 37 | 86 | 53 | 48 | 55 | 90 | 65 | 72 | 96 | 57 | 69 | 36 | 10 | 96 | 46 | 92 | 42 | 45 | 97 | 60 | 49 | 4 | 91 |
| 0 | 39 | 68 | 29 | 61 | 66 | 37 | 32 | 20 | 30 | 77 | 84 | 57 | 3 | 29 | 10 | 45 | 65 | 4 | 26 | 11 | 4 | 96 | 67 | 24 |
| 29 | 94 | 98 | 94 | 24 | 68 | 49 | 69 | 10 | 82 | 53 | 75 | 91 | 93 | 30 | 34 | 25 | 20 | 57 | 27 | 40 | 48 | 73 | 51 | 92 |

（选自魏高文主编《卫生统计学》，中国中医药出版社，2014 年）

步骤 1：该例题中，50 名学生是总体，先将总体中的每一名学生按照身高从低到高进行编

NOTE

号，编为1～50号，每一个编号对应一名学生。

步骤2：打开随机数字表，从任意一行、任意一个数、任意一个方向开始，读取随机数字表中小于等于50的数，遇到大于50及与已经读取出来的数字相同的数字则跳过，共读取出10个数字。本例中我们从第6行第7个数开始，依次取10个小于等于50的数字。

步骤3：取得的随机数字则为相应编号的个体。最终班级同学中第43、17、37、23、35、20、26、34、42、31号学生被抽取出来进行用眼习惯的调查。

**2. 软件随机法** 在样本量较大的情况下，抽签或者随机数字表的方式会使得抽样过程比较繁琐，已经不再适用，此时可以使用Excel软件进行简单随机抽样。

**例3-2**：省食品药品监督管理局拟对某厂生产的药品进行质量检查，需要从某批次共100箱药品中抽取15箱，请用Excel软件进行简单随机抽样（图3-1～图3-4）。

步骤1：将药品编号为1～100号，输入Excel表格中的A列。

A1 fx 1

| | A | B | C | D |
|---|---|---|---|---|
| 1 | 1 | | | |
| 2 | 2 | | | |
| 3 | 3 | | | |
| 4 | 4 | | | |
| 5 | 5 | | | |
| 6 | 6 | | | |
| 7 | 7 | | | |
| 8 | 8 | | | |
| 9 | 9 | | | |
| 10 | 10 | | | |
| 11 | ... | | | |
| 12 | 100 | | | |
| 13 | | | | |
| 14 | | | | |
| 15 | | | | |

**图3-1 Excel表格中的药品编号**

步骤2：在B1中输入“=RAND（）”，向下填充至B100。

B1 fx =RAND()

| | A | B | C | D |
|---|---|---|---|---|
| 1 | 1 | 0.125908636 | | |
| 2 | 2 | 0.560830585 | | |
| 3 | 3 | 0.861480578 | | |
| 4 | 4 | 0.99270522 | | |
| 5 | 5 | 0.529758519 | | |
| 6 | 6 | 0.211994122 | | |
| 7 | 7 | 0.191815286 | | |
| 8 | 8 | 0.051793957 | | |
| 9 | 9 | 0.6118612 | | |
| 10 | 10 | 0.097166133 | | |
| 11 | ... | ... | | |
| 12 | 100 | 0.365480475 | | |
| 13 | | | | |
| 14 | | | | |

**图3-2 输入“=RAND（）”的结果**

步骤3：选择B列，点击工具栏中的数据→升序，在弹出的窗口中选择“扩展选定区域”，再点击“排序”按钮，此时A列中的序号已经打乱，A1至A10中的值即为随机抽样出来的药品编号。

NOTE

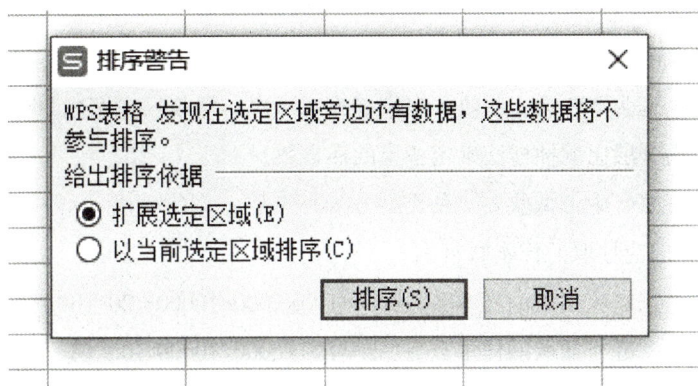

图 3-3　Excel 中排序选项

图 3-4　软件随机的最终结果

最终的抽样药品的编号为 71、19、76、6、37、91、36、4、12、46。

不管使用哪种简单随机抽样，都需要先明确抽样总体，对抽样总体进行编号。当总体较大、抽样数目比较多时，这种抽样就会非常耗费时间和金钱，需要另选其他更加合适的抽样方式。因此，简单随机抽样方法适用于总体较小、总体内部的个体之间差异较小，或者是由于某种原因不能使用其他随机抽样技术的情况。

### （二）分层随机抽样

分层随机抽样，是指首先将调查对象的总体单位按照一定的标准分成各种不同的层次，根据各层的单位数与总体单位数的比例确定从各层中抽取个体的数量，按照随机原则从各层中抽样，将从各层中抽取出的个体合在一起即为抽样调查的样本。

在进行分层抽样时，首先要确定一个合适的分层指标，将总体分成两个或两个以上的独立层次，如将总体按照身高所处的不同范围进行分层、按照性别进行分层、按照入学年份进行分层等。分层指标的选择原则为尽可能使层次之间的差异大，层次内部的差异小。

分层完成后，需要对每一层进行抽样，每一层的抽样数目可通过以下几种方法确定。

**1. 分层比例抽样法**　按照每一层的人数占调查总数的比例分配每一层应抽取出的样本数量。这种方法考虑了各层个体数的不同对结果产生的影响，使样本中各层次的比例与总体中各层次的比例相同，对总体更加具有代表性。

公式：
$$n_i = \frac{nN_i}{N}$$
（3-1）

$N$ 为总体单位数目；$N_i$ 为第 $i$ 层单位数目；$n$ 为样本总数；$n_i$ 为第 $i$ 层样本数目。

**例 3-3**：某疾病控制中心想对某社区居民的营养状况进行调查，社区共有居民 1000 户，其中高收入户居民家庭为 200 户，中收入户家庭为 600 户，低收入户家庭 200 户。需要从中抽选 100 户家庭，请用分层比例抽样法确定各层的样本数目。

我们按居民家庭高、中、低收入三种类型分为三个层：高收入层（$n_1$）、中收入层（$n_2$）、低收入层（$n_3$）。各层应抽取的样本数目为：

从高收入层居民家庭应抽取的样本数目：$n_1 = 100 \times 2000/10000 = 20$（户）

从中收入层居民家庭应抽取的样本数目：$n_2 = 100 \times 6000/10000 = 60$（户）

从低收入层居民家庭应抽取的样本数目：$n_3 = 100 \times 2000/10000 = 20$（户）

确定了高、中、低收入户各层样本数目后，即可以使用单纯随机抽样法从各层中分别抽取 20 户、60 户、20 户家庭进行营养状况调查。

**2. 分层最佳抽样法**    分层最佳抽样又称"非比例抽样"，是根据各层基本单位标准差的大小，来确定各层样本数目的抽样方法。在各层内部差异较大、某些层的重要性大于其他层的情况下，采取非比例抽样时，在这些层抽取的样本数就多；反之，抽取的样本数就少。

公式：
$$n_i = nN_iS_i / \sum N_iS_i \qquad\qquad (3-2)$$

$n_i$ 为第 $i$ 层应抽出的样本数目；$n$ 为样本总数；$N_i$ 为第 $i$ 层的调查单位数；$S_i$ 为第 $i$ 层调查单位的样本标准差。

**例 3-4**：某疾病控制中心想对某社区居民的营养状况进行调查，社区共有居民 1000 户，其中高收入户居民家庭为 200 户，中收入户家庭为 600 户，低收入户家庭 200 户，采用抽样调查需要从中抽选 100 户家庭。又已知高收入户收入的标准差为 300 元，中收入户收入的标准差为 200 元，低收入户收入的标准差为 100 元，请用分层最佳抽样法分配各层的样本数目。

本题中，已知各层居民收入标准差 $S_i$ 和各层的调查单位数 $N_i$，计算结果见表 3-2。

表 3-2    各经济收入层次的分层计算结果

| 不同经济收入层次 | 各层的调查单位数（户）$N_i$ | 各层的样本标准差（元）$S_i$ | 乘积 $N_iS_i$ |
|---|---|---|---|
| 高收入 | 200 | 300 | 60000 |
| 中收入 | 600 | 200 | 120000 |
| 低收入 | 200 | 100 | 20000 |
| 合计 | 1000 | | 200000 |

按公式（3-2）计算，各层抽样的数目为：

高收入层样本数目：$n_1 = 100 \times 60000/200000 = 30$（户）

中收入层样本数目：$n_2 = 100 \times 120000/200000 = 60$（户）

低收入层样本数目：$n_3 = 100 \times 20000/200000 = 10$（户）

应用分层最佳抽样方法计算出的各层样本抽取数与分层比例抽样法抽出的样本数相比，可以看出：家庭收入高的层次抽样的样本增加了 10 户（从 20 户变为 30 户），家庭收入中等层次抽样的样本数仍然为 60 户，而家庭收入低的层次抽样的样本数减少了 10 户（从 20 户变为 10 户）。高收入层次和低收入层次的单位数都是 200 户，为什么从高收入层次中产生的样本数目是 30 户，从低收入层次中产生的样本数目只有 10 户呢？这是因为高收入层次收入的标准差大

（300 元），表示在高收入家庭中家庭收入差别比较大，从中抽取样本数目就要多一些；低收入层次收入的标准差小（100 元），说明低收入家庭的收入差别比较小，从中抽取的样本数可以少一些。这样抽选到的样本比原先仅考虑分层比例抽样的样本更具有对总体的代表性，对总体情况的推断会更加准确。

分层抽样具有如下特点：

（1）能消除分层属性造成的抽样误差　分层抽样能使分层属性不再对调查结果产生影响，提高了调查结果的精确度。

（2）样本对总体的代表性较好　分层抽样是先将总体分层，然后在每一层内部按照一定的比例进行随机抽样，这样抽取出来的样本分布得更加均匀，更加能代表总体的分布情况。

（3）抽样方法的选择更加灵活　在将总体进行分层后，每一层可以根据实际情况选择不同的抽样方法，并独立组织数据的收集整理过程。例如在上述的例题中，高收入层总共 400 户，需要抽样 60 户，可以采用简单随机抽样的方法，而中收入家庭一共有 1200 户，简单随机已经比较麻烦，可以采用等距离抽样的方法进行抽样。

（4）能了解到每一层的数据特征　分层抽样在每一层都会有随机抽样的过程，这样每一层的数据特征都可以在这个过程中得到，使调查组对总体有更加详细的了解。

### （三）等距离抽样

等距离抽样也称为系统抽样、机械抽样、SYS 抽样。它是先将总体中各单位按一定的标志进行排列，根据样本容量确定抽样间隔，然后随机确定起点，每隔一定的间隔抽取一个单位的一种抽样方式。

公式：抽样间隔＝总体单位数（$N$）/样本单位数（$n$）　　　　　　　　　　（3-3）

**例 3-5**：某医院要对某市进行胆石症患病率的调查，需要以户为单位进行抽样，某小区共有 1000 户，现需要从中抽取 50 户，请用等距离抽样法进行抽样。

步骤 1：将 1000 户人家按照门牌号排序编号，编为 1～1000 号。

步骤 2：确定抽样间隔。已知总体数目为 1000 户，需要抽取的样本数为 20 户，那么抽样间隔＝1000/50＝20（户）。

步骤 3：确定抽样的起点。抽样起点必须在第一段总体单位中用随机的方式取得，可以抽签或随机数字表。本例题中，抽样间隔为 20，则第一段总体单位就是 1～20 号。用 20 张纸条，编号 1～20 号，从中随机抽取一张，则相应的编号则为抽样的起点。或从随机数字表的任意一行任意一列开始，从任意一个方向读一个小于等于 20 的数字，读取出来的数字所对应的编号即为抽样的起点。如抽取出来的数字是 3，则 3 号作为起点。

步骤 4：抽样。从起始点开始，每隔一个抽样间隔抽取一个样本，如从 3 号开始，每隔 20 户抽取一户，直到抽取出 50 户为止。抽取的编号为 3 号，23 号，43 号……983 号。

在上述抽样的步骤中，步骤 1 对总体中个体的排序编号非常重要。总体的排序有两种方法：无关标志排序和有关标志排序和介于按有关标志排队和按无关标志排队之间的按自然状态排序。

无关标志排序是指用来给总体中个体排序的标志与调查研究目的无关。

例如：小区中的抽样可以按照门牌号进行排序；对个体进行抽样时可以按照身份证号进行排序；调查职工的收入水平，可按姓氏笔画排列的职工名单进行排序；工业生产质量检验可按产品生产的时间顺序进行排序。

有关标志排序是指总体中个体排序的标志与所要研究的标志是有直接关系的。

例如：进行水果产量抽样调查时，可按照当年估产或前几年的平均实产由低到高或由高到低的顺序进行排序。

有关标志排序能使标志值高低不同的单位，均有可能选入样本，从而提高样本的代表性。

按自然状态排序是指按照总体中各单位原有的自然位置进行排序。如按照原有的学生名单的顺序排序。这种自然状态的排序有时候会与有关标志排序中的排序标志一样。

与其他抽样相比，等距离抽样具有如下特点：①实施过程简单，只要确定了抽样起始点，整个样本就都会确定。②等距离抽样抽取出来的样本均匀分布于总体的各个部分，适用于较大总体的抽样。③等距离抽样没有很高的专业性要求，非专业人士也可以很快掌握，适用面比较广。但是在等距抽样中需要注意周期性变化资料的抽样，若计算出来的抽样距离恰好等于其变化周期，则抽取出来的样本都会是同一类型的样本，这样的样本不具有对总体的代表性，如在某总体中，每 1 名儿童后总会有 10 名成年人，若抽样距离恰好为 10，则会出现样本全部为儿童的情况。

### （四）整群抽样

整群抽样，又称聚类抽样，是将总体中各单位归并成若干个互不交叉、互不重复的集合（称之为群），然后以群为抽样单位随机抽取样本，抽取到的群内的所有个体都进入调查的一种抽样方式。在整群抽样中，抽样的基本单位已经不再是个体，而是由部分个体组成的群。

例 3-6：某高校要调查学生对学校食堂的评价，学校一共 3000 名学生，请用整群抽样方法进行抽样。

步骤 1：按照某种性质将总体分群，在学校里，学生们已经被分到不同的班级，因此可以按照已经分好的班级作为群。假设每个班 50 名学生，则总体被分为 60 个群。

步骤 2：确定所需要的群的数目。假如经过样本量的计算，需要抽取 500 名学生，则要抽取 10 个群。

步骤 3：采用简单随机的方法从 60 个群里抽取出 10 个群，抽取出来的群内的所有学生均进入调查。可以采用抽签的方式进行。

在步骤 1 中用来将总体分群的性质有两种情况：第一种用来分群的性质是已经存在的，不需要调查人员自己去人为确定，如按照行政单位分群、按照班级分群、按照地域分群等。第二种是需要调查人员自己去确定如何划分群。如一群各个不同的年龄段、不同地域的人组成的总体，就需要调查人员根据实际情况去寻找分群的性质，使得相同调查费用下误差最小。

整群抽样实施过程简单，节省费用，适合于大样本的调查。另外，在整群抽样中，信息框的编制也变得比较容易，因为整群抽样的抽样单位是群，而非个体，因此信息框的编制也只需要整个群的信息，不需要每一个个体的信息。如以班级为群进行整群抽样时，只需要知道每一个班级的列表就可以，不需要具体的班级成员的列表，这样大大简化了在编制信息框上的工作量。

整群抽样与分层抽样有相似之处，整群抽样是将总体分群，分层抽样是将总体分层，看起来好像差不多，但是其实有本质的不同。整群抽样中分群的原则是群间差异小、群内差异大。而分层抽样分层的原则是层间差异大、层内差异小。整群抽样是以群为基本抽样单位，抽取出来相应的群以后，群内所有个体都要进入调查，而分层抽样在将总体分层以后，依然以个体作为抽样的基本单位，从每一层内再进行抽样。

### （五）多阶段抽样

多阶段抽样是指抽样过程不是一步到位，而是分几个阶段进行的，每个阶段使用的抽样方法往往不同，将简单随机抽样、分层抽样、等距离抽样、整群抽样等上面学习到的各种抽样方法结合在一起使用。

**例 3-7**：某小区共有单元 10 个，共有 200 户人家，想要调查社区居民对社区医院的建议，准备从 10 个单元 200 户人家中抽取 30 户进行调查，请采用多阶段抽样法进行抽样。

步骤 1：将小区内的单元编号为 1～10，采用整群抽样的方法抽取出 3 个单元，每个单元内都有 20 户人家。

步骤 2：在抽取出的 3 个单元的 60 户人家中，以户为基本抽样单位，每个单元采用完全随机抽样抽取 10 户人家作为最终的调查对象。

多阶段抽样可能由两个阶段组成，即要进行两次随机抽样；也有可能是三个或者三个以上的阶段组成，即要进行三次或三次以上的随机抽样。每个阶段采用的抽样方可以是任意一种随机抽样方法，需要研究人员视具体情况决定最合适的抽样方法。

多阶段抽样具有以下特点：

**1. 便于组织抽样，尤其适用于大总体的抽样**　当总体单元数目很大、分布很广时，单纯采用某一种抽样方法都不合适，简单随机抽样、分层抽样、等距离抽样等都会出现由于总体人数太多而导致的抽样框编制困难、抽样过程实施难度大等问题。

例如：某调查组想要调查湖南省农村合作医疗的分布情况，需要以该省所有的农业户口的人员为抽样总体进行抽样，而该省农业户口人数非常多，如果单纯按照某一种抽样方法进行抽样，其工作量之大是难以想象的。

若采用多阶段抽样，就可避免上述抽样技术中的麻烦。它可按现有的行政区域或地理区域划分为各阶段抽样单元，从而简化抽样框的编制，便于样本单元的抽取，使整个抽样调查的组织工作容易进行。多阶段抽样既保持了单级整群抽样的优点，又克服了它的缺点。

**2. 抽样方式灵活**　多阶段抽样中，各阶段可以采用同一种抽样方法，也可以根据实际情况采用不同的抽样方法。同时，还可以安排不同的抽样比。

如：对农村合作医疗覆盖情况的抽样调查，可以先将调查总体按照不同的市进行分群，采用整群抽样抽取其中几个市，然后在抽取到的市内再使用整群抽样抽取某几个县，依次下去，最后到村镇一级，在抽取出来的村镇中可以采用等距离抽样或者分层抽样等方法对村镇的全体居民进行抽样，直到抽取出最终的调查对象。

**3. 在抽样时并不需要二阶或更低阶单元的全部抽样框**　对于第一阶抽样，初级单元的抽样框是必要的。在以后的各阶抽样中，仅仅需对那些已抽中的单元准备下一级单元的抽样框。

**4. 用于"散料"的抽样**　所谓"散料"，是指连续松散的、不易区分的个体或抽样单元的材料。例如一袋瓜子、一桶牛奶等。对于散料，抽样单元可以人为划分，也可以取其自然的单位。进行散料抽样时，一级单元是自然或人为划分的分装（例如一袋瓜子），二级单元则是从分装中抽取一定数量（如 200g）的单位做调查。

## 二、非随机抽样

非随机抽样是指调查者通过主观判断抽取样本的方法。它不是严格按随机原则来抽取样本，总体中的个体被抽取进入样本的概率是不相等的，所以无法确定抽样误差。虽然根据样本调查的结果也可在一定程度上说明总体的性质和特征，但不能从数量上推断总体。非随机抽样主要有方便抽样、主观抽样、配额抽样和滚雪球抽样等方法。

### （一）方便抽样

方便抽样又称为偶遇抽样，是指研究者根据实际情况，为方便展开调查，选择偶然遇到的人作为调查对象；或者选择那些离得最近的、最容易找到的人作为调查对象。如隔壁邻居、同班同学、身边路过的人等。

在方便抽样中，调查对象是调查者容易接触到并且比较配合调查的人，那么离调查者比较近或者与调查者比较熟悉的人作为调查对象的概率就会比较大，相对来说与调查者不熟悉或者调查者不会见到的人就不太可能成为调查对象。这种在调查对象上面的不均匀分布，使得通过方便抽样得到的结论无法推论到总体，只能作为决策者的参考。在市场调查中方便抽样的例子很多。如：做某新产品的调研时，往往会选择大商场发放调查问卷，因为大商场客流量较大；在做某药品的疗效调查时，往往会选择住院部的病人，因为他们往往比较配合，且比较集中。

### （二）主观抽样

主观抽样又称为判断抽样，是指研究者根据自己主观的想法和判断，选择那些符合自己要求的个体作为调查对象的一种抽样方法。主观抽样要求抽样者经验丰富，对所研究的内容有深入的了解，否则就会出现抽取出的样本代表性极低的情况。这种抽样方法多用于总体边界无法确定或研究者没有足够的时间与精力进行其他抽样的时候。

当研究人员经验丰富时，进行主观抽样能极大地降低抽样所需的时间和资金，且抽取出来的样本具有代表性、典型性，使研究者能透过对所选样本的调查研究，了解、掌握整个总体的情况。但如果研究人员经验不够丰富、对研究内容不够了解，就会出现主观判断上的偏差，导致抽取出来的样本不够典型，影响调查结果对实际情况的反映。

如：湖南省卫生局要对湖南省医院住院病人的平均住院时间进行调查，没有通过抽样选择医院，而是主观选择湖南省人民医院、中南大学湘雅医院和湖南中医药大学第一附属医院三个病人比较多的医院作为代表进行调查。

### （三）配额抽样

配额抽样又称为定额抽样，是将总体分为若干类，按一定比例在各类中分配样本单位数额，随后进行任意或主观抽样的一种抽样过程。配额抽样要求抽样者了解总体的分类结构，按照总体的结构分配样本数，这样最后抽取出来的样本就会取得一个与总体相似的结构，能够在一定程度上保证样本对总体的代表性。

配额抽样有两种方式：独立控制配额抽样和相互控制配额抽样。

**1. 独立控制配额抽样**　独立控制配额抽样是指调查人员只对样本独立规定一种特征下的样本数额。

在消费者需求调查中，按年龄、性别和收入三个特征，分别规定不同年龄段、不同性别、不同收入的样本数目，而不去考虑某个年龄段中男性与女性的数目和不同收入者的数目，就属于独立控制配额抽样（表3-3）。

表3-3　各年龄段、性别和收入层次的抽样人数

| 特征 | 分类 | 人数 | 抽样数 |
|---|---|---|---|
| 年龄段 | 18岁以下 | 30 | 3 |
| | 19~50岁 | 80 | 8 |
| | 51岁以上 | 70 | 7 |
| 合计 | | 180 | 18 |
| 性别 | 男 | 100 | 10 |
| | 女 | 80 | 8 |
| 合计 | | 180 | 18 |
| 收入 | 低收入 | 30 | 3 |
| | 中等收入 | 110 | 11 |
| | 高收入 | 40 | 4 |
| 合计 | | 180 | 18 |

**2. 相互控制配额抽样**　相互控制配额抽样，是指在按各类控制特性独立分配样本数额基础上，再采用交叉控制安排样本的具体数额的抽样方式。

如：某工厂有1000名员工，需要从中抽取100名员工进行某项调查，所有的员工被分成四个年龄段，采用相互控制配额抽样需要先将总体按照年龄段、性别、长期居住地进行分组，需要同时考虑这三个特征，确定每层的人数，再计算每一层人数占调查总数的比例，用此比例乘以所需样本数即得到每层的抽样数（表3-4）。

表3-4　1000名员工配额抽样结果表

| | 男性（600） | | | | | | | | 女性（400） | | | | | | | |
|---|---|---|---|---|---|---|---|---|---|---|---|---|---|---|---|---|
| | 城市（200） | | | | 农村（400） | | | | 城市（200） | | | | 农村（200） | | | |
| 年龄段 | 一 | 二 | 三 | 四 | 一 | 二 | 三 | 四 | 一 | 二 | 三 | 四 | 一 | 二 | 三 | 四 |
| 人数 | 80 | 60 | 40 | 20 | 160 | 120 | 80 | 60 | 80 | 60 | 40 | 20 | 80 | 60 | 40 | 20 |
| 抽样数 | 8 | 6 | 4 | 2 | 16 | 12 | 8 | 6 | 8 | 6 | 4 | 2 | 8 | 6 | 4 | 2 |

配额抽样适用于研究人员对总体的有关特征具有一定了解而样本数较多的情况下的抽样。其优点是费用不高，易于实施，且能按照比例从总体中进行抽样，样本分布均匀。缺点是容易掩盖不可忽略的偏差。

配额抽样和分层随机抽样既有相似之处，也有很大区别。两者都是事先对总体按照某种属性或特征进行分类，例如市场调查中消费者的性别、年龄、收入、职业、文化程度等。然后，在各类或各层中按照比例分配样本数额进行抽样。但配额抽样与分层抽样又有区别，分层抽样是按随机原则在层内抽选样本，而配额抽样则是由调查人员在配额内主观判断选定样本。

## （四）滚雪球抽样

滚雪球抽样是指研究人员先随机选择一些具有所需特征的人为最初的调查对象，对其实施调查，然后由他们提供第二批调查对象的名单，对第二批对象进行调查，再由这些第二批调查对象提供第三批调查对象，依次类推，样本如同滚雪球般由小变大。滚雪球抽样多用于总体单

位的信息不足或观察性研究的情况。这种抽样中有些个体最后仍没有找到，有些个体被提供者漏而不提，两者都可能造成误差。

如：某调查小组想要对退休老人退休后的生活质量进行调查，调查者选择了老年人俱乐部的某几位成员进行调查，并由这几位成员推荐了本俱乐部的其他一些成员作为第二批的调查对象，几轮以后调查对象就会越来越多。这种方法中，那些加入了俱乐部的退休老年人更容易进入调查，但那些没有加入俱乐部的老年人就没有被调查到，使得最终的调查结果出现误差。

在滚雪球抽样中，第一批被调查者是采用概率抽样得来的，之后的被调查者都是由前一批被调查者提供而来的，因而都属于非概率抽样。

滚雪球抽样的优点是可以根据某些样本特征对样本进行控制，适用于寻找一些在总体中十分稀少的人物；相比其他抽样方式，滚雪球抽样的调查费不高、抽样的过程也比较简单，因为后续调查的个体名单都来源于之前被调查过的人，不需要再进行抽样。但正是由于滚雪球抽样的这个特点，抽样出来的个体之间会非常相似，因此，样本可能不能很好地代表整个总体的情况。另外，如果被调查者不愿意提供人员来接受调查，那么这种方法就会受阻。

滚雪球抽样的缺点是如果总体不大，有时用不了几次就会接近饱和状况，即后来访问的人再介绍的都是已经访问过的人；或者出现某些个体因某些原因被提供者故意漏掉不提而导致很多个体无法被抽取，因而可能产生偏误，不能保证代表性。

滚雪球抽样是在特定总体的成员难以找到时最适合的一种抽样方法，如对获得无家可归者、流动劳工及非法移民等的样本十分适用。

# 第三节　抽样误差与样本容量

在市场调查中，有时候由于总体范围较大，调查时间、经费等的限制，不可能对总体中所有个体全部进行调查，只能从总体中抽取一部分个体进行抽样调查。由于个体差异的存在，使得抽样的样本计算出来的样本指标并不恰好等于总体指标，这种在样本指标与总体指标间的差异，称为抽样误差。样本容量，又称为样本含量、样本量，是指为了达到调查目的而确定的需要从总体中抽样的个体数。在进行抽样调查时，可以通过增加抽样的样本容量来降低抽样误差。

## 一、抽样误差

误差根据来源和性质可分为两类：随机误差和系统误差。随机误差是指由调查中多种无法控制的随机因素所引起的误差。这是一类大小和方向均不恒定的、随机变化的误差。系统误差是指由各种已知或可控因素造成的误差，系统误差有固定的大小和方向。抽样误差属于随机误差的一部分。

### （一）抽样误差的影响因素

进行抽样调查时，抽样误差的产生是不可避免的，抽样误差越大，表明样本对总体的代表性越差，抽样调查的结果越不可靠；反之，抽样误差越小，说明样本对总体的代表性越好，抽样调查的结果越准确。虽然抽样误差不可避免，但可以运用大数定律的数学公式加以精确地计算，确定具体的数量界限，并可通过抽样设计加以控制。

一般来说，影响抽样误差大小的因素主要有以下几个方面。

**1. 抽样单位的数目** 在其他条件不变的情况下，抽样单位的数目越多，抽样误差越小；抽样单位数目越少，抽样误差越大。这是因为随着样本数目的增多，样本结构越来越接近总体，抽样调查也就越接近全面调查。当样本扩大到总体时，即为全面调查，也就不存在抽样误差了。

**2. 总体标志的变异程度** 在其他条件不变的情况下，总体标志的变异程度越小，抽样误差越小；总体标志的变异程度越大，抽样误差越大。抽样误差和总体标志的变异程度成正比。这是因为总体标志的变异程度小，表示总体内的个体标志值之间差异小，则样本指标与总体指标之间的差异也可能小。如果总体各单位标志值相等，标志变动度为零，样本指标就等于总体指标，此时不存在抽样误差。

**3. 抽样方法的选择** 重复抽样和不重复抽样这两种抽样方法中抽样误差的大小不同，采用不重复抽样比采用重复抽样的抽样误差小。

**4. 抽样组织方式不同** 抽样的组织方式有单纯随机抽样、分层抽样、等距离抽样和整群抽样等，采用不同的组织方式，会有不同的抽样误差。这是因为不同的抽样组织所抽中的样本，对于总体的代表性也不同。如果在总体中个体的分类比较明显时，采用分层随机抽样比其他方法的抽样误差小。

了解到影响抽样误差大小的因素后，就可以针对这些因素采取一定的措施降低调查中的抽样误差，如增加抽样单位的数目、尽量选择重复抽样方法、选择符合实际情况的抽样组织方式等。

## （二） 抽样误差的表现形式

**1. 抽样实际误差** 抽样实际误差是指在一次具体的抽样调查中，由于随机因素引起的样本指标与总体指标之间的差别。但在抽样中，由于总体指标数值是未知的，因此抽样实际误差是无法计算的。

**2. 抽样平均误差** 抽样平均误差是指样本平均数的标准差或抽样成数的标准差。从一个总体中我们可能会抽取很多个样本，样本指标如样本平均数将随着不同的样本而有不同的取值，它们与总体指标如总体平均数的差别有大有小。这表示抽样误差是个大小与方向都不恒定的随机变量，因此需要用抽样平均误差来反映抽样误差的水平。由于所有可能样本均数的平均数等于总体均数，故不能用简单算术平均的方法来求抽样平均误差，而应采取标准差的方法来计算抽样平均误差。

**3. 抽样极限误差** 抽样极限误差就是指样本指标与总体指标之间的误差范围。

## （三） 抽样平均误差的计算

**1. 重复抽样的条件下的计算公式**

$$\widehat{\mu_{\bar{x}}} = \sqrt{\frac{\sum (x_i - \bar{x})^2}{n}} = \frac{\widehat{\sigma}}{\sqrt{n}} \quad \text{或} \quad \widehat{\mu_p} = \frac{\sqrt{P(1-P)}}{n} \tag{3-4}$$

**2. 不重复抽样的条件下的计算公式**

$$\mu_{\bar{x}} = \sqrt{\frac{\widehat{\sigma}^2}{n}\left(\frac{N-n}{N-1}\right)} \quad \text{或} \quad \widehat{\mu_p} = \sqrt{\frac{P(1-P)}{n}\left(\frac{N-n}{N-1}\right)} \tag{3-5}$$

## 二、样本容量

在抽样调查中，样本容量越大，样本的统计量与其所代表的总体值的接近程度越高，结果的精确度越高。那是否表示样本容量越大越好呢？答案是否定的。根据数理统计规律，样本容量呈直线递增的情况下，抽样误差随样本容量相对增长速度的平方根递减。若样本容量过大，不仅增加人力、财力和物力的耗费，而且还无法使得抽样误差得到相同程度的降低，得不偿失。

为节省调查费用，体现出抽样调查的优越性，在确定样本容量时，应在满足抽样调查对估计数据精确度的前提下，尽量减少调查单位数，确保必要的抽样数目。

### （一）影响抽样调查所需样本容量的主要因素

影响样本容量的因素是多方面的，调查研究中没有绝对的样本容量标准，不同的研究目的、方法、要求和资料类型决定了样本容量的大小。决定样本容量的主要参数如下。

**1. 总体指标的变异程度**　总体指标的变异程度一般用总体方差 $\delta^2$ 或成数方差 $p(1-p)$ 的大小来表示。根据抽样平均误差的计算公式（公式3-4）可知，在其他条件不变的情况下，为了达到同样的研究目的，总体标志的变异程度越大，样本容量 $n$ 应越大；反之，总体标志的变异程度越小，样本容量 $n$ 就应越小，二者成正比关系。

**2. 抽样极限误差**　抽样极限误差又叫允许误差，是指在一定的把握程度下保证样本指标与总体指标之间的抽样误差不超过某一给定的最大可能范围。在抽样推断中，需要把这个误差控制在一定的范围之内。抽样平均数极限误差一般用 $\Delta_{\bar{x}}$ 表示，$|\bar{x} - \mu| = \Delta_x$。在其他条件不变的前提下，所允许的抽样极限误差越小，即抽样估计的精确度要求越高，样本容量应越大；所允许的抽样极限误差越大，所需的样本容量就越小。二者成反比关系。

**3. 概率保证度 $1-\alpha$ 的大小**　概率保证度（置信度）说明了估计的可靠程度。在其他条件不变的情况下，如果要求较高的可靠度，就要增大样本容量；反之，可以相应减少样本容量。

**4. 抽样类型和方法**　随机抽样的主要类型有简单随机抽样、分层抽样、等距离抽样、整群抽样、多阶段抽样等。在简单随机抽样中，根据同一单位是否允许重复抽取方式的不同，抽样方法可分为重复抽样和不重复抽样。在同样的条件下，不同的抽样类型产生的抽样误差不同，因此样本容量也有所不同，不同的抽样类型和方法都有相应的样本容量的计算公式（详见下文），同学们需要根据公式进行计算，不能随意确定样本容量。

### （二）不同抽样方式下样本容量的确定

在抽样调查中，抽样类型有多种，不同抽样方式下，样本容量的计算公式有所差异。

**1. 简单随机抽样的样本容量**

（1）重复抽样时的样本容量　在重复抽样条件下，样本容量的计算公式为：

$$n = t^2 \sigma^2 / \Delta^2 \quad \text{或} \quad n = t^2 P(1-P)/\Delta^2 \tag{3-6}$$

在以上公式中，$n$ 代表样本容量，$t$ 代表概率度 $Z_{\alpha/2}$，$\Delta$ 代表极限误差，$\sigma^2$ 代表总体方差，$P(1-P)$ 表示成数方差。

**例3-8**：某饲料厂要检验本月生产的20000袋饲料的重量，根据以往的资料，这种产品每袋重量的标准差为35g。如果要求在95.45%的置信度下，平均每袋重量的误差不超过10g，采用单纯随机抽样的重复抽样方法，应抽查多少袋产品？

由题意可知 $N = 20000$，$\sigma = 35\text{g}$，$\Delta = 10\text{g}$，根据置信度 $1-\alpha = 95.45\%$，有 $t = Z_{\alpha/2} = 2$。在重复抽样的条件下：

$$n = t^2 \sigma^2 / \Delta^2 = 2^2 \times 35^2 / 10^2 = 49 （袋）$$

（2）不重复抽样时的样本容量　在不重复抽样条件下，样本容量的计算公式为：

$$n = Nt^2\sigma^2/N\Delta^2 + t^2\sigma^2 \text{ 或 } n = Nt^2P(1-P)/N\Delta^2 + t^2P(1-P) \tag{3-7}$$

上式中，$N$ 代表总体数目。

**例题 3-8**：如果采用单纯随机抽样中不重复抽样的方法，则需要抽取：

$n = Nt^2\sigma^2/N\Delta^2 + t^2\sigma^2 = 20000 \times 2^2 \times 35^2 / (20000 \times 10^2 + 2^2 \times 35^2) = 48.88$ （袋）

取整数为 49 袋。

**2. 分层抽样的样本容量**

（1）重复抽样时的样本容量　在重复抽样条件下，样本容量的计算公式为：

$$n = t^2 \overline{\sigma^2}/\Delta^2 \text{ 或 } n = t^2 \overline{P(1-P)}/\Delta^2 \tag{3-8}$$

在以上公式中，$\overline{\sigma^2}$ 是组内平均方差，$\Delta$ 代表极限误差，$\overline{P(1-P)}$ 代表成数的平均组内方差。$\overline{\sigma^2} = \sum n_i\sigma_i^2/N$，其中 $n_i$ 代表各组样本单位数，$\sigma_i^2$ 代表各组的组内方差，$N$ 代表总体数目。

**例 3-9**：某社区有居民 20000 户，其中高、中、低收入户分别为 4000 户、12000 户、4000 户。又已知高收入户的标准差为 300 元，中收入户的标准差为 200 元，低收入户的标准差为 100 元，收入计算最大的误差为 10 元，$\alpha = 0.05$。进行分层重复抽样，请计算抽样所需样本量。

$$\overline{\sigma^2} = (4000 \times 300^2 + 12000 \times 200^2 + 4000 \times 100^2)/20000 = 44000$$

$$n = 1.96 \times 44000/100 = 1690 （人）$$

（2）不重复抽样时的样本容量　在不重复抽样条件下，样本容量的计算公式为：

$$n = Nt^2 \overline{\sigma^2}/N\Delta^2 + t^2 \overline{\sigma^2} \text{ 或 } n = Nt^2 \overline{P(1-P)}/N\Delta^2 + t^2 \overline{P(1-P)} \tag{3-9}$$

不重复抽样时样本容量请同学们按照上述例题自己进行计算。

在分层抽样中，计算出总的样本容量后，还需要确定每层的抽样单位数。实际工作中有不同的分配方法，可以按均数对各层进行常数分配，也可以按各层单位数占总体单位数的比例分配，还可以采用在总费用一定条件下使估计量方差达到最小的最优分配等，其中等比例分配是较为常用的方法。

（3）各层样本量的确定　当样本容量 $n$ 确定之后，各层应抽取的样本单位数可采用等比例法进行分配，计算公式为：

$$n_i = nN_i/N \tag{3-10}$$

上式中，$n_i$ 为第 $i$ 层应抽取的样本数，$n$ 为样本容量，$N_i$ 为第 $i$ 层样本数，$N$ 代表总体数目。

在例题 3-9 中，所需要抽取的样本容量为 1690 人，按照每一层的人数占总人数的比例，采用等比例法可以计算出每一层需要抽取的样本数。

高收入层：$n_1 = 1690 \times 4000/20000 = 338$ （人）

中收入层：$n_2 = 1690 \times 12000/20000 = 1014$ （人）

低收入层：$n_3 = 1690 \times 4000/20000 = 338$ （人）

**3. 等距抽样的样本容量**　等距抽样的单位排列可分为三类：按有关标志排队、按无关标

NOTE

志排队及介于按有关标志排队和按无关标志排队之间的按自然状态排列。

（1）无关标志排队的等距抽样　若对总体采用按无关标志排队的等距抽样时，可采用简单随机抽样的公式确定等距抽样的样本容量。由于等距抽样一般都是不重复抽样，应采用简单随机抽样中不重复抽样条件下样本容量的计算公式。

（2）有关标志排队的等距抽样　若对总体采用按有关标志排队的等距抽样，则样本容量的确定，可采用分层抽样的样本容量公式来确定。但应注意有序系统抽样的样本容量计算所需的平均组内方差应根据以往的资料做出估计。

**4. 整群抽样的样本容量**　由整群抽样的极限误差和抽样标准误差公式导出样本容量计算公式为：

$$n = Nt^2\sigma_r^2/N\Delta^2 + t^2\sigma_r^2 \text{ 或 } n = Nt^2P_r(1-P_r)/N\Delta^2 + t^2P_r(1-P_r) \tag{3-11}$$

上式中 $P_r$ 代表成数的群间方差，$\sigma_r^2$ 代表群间方差，$\sigma_r^2 = \dfrac{\sum(\overline{x}_i - \overline{x})^2}{r}$，其中 $\overline{x}_i$ 是第 $i$ 群样本平均数，$\overline{x}$ 是全样本平均数，$r$ 是抽取的群数。

**5. 样本容量确定中的相关问题**

（1）总体方差的确定　总体方差的确定是在调查实施之前进行的，这样总体方差（或样本方差）一般是未知的，在实际工作中往往需要查询有关资料中的数据来代替未知的总体方差。如果在本次调查之前，曾有人做过同类问题的全面调查，可用全面调查的有关数据代替；若没有全面调查的数据，可以寻找比较权威的抽样调查的数据；若上述两种方法都无法找到相应的数据，可在进行正式调查之前，组织两次或两次以上的预调查，用预调查中得到的方差来代替未知的总体方差。

（2）样本容量的调整　用公式计算出的样本容量是最低的，既可以得出调查结果的最少的个体数，但在实际调查中并不是每一个个体都非常配合，常常会有不愿意填写调查问卷或者调查问卷填写不完整的情况出现，为了弥补这种情况造成的样本容量的损失，需要在计算出样本容量的基础上增加一定的人数（10%左右），这样可以避免调查对象不配合或调查表填写不完整时导致的样本容量不足的情况。

（3）确定样本容量的其他影响因素　上文中提到了样本容量的四个影响因素：总体指标的变异程度、抽样极限误差的大小、概率保证度 $1-\alpha$ 的大小、抽样类型和方法。其实在市场调查样本容量的确定中，还有一些会影响样本容量的因素，如调查的精度要求、调查的费用要求、调查的时效性要求等。

调查的精度是指抽样调查的结论与实际情况之间的差别，差别越小，精度越高。调查的样本容量越接近总体，调查的精度当然就越高。对于规模较小的总体（1000人以下），研究者需要比较大的抽样比率（大约30%）；对于中等规模的总体（如10000人），要达到同样的精确度，抽样比率为10%或大约1000个样本量就可以；就大规模的总体（超过150000）而言，抽样比率为1%或大约1500个样本量就能得出正确的结果；如果是非常大的总体（超过1000万），研究者可以使用0.025%抽样或者大约2500个样本，就能够得出精确的结果。但是我们不能无限制地增加样本容量来获得更高的精度，因为在市场调查中还有其他的影响因素，如调查费用、调查的时效性等。

调查费用是指调查中需要付出的成本，一般包括场地费用、人员费用及其他礼品费用等。

所需要调查的对象越多，费用就会越高，样本容量超过一定的数目，就会造成调查费用的超预算。如果调查费用较多，可以增加调查的样本容量，以提高调查精度；调查费用较少，则必须减少调查的样本容量，调查精度也会相应降低。

调查的时效性是指调查过程中的时间限制，调查的样本容量越大，所需要的调查时间就会越多。调查时间的延长会影响调查的时效性，需要研究人员在调查的时效与样本容量之间求得一个平衡。

除了调查精度、费用和时效以外，还有一些其他因素也可以影响调查中样本容量的确定。如调查的重要性，如果调查的结果有比较重要的决策参考价值，那么需要适当增加样本容量；回收的调查问卷的质量也会影响样本容量，如果回收的调查问卷的质量较低，调查问卷中许多问题都是空白或者答案虚假，则需要后续再补充调查一部分对象，放大样本容量。如果调查需要解决较多的研究问题，那么为了保证研究结果的可靠性，也需要在公式计算出来的样本量的基础上适当增加样本量。

这些因素对样本容量的影响并没有一个确定的数值，最终样本容量需要研究人员通过丰富的调查研究经验来确定。下表（表3-5）是根据不同研究类型建议的最小样本容量和范围样本容量，同学们可以在此表的基础上再根据上述影响因素及自己的经验确定最终的样本容量。

表 3-5　不同研究类型的建议样本容量

| 研究类型 | 最小样本容量 | 样本容量的典型范围 |
| --- | --- | --- |
| 问题鉴别研究 | 500 | 1000～2000 |
| 问题解决研究 | 200 | 300～500 |
| 产品测试研究 | 200 | 300～500 |
| 试销研究 | 200 | 300～500 |
| 广告研究 | 150 | 200～300 |

【思考与练习】

一、选择题

1. 某地区有 8 所高中和 22 所初中，要了解该地区中学生的视力情况，下列抽样方式获得的数据最能反映该地区中学生视力情况的是（　　）

A. 从该地区随机选取一所中学里的学生

B. 从该地区 30 所中学里随机选取 800 名学生

C. 从该地区的一所高中和一所初中各选取一个年级的学生

D. 从该地区的 22 所初中里随机选取 400 名学生

2. 为了解某市参加中考的 32000 名学生的体重情况，抽查了其中 1600 名学生的体重进行统计分析。下面叙述正确的是（　　）

A. 32000 名学生是总体
B. 1600 名学生的体重是总体的一个样本

C. 每名学生是总体的一个个体
D. 以上调查是普查

3. 下列调查工作适合采用全面调查方式的是（　　）

A. 学校在给学生定做校服前进行的尺寸大小的调查

B. 电视台对正在播出的某电视节目收视率的调查

C. 质检部门对各厂家生产的电池使用寿命的调查

D. 环保部门对某段水域的水污染情况的调查

4. 事先将总体各单位按某一标志排列，然后依固定顺序和间隔来抽选调查单位的抽样组织方式叫作（　　）

A. 分层抽样　　　　　B. 简单随机抽样　　C. 整群抽样　　　　D. 等距抽样

5. 计算抽样平均误差时，若有多个样本标准差的资料，应选哪个来计算（　　）

A. 最小一个　　　　　B. 最大一个　　　　C. 中间一个　　　　D. 平均值

6. 抽样误差是指（　　）

A. 计算过程中产生的误差　　　　　　　B. 调查中产生的登记性误差

C. 调查中产生的系统性误差　　　　　　D. 随机性的代表性误差

7. 对400名大学生抽取19%进行不重复抽样调查，其中优等生比重为20%，概率保证度为95.45%，则优等生比重的极限抽样误差为（　　）

A. 4%　　　　　　　　B. 4.13%　　　　　　C. 9.18%　　　　　　D. 8.26%

## 二、简单题

1. 总体、样本、样本容量三者的区别是什么？

2. 什么是概率抽样？什么是非概率抽样？它们各有什么优点？

3. 简述5种概率抽样技术的区别与联系。

## 三、计算题

1. 某一社会研究机构，研究南方某一城镇的社会民俗等情况。设该城镇共有415个居民小组，现从中按简单随机抽样抽取25个居民小组作样本，请使用Excel软件做简单随机抽样。

2. 某企业对一批产品进行质量检验，这批产品的总数为5000件，过去几次同类调查所得的产品合格率为93%、95%和96%，为了使合格率的允许误差不超过3%，在99.73%的概率下应抽查多少件产品？

3. 某市教委要考察全市各个初中初三学生的学习情况，让每个学校出20名学生参加竞赛，问这样抽样调查是否合适？怎样选取样本比较科学？

# 第四章　市场调查方法

【本章导读】

　　在市场调查研究过程中，需要根据具体调查目标和对象的不同而采用不同的方法。市场调查方法主要包括文案调查法、访问法、观察法、实验法、网络调查法五种，其中文案调查法为二手资料收集方法，访问法、观察法和实验法为原始资料收集方法，而网络调查法涵盖了二手资料收集和原始资料收集。本章阐明了各种调查方法的概念、特点及具体应用，为企业开展市场调查工作提供指导。

### 【导入案例】

#### 环球时装公司的侦探式销售调查

　　日本服装业之首的环球时装公司，从 20 世纪 60 年代创业时的零售企业发展成日本有代表性的大企业，靠的主要是掌握第一手"活情报"。他们在全国 81 个城市顾客集中的车站、繁华街道开设侦探性专营店，陈列公司所有产品，给顾客以综合印象，售货员的主要任务是观察顾客的采购动向；事业部每周安排一天时间全员出动，3 个人一组、5 个人一群分散到各地调查，有的甚至到竞争对手的商店观察顾客情绪，向售货员了解情况，找店主聊天。调查结束后，当晚回到公司进行讨论，分析顾客消费动向，提出改进工作的新措施。全国经销该公司时装的专营店和兼营店均制有顾客登记卡，详细地记载每一个顾客的年龄、性别、体重、身高、体型、肤色、发色、使用什么化妆品、常去哪家理发店、兴趣、嗜好、健康状况、家庭成员、家庭收入、现时穿着及家中存衣的详细情况。这些卡片通过信息网储存在公司信息中心，只要根据卡片就能判断顾客眼下想买什么时装，今后有可能添置什么时装。思考：这是采用了什么调查方法？

（资料来源：http://wenku.baidu.com/view/5099715a3b3567ec102d8adf.html）

## 第一节　文案调查法

　　文案调查法又叫桌面调查法、间接调查法，是指通过搜集多种历史和现实的动态文献资料，从中摘取与市场调查课题有关的情报，对调查内容进行分析研究的调查方法。当某个市场资料有限，但已经掌握了部分可靠资料，拟对其做出分析时，文案调查则是一种有效的方法。当需要更深入地了解和分析市场的情况时，就需要进行实地调查。文案调查和实地调查是市场调查中相互依存、相互补充的调查方法。

# 一、文案调查法的功能和特点

## （一）文案调查法的功能

在市场调查中，文案调查法具有特殊的地位，它作为市场信息收集的重要手段，一直受到世界各国的极大重视。

如：日本一家公司通过查阅美国有关法律和规定获知了美国对本国商品的定义为，"本国一件商品，美国制造的零件所含价值必须达到这件商品价值的 50% 以上"。根据这条信息，这家公司找到了应对的方法：进入美国的产品共有 20 种零件，在日本生产 19 件，从美国进口 1 件，这一种零件价值最高，其价值超过 50%，在日本组装后再送到美国销售，就成了美国商品，可以直接与美国厂商竞争。

文案调查法的功能具体表现在以下 4 个方面。

**1. 可以发现问题并为市场研究提供重要的参考依据**

（1）市场供求趋势分析　即通过收集各种市场动态资料并加以分析对比，以观察市场发展方向。例如，根据某企业近几年的营业额平均以 15% 的速度增长，由此可推测未来几年营业额的变动情况。

（2）相关和回归分析　即利用一系列相互联系的现有资料进行相关和回归分析，以研究现象之间相互影响的方向和程度，并可在此基础上进行预测。

（3）市场占有率分析　根据各方面的资料，计算出本企业某种产品的市场销售量占该市场同种商品总销售量的份额，以了解市场需求及本企业所处的市场地位。

（4）市场覆盖率分析　是用本企业某种商品的投放点与全国该种产品市场销售点总数的比较，反映企业商品销售的广度和宽度。

**2. 可为实地调查创造条件**

（1）通过文案调查，可以初步了解调查对象的性质、范围、内容和重点等，并能提供实地调查无法或难以取得的市场环境等宏观资料，便于进一步开展和组织实地调查，取得良好的效果。

（2）文案调查所收集的资料还可用来证实各种调查假设，即可通过对以往类似调查资料的研究来指导实地调查的设计，用文案调查资料与实地调查资料进行对比，鉴别和证明实地调查结果的准确性和可靠性。

（3）利用文案调查资料并经适当的实地调查，可以用来推算所需掌握的数据资料。

（4）利用文案调查资料，可以用来帮助探讨现象发生的各种原因并进行说明。

**3. 可用于有关部门和企业进行经常性的市场调查**　实地调查与文案调查相比，更费时、费力，组织起来也比较困难，对一般的企业来说，无法频繁实施；而文案调查具有较强的机动性和灵活性，能根据企业经营管理的需要，随时收集、整理和分析各种市场信息，定期为决策者提供有关市场调查报告。

**4. 不受时空限制**　从时间上看，文案调查不仅可以掌握现实资料，还可获得实地调查无法取得的历史资料。文案调查获得的资料时间跨度长、数据量大。对于一手数据，由于研究者在时间、成本、实施难度等方面的限制，收集足够大的数据量有一定困难，而二手数据由于是从庞大的数据源中抽取出来的，因此样本量可以足够大。与一手数据只能提供截面数据相比，二手数据的时间跨度上较长，可支撑研究者做纵向研究。从空间上看，文案调查既能对企业内部资料进行收集，还可掌握大量的有关市场环境方面的资料。

---

**知识拓展**

### 日本利用公开信息获得情报的案例

1964 年，《人民日报》发表了题为"大庆精神大庆人"的报道，日本情报机构根据该报道判断：中国的大庆油田确有其事。

1966 年的一期《中国画报》上刊登了一张王进喜站在钻机旁的照片。日本情报机构根据照片上王进喜的服装衣着确定，大庆油田可能在冬季零下 30℃的齐齐哈尔与哈尔滨之间的东北北部地区。来中国的日本人坐火车时发现，来往的油罐车上有很厚一层土，从土的颜色和厚度日本情报机构进一步得出"大庆油田在东北三省偏北"的结论。

1966 年 10 月，《人民中国》杂志上发表了王进喜的事迹介绍。报道中提到："王进喜一到马家窑看到大片荒野说：'好大的油海！我们要把石油工业落后的帽子丢到太平洋去。'"日本情报机构从伪满旧地图上找到了马家窑。从报道中人拉肩扛钻井设备的运输情况判明井场离火车站不会太远。报道说："王进喜是玉门油矿的工人，是 1959 年到北京参加国庆之后志愿去大庆的。"日本情报机构由此断定：大庆油田在 1959 年以前就开钻了。对于大庆油田的规模，日本情报机构分析后认为："马家窑是大庆油田的北端，即北起海伦的庆安，西南穿过哈尔滨与齐齐哈尔之间的安达附近，包括公主岭西南的大赉，南北四百公里的范围。"为了弄清楚大庆炼油厂的加工能力，日本情报机构从 1966 年的一期《中国画报》上找到了一张炼油厂反应塔照片，从反应塔上的扶手栏杆（一般为一米多）与塔的相对比例推知塔直径约 5 米，从而计算出大庆炼油厂年加工原油能力约为 100 万吨，而在 1966 年大庆已有 820 口井出油，年产 360 万吨，估计到 1971 年大庆年产量可增至 1200 万吨。通过对大庆油田位置、规模和加工能力的情报分析后，日本决策机构推断："中国在近几年中必然会感到炼油设备不足，买日本的轻油裂解设备是完全可能的。"有了如此多的准确情报，日本人迅速设计出适合大庆油田开采用的石油设备。当我国政府向世界各国征求开采大庆油田的设计方案时，日本人一举中标。

上面的文字显示，日本人仅仅使用 4 个信息来源——《人民日报》《中国画报》《人民中国》和油罐车观察的 5 条信息，就获得了 5 个重要情报：大庆油田的真实性、位置、开钻时间、规模及产量。

（资料来源：曾忠禄．情报背后的情报．情报杂志，2016 年，35 卷第 2 期）

---

## （二）文案调查法的特点

与实地调查法相比，文案调查法具有以下特点：

1. 调查所搜集的是已经加工过的二手资料。
2. 文案调查以收集文献性信息为主，具体表现为各种文献资料。
3. 文案调查偏重于从动态角度收集资料，即侧重于收集反映市场变化趋势的历史及现实资料。

4. 文案调查不受时空的限制，可以获得实地调查难以取得的大量历史资料。

### （三）文案调查法的局限性及文案调查资料的评估

**1. 文案调查法的局限性**

第一，资料过时，不能反映市场现状。这种方法依据的主要是历史资料，过时资料比较多，现实中正在发展变化的新情况、新问题难以得到即时反映。

第二，所收集、整理的资料和调查目的往往不能很好吻合，关联性较差。由于数据不是为具体设计的研究主题而定制，因此研究者在使用数据时不能很好地控制变量，从而无法实现研究目的。

调查所需的是每月商品销售额资料，而我们所掌握的是全年商品销售额资料，尽管可计算平均月销售额，但每月的实际情况如何不得而知。在分析市场时，调查人员对收入水平特别感兴趣，但所获得的收入研究信息可能是以不同测量方式得到的，如总收入、税后收入、家庭收入等，与调研人员实际需要不能很好地吻合。例如，某豪华轿车公司特别关注年收入在20万元以上家庭百分比，但所收集到的二手资料却只能提供年收入在10万元以上的家庭的百分比。

第三，文案调查要求调查人员有较广的理论知识、较深的专业知识及技能，否则将感到无能为力。此外，对所收集的二手资料的准确程度较难把握，有些资料是由专业水平较高的人员采用科学的方法收集整理，准确度较高，而有的资料只是估算和推测的，准确度较低，因此，应明确资料的来源并加以说明。

第四，非公开数据获取困难。在计算机与互联网技术蓬勃发展的时代，研究者能够较为方便地获取大量的、公开的二手数据。但是对于某些非公开的二手数据，其可获取性还是较差的，有时还需要付出一些经济成本。

第五，数据评估费时。虽然二手数据获取比较方便，收集效率较高，但由于二手数据缺乏细节性的信息，因而研究者需要花时间了解数据的收集目的、方法、变量定义等方面的信息评估、辨别并截取适用研究目的的数据。

**2. 文案调查资料的评估**　在使用二手数据前，必须进行质量评估，常规的评估见表4-1。

表4-1　二手资料的评估

| 标准 | 要点 | 说明 |
|------|------|------|
| 规则和方法 | 数据收集方法 | 数据应该可靠、有效，能够解决问题 |
| | 回答率 | |
| | 数据的质量 | |
| | 抽样技术 | |
| | 样本规模 | |
| | 问卷设计 | |
| | 现场工作 | |
| 误差和精确度 | 检查存在于方法、研究设计、抽样、数据收集、数据分析和报告中的误差 | 通过比较不同来源的数据评价数据的精确度 |
| 及时性 | 收集数据和公开数据间的时滞更新的频率 | 辛迪加服务公司定期更新普查数据 |
| 目的 | 为什么要收集这些数据 | 目标将决定数据的相关性 |

续表

| 标准 | 要点 | 说明 |
|---|---|---|
| 性质 | 定义关键变量 | 如果可能的话，重新整理数据以增强其有用性 |
| | 测量单位 | |
| | 所用类型 | |
| | 所检测的关系 | |
| 可靠性 | 信息来源的专业水平、可信度和声誉 | 应该从原始的而非转手的来源获得数据 |

## 二、文案调查的渠道和方法

### （一）文案调查的渠道

文案调查应围绕调查目的，收集一切可以利用的现有资料。从企业经营的角度讲，现有资料包括企业内部资料和企业外部资料。因此，文案调查的渠道也主要是这两种。

**1. 企业内部资料的收集**　主要是收集企业经济活动的各种记录，主要包括以下四种：

（1）业务资料　包括与企业业务经济活动有关的各种资料。如订货单、进货单、发货单、合同文本、发票、销售记录、业务员访问报告等。

（2）统计资料　主要包括各类统计报表，企业生产、销售、库存等各种数据资料，各类统计分析资料等。

（3）财务资料　财务资料反映了企业劳动和物化管理占用和消耗情况及所取得的经济效益，通过对这些资料的研究，可以确定企业的发展前景，考核企业经济时效。

（4）企业积累的其他资料　包括平时剪报、各种调研报告、经验总结、顾客意见和建议、同业卷宗及有关照片和录像等。根据顾客对企业经营商品质量和售后服务的意见，可以对如何改进加以研究。

**2. 企业外部资料的收集**　外部二手数据的来源有三类：公开资料、计算机数据库、辛迪加数据。

（1）公开的资料　公开的资料指那些可以从图书馆或政府部门及其他实体（如贸易协会等）获得的公开资料。公开的资料种类繁多，但习惯将其分为政府数据和普通商业数据。其中政府数据主要包括普查数据和其他政府数据；普通商业数据包括指南、目录、索引和其他非官方统计数据。

1）政府数据：

①人口普查：人口普查是政府提供的最具市场价值的二手数据。各国政府均非常重视人口普查，一般都相隔一定周期地进行全国性人口普查。政府举行全国性人口普查需要花费相当大的财力、物力和人力，所以普查的周期一般是 10 年左右。在两次普查之间，一般还要进行人口抽样调查。人口普查数据里含有详尽的人口统计数据、经济统计数据和社会统计数据，这些数据是很多市场调查的重要内容。

例如：某公司必须决定在哪里开设一个新的购物中心、购物中心里该安排些什么样的商店。这些决策要求：人口普查信息，说明能光顾这些建议店址的人群是什么样的人；零售业普查信息，如可能的竞争者有谁、当地的工资水平有多高；建筑业普查信息，如各城市的土地开发情况、承包商和建筑成本等。

NOTE

②基本单位普查：我国基本单位普查对象为中华人民共和国境内除城乡住户和个体工商户以外的所有法人单位及其所属的产业活动单位。

③经济普查：除人口普查和基本单位普查数据之外，对市场营销研究机构和委托研究的企业而言，非常主要的普查数据还有农业普查、工业普查、第三产业（服务业）普查及综合性经济普查等重要的数据。

④其他政府数据：政府除了有普查数据之外，还发布或出版大量的统计数据。

非常有用的统计数据有工业增加值增长速度、工业主要产品产量及增长速度、全社会客货运输量、城镇固定资产投资情况、各地区城镇投资情况、社会消费品零售总额、居民消费价格分类指数、各地区居民消费价格指数、消费者信心指数、宏观经济景气指数等月度报告的数据，还有一些中药的按季度、年度报告的数据。政府部门还有一些定期出版物，如《中国统计年鉴》《中国发展报告》《中国工业经济统计年鉴》等。

与国外的情况有所不同，我国政府出版物的价格和商业出版物价格没有显著差异，而欧美国家，政府数据几乎都是免费提供，最多收取象征性的费用。因此，在我国将外部二手数据划分为政府数据和商业数据的意义并不大，在实际中大多数研究者更喜欢按出版物类型进行划分。

2）普通商业数据：普通商业数据也非常丰富，从形式上看有书籍、杂志、报纸、专题报告、行业数据等大量公开出版的数据，也有帮助研究者搜索有关数据的工具出版物，如指南、目录、索引和其他非官方统计数据。

①年鉴类：如《世界经济年鉴》《中国对外经济贸易年鉴》《欧洲金融年鉴》《国际收支年鉴》《国际贸易统计年鉴》《美国统计摘要》等。

②报纸类：如《经济日报》《国际商报》《中华工商时报》《21 世纪经济报道》等。

③杂志类：如《经济研究》《国际贸易》《世界经济》《管理世界》《商业评论》《销售与市场》等。

④工具类：指南能帮助确定其他重要的数据来源。例如以下 3 个指南类的商业信息网：中国商业数据中心（http：//www.chinabizdata.com.cn/）、中国商业情报网（http：//www.askci.com/index.html）、互创中国商业信息网（http：//www.ebankon.com.index.html）。

美国常用的是《美国市场营销协会系列丛书》《商业信息资源》《市场情报指南》《商业与市场分析数据源》等。目录中最常见的是各类企业和经理人名录。如《世界 500 强中国企业名录》《中国名牌/驰名商标企业名录》《中国信息化 IT 经理人名录》等。索引是搜索特定主题文献的最重要的工具。国内最知名的索引工具有《中文社会科学引文索引》（CSSCI）、《中国期刊目录名索引》和《全国报刊索引》。

（2）计算机数据库　计算机数据库包含已经被处理成可以机读并可以电子传送的信息。相对于印刷数据而言，计算机数据库有很多优点：数据及时、更新快、研究过程更全面、成本低、方便获取。

计算机数据库可分为在线数据库、因特网数据库、脱机数据库。在线数据库由通过网络与计算机相连的中心数据库构成。因特网数据库可在因特网上被获取、检索和分析，还可从因特网上下载数据，并把数据存储在计算机或者辅助的存储设备里。脱机数据库将信息储存在磁盘和 CD-ROM 上以供使用。不必使用外部网络，用户就能在当地使用脱机数据库。

在线、因特网和脱机数据库又可进一步分类为文献摘要、数字、全文、目录或专门数据库：①文献摘要数据库：由期刊、杂志、报纸、市场营销研究、科技报告、政府文件等文章的引用信息构成，它们往往提供所引用文章的摘录或者概要。例如 ABI/Inform。②数字数据库包含数字和统计信息。例如一些数字数据库提供关于经济和特定行业的时间序列数据（根据时间排列的数据），如 Data Resources、Evans Economics。③全文数据库：包含数据库源文件的全文。例如 Mead Data Central 通过它的 NEXIS 服务，提供成百个商业数据库的全文链接，包括所选的报纸、期刊、公司年度报告和投资公司报告。④目录数据库：提供有关个人、组织和服务的信息。例如全国电子黄页目录，含有国内制造商、批发商、零售商、专业人员和服务性组织的名字、地址和标准行业分类码等信息。⑤专门数据库：例如 Profit Impact of Market Strategies（PIMS）数据库是关于企业战略研究和分析的及时更新的数据库。

（3）辛迪加数据　辛迪加数据指的是一种高度专业化和标准化的外部二手数据。信息供应商定期或不定期地收集和出售共同数据，以满足多个客户的信息需求。这些数据并不是为了某个特定的营销研究问题而收集的，但提供给客户公司的数据和报告可以被个性化以满足特定需求。例如可以按客户的销售区域或产品线撰写报告。

辛迪加数据主要应用于：①测量消费者态度及进行民意调查。例如美国的盖洛普民意调查就是询问公众关于国内事件、国际事件、私人问题等的态度和意见。②确定不同的细分市场。营销研究人员通过对态度等的测量和研究，从而可根据这些变量进行市场细分并可对每一细节市场的特性进行描述。③进行长期的市场跟踪。公司进行市场跟踪可以监控不同时期的产品销售情况和市场份额，从而为公司采取相应的策略提供必要的信息。

辛迪加数据的主要优点是每一个需要者获得信息的成本相对低廉及获取信息的速度非常快。可以根据测量单位（家庭/消费者或机构）对辛迪加数据进行分类。家庭/消费者数据可通过调查、日记固定样本组或者电子扫描服务来获得。当以机构作为测量单位时，数据可以从零售商、批发商或者工业公司处获得。

### （二）　文案调查的方式和方法

**1. 文案调查的方式**　在文案调查中，对于企业内部资料的收集相对比较容易，调查费用低，调查的各种障碍少，能够正确把握资料的来源和收集过程，因此，应尽量利用企业的内部资料。

对于企业外部资料的收集，可以依不同情况采取不同的方式。

（1）具有宣传广告性质的资料，如产品目录、使用说明书、图册、会议资料等，是企、事业单位为扩大影响、推销产品、争取客户而免费面向社会提供的，可以无偿取得；而对于需要采取经济手段获得的资料，只能通过有偿方式获得，有偿方式取得的资料构成了调查成本，因此，要对其可能产生的各种效益加以考虑。

（2）对于公开出版、发行的资料，一般可通过订购、邮购、交换、索取等方式直接获得，而对于对使用对象有一定限制或具有保密性质的资料，则需要通过间接的方式获取。随着国内外市场竞争的日益加剧，获取竞争对手的商业信息已成为市场调查的一个重要内容。

**2. 文案调查的方法**　要想研究现有资料，必须先查找现有资料。对于文献性资料来说，科学地查寻资料具有十分重要的意义。从某种意义上讲，文案调查方法也就是对资料的查询方法，文献性资料的查询方法主要有以下几种。

（1）参考文献查找法　参考文献查找法是利用有关著作、论文的末尾所开列的参考文献目录，或者是文中所提到的某些文献资料，以此为线索追踪、查找有关文献资料的方法。采用这种方法，可以提高查找效率。

（2）检索工具查找法　检索工具查找法是利用已有的检索工具查找文献资料的方法。依检查工具不同，检索方法主要有手工检索和计算机检索两种，现分别介绍如下。

①手工检索：进行手工检索的前提是确定检索工具，因收录范围不同、著录形式不同、出版形式不同而有多种多样的检索工具。以著录方式来分类的主要检查工具有三种：一是目录，它是根据信息资料的题名进行编制的，常见的目录有产品目录、企业目录、行业目录等；二是索引，它是将信息资料的内容特征和表象特征录出，标明出处，按一定的排检方法组织排列，如按人名、地名、符号等特征进行排列；三是文摘，它是对资料主要内容所做的一种简要介绍，能使人们用较少的时间获得较多的信息。

②计算机检索：与手工检索相比，计算机检索不仅具有检索速度快、效率高、内容新、范围广、数量大等优点，而且还可打破获取信息资料的地理障碍和时间约束，能向各类用户提供完善的、可靠的信息，在市场调查电脑化程度提高之后，将主要依靠计算机来检索信息。

应当指出的是，文案调查所收集的资料，有些十分真实、清楚、明了，可直接加以利用；而有些则杂乱无章且有失真情况发生，对此还应该经过加工和筛选，才能最终得出结论。

对大多数调查而言，互联网都是很重要的信息来源。互联网上的原始电子信息比其他任何形式存在的信息都更多，这些电子信息里面有很多内容是调查所需要的情报。

## 三、文案调查体系的建立和步骤

### （一）文案调查体系建立的必要性

企业除了可根据有关调查课题进行文案调查外，还应在平时有目的、有系统地搜集并积累各类情报市场资料，为开展经常性的文案调查打下良好的基础。

我国有些企业信息机构人员不健全，信息反馈不灵敏，调查预测工作薄弱，已经直接影响企业的管理水平和经济效益。因此，加强文案市场调查体系的建设，已成为当务之急。按照信息要及时、准确、系统的要求，从当前情况出发，应着手抓好以下几项工作：

第一，制定一套文案调查的指标体系和信息搜集、处理、保存、传输的工艺流程，逐步配备现代化的信息工具和手段，加快信息的流动速度。

第二，根据企业生产经营和长远发展的需要，配备专门的调研人员，培养一支精干、有力的情报队伍。

第三，加强企业内部信息管理，提高信息传递速度，保证信息质量，增强管理机构利用信息的能力，力求用最短的流程、最快的速度、最简便的传递方式解决企业经营管理过程中的决策、计划等一系列战略、策略问题，发挥信息在企业中的"耳目"作用。

第四，建立和逐步扩大企业与外部市场信息的联系，使内部和外部的市场信息工作形成一个有机的体系。一方面可借助企业外部的各种情报信息网络获得必要的信息，另一方面企业的各种信息也可通过它们在全国范围内扩散。

### （二）文案调查资料的储存管理和信息服务

**1. 文案调查资料储存和管理方式**　在文案调查资料中，对于可供长期使用的资料，需要进行合理的储存和保管。文案调查资料储存和管理方式主要有两种：一是经济档案式的储存和管理方式；二是采用电脑进行储存和管理。

（1）经济档案式的储存和管理方式　为反映市场发展变化过程，便于企业科学积累资料，企业应针对各自的特点为资料建立经济档案，这是文案调查资料管理的重要内容。

（2）电脑储存和管理方式　电脑储存和管理方式是把与企业经营有关的各种信息资料输入或用代码储存到电脑中，利用电脑对资料进行储存、查找、排序、累加和计算，这种方式不仅可以大大节省储存时间和空间，而且还可以提高数据资料处理的效率和精度。

**2. 杜威十进位分类法**　杜威十进位分类法（Dewey Classification）是一种良好的分类方法，尤其适用于经济档案管理。它是将企业的各种资料，按照其来源加以妥善归类，并作索引，以便于寻找相关资料。

**3. 资料储存和管理要点**

（1）储存方法　应先根据实际情况编好基本资料目录，按因地制宜、先易后难、逐步完善的原则，有计划、有重点地收集积累资料，使市场资料的收集和贮存做到经常化、制度化。

（2）储存工具　应根据资料性质和企业现有条件选择储存工具，对资料加以妥善保管，一般所用的工具有资料袋、文件夹、录音机、录像机、电脑等。

（3）储存地点　储存地点应根据资料的重要程度加以选择，通常需要有防火、防毁、防盗等措施，以保证资料的安全。

（4）储存时间　要注意资料的时效性，要定期检查分析，对过时资料应果断销毁，以提高储存资料的质量。

### （三）　文案调查的步骤

文案调查过程，实际上也是资料筛选和归纳的过程。为了提高文案调查的效率，调查人员应结合调研的内容将文案调查分成若干阶段。一般来说，文案调查可分以下 6 个步骤。

第一步：明确所需信息。这些信息可能是初步的、一般性质的（如咽喉类药品的年销售量），也可能是具体的（如天津市场咽喉类药品的年销售金额和数量）。不过，当市场调研者对研究主题不太熟悉时，开始辨别的信息可能是比较粗浅的，只有对主题进一步了解后，才能详细辨别出符合调查目的的信息。

第二步：寻找信息源。这时，文案调查者应使用各种检索工具，如索引、指南、摘要等，以发现与研究主题有关的信息源和信息资料。

第三步：收集二手资料。在确定信息源后，调查者开始收集所需资料。一方面要尽可能多地收集丰富的资料，另一方面一定要记录下这些资料的详细情况（作者、文献名、刊名或出版商、刊号、出版时间、页码等），以便在后面检查辨别资料的正确性时，能准确地查到其来源。

第四步：编排整理并过滤资料。收集到的二手资料，要真正做到"为我所用"，必须先"去伪存真"，摒除一些虚伪的或不能反映事物本质的信息，然后再将零乱的资料加以分类整理，或者制成图表，以便分析和比较。

第五步：补充、完善所需资料。通过对已收集的资料进一步加工整理，针对市场调查所需信息的要求，明确欠缺资料或不完整信息，并分析其欠缺或不完整对预测决策的影响程度，必要时再补充二手资料或收集原始资料来满足所需。

第六步：分析信息，撰写调研报告。收集到较完整的二手资料后，采用科学的方法加以分析，提出恰如其分的意见或建议，并通过调查报告或其他形式反馈到策划人手中。

# 第二节　访问法

对市场现象进行调查研究，需要获得大量的第一手资料，而第一手资料就需要采用实地调查的方法进行收集。实地调查法就是观察者在市场现象发生变化的现场，观察现象发展变化的过程，或询问事情发生的过程、结果，由调查对象进行回答，或有意识地改变有关影响因素，来观察市场现象在这些因素影响下的变动情况，收集市场现象有关资料，以认识市场现象的本质特征和发展规律。实地调查法主要包括访问法、观察法。在市场调查中，常需要对某个专题进行全面、深入了解，同时希望通过访问、交谈发现一些重要情况，要达到此目的，就需要采用访问法。

## 一、访问法的概念与特点

访问法是指将所拟调查的事项，以当面、电话或书面方式向被调查者提出询问，以获得所需资料的调查方法。它是一种最常用的市场调查方法。

访问法的特点在于整个访谈过程是调查者与被调查者相互影响、相互作用的过程，也是人际沟通的过程。

**1. 直接性**　即访谈双方直接沟通感情，直接收集信息资料。如在询问中双方直接交谈，对所提出的调查事项如不明确或不理解，可以当面说明；或对被调查者未能表达清楚的内容可以当即补充、更正；有时被调查者会有顾虑，不愿坦率交谈，则可适当开导，沟通思想，活跃谈话气氛；同时，当面交谈，现场记录，对一些不符合实际的材料可以当场核实；可按调查内容逐项提问，不致遗漏；而且对方所回答的问题都是本人见解，其代表性真实可靠；对只愿口谈而不愿笔写的被调查者，便可直接获得答案。

**2. 调查结果受访谈双方的态度和素质的影响**　如被调查者是否认真负责地提供资料，即肯不肯回答问题、回答多少、真实程度如何，都会影响调查结果；在面对面询问中，被调查者往往根据调查人员的诚意、谈吐及行为来决定自己是否予以支持与合作，也就是说调查人员的性别、年龄、服饰、仪表、气质、风度、口音、表达能力等都会对被调查者产生影响，从而影响调查结果。

## 二、访问法的主要类型

访问法有多种具体的形式，可以从不同角度对其进行划分。如按照访问方式不同，可分为直接访问和间接访问。直接访问，是指调查者和被调查者进行面对面的交谈。间接访问，是指访问者通过电话或书面问卷工具对被调查者进行的访问。又如按照访问内容不同，可分为标准化访问和非标准化访问。标准化访问，是指由调查者按照事先拟好的调查表的具体项目，有顺序地依次发问，让被调查者作答。非标准化访问，是指调查者按照一个粗略提纲与被调查者自由交谈，了解情况。我们通常采用的划分方法是根据调查人员与被调查者接触方式的不同，具体分为个人访问、邮寄访问、电话访问、留置调查等几种形式。

### （一）个人访问

个人访问，又称面谈调查，是指访问者通过面对面地询问和观察被访问者而获取市场信息的方法。它是市场调查中最通用和最灵活的一种调查方法。访问中要事先设计好问卷或调查提纲，调查者可以依问题顺序提问，也可以围绕调查问题自由交谈。在谈话中要注意做好记录，以便事后整理分析。个人访问的交谈方式，可以采用个人面谈、小组面谈和集体面谈等多种形式。

**1. 个人访问的优缺点**

（1）个人访问的优点

①富于伸缩性：个人访问具有高度伸缩性，可采取任何一种问卷询问。如果被调查者同意的话，还可以在访问过程中进行录音或录像，以确保访问所得资料的翔实与完整。在访问过程中，一旦发现被调查者不符合样本条件，可立即终止访问。

②具有激励效果：个人访问还具有高度的激励效果，可以给被调查者充分发表意见的机会，以达到个人情绪上的满足，或是与他人议论问题以获得知识上的满足。有些被调查者如果知道是有关某类产品的调查，他们极有可能愿意与调查者面对面地讨论该类产品，以便自己有发表意见的机会，这样，被调查者的合作可能性自然提高了，回答率也就相应提高。

③可获得较多资料：个人访问调查方式时间较长，可深入询问，有些问题，被调查者可能并不了解，需要调查者的解释才能明白，这样可减少不完整答案或欠缺答案；只有个人访问方式，才能做到这一点，使答案误差减少到最小程度。

④能控制问题的次序：问题的次序往往会影响被调查者的答案。个人访问能控制问题的次序，使被调查者的答案不会发生偏差。当被调查者因某种原因不愿意回答或回答困难时，可以解释、启发、激励被调查者合作，完成调查任务。

⑤有观察机会：在个人访问时可观察被调查者所回答的问题是否正确，如年龄、社会阶层、种族等问题可通过观察来核对。

（2）个人访问的缺点

①费用高，时间长：调查的人力、经费消耗较多，对于大规模、复杂的市场调查更是如此。所以，这种方法比较适用于小范围内使用。

②询问偏见：面对面的交谈，调查员的态度、语气等有时难免对被调查者产生影响，以致产生询问偏见。因此，个人访问对调查人员素质要求较高。调查质量易受访问者工作态度、提问技巧和心理情绪等因素的影响。

③对调查人员的管理比较困难：有的调查人员出于便利或急于完成调查任务的目的，随意破坏对样本的随机性要求和其他质量要求；有的调查人员在取得一些资料后即擅自终止调查做出结论，甚至还有人根本不进行调查，自己编造调查结果。这些做法将严重影响调查结果的客观性。

④面谈法通常要求调查人员亲自到被调查者单位或家庭中调查，对于规章制度较严的单位和对来访者有戒心的家庭，采用此法会遇到不少困难。

**2. 个人访问方式的选择**　欲取得良好的访问效果，访问方式的选择是非常重要的。一般来讲，个人访问有三种方式。

（1）自由问答　是指调查者与被调查者之间自由交谈，获取所需的市场资料。一般在调

NOTE

查开始时采用此种方式。自由问答方式可以不受时间、地点、场合的限制，被调查者能不受限制地回答问题，调查者则可以根据调查内容和时机、调查进程，灵活地采取讨论、质疑等形式进行调查，对于不清楚的问题可采取讨论方式解决。

例如：调查者可以问："您认为某商品的质量如何？""您想购买哪种牌子的某商品？""您觉得某商品的市场前景如何？"

实践证明，这种询问方式有利于消除隔阂，创造良好的交谈气氛。但调查者要注意把握引导谈话中心和主题，避免走题和延误调查时间。

（2）发问式调查　又称倾向性调查，是指调查人员事先拟定好调查提纲，面谈时按提纲进行询问。

例如：调查洗衣粉市场，可以这样排列调查问题：您选用什么牌子的？为什么？这种品牌的优点有哪些？

通过询问可以判断消费者对商品的偏爱程度及偏爱理由，判断市场占有率，弄清企业开拓市场和改进商品的努力方向。这种方式谈话简明，节省时间，便于统计归总数据。可以采用一问一答的形式进行，但要注意调节气氛，使被调查者不至于有被"审问"的感觉，注意消除被调查者的误会和隔阂，避免产生调查误差。这种方式对于较熟悉的调查对象效果较好。

（3）限定选择　又称强制性选择，是指个人访问调查时同时列出说明商品特征的句子，被调查者从中选择接近或赞同的句子进行回答的询问方式。

例如：询问购买某品牌牙膏时，有这样几个句子供被调查者选择：

A. 某牙膏是名牌产品

B. 某牙膏质优价廉

C. 某牙膏有独特效果

被调查者可以从问句中按自己对某牙膏的认识、喜好、偏爱程度进行选择，调查者则可从中进行汇总分析。在大量数据汇总中，如果选择 A 的比重大，则初步说明更多的人看中的是这种牙膏的名牌形象，其购买受品牌影响较大；如选择 B 的比重大，则说明较多的人看重商品的性价比；而选择 C 的人多，则表明人们着眼于这种商品的实用性。这样，企业就会依据这些信息改进产品，开拓有吸引力的市场，制定有效的促销策略。

### （二）邮寄访问

邮寄访问是指调查人员将事先设计印制好的调查问卷或调查表格，通过邮政系统寄给已选定的被调查者，由被调查者按要求填写后再把问卷寄回，调查者根据对调查问卷或调查表格的整理分析得到市场信息的一种调查方式。邮寄访问因其具有调查问题的专业性和标准性、调查对象的广泛性与针对性、完成问卷的经济性与简便性等特点，在国内外市场调查中被广泛采用。

**1. 邮寄访问的形式**

（1）普通邮寄访问　普通邮寄访问，就是将问卷通过邮局寄给选定的被访者，并要求他们按规定的要求和时间填写好问卷，然后将问卷寄回调查机构。其一般步骤如下：

①根据研究目的确定调查对象。一般通过科学抽样，这一步工作较困难，因为确定邮寄对象非常困难，事先要收集调查对象的名单、通信地址和电话号码。

②事前接触。问卷发放前，通过电话、明信片或简短的信件等与调查对象进行事先沟通，

NOTE

寻求其支持与合作。这种事先接触往往可以明显地提高回收率。

③向调查对象寄出调查邮件。典型的调查邮件一般包括5个部分：贴足邮资写清调查对象地址的信封、致调查对象的信、调查问卷、贴足邮资写清调查机构地址的回邮信封、谢礼或有关谢礼的许诺。调查邮件的质量对回收率有直接影响。措辞恳切的信、印刷规范和排版美观的问卷、质量良好的信封和精美小礼品，都有可能引起调查对象的重视，促使他们填写和寄回调查问卷。

④事后接触。问卷发放一段时间后，通过电话或简短的提示信与调查对象再次接触，询问其是否收到了问卷，请求其按时寄回问卷。

⑤收回问卷并整理资料。整理资料的过程中要注意给问卷编码、登记问卷寄回日期、登记寄回的地址及登记寄回的数量。

⑥如果发现回收率没有达到要求，再打电话、寄问卷。如果仍没有达到要求，可采取一定的措施来修正低回收率所造成的误区。一种方法是如果调查是非匿名的，可以对没有回答问题的调查对象进行随机抽样，最后通过面访等方式来提高应答率；另一种方法是如果调查是匿名的，掌握没有回答的群体特征，然后再抽取这一特征的小样本通过面访等方法来提高应答率。

（2）固定样本邮寄访问　固定样本邮寄访问是指事先抽取一个样本，在征得所选样本同意后由调查机构向这个样本中的成员定期发送调查问卷，被访者按问卷要求填写问卷后并将其寄回调查机构。相对于一次性的普通邮寄访问，固定样本邮寄访问会大大提高整体的回答率。

例如：我国对城乡居民选定一批固定人群进行家庭收支调查，每隔一定时期（一般是按月或按季）记录其经济收支情况并定期向媒体发布。又如企业可以利用固定消费者样本连续调查得到关于新产品的渗透情况，广告投入与购买的关系，消费者对品牌忠诚度，消费者购买路线、购买方法、购买日期和购买率等信息。

与普通邮寄访问相比，固定样本邮寄访问有以下几个特点：①固定样本邮寄访问中，被访者多次参与调查，相对于普通邮寄访问，被访者更熟悉问卷填写的要求，资料相对来说准确性更高。②固定样本邮寄访问，必须提前联系样本单位，相对于普通邮寄访问的事前接触，问卷的回收率更高。③固定样本邮寄访问，初次联系时，被访者需要填写一份背景材料问卷，一般包括家庭人口、年龄、受教育程度、收入等问题，这样有利于问卷的发放和收回；而普通邮寄访问尽管有事前接触，但并不了解被访者的背景资料，影响问卷的回收率。

**2. 邮寄访问的优缺点**

（1）邮寄访问的优点　①访问区域较广。可以扩大访问区域，增加更多的调查样本数目，只要通邮的地方，都可以进行邮寄访问。此外，提问内容可增加，信息含量大。②调查费用较低。调查成本较低，只需花费少量邮资和印刷费用。③被调查者有充分的时间填写问卷，如果需要，还可以查阅有关资料，以便准确回答问题。且被调查者无时间上的压力，回答质量较高。④无调查者的偏见。邮寄访问可以避免被调查者受调查者态度、情绪等因素的影响，资料更客观。⑤采取匿名形式开展调查，有利于降低调查对象对隐私问题的拒答率。⑥无须对调查人员进行专门的培训和管理。

（2）邮寄访问的缺点　①回收率低。征询回收率一般偏低，原因多种，或是被调查者对问题不感兴趣，或是问卷过长或复杂，被调查者没有时间或没有能力接受调查。②时间花费较多，信息反馈时间长，影响资料的时效性。③容易产生差错。无法判定被调查者的性格特征，

NOTE

也无法评价其回答的可靠程度，如被调查者可能误解问题意思、填写问卷可能不是被调查者本人等，从而破坏了样本的代表性。④对被调查者的要求较高。要求被调查者要有一定的文字理解能力和表达能力，对文化程度较低者不适用。

由于邮寄访问存在一定的缺陷，为了使调查顺利进行，提高回收率和准确性，需要借助一定的方法和技巧，主要是体现在调查问卷或调查表格的设计上。较适宜的方法有：①跟踪提醒。采用跟踪信来提醒被调查者回答问卷，是增加回收率的有效办法之一。该方法需要雄厚的资金支持并能坚持不懈。②物质激励。随问卷附上有某种价值的东西，如优惠购物券、小礼物等，将有助于提高回收率。但这种方法，一方面要衡量成本的支出效用，另一方面虽能增加回收率，却不一定能保证答案的正确性。③提前通知。利用电话或信件方式提前通知被调查者，是有效增加问卷回收率和加快回收速度的有效办法。④附空白信封并贴上邮票。附上回寄信封并贴上足够的邮票、在信封上手写地址而非简单地贴上地址签等，会使被调查者感到亲切、真诚。调查问卷由权威机构开展可增加问卷回收率。⑤设计问题时，对提出的问题要便于问答，便于汇总；问题要少，篇幅要短，以免被调查者因被占用时间过多而失去兴趣；要求回答的问题，最好采用画圈、打钩等选择形式，避免书写过多。

### （三） 电话访问

电话访问是指调查人员通过电话向被调查者询问有关调查内容和征询市场反应的一种调查方法。

#### 1. 电话访问的优缺点

（1）电话访问的优点　①经济。三种调查方式中以电话访问费用最低。②高效。对于一些急于收集到的资料而言，采用电话访问效率最高。例如，调查观众有无收看某一电视节目，以打电话方式来调查最为快速。③适宜访问不易接触到的被调查者。有些被调查者不容易接触到，例如工作繁忙，或个人访问方式不易得到接纳，短暂的电话访问则可能接受。④统一性。电话访问多按已拟定好的标准问卷询问，因此，资料的统一性程度较高。⑤真实。对有些问题，例如有关私人方面的问题，在面对面的情况下，被访者多感觉不自然，尤其是女性，而在电话访问中却能获得较真实的回答。如受教育水平、节育及分期付款等问题。⑥易控制。电话访问员的声调、语气及用字等是否正确，可由研究员予以纠正。

（2）电话访问的缺点　①总体欠完整。电话访问法是根据电话用户名单作为抽样基础，但并非所有的消费者或家庭都有电话。因此，总体欠完整。有的消费者在电话簿上登记的是单位电话，如果做消费者调查，显然总体名单中会漏掉这些人。②问题不能深入。电话访问法询问时间不能太长，故通常问卷较短。因此，有些问题不如个人访问法那样深入，不能使用较复杂的态度测量表。要求被调查者对某种问题发表意见时，只能作简短说明。③访问的成功率可能较低。随机拨打的电话可能是空号或错号；被访对象可能不在或不愿意接受调查，可能挂断电话或因其太忙不愿意接受调查等都会影响访问的成功率。④对于回答问题的真实性很难做出准确的判断。电话访问主要应用于民意测验和一些较为简单的市场调查项目。要求询问的项目要少，尽量采用二项选择法提问，时间要短。针对电话访问的这个缺点，调查前可寄一封信或卡片告知被访者将要进行电话访问的目的和要求，以及奖励办法等。

电话访问主要是在企业之间，如信息中心、调研咨询公司等借助电话向企业了解商品供求及价格信息等。

**2. 电话访问应注意的事项**

（1）可在电话访问前，先将调查问卷寄至被调查者，然后电话向其确认后，预约访问的时间。

（2）调查者要在预约时间主动打电话给被调查者。如果正遇到对方不方便交谈时，应礼貌地再预约时间。

（3）在进行电话访问时，应耐心地等待对方把话讲完，不应插话或打断对方。

（4）在进行电话访问时，调查者必须对接听电话的人进行过滤，检查是否符合调查条件，如条件不符应适时终止访问。

（5）每次访问时间不要太长，最好在 10 分钟以内完成，通常为 15 分钟，最多不超过 20 分钟。时间太长、选项太多、题数太多及内容太长的问卷，采用电话访问反而不如人员访问或邮寄问卷有效。

（6）需要实体展示的市场调查作业，不适合采用电话访问。

### （四） 留置调查

留置调查是指将调查问卷当面交给被调查者，说明填写的要求并留下问卷，请被调查者自行填写，由调查人员定期收回的一种调查方法。这是介于个人访问法和邮寄访问法之间的一种调查方法，可以消除面谈法和邮寄法的一些不足。

**1. 留置调查的优点**

（1）调查问卷回收率高。当面送交问卷，说明填写要求和方法，澄清疑问，因此，可以减少误差，而且能控制回收时间，提高回收率。

（2）答案准确性高，被调查者有充分的时间来考虑问题，并不受调查人员的影响，能做出比较准确的回答。

**2. 留置调查的缺点** 调查区域范围有限，调查费用较高，也不利于对调查人员进行管理监督。

## 三、访谈方法的选择及访谈程序

### （一） 访谈方法的选择

上述几种调查方法是市场调查中常用的，每种方法各有所长，具体调查过程中，采用哪一种方法，应根据调查的要求和调查对象的特点进行选择。

具体选择访谈方法时，一般应考虑下列因素：

**1. 访谈项目的伸缩性** 调查的内容只需简要回答即可，宜采用邮寄询问法；需要展开调查或深入探求的内容则以面谈访问或留置调查为好。

**2. 访谈项目的范围** 调查项目范围广泛，可采用邮寄询问法调查；调查项目范围较窄的，可使用电话询问法调查。

**3. 调查表及问卷的复杂程度** 较复杂和要求较高的，宜采用留置调查法；一般的和较简单的则可采用邮寄询问法。

**4. 掌握资料的时效性** 需要调查的项目亟须收集到一定的信息以便迅速决策的，宜采用电话询问法或面谈访问法；对时效性要求不是很高的可采用其他几种方法。

**5. 调查成本的大小**    这主要取决于调查方案的需要和调查者拥有的人力、物力、财力，应在保证调查质量的前提下，根据自身条件，尽量节约，提高效率，以求事半功倍。

在实际调查中，可以以某一种方法为主，其他方法为辅；或是几种方法共同使用，以期取得更好的调查效果。

### （二） 访谈程序

访谈程序大体分为三个阶段，即准备阶段、进行阶段和结束阶段。每一阶段都有相应的工作，而前一阶段的工作又为下一阶段奠定了基础。因此，具体调查过程中，要做好每一环节的工作，才能保证良好的调查效果。

**1. 访问调查准备阶段**    这一阶段要根据访谈的目的、访问对象的特点，做好充分准备。应做好访谈计划，准备好访谈用品。必要的话，应进行模拟访谈。根据询问调查的目的要求拟定好调查问卷和询问提纲，事先对被调查者的基本情况与特征要有所了解；提前约定时间，让对方在思想上有所准备；同时，调查者对如何开始询问及调查中可能会遇到的问题和困难也应做好心理准备；准备好能够证明自己身份的证件和必需的物品，如记录本、录音机、宣传资料等。

**2. 访谈调查进行阶段**    这一阶段是访谈的主要阶段，调查者应设身处地地为被调查者着想，提高对被调查者回答的注意力和反应力，以便顺利完成任务。访谈过程中，应按访谈提纲进行，防止偏离提纲；对需要引导和追问的问题，应做必要的引导；调查过程中始终采取公平、中立的立场，涉及被调查者的隐私，应强调为其保密；同时，调查者要做到举止文雅、礼貌待人、态度诚恳、谈吐大方，注意尊重对方的风俗习惯，避免触犯对方禁忌；要善于引导启发，造就一种友好和谐的谈话氛围和环境。

**3. 访问调查结束阶段**    这是访问过程的最后阶段，应注意避免遗漏主要项目，同时，应再征求一下被调查者的意见，以便多掌握一些信息；询问调查之后立即核对记录，如果不是当场记录的，则要尽快回忆追记，发现遗漏或失真的材料需要重新调查，资料收集齐全后及时整理分析，得出结论。

# 第三节   观察法

观察法是由调查者直接或利用仪器来观察、记录被调查者的行为、活动、反应、感受或现场事物，以获取资料的方法。其具体的做法有调查者到现场直接观察被调查者的直接观察法；利用各种仪器对被调查者的行为进行测录的行为记录法；还有通过一定的途径，观察事物发生变化的痕迹，收集有关信息的痕迹观察法。这种方法是调查者深入调查现场，在被调查者未察觉的情况下，有目的地对研究对象进行考察，直接观察和记录被调查者行为，以收集取得市场信息的一种方法。

## 一、观察法的特点

观察法不仅是一种科学研究的方法，也是人们日常生活中的一种普遍行为。例如，出门之前观察一下天气状况，看看会不会下雨；购物时，到商店观察一下有哪些品牌，哪一家商店价格比较便宜。然而与人们日常生活中的观察不同，市场调查人员为了调查顾客在选购商品时的偏好、规律、习惯等，为企业营销服务，就可以到商场，在顾客选购商品时跟随其后，观察摆放在哪些地方、哪些花色、款式的商品容易引起他们的注意等。科学的观察法具有如下特点：

**1. 自然**　在被调查者未意识到自己被观察的情况下获取信息，结果比较真实、自然，观察活动一般不要影响被调查者，使被调查者的言行自然，毫无掩饰，才能获得准确的资料。

**2. 计划性**　事先具有一定研究目的或假设，然后在这一目标下观察。观察并不是随意进行的，事先已做好计划，以便于随后分析、研究。

**3. 客观性**　观察者是身临其境直接记录，直接测量环境和事实，客观性强。

**4. 重复性**　可以重复查证、观察来检验已有观察结果是否正确。

**5. 全面性**　利用观察法进行调查是对事物和现象全部记录，了解事物运动的全部过程。

## 二、观察法的应用范围

观察法适用于下列各种问题研究的资料采集，如商店的人流量调查，了解不同位置的人流量分布情形；产品品牌、花色、价格、包装、造型对消费者品牌选择的影响；户外广告的效果研究；产品的质量调查、广告调查等。下面仅举出有代表性的几种。

### （一）　市场需求和消费者特征

通过商品的现场销售、展销会、试销会等直接观察消费者喜爱的品牌、花色、款式、包装、价格等，进行记录分析，可以掌握大量真实的第一手资料；商品购买者的特征，即了解各种商品购买者的年龄、性别、外在形象、人数等，可借用行为观察仪器，用以记录消费者进入现场后的目光、行走、表情及购买等行为，使用仪器观察的资料不仅精确，还可避免人员观察的诸多不便。通过资料分析，可以掌握市场需求的趋向。

### （二）　企业经营状况和竞争环境情况

通过对各种类型企业的观察，了解整个市场的经营状况，竞争品牌的数量、价格、销售网点；对销售的影响，通过零售企业的商品陈列、橱窗布置，售货员接待顾客的频率和忙闲、服务态度、顾客流量及外部装潢等观察、比较，获取比较真实、全面的资料。

### （三）　商品库存情况

商品库存是企业营销的保证，也是影响企业经济效益的重要一环。对库存商品直接盘点计数，并观察库存商品的情况，检查仓库中储存的品牌、数量等情况，了解不同位置的商品库存数量及其结构是否合理，并观察商品库存的残次及变化等情况，以便直接掌握商品库存的精确数字和结构的真实资料。

### （四）　产品质量调查

对生产现场和使用现场进行观察，了解商品生产过程和商品质量及商品性能、操作技巧和维修等情况。产品的质量关系到企业的生命，要严把质量关，确保企业产品的质量，并到生产现场实地了解商品的性能，这样才能根据真实的第一手资料做出正确的判断和决策。

### （五）　广告调查的情况

对各种广告媒体效果观察，可通过消费者对不同广告的注意程度、记忆和理解度、知名度和视听率来推断广告心理效果的大小；还可观察广告费占销售费用的比率大小来说明广告效果的大小，广告费占销售费用的比率越小，广告效果愈大，反之，则小；还可借用听力计来记录人们收听、收看广播电视节目的时间、频率、波长等，用眼神记录器来观察人们注视广告时眼睛的运动，来测量人们对广告的偏好。

### 三、常用的观察技术

#### （一）顾客观察法

顾客观察法是指在各种市场中，观察者作为一个旁观者，冷静地观察现场所发生的各种情况。这种观察方式要求观察者选择一个适当的位置，能够把自己隐藏起来或使自己的观察工作不会引起受观察者的注意、以免使受观察者觉得有人在观察自己而失去观察的自然状态。顾客观察法经常要求配备各种记数仪器，如录音摄像器材、记数仪器、记数表格等，以减轻调查者记录的负担和提高资料的可信度，如对顾客的客流量、顾客购物的偏好、顾客对商品价格的反映、顾客购物的路径、顾客留意商品时间的长短、顾客产生冲动购物的次数、顾客付款是否方便等方面的调查。为了使调查更深入，有时往往辅之以商场中堵截访问的方法。

#### （二）环境观察法

环境观察法有时也称此种方法为"伪装购物法"或"神秘购物法"，就是以普通顾客的身份对调查对象的所有环境因素进行观察以获取调查资料的方法。观察者作为一个参与者参与到现场的活动之中，身临其境地进行观察。如充当售货员观察顾客的购买行为。这种观察方式则要求观察人员具有很强的注意分配能力和良好的记忆力，以保证注意到现场发生的各种情况，并且能够在观察之后回忆记录下来。这种方法是让接受过专门训练的"神秘顾客"作为普通的消费者进入其调查的环境，其任务一般是观察其购物的环境和了解服务质量，如颜色、布局、货架摆放、通道的宽窄、装饰等因素，以分析是否符合此调查对象的实际需求和达到上级有关部门的要求。

"神秘顾客"作为普通消费者进入调查的市场环境，可买也可不买商品，买了也可退货，退了货可以再买。通过这些"普通消费者"的消费行为了解详细记录下他们购物或接受服务时发生的一切情况，然后填写一份仔细拟定的调查表。对于已由价格为主的竞争渐渐转变为以服务为主的竞争市场来说，这种方法是实施监督控制以贯彻服务标准的一种有效方法。

#### （三）人种学研究

这是一种新的用于市场研究的观察技术，它源于人类学的研究。人种学研究主张观察人员要深入系统内部而不像传统的观察人员站在系统外部进行观察，西方学者将其称为"研究人员侵入"，即研究人员成为其正在研究小组的一部分。研究人员深入到研究对象所处的环境中，可仔细观察、评判他们的行为，了解他们的背景和习惯，这样才能获得隐藏在他们内心的真正的东西。

美国一位人种学研究人员对撒克逊人的消费价值和生活类型很感兴趣，于是她对弗吉尼亚、南卡罗来纳等地的撒克逊人进行了 18 个月的实地访问。她加入了这一族群中，观察他们的工作、娱乐、餐饮、宗教、政治参与、在百货商店或超级市场购物等行为，并写下了有关她整个参与过程的两本日记。日记的内容及其所获得的结论对人种学研究和市场研究都有很大的价值。

人种学研究技术作为观察技术主要用于新产品开发和广告策划。

### （四）痕迹观察

痕迹观察是指观察人员不直接观察被调查者的行为，而是观察被观察者留下的实际痕迹。例如：美国航空公司从在各航班的飞机内收集到的垃圾中发现在一些短途航班上不能继续供应黄油，因为没有人吃；零售商们在促销传单上打上不同色彩，并根据邮政编码来发送，以便通过返回的各色传单的数量来决定零售区域；根据杂志上每页的指纹来判断广告的阅读情况，等等。

## 四、观察的内容

观察法因研究的问题不同，所观察的内容也略有不同，但观察的内容不外乎是观察的情境、观察的人物及其行为、观察的频率和持续期4个方面的内容。

**1. 情境**　人物的活动、事件的发生都与情境有很大的关系，有些事件和活动恰好是在特定的情境下才会发生，因此对情境的观察是首先要重视的。

**2. 人物**　在各种各样的市场活动中，人是行为的主体，任何事件的发生都离不开人，所以对人物的观察是观察者最主要的工作。观察人物时，要注意观察他们的身份、年龄、性别、外表形象、人数、人与人之间的相互关系等。

**3. 行为**　观察人物的各种行为活动，包括言语、表情、姿态、动作、动作过程，以及如何引起行动的趋向、行动的目标、行动的性质、行动的内容细节等。

**4. 频率和持续期**　频率和持续期即观察事件发生或人物及其动作重复出现的时间、频率、延续时间等。

## 五、观察法的记录技术

**1. 观察卡片**　观察卡片或观察表的结构与调查问卷的结构基本相同。在制作观察卡片时，首先根据观察内容，列出所有观察项目；去掉那些非重点的、无关紧要的项目，保留一些重要的、能说明问题的项目；列出每个项目中可能出现的各种情况，合理编排；通过小规模的观察来检验卡片的针对性、合理性和有效性，以修改卡片；最后定稿复印，制成观察用的卡片。

**2. 符号**　符号是指用符号代表在观察中出现的各种情况，在记录时，只需根据出现的情况记下相应的符号，或在事先写好的符号上打钩即可，不需要再用文字叙述。这样不仅加快了速度，避免因忙乱而出错，而且便于资料的整理。

**3. 速记**　速记是用一套简便易写的线段、圈点等符号系统来代表文字，进行记录的方法。

**4. 记忆**　记忆是在观察调查中，采用事后追忆的方式进行的记录。通常用于调查时间紧迫或不宜现场记录的情况。由于人的大脑不可能准确无误地储存很多信息，因此，必须抓住要点记忆，提纲挈领，事后及时进行整理。记忆虽然可以免除被调查者的顾虑，但常容易遗忘一些重要的信息。

**5. 机械记录**　机械记录是指在观察调查中运用录音、录像、照相、各种专用仪器等手段进行的记录。这种记录方法能详尽记录所要观察的事实，免去观察者的负担，但易引起被调查者的顾虑，使调查结果失去真实性。

NOTE

### 六、观察法的优缺点

#### （一） 观察法的优点

**1. 直接**    观察法最大的优点是直接，它可以在同一时间内直接收集到事物和人物的实际表现行为。有时，被调查者可能并没有意识到已发生过某些对调查来说十分重要的现象，如在橱窗前逗留时间的长短、看一幅广告的时间有多长等。这只有借助于观察法才能获得较精确的结果，用观察法不会存在事后调查常有的细节被遗忘的缺陷。

**2. 真实、客观**    观察法收集信息不仅与被调查者的主观看法和他参与的自愿程度无关，也与环境对被调查者的影响毫无关系，而且在多数情况下，观察法是完全真实客观的，无需征得对象的同意，而且观察法对调查对象的合作要求是非常低的，甚至根本不需要。从原则上来说，观察法与条件无关，可是事实上并非哪一种形式的观察都不需要得到调查对象的同意。而在询问调查中，被调查对象的语言表达是经过加工的，不管在哪儿，由于被调查对象的周围存在着有形或无形的压力，使得被调查对象产生顾虑，这往往会使调查的结论产生偏差。与之相比，观察法比询问法更客观和有说服力。

**3. 自然**    采用隐蔽观察时，观察本身不会影响调查对象的行为，这种行为是调查者自然流露的。因此，可以观察到调查对象不失真的自然举止行为，这种行为不会受到调查者干扰。

#### （二） 观察法的缺点

**1. 调查结果往往与观察人员的素质有关**    运用观察法进行调查，对调查人员的培训非常重要。因为在进行观察的时候，得到的视觉印象自然而然地要对被观察人员筛选、塑造、解释、判断、分析才能得出，特别是对心理的观察，要求调查员必须懂得心理学，要培养调查员具有敏锐的观察力、良好的记忆力和现代化设备的使用能力。例如，一位顾客、一个商场巡视员和一个柜组的负责人站在一起，他们同时在商场的中央向首饰柜台看一眼，这一个人的"看"可能和其他人的"看"完全不一样。

**2. 结果本身的说服力有限**    观察法的调查结果的说服力有限，不能说明观察到这种行为的原因。如果观察一个家庭使用洗发露的情况，看到的只是一瓶洗发露，而这是家庭主妇自己买的，还是商店或厂家做广告送的都不得而知，那么所见本身并不能说明什么问题。

**3. 无法了解内在信息**    有些东西是不能通过观察而了解的，不能够评价顾客是否带有某种特定的情感因素，如人的观察、感觉、动机或知识水平等内在信息，以及无法通过其家庭的消费行为了解内在信息。

**4. 观察结果难于量化统计**    在观察过程中无法确定调查对象的统计特征和社会特征及人们的社会经济地位或家庭情况，如调查对象的年龄、婚姻状况、就业情况、职业种类、受教育程度、家庭规模和收入状况等，有些特征即使能从外表推测出来，其可靠性也很低，难以进行量化统计分析。

**5. 观察过程受时间的限制**    观察必须随着行为的发生而进行。因此，观察的过程该从什么时候开始无法事先预定，有时为了看到所需要行为的发生，观察人员不得不等很长的时间。

## 第四节　实验法

实验法是指在既定条件下，通过实验对比，对市场现象中某些变量之间的因果关系及其发展变化过程加以观察分析的一种调查方法。

实验法最大的特点是把调查对象置于非自然状态下开展实验观察，将实验变量或所测因素的效果从多因素的作用中分离出来，并给予检定。它是研究特定问题各因素之间的因果关系的一种有效手段，它可以通过对实验对象和环境及实验过程的有效控制，来达到分析各因素之间的相互影响关系及其程度，从中提取出有价值的信息，为决策提供依据的目的。所以，这种方法适用于微观的、探究因果关系的研究。

### 一、实验法的本质和特点

实验法源于自然科学中的实验求证。其观察的主要是某些变量之间的因果关系，实验中的变量可以划分为自变量和因变量两种。实验法就是要测量自变量变化以后，因变量发生什么样的变化，从而找出两者的因果关系，认识实验对象的本质和规律性。例如，为了调查某种商品价格变化对销售量的影响，可以进行实验调查，这时价格是自变量、销售量是因变量。实验调查就是要观察提价或降价以后销售量发生什么样的变化，从而作为企业调整产品价格的依据。

实验调查法的基本因素有 5 个：一是实验者，即主持实验的研究者和实验过程的研究人员；二是实验对象，即通过实验调查所要了解认识的市场现象；三是实验环境，即实验对象所处的市场环境；四是实验活动，即改变市场现象所处市场环境的实践活动；五是实验检测，即在实验过程中对实验对象所做的检验和测定。

实验法的特点包括如下三个方面：①客观性。通过实地实验进行调查取得的资料，客观实用，排除了人们主观估计的偏差。一般进行实验时都可与正常市场活动相结合，所以取得的资料和数据比较客观、可靠。②可重复性。调查者可以针对调查事项的需要进行合理的实验设计，有效地控制实验环境，有意识地使调查对象在相同条件下重复出现，反复进行实验，使调查的结果更为准确。③可控性。调查者可以主动地引起市场因素的变化，并通过控制其变化来研究该因素对市场产生的影响，而不是被动、消极地等待某种现象的发生，这是其他调查方法所无法做到的。

### 二、实验法常用技术术语

实验法是了解和研究因果关系的主要方法之一，常用术语如下。

**1. 自变量**　也称独立变量，是指在实验过程中实验者所能控制、处置或操纵的（即实验者可以规定或改变这些变量的水平或取值）而且其效果可以测量和比较的变量。例如价格水平、包装设计、广告主题、促销方法等。每个因子在实验中需要考虑的不同量值或种类，称为水平。

**2. 测试单位**　又称实验单位，指的是实验的主体，可以是个人、组织或其他实体，它们对自变量的反应（因变量）是可以测量或考察的。例如消费者、商店、销售区域、分销商等。

**3. 因变量**　也称响应，是测量自变量对实验单位效果的变量。例如消费者的购买量、满意度，商店的销售量、利润、市场占有率等。因变量的取值也称观察值或实验结果。

**4. 外生变量**　也称无关变量，是除自变量以外一切能影响因变量的值（实验单位的响应）的其他所有变量。这些外生变量可以把因变量的测量值搅乱，因而使实验的结果变弱或无效。主要有两类：第一类是由于实验单位之间的差别造成的影响，如消费者的收入或文化程度方面的差别，或商店的位置或规模的差别等。这些影响可以通过设计加以控制。第二类是不能控制的外来因素，如气候、竞争对手的策略或行动、消费者的偏好等。通过随机抽样决定实验单位的方法，有可能降低这些外来因素对实验结果的影响。

**5. 实验**　研究人员在控制外来变量影响的同时，操纵一个或多个自变量，并测量它们对一个或多个因变量的影响，同时控制外生变量的干扰，就构成了一次实验。同一实验应该可以在尽可能相同的条件和环境下进行重复。

**6. 实验设计**　是具体规定进行实验的一系列方法或程序，包括：规定实验单位，以及如何将这些单位划分为同类的或同质的子样本；要控制或处置哪些自变量；要测量哪些因变量；如何控制外生变量。

**7. 实验误差**　市场实验的因变量并非只受到自变量的影响，还会受到外生变量或测量误差的影响。通过实验设计，可以控制或消除部分外来因素的影响，但是还会有一部分未能识别的不能消除；此外还有一些测量上的随机误差，也是无法用统计方法消除的，都会对因变量的变动产生影响。由于这些外来因素和随机误差所导致的影响统称为实验误差。

## 三、实验法的实施步骤

在调查过程中，无论进行何种实验，一般要经过提出研究假设、进行实验设计、选择实验对象、控制实验环境、收集实验数据等 5 个步骤。

1. 提出研究假设，就是根据已有的理论和经验对某一社会现象与另一社会现象之间是否有因果关系或共变关系提出理论假设。实验之前，要提出研究假设作为实验的指南。尽管研究假设无法在实验中一一验证，可它毕竟为实验活动提供得以实行的方案和策略。没有研究假设的提出，实验活动无从进行。

如：我们提出"某项健身项目在不同地区推广是否有显著差异，哪些地区参与人数更多；为推广该健身项目，不同广告设计方案的促销效果是否存在显著差异，哪个地区广告效果更好"等这些理论假设。

2. 实验设计是实验的关键，它是研究人员研究控制、操作实验环境和实验对象、验证研究假设的规划。一项可行的实验，务必以严谨的实验设计为根基。

3. 实验对象用成对挑选法和随机抽样法选取。成对挑选法是根据调查研究对象是否具有某一种或几种特征，将其分为实验组和控制组。这种非随机方法操作简便，只是把握不住自变量和因变量，可靠性差些。随机抽样法是一种机会均等的抽样方法，这种方法选取的实验对象代表性高，但在实验中不易做到。因为，选取实验对象要在社会条件允许的范围内进行，选取控制组的数量是不固定的，可以是一个或一个以上。选择实验对象的条件要大致相同。以上之假设为例，把若干学习成绩和智力水平相差不多的中学生平均分成两组，一组为实验组，另一组为控制组。

4. 为实验组提供某种社会条件，即加进某种因素（如组织课外兴趣小组等），对控制组实行控制，使其保持以往的环境条件，不受实验组的影响。在加进实验条件前要进行事先测量。如实验前对两组学生的成绩进行摸底测验，掌握实验前的数据。

5. 比较两组的差异，即经过一段时间以后，再来看看两个组的变化是否有差异。若无差异，则说明加进的实验条件不起作用，条件与结果之间没有相关关系。若有差异，则要根据差异的方向来确定实验条件起作用的方向。

假如：两组学生实验前的数学平均成绩均为 85 分，实验组学生参加兴趣小组后，考试成绩平均为 95 分；控制组学生不参加兴趣小组，按照往常一样学习，考试成绩为 88 分。实验效果 = 95 - 85 -（88 - 85）= 7 分。结论：组织学生参加课外兴趣小组可以提高学习成绩 7 分。

6. 收集实验数据。如果记录不及时或记录出现差错，都会前功尽弃，它不像观察法那样可以轻而易举地补充上，如重新实验又将浪费很多人力、财力。

## 四、实地实验

### （一）实地实验的含义

实地实验是指按照原来设想的市场营销因素组合方案，调查者进入调查现场，在企业实际的目标市场上进行范围相对比较小的实验性销售，从而进行市场营销方案优选的调查方法。当企业对已经设计好的多个市场营销因素组合方案无从决断时，可以把几个不同的方案放在不同的但具有可比性的具体市场内，进行实验性的销售活动，以实际销售综合效果最好的方案作为优选方案。

### （二）实地实验的实施

实地实验成功的关键是对实验方案的设计。在进行实地实验之前，应该对实验涉及的各项内容和步骤进行认真思考，做出比较详细的实验计划和变量控制措施。方案设计的内容主要有：

**1. 确定自变量的水平，调查因变量**　在设计实地实验调查方案时，首先应该确定自变量的水平，进而调查因变量。自变量的不同数值叫作水平。

例如：确定价格为控制的自变量，考察同一产品按照不同价格水平在市场上的销售情况。可以确定价格在 10 ~ 20 元之间的 5 个水平，即分别将商品以 12 元、14 元、16 元、18 元和 20 元的单价在不同的市场上销售，然后调查分析哪个价格销售量最大或者企业利润率最高等。

**2. 确定实验市场**　具体实验市场的确定是指确定实验活动承受的主体，并且与承受主体进行接触，经过协商达成实验协议的过程。实验承受主体主要是消费者、商店、销售区域等。寻找并且确定具体的实验市场是一件比较复杂而且琐碎的工作。基本要求是：实验市场应该与调查内容有基本一致的消费者群，有基本一致的市场定位，在地理环境、规模、知名度、信贷、产品等级等方面都应该具有较高的一致性。

应该确定那些比较支持调查活动的单位作为实验调查活动的承受主体。例如，承受主体的法人比较开明、有比较先进的经营观念、可以建立或者已经建立较好合作关系的单位等。

**3. 确定实验计划**　由于进行实地实验过程中存在着比较多的不确定因素。因此应该尽量安排一个比较周全的实验计划。在实验日期的安排上，应该注意不要在节假日进行内容与节假日关系不大的实验调查。同时，尽量减少实验重复的次数和实验持续时间。虽然重复次数越多、持续时间越长，实验的结果就越准确，但是费用也越高。实际上，很多企业只进行一次实验，或者只进行比产品投入期短的实验时间，如一个星期、一个展销期或者一个月。

**4. 进行实验管理**　在整个实验过程中应该落实组织、人员、职责、任务等，应注意管理其全过程，如计划的实施、监督、控制和反馈等。

**5. 进行实验总结**　把实验内容投入市场后，应该注意信息资料的收集和对实验过程的监控。如果发生与原方案不同的意外状况，而且对实验结果有比较大的负面影响时，应该立即终止实验，并且总结教训。在实验结束后，注意对信息资料的整理和误差进行分析。

### （三）　实地实验的应用

**1. 展销会试销**　是指在专门组织的有主题的销售会议上进行的市场实验调查法。平时，企业可以关注有关的展销会开幕的消息和进入的程序，在合适的时间和机会，把新产品放在行业相同的产品展览会上进行展览，同时进行意见征询、产品试用，最好是实际进行尝试性销售。试销期间主要是意见的征询和调查。

**2. 市场试销**　是指把已经试制成功的产品拿到预定的目标市场上，向目标市场消费者进行实际销售活动，以便进行调查的实验方法。实验的结果在于获得产品未来的市场销售前景信息。在实验中需要收集的信息资料：一是关于首次购买的资料，如初购率；二是重购率（回头客比率）；三是情况分析。

（1）初购率高而重购率也高　这说明新产品具有新产品的差别优势，而且各个方面都能令消费者满意。因此是非常有前途的新产品，应该立即进行大批量生产。

（2）初购率低而重购率高　这说明市场对该产品有需求，而且质量或者其他方面都能够令消费者满意，但是了解的消费者比较少，应该在进行大批量生产的同时做好促销工作，开展大规模的宣传和广告活动，增加产品的知名度等。

（3）初购率高而重购率低　这说明新产品有吸引顾客的差别优势。例如，包装比较新颖，促销活动能够吸引消费者。但是可能产品缺乏长期市场需求，或者产品在质量上有比较明显的缺陷。总之是消费者购买之后有不满意的地方，应该进行产品的改革或者对市场需求重新决策预测。

（4）两个购买率都低　这说明新产品本身有比较大的缺陷，或者缺乏市场需求。

**3. 销售波动实验**　是指在一定时间间隔中，多次销售同样商品时，消费者重复购买的比例和购买在时间、数量上等各个方面的变化特征。进行销售波动实验的调查方法：事先选定一定数量的消费者作为固定样本，免费向他们提供试用的新产品；在消费者使用一段时间后，在消费者已经了解了新产品时，以打折扣的方式向他们供应新产品和其他不同品牌的竞争对手的产品；由消费者自主购买。如此重复3～5次，每重复一次称为一个销售波。

以上实验重复多次，可以看出产品销售在数量、结构、品牌等方面的波动规律。从中可以了解到消费者对新产品的态度，对不同品牌产品在购买行为特点方面的信息资料，可以总结出消费者在购买新产品方面表现的规律性特征。例如，了解消费者对品牌的忠实度，了解消费者在多长的时间内会进行置换购买。销售波动实验尤其为时尚消费规律提供了决策的依据。

**4. 有控制的零售市场商品销售实验**

（1）实验原理　有控制的零售市场商品销售实验是市场实验方法中比较真实的一种，是指企业把产品的不同市场营销因素组合方案，分别放在经过挑选并且可以控制的若干个零售市场内试销。因为进行实验的市场是真实的，如零售两场、超级市场等，实验调查是在商品正常销售情况下进行的，因此调查结果的信度比较高。进行有控制的市场实验的内容和方法可以有很多种，可以同时进行多个自变量的实验，因此是一种比较好的实验调查方法，比较适宜于进行产品、价格和营业性促销方法的实验。

（2）实验内容和方法　各种营业性促销方法有对比的实验，是指进行关于各种营业性促销方法的实验和对比。例如：可以在一个商场把新产品作为老产品的附赠品介绍给消费者，然后看有没有消费者回头询购，而在另一些商场只卖老产品或者只卖新产品，然后进行对比分析。这样可以确定新产品对消费者的吸引力；可以在商店内进行市场定位，即不同"卖点"的促销比较；可以在商场内进行不同布置、不同声响、不同颜色背景对销售额影响的比较；可以进行不同促销方式的比较等。

各种因素组合的比较。市场营销组合以其整体效果对产品的销售产生影响，因此对不同的营销组合应该进行对比实验。例如：在其他组合因素不变的情况下，只变动价格，了解不同价格水平对新产品市场开拓的影响。同样，只变动产品的包装，维持其他营销组合因素的原来状态，了解不同包装策略对产品销售的影响。

商场外促销活动的比较。在产品投放市场后，在相对独立的地区内进行试用促销、召开各种消费者会议等，然后收集在地区辐射范围内商店零售额变化的资料，了解各种大众传播媒体对商场销售的影响，对在相同的时间内不同的场外促销方法对新产品有关信息的扩散范围、知名度和美誉度的提高、商品销售量变化等进行比较。

（3）进行实验的准备　在进行实验时，必须按照要求准备足够的实验品，准备好进行实验的市场。

**5. 厂家推销实验**　主要是指在商场中，由生产企业对产品、价格和人员推销策略进行的实验。首先选定一个与企业将来的大规模销售市场类似的小型市场，由生产企业派出推销员进行实际的销售活动，并且开展面对整体市场活动的促销活动，然后注意收集有关的信息资料。由于是企业的推销人员直接销售，可以使工作人员对产品的市场销售有直观的了解和感受，这为他们以后开展业务提供了帮助，也为企业的人员促销策划提供了依据。

## 五、实验室实验

### （一）实验室实验的含义

实验室实验是指按照一个理想状态模拟成一个营销实验室，利用模拟实验室来调查研究有关的因果关系及其变化情况。它实际上是借用物理化学的实验室实验方案和方法解决营销问题。如果方案设计全面合理，它可能是一种有效的方法。

### （二）实验室实验的特点

实验室实验是在人为环境下进行的实验，因此可能容易取得较高水平的内在有效性，因为被调查对象能够受到缜密的控制和支配；但这种实验不可能十分准确地模拟实际环境，致使其有效性不一定很好。另外，实验室实验可能导致反应误差，即被试可能只是对环境有所反应，而对自变量没有反应或反应很小。反应误差可能来自两个方面，一是来自实验室环境，一是来自实验组织者。被试在实验环境中并不总是被动的，他们试图了解正在干什么，并且总是希望有一正确（即实验实施者希望）的行为。如果环境中有任何线索会透露出实验者的实验意图，那么被试就会按照"正确"的行为行事，结果就会出现反应误差。

### （三） 实验室实验的例子

研究人员抽选300个家庭主妇为样本进行一次实验，来了解两个问题的答案：一是价格与决定购买的产品型号有什么关系？如果有关系，可用数量来表示吗？二是向家庭主妇提供有关价格的一些信息，会影响她们的购买行为吗？现在选用两种产品——洗衣粉和软饮料来做实验。首先，模拟出一种实际购买环境，并告诉所有参加实验的家庭主妇，在实验结束后，她们将得到一定的产品或现金作为报酬。然后，向她们展示几种普通的洗衣粉，并询问她们平常购买哪一种。接着向她们展示一些完全改变包装型号的洗衣粉样品，第一次按通常的价格以5种不同的价格标价反复实验5次。5种价格分别是：①$P_0$表示所选择商品的现行价格；②$P_1$表示在$P_0$基础上降低2%的价格；③$P_2$表示各种包装型号产品的单价相同的价格；④$P_3$表示单价随着产品型号大小按比例增加的价格；⑤$P_4$表示在$P_0$的基础上，单价按产品型号大小大幅度降低的价格。

完成上述询问后，转入软饮料的询问，然后再回过头对洗衣粉进行询问。这次用上述相同的价格给所有型号的产品标价，并且每一种型号的产品都标出5种不同的价格。按照上述规定的条件家庭主妇选择的结果，计算出各种型号选择结果的百分率，然后把前后两次实验的情况制作成一览表进行分析。通过分析可以看到，增加产品单价的种类会大大改变家庭主妇选择产品的花样。

## 六、实验法的优势及局限

### （一） 实验法的优势

**1. 科学性强**  实验法的最大优点是能直接而且真实反映市场需求，所得实验结果是经实际验证获得，最为客观具体。调查人员可以设置一个可控的实验，模拟真实的市场状况，通过分析小范围的实验得出实验结果，然后运用在大范围的市场规划上。

**2. 能探索不明确的因果关系**  实验法选择多个可比的主体组，分别赋予不同的实验方案，控制外部变量，并检查所观察到的差异是否具有统计上的显著性。在把外部因素剔除掉或加以控制的情况下，观察到的结果是否与实验方案中的变量具有相关性。

**3. 可重复**  实验法可以反复多次进行，使其结论具有较高的准确性和较强的说服力。

### （二） 实验法的局限性

**1. 成本高**  实验法在费用和时间方面的成本都较高。

**2. 有失真的可能性**  由于市场实验很少用大样本，因此出现失真的可能性很大。实验失真是指从实验结果中所做出的结论没有正确反映现实过程。

**3. 实验环境难以控制**  实验组和控制组难以完全隔离；组与组之间存在许多交互作用；在实验中很难确定一致的度量尺度。

## 七、实验法的应用

实验法是从自然科学的实验室实验法中借鉴而来的。实验法与观察法均属于记录性调查。实验法不常用，但在市场调查中主要用于市场销售实验。它一般用于一项推销方法的小规模实验或新产品在小范围试用，然后再用市场调查方法分析这种实验性的推销方法或产品是否值得大规模的推行。

实验调查法的应用范围很广，无论是工业品、消费品，还是企业试制新产品，或者老产品改变质量、包装、设计、价格、广告、陈列方法等因素时，均可以通过实验调查法，先做一项小规模的实验性改变，以调查顾客反应、了解市场对商品的评价和商品对市场的适应性。实验法虽然在一般的民意调查中应用甚少，但是对于涉及行为、态度的调查特别是商业性市场调查还是很有应用价值的。

**1. 商品价格实验**　即将新定价的产品或重新定价的产品投放市场，对顾客的态度和反应进行测试，以了解顾客对这种价格能否接受和接受程度。

**2. 商品质量、种类、规格、颜色、款式、包装等实验**　通过该实验调查，可以了解该产品在上述方面是否受顾客欢迎，以及哪些档次、品种、颜色受欢迎，哪些不受欢迎，哪些顾客（不同年龄、性别、职业等）欢迎，哪些顾客不欢迎。例如，某企业测试其产品的颜色是否要变更，可在 A 地以传统颜色出售，在 B 地、C 地以不同颜色出售，假定其他因素不变，那么在一定时间内，通过市场销售情况，可以调查出购买者对不同颜色的要求。

**3. 市场饱和程度实验**　当某类产品出现滞销时，为了查明市场需求是否饱和，就需要进行市场饱和程度实验。例如，某地区冰箱市场不景气，现生产一种功能更全的冰箱投放市场，价格比同类产品稍高，测试结果发现这种冰箱吸引了大批顾客购买，说明该地区冰箱市场仍有一定的潜力。

**4. 广告效果实验**　通过某产品广告前和广告后销售量的比较，分析广告对销售量的影响。另外，也可以对某一产品推广不同的广告，通过比较销售量来选择最优的广告方案。

## 第五节　网络调查法

随着信息通信技术的发展和互联网的普及，不仅提高了信息与数据传递的速度和范围，同时也对市场调查的手段与方式产生了深远影响。现代社会里绝大多数有组织的社会活动过程中，采用计算机网络技术是一种普遍现象。网络调查依托于强大而广泛的互联网平台，快速准确地切入到生活中，让市场调查与民众越来越近，让调查的结果更能代表民众心声。网络调查法，就是在这种情况下应运而生的一种新工具。

**知识拓展**

**CNNIC 发布第 38 次《中国互联网络发展状况统计报告》**

2016 年 8 月 3 日上午 10 点，中国互联网络信息中心（CNNIC）在国家网信办新闻发布厅发布了第 38 次《中国互联网络发展状况统计报告》（以下简称为《报告》）。《报告》显示，截至 2016 年 6 月，中国网民规模达 7.10 亿，互联网普及率达到 51.7%，超过全球平均水平的 3.1%。同时，移动互联网塑造的社会生活形态进一步加强，"互联网+"行动计划推动政企服务多元化、移动化发展。

NOTE

网民规模突破 7 亿，互联网普及率增长稳健。截至 2016 年 6 月，我国网民规模达 7.10 亿，上半年新增网民 2132 万人，增长率为 3.1%。我国互联网普及率达到 51.7%，与 2015 年底相比提高 1.3%，超过全球平均水平 3.1%，超过亚洲平均水平 8.1%。

CN 域名仍是国内注册量排名第一的主流域名。截至 2016 年 6 月，我国域名总数增至 3698 万个。中国国家域名".CN"注册量达到 1950 万个（占中国域名总数的 52.7%），年增长率达到 19.2%，持续保持国内注册量最大的顶级域名。随着我国互联网文化、经济影响力的增强，中国网民更加热衷注册和使用".CN"域名。

手机网民规模达 6.56 亿，手机上网主导地位强化。截至 2016 年 6 月，我国手机网民规模达 6.56 亿，网民中使用手机上网的人群占比由 2015 年底的 90.1% 提升至 92.5%，仅通过手机上网的网民占比达到 24.5%，网民上网设备进一步向移动端集中。随着移动通信网络环境的不断完善及智能手机的进一步普及，移动互联网应用向用户各类生活需求深入渗透，促进手机上网使用率增长。

农村互联网普及率保持平稳，城乡差异依然较大。农村互联网普及率保持稳定，截至 2016 年 6 月为 31.7%。但是，城镇地区互联网普及率超过农村地区 35.6%，城乡差距仍然较大。"不会上网"和"不愿上网"仍是农村人口上网的主要障碍，68.0% 的农村非网民因为"不懂电脑/网络"不上网，认为"不需要/不感兴趣"的农村非网民比例为 10.9%。

网上支付线下场景不断丰富，大众线上理财习惯逐步养成互联网金融类应用在 2016 年上半年保持增长态势，网上支付、互联网理财用户规模增长率分别为 9.3% 和 12.3%。电子商务应用的快速发展、网上支付厂商不断拓展和丰富线下消费支付场景，以及实施各类打通社交关系链的营销策略，带动非网络支付用户的转化；互联网理财用户规模不断扩大，理财产品的日益增多、产品用户体验的持续提升，带动大众线上理财的习惯逐步养成。平台化、场景化、智能化成为互联网理财发展新方向。

在线教育、在线政务服务发展迅速，互联网带动公共服务行业发展。2016 年上半年，各类互联网公共服务类应用均实现用户规模增长，在线教育、网上预约出租车、在线政务服务用户规模均突破 1 亿，多元化、移动化特征明显。在线教育领域不断细化，用户边界不断扩大，服务朝着多样化方向发展，同时移动教育提供的个性化学习场景及移动设备触感、语音输出等功能性优势，促使其成为在线教育主流；网络约租车领域，基于庞大的市场需求和日益完善的技术应用，行业规模不断扩大；在线政务领域，政府网站与政务微博、微信、客户端的结合，充分发挥互联网和信息化技术的载体作用，优化政务服务的用户体验。

[资料来源：中国互联网络信息中心（CNNIC），2016-08-03]

## 一、网络调查法的产生和发展

基于互联网的调查最早出现于 20 世纪 80 年代末至 90 年代初。在互联网尚未普及之前，就已有研究者开始尝试利用电子邮件来进行调查研究，但最早的电子邮件调查（email-survey）通过局域网来发放，仅包含 ASCII 等形式的内容信息。当时的电子邮件问卷与印刷问卷一样，都采用线性编辑格式，问卷的长度也受到限制。另外，由于当时的电子邮件都是文本格式，其排版处于初期，与印刷问卷相比，当时这种电子邮件的主要优势是集中在能够减少问卷发放和回收的时间及成本方面。

20 世纪 90 年代初期和中期之后，伴随着互联网的迅速发展，基于网络的调查（web survey）逐渐开始成为一种替代电子邮件调查的新式工具。与早期的 ASCII 文本格式的电子邮件问卷相比，这种基于网络的问卷不仅使调查具备了多媒体的功能，如音频和视频，还提高了问卷的用户界面友好性和交互功能。

20 世纪 90 年代末期，越来越多的研究者开始关注互联网在调查研究领域的应用。在线研究法（online-research）就是一种，它是一种通过计算机网络而实施的市场调查研究方法或活动。"网络"既包括某个机构内部的局域网（Intranet），也包含遍及全球的互联网（Internet），互联网常用的应用方式包括电子邮件、电子公告板和万维网 WWW 等。美国内华达州大学学者朱迪·斯特斯（Judy Strauss）认为，"在线研究法"实质上是一种计算机辅助自我调查法（CAPI）与自填式问卷相互结合的产物。在访谈员的协助下，调查对象可直接通过操作键盘和鼠标的方式来填写显示于计算机上的调查问卷。而在线研究方法中，电子调查问卷则通过计算机网络传递给那些具有相应技术条件的受访者。这时在线研究是通过受访者的自选（自愿）和自填问卷来进行，计算机和互联网扮演着一种联系研究者与受访者之间的中介物而非访谈员的角色。

虽然存在着一些争论，但整体来看，国外研究者对于这种基于互联网的新式研究方法的未来发展前景都充满了信心。美国 Results Direct 市场调查公司的专家汤姆·麦克乃姆曾指出，利用互联网进行市场调查研究是一种快捷的、低成本的、能够提供无须录入数据的一种新式调查方法，同时它也有利于研究者实施长期的历时调查研究。因此，无论对于研究者还是商业客户，网络调查法的吸引力都将是巨大的。另外，一些专家们也指出，在线研究法不仅能够方便分布于世界各地的对象前来参加调查，同时，其独特的问题选择自动跳转功能也有利于减轻受访者的填写负担，而且问卷的提交也非常方便。更为重要的是，计算机和互联网所构建的匿名环境也非常有利于研究者进行各种敏感性问题的调查和研究，可以有效降低调查对象回答问题时的社会期待效应。目前互联网上存在的各种新闻组和邮件列表包含了大量能够满足特殊研究需要的特殊群体，这为研究者实施一些特殊的研究课题提供了前所未有的方便条件。从长远发展的角度来看，无论在发达国家还是发展中国家，互联网的普及率都在逐年上升，网络用户也在迅速增长，这同样也为在线研究法的应用提供越来越坚实的技术基础。

## 二、网络调查法的概念和内容

作为一种新兴的调查研究方法和手段，不同学者都对"网络调查"有着自己的理解和认识，直到目前，"网络调查"从术语名词、概念定义、研究类型、使用范畴和使用方式等方面都还处于探索阶段，仍未形成统一的看法和观点。例如，仅从概念名称上来说，有的学者称之为"互联网调查"（Internet Survey），有的称为"在线调查"（Online Survey），或者是"网络调查"（Web Survey）、电子调查（E-survey）、"线上调查"，以及"基于互联网的研究方法"（Internet-based Research Methodology）。根据目前的术语使用现状和未来发展趋势来看，"网络调查法"使用的频率相对较高，是国外研究者提及此方法时经常使用的一个术语。目前网络调查法应用最为普遍的是美国，研究者们在谈到网络调查时，多数都使用"Web Survey"。

柯惠新教授认为，从研究目的、内容、技术手段和方法等方面来看，网络调查主要有两大类不同的含义。第一类含义：以互联网为手段进行的调查。这一类调查的研究目的与一般的市场调查和民意调查原则上并没有什么不同，所不同的只是利用计算机网络为传播手段，代替传统的面访调查、电话访问或邮寄调查等手段，来研究人类的一般行为或研究特定群体的行为。不过与传统的调查相比，其主要区别在于，以往所使用的数据采集工具，如印刷问卷、访谈提纲和电话访谈，现在变成了基于互联网的诸类工具和方式，如网页问卷、BBS论坛和在线聊天室、即时通讯软件、视频会议系统等，以此为基础来研究调查对象的行为活动、心理特征等。第二类是为了测量互联网使用情况而进行的调查（Measuring Internet Usage），主要是测量网站（web-site）的流量及网站使用者（也叫用户user或受众audience，国内俗称网民）的数量、结构和行为。其中测量网站的流量主要包括网站数量、网页数量、网站的访问量、唯一用户数（unique users）、网页浏览数（page views）、浏览时数、到达率（reach）、忠诚度（重复访问的频率）、购买率等；测量网站的使用者主要包括使用者的数量、机构和分布（如性别、年龄、文化程度、职业、收入等）、上网目的，以及使用网络的基本情况、行为、态度等。另外，这一类调查还包括网络广告方面的监测，如网络广告的发布量、网络广告被点击的情况等。

出于主要为市场调查研究服务的目的，在本书中，将"网络调查法"界定为一种以互联网为数据收集工具的调查研究方法，同时并不包括针对互联网自身应用情况的调查。换言之，在本书中所谈及的"网络调查"，都采用上述第一种含义。

目前学界普遍应用的是北京大学赵国栋教授对于网络调查给出的描述性定义："网络调查法"（web survey），是一种以各种基于互联网的技术手段为研究工具，利用网页问卷、电子邮件问卷、网上聊天室、电子公告板等网络多媒体通信手段来收集调查数据和访谈资料的一种新式调查方法。该方法充分利用了计算机国际互联网（Internet）的信息交流与远程交互功能，将网页制作技术、数据库管理技术和远程控制等技术结合于一体，使得研究者能够通过互联网络来收集、管理和处理调查研究的数据和信息。本书也采用这一观点。

近年来我国已利用网络进行过多次各种产品市场占有率调查和电视节收视率调查，均取得了较好的效果。网络市场调研的内容包括以下几点。

1. 网民基本情况调查：调查网络用户的性别、年龄、专业、学历、爱好、婚姻状况、职业、收入、消费习惯及网上浏览的习惯等。

2. 网络用户的地域调查。

3. 网络用户的收入调查。

4. 网上竞争对手调查。

以上调查中应注意以下几点：①识别和了解访问者。营销人员必须采取适当的策略来识别和了解访问者，最简单的办法就是问卷形式。②在企业网站上进行市场调研。通过监控在线服务保证决策的正确性；测试产品的不同价格、名称和广告封页；请求访问者反馈信息以更多地了解顾客的意见；发送适当的信息给目标对象促使他们对企业感兴趣；发送电子调查表单给目标对象；使用电子邮件直接调查目标市场；在报纸上和电视上发布调查问卷，通过电子邮件来搜索答案。

5. 网络调查法与传统市场调查法之比较：网络调查法作为一种新兴的调研方法，与传统调查相比，有很强的优越性（表4-2）。

表4-2　网络调查法与传统市场调查法的区别

| 比较的内容 | 网络调查 | 传统调查 |
| --- | --- | --- |
| 调查费用 | 较低，主要是设计费和数据处理费。每份问卷所要支付的费用几乎是零 | 昂贵，要支付包括问卷设计、印刷、发放、回收、聘请和培训访问员、录入调查结果、有专业市场研究公司对问卷进行统计分析等多方面费用 |
| 调查范围 | 全国乃至全世界，样本数量庞大 | 受成本限制，调查地区和样本均有限制 |
| 运作速度 | 很快，只需搭建平台，数据库可自动生成，几天就可能得出有意义的结论 | 慢，至少需要2~6个月才能得出结论 |
| 调查的时效性 | 全天候进行 | 不同的被访问者对其可进行访问的时候不同 |
| 被访问者的便利性 | 非常便利，被访问者可自行决定时间地点回答问卷 | 不方便，要跨越空间障碍，到达访问地点 |
| 调查结果的可信性 | 相对真实可信 | 一般有督导对问卷进行审核，措施严格，可信度高 |
| 实用性 | 适合长期的大样本调查；适合要迅速得出结论的情况 | 适合面对面地深度访谈；食品类等需要对访问者进行感观测试 |

网络调查法作为最受关注的调查手段，也面临着巨大的挑战：过度滥用导致回复率越来越低；被调查者缺乏代表性；抽样存在误差；测量存在误差等。另外，从网上搜集二手资料尚有较大局限性、网上调查的安全性问题、网络隐私权保护问题、垃圾文件和病毒文件有日益增多的趋势，这些都给网络调查造成障碍。

## 三、网络调查方法的分类

按照终端的不同，将网络调查方法分为一般网络调查法和移动互联网调查法。一般网络调查方法是指在互联网上移植传统的研究方法。按照研究范式分类标准，将一般网络调查方式分为网络定量研究方法（online quantitative methods）、网络定性研究方法（online qualitative methods）。定量方法主要包括网站（页）问卷调查（w-survey）、电子邮件调查或者问卷调查法（e-survey/e-mail survey）、弹出式调查（pop up）、网上固定样本调查（int-survey）；定性方法主要包括一对一的网上深层访谈（one-to-one in-depth interviews online）、小组座谈（online focus groups）、观察（observations）、文献资料分析法（documentary analysis）。

### （一）网络定量研究方法

**1. 电子邮件调查**　该方式利用电子邮件对被调查者进行调查，调查问卷作为电子邮件的附件或直接作为邮件的内容传送给被调查者。被调查者完成问卷后同样以电子邮件的形式把问卷返还给调查者。步骤：①建立被访者 e-mail 的地址信息库；②选定调研目标；③设计调查问卷；④调查结果分析。

美国消费者调查公司（American Opinion）是美国的一家网上市场调研公司。通过互联网在世界范围内征集会员，只要回答一些关于个人职业、家庭成员组成及收入等方面的个人背景资料问题即可成为会员。该公司每月都会寄出一些市场调查表给符合调研要求的会员，询问诸如"你最喜欢的食物是什么口味，你最需要哪些家用电器"等问题，在调查表的下面注着完成调研后被调查者可以获得的酬金，根据问卷的长短及难度的不同，酬金的范围在 4~25 美元，并且每月还会从会员中随机抽奖，至少奖励 50 美元。该公司会员注册十分积极，目前已有网上会员 50 多万人。

**2. 网站（页）问卷调查**　网站（页）问卷调查是一种被动问卷调查法，这种方法是将问卷放置在 www 站点上，等待访问者访问时主动填写问卷。与主动问卷调查法的主动出击寻找被调查者相比，被动问卷调查法无需建立被访者 e-mail 地址信息库，在进行数据分析之前也无法选定调研目标，但所涉及的被调查者范围要比主动问卷调查法广阔的多，几乎每个网民都可以成为被调查者。被动问卷调查法通常应用于类似于人口普查似的调研，特别是对网站自身建设的调研。

中国互联网络自身发展状况调查 CNNIC（中国互联网络信息中心）每半年进行一次的"中国互联网络发展状况调查"采用的就是被动问卷调研法。在调查期间，为达到可以满足统计需要的问卷数量，CNNIC 一般与国内一些著名的 ISP（网络服务提供商）/ICP（网络媒体提供商）设置调查问卷的链接，如新浪、搜狐、网易等，进行适当的宣传以吸引大量的互联网浏览者进行问卷点击，感兴趣的人会自愿填写问卷并将问卷寄回。

**3. 定向弹出窗口方式调查**　网民浏览到某网站时，可能会碰到弹出来的一个窗口，窗口中有邀请网民参与调查的说明、地址链接或直接进入调查的按钮；如果网民有兴趣参与，点击链接地址或按钮，会进入含有网页式调查问卷的窗口，填答过程同网站（页）式调查方式相近，同样实现调查数据的线上提交。该方式的独特之处在于有一个专门抽取被访者的软件或程序，可按照一定的方法（如等距、随机或一定比例）自动抽取被访者。这种调查类似于传统调查中的拦截式调查，得到的一般也不是真正意义上的随机样本。由于"拦截"根据的是"访问"而不是"访问者"，因此经常访问者被拦截抽中的可能性要大于偶尔访问者。这种调查较为适用于了解网站使用情况的调查，因为网站可能更重视其经常浏览者的意见，并且为了保证一个访问者最多只能填答一次问卷，常采用跟踪文件的方式（cookie）进行验证。

**4. 全程跟踪方式调查**　主要针对网络用户获取其网上活动的基本数据而采用的一种调查方法。

法国的 Net Value 公司就采用此方法进行调查，其重点在于监测网络用户的网上行为，是一种"基于互联网用户的全景测量"。它的具体操作是：首先通过大量"计算机辅助电话调查"获得用户基本数据，然后从抽出的样本中招募自愿受试者，下载软件到用户的电脑中，由此记录被调查者的全部网上行为，获取相关数据。

该方式会涉及较多个人隐私，被调查者一般会有所顾虑，因而该方式应用范围不是很广。

### （二）　网络定性研究方法

**1. 一对一的网上深层访谈**　这种形式类似传统的面访调查，一般采用非结构式或半结构式的访谈方式，可通过电子邮件进行访问，或是利用即时通讯软件（中国大陆常用 QQ、Skype、微信等，美国常用 Face time，中国台湾常用 Line），通过网上"聊天"的方式进行访问，并且现在计算机技术又进一步发展，使用"网络视频会议系统"可进行网上面访调查，语音、视频同步交流，使调查更加形象生动，调查效果更佳。在抽样方法上，与传统的面访调查相似，更多注重的不是样本的代表性而是研究目的需要。采用该调查方式，可以接触到传统调查方式难以接触到的人群，如符合某种研究要求的人、社会高层的难于征募的人、具有某种特殊经验或特性的人、由于种种原因不愿露面的人等。使用该调查方式，可方便地接触到一定数量的、具有多样性的、分布在不同地理位置或不同时区的被访者，而采用传统调查方式并完成访问、记录、整理和分析，往往十分费时、费钱。此外，要提供较为安全的、私人的和熟悉的访谈环境有时候也不易，但采用网上深层访谈方式，在访问者和被访者都具备网上交流条件的前提下，上述传统访谈中的困难大多就不复存在了。再者，使用该方式能有效保护被访者的隐私，充分尊重被访者的权益，对于进行某种特殊人群的调查尤为适合。

**2. 网上焦点座谈**　网上焦点座谈是利用专门基于在线社区的调查软件实现的一种实时定性的调查方式。目前很多调查公司都有类似软件，操作比较简单方便。客户可以实时通过另一个界面监测讨论的进程，可以随时向讨论主持人秘密地提出对讨论内容的意见和建议。主持人一般是两位，一位擅长主持讨论，控制讨论局面；另一位对互联网和计算机技术精通，以便排除可能发生的意外技术问题或提供术语解释等，可在一定程度上代替传统的小组访谈和头脑风暴等方法。在具体应用时可分为同步与异步两种形式。"同步的网络焦点访谈"通常使用在线聊天室，所有成员同时上线进行；而"异步的网络焦点访谈"则使用电子邮件和电子邮件列表等方式，受访者可在任何时间阅读或送出信息。

**3. 网上观察**　在互联网的环境中同样可以进行"观察"，网上观察的重点放在语言行为上，虽然研究者与被访者相互看不见、听不到，但是研究者也有可能观察到一些"电子派生语言"（electronic para language）中所表现出来的非语言行为或其他语言行为等，例如一些表示情绪的特殊的字串、符号（如问号串?????、惊叹号串!!!!）、表示语调或强调口气的字词、字母（如 Haa!、Waaaaa!）。此外，随着技术的飞速发展，网上语音、视频交流的方式愈加普及，研究者可以直接观察到被访者的声音、面貌、行为、举止等，在形式和内容上愈加接近传统"观察法"调查。

**4. 网络文献资料分析**　网络文献资料分析是指从研究对象的一些电子文档资料中，补充和加深研究者对所研究问题或现象的理解。这些资料主要包括记录每天活动或时间的日记或日志、个人的传记、自传、微信、微博、博客等。优点是资料均为电子文档，避免因手写造成的模糊、字迹不清、手写体难于辨认等问题，并且易于保存和收藏，不占空间，便于复制和备份；可跨地区收集，范围广大；并且这类资料可以是文字、图片、表格、数据、音频、视频等多种形式，内容丰富、具体、生动，具有很好的参考价值。实际上网络文献资料分析与超市购物数据的分析、电视收视仪的收视率监测等在原理上也是类似的，可以说都是一种仪器观察的方法，能够自然地记录下人们的行为数据。

### 四、移动互联网调查

移动互联网调查就是调查机构或者调查者个体，通过手机等移动终端，借助移动通信技术，基于网页或应用程序进行问卷开发，并用手机、平板电脑或其他手执移动终端设备发放与回收问卷，以从自愿参加调查的样本中收集信息的过程。这个定义包含了移动互联网调查实现的两个必要条件：第一，必须使用手机、平板电脑等移动终端设备；第二，必须接入移动互联网络。由于并非所有手机都能方便、快速地接入移动互联网络，手机调查终端限定为智能手机（smart phone）。CNNIC将智能手机定义为，具有独立操作系统，可以由用户自行安装软件、游戏等第三方应用程序的手机。

#### （一）移动互联网调查的实现形式

由于移动互联网是互联网面向移动终端的扩展和延伸，因而就调查的实现形式而言，移动互联网调查与网络调查既有相同点，又有不同之处。移动互联网碎片化的特点，导致了其与PC用户接入互联网在"入口"上的极大差异。PC端用户，更具代表性的上网模式是"浏览器+网站"，即首先通过IE、Chrome等浏览器接入互联网，然后进入目标网站浏览的上网模式；而移动互联网用户，虽然也使用手机浏览器接入移动互联网，但更为常用的却是各种终端应用程序（Application，APP），就是可以在手机终端运行的软件，也叫手机应用程序。APP类似电脑上的软件，安装在手机桌面后，点击一下桌面的软件图标即可进入查看内容，不需要登陆浏览器访问网址这些复杂的步骤。

所有APP均可作为APP调查的载体，但并不是所有类型的APP都适合作为调查开展的平台。判断一种APP是否可以用作移动网络调查的载体，主要取决于两个因素：第一，内容生产的开放性；第二，用户使用率。

首先，从内容生产的开放性而言，并不是所有APP都允许用户生产内容（user generated content，UGC），并且，不同APP程序对不同类型用户的内容生产权限是不同的。以电子商务类应用为例，买家用户仅能浏览、搜索、购买、评价商品，而卖家用户则可以后台拉取买家信息，基于这些信息进行数据挖掘或客户调查。显然，要作为移动互联网调查的平台，APP在内容生产上必须是开放的，或至少对调查设计者而言是开放的，调查设计者能够将问卷嵌入APP或通过APP将问卷发送给被调查者。因此，对普通调查设计者而言，仅有手机即时通信、手机微博、手机社交网站三类应用适合作为调查平台。此外，以问卷星为代表的专业调研网站也推出了相应的移动APP，此类APP与调查网站共享样本库，可以方便地进行问卷设计与管理，并实时追踪调研进度，也可作为调查设计者的备选平台。

其次，高使用率是问卷到达目标被调查者的必要条件，也是提高调查准确性的必要条件。使用率较低的APP，其用户的人口统计学特征往往与我国人口总体特征有极大差异，难以满足调查的代表性要求。从使用率角度而言，手机微博、手机社交网站和专业调查 APP 显然极大地落后于手机即时通信类 APP。

### （二）　影响移动互联网调查的因素

与传统调查相比，移动互联网调查不仅受到移动互联网本身特点的影响，还受选取的不同调查方式的影响。一方面，由于移动互联网用户的人口统计学特征与我国人口的总体特征有较大差异，这就使缺乏专业技术的调查设计者很难得到有代表性的数据；另一方面，调查设计者往往忽略移动互联网本身固有的媒介特征，而将通过不同调查媒介收集得到的数据进行简单合并，媒介与调查交互作用对数据的影响无从得知。

移动互联网本身在用户普及率，用户性别结构、年龄结构、学历结构、收入结构、城乡结构和职业结构等人口统计学特征上与我国人口总体的差异，以及特定 APP 平台的用户人口统计学特征，造成了移动互联网调查与传统调查在抽样框上的不同。

此外，移动互联网移动性、实时性、碎片化、个性化、社交化的特点则不同程度地影响了移动互联网调查问卷长度、调查成本、无应答率及填答行为。移动互联网的移动性、实时性特点决定了被调查者可能在任何时间、任何场合、任何情境下接收到调查问卷。移动互联网调查使得被调查者无须在接到调查问卷的同时立刻填答问卷，而是可以选择在适宜的环境下再开始作答。这种放松的填答环境减小了被调查者可能产生的紧张情绪。但同时，移动互联网碎片化、个性化、社交化的特点又使得被调查者很难将时间集中于问卷填答，并且在无监督的环境下受制于移动终端设备的屏幕大小，比较复杂问卷设计会给被调查者造成填答困难。因此，总体来说，移动互联网调查适合进行问卷长度较短、设计简单（无多重相倚问题）的调查。

## 五、网页式调查问卷设计的原则

美国著名调查研究专家迪尔曼认为，在设计问卷时，要考虑尽量降低受访者的填写负担，使问卷外观简洁，容易填写。在此基础上，针对网络调查问卷设计，迪尔曼又提出了著名的"网络问卷的友好反馈界面设计"原则，被认为是目前网络问卷设计中一个比较完善的设计方法。所谓"网络问卷的友好反馈界面设计"，是指为了提高调查对象参加问卷填写的动机和兴趣而采取的各种提高网络问卷设计效果的方法与措施。其中，不仅包括要通过各种措施来提高受访者阅读问卷时的速度和填写动机，同时也包括利用各种认知心理学的原理来降低受访者的填写负担，使之能够成功完成问卷。"网络问卷的友好反馈界面设计"原则主要包括技术兼容性原则、操作方便性原则和混合应用性原则。

### （一）　技术兼容性原则

所谓"技术兼容性原则"是指在设计网络问卷时，必须充分考虑到调查对象在计算机设备、浏览器及网速等方面的差异，防止受访者因问卷使用了一些高级的技术手段而无法读取、填写问卷。和其他计算机语言一样，HTML 语言也在不断发展前进中，不断提高问卷设计者运用颜色、动画、声音和其他一些在印刷问卷中无法实现的高级设计功能。但是，这些高级功能对被访者的计算机配置提出了更高要求，调查对象读取网络问卷时，所需要下载的时间会增加。

NOTE

美国盖普 Gallup 调查公司就曾经就格式不同的网络问卷对调查反馈率的影响问题进行了实验研究。一份问卷的格式多彩多样，配以图形、背景、声音等格式，另一份问卷简单明了，没有图片，排版类似纸质问卷。两份问卷内容一致，长度一致。调查结果显示：前者有 82.1% 的受访者完成了问卷，后者有 93.1% 的受访者完成了问卷。

因此，在网络调查中，应尽量避免使用那种大量耗费内存的最新技术手段来设计问卷。

### （二）　操作方便性原则

所谓"操作方便性原则"是指设计网络问卷时，必须充分考虑和权衡计算机本身的操作方法与受访者预先设想的问卷填写操作方法两者之间的逻辑一致性。研究表明，填写网络问卷实际上是一件比较复杂的操作程序。它要求受访者在考虑如何回答问卷中问题的同时，还要考虑如何操作计算机来实现这种填写。因此，研究者在设计问卷时，必须在计算机操作方法和所设计出的问卷填写方法两者之间建立一个有效和一致的沟通方式。

国外学者 Schaefer 和 Dillman 进行的一次电子邮件调查中就出现了这样的问题，问卷发放不久后，就有几位受访者打来电话说无法填写，因为问卷拒绝接受答案。经过研究者的测试，原来这几位受访者在填写问卷之前忘记了点击"回复"按钮。造成这种情况的责任并不在调查对象。通常，受访者在填写调查问卷时，他们会不自觉地回忆和利用以往各种调查问卷填写的经验，并且在聚精会神思考问卷中的问题时，会将有关如何操作计算机的问题暂时排除在外。

## 六、网络调查软件和网站

### （一）　网络调查软件

网络调查法的应用离不开各种软件和工具的支持，这是网络调查法区别于其他调研方式的一个重要特征，同时也是影响其普及应用的一个重要因素。近年来，随着计算机技术的发展，各种操作简便的专门用于制作网络问卷程序的出现，大大降低了对网络调查使用者技术上的要求和限制。利用专门的网络调查软件，研究者即使不了解许多计算机相关的知识和技能，同样也可以方便快捷地实施网络调查。

国外调查研究领域应用较多的网络调查软件主要包括 Web Surveyor、Snap Survey、Survey Tracker、Survey Solution 等。

国内网络调查软件相对较少，常用的有以下 4 种：SPSS 的 mrInterview 与 Dimension Net；Persues 的 Survey Solutions/EFM；Adobe 的 Adobe Acrobat Pressional 与 Live Cycle Designer；Sensus 的 Sensus Web。

### （二）　网络调查网站

1995 年瀛海威时空网站开通，这是我国最早的一家利用互联网做调查研究的机构。1999 年，搜狐公司与零点调查公司携手合作，创立搜狐-零点网上调查公司，标志着中国调查业迈进网络时代。中智库玛为主要的代表，TCL 集团员工满意度调查则为其中主要成功的案例。北京大学教育技术系网络调查研究中心与唯思瑞公司合作开发的国内第一个专业网络问卷调查系统作为专业的网络调查的代表。该系统的主要对象是教育领域，已经成功实施了"2005 年中国高校信息化调查"及"北京大学本科教学总体状况调查"等。另外，根据调查过程与调查结果，该问卷调查系统的效果显著。我国网络调查行业也正在迅猛前进，呈现出巨大的发展潜力。据统计，目前国内已出现40余家以网络问卷调查为主要业务点的商业类公司或机构（表4-3），通过各种技术分式向中国网民提供问卷调查的设计或样本库服务。

以上所介绍的各种网络调查工具和网站，都属于商业产品或机构，虽然其中一些网站可以提供免费注册和免费自助式的问卷设计平台，但在实际应用中，这些免费版产品的功能都过于简单，也没有技术支持服务，很难满足网络调查的实际需求。如果想要付费使用的话，就会涉及两个基本问题：一是费用较高，难以承受，尤其是那些国外公司的网络调查软件，价格都非常昂贵，每年的使用费高达数万元，这对于许多调查者来说可能是一个沉重的负担。二是数据保密问题，由于调查数据全部都保存在商业机构的网络调查平台上，数据的秘密性不能保证，这也是一个必须考虑的因素。

除了各种商业网络调查软件和网站之外，研究者还有另外一个选择，那就是使用免费开源的网络调查码软件，如 Limesurvey。从功能上看，Limesurvey 所针对的主要用户群体为社会科学研究者、市场调研人员及经常做问卷调查的相关人员。该系统的主要功能包括问卷设计、调查方式选择、问卷发放及数据处理等功能，研究者可以方便快捷地创建网络问卷并通过 email 和网页等方式发放，反馈数据保存在数据库中，可直接对反馈数据进行筛选、整理、分析和制作统计图表。同时为方便研究者进一步对数据进行深度挖掘，系统也提供了各种格式的反馈数据导出功能，可利用专业统计软件进行深入处理与分析。

表 4-3　主要的网络调查网站

| 名称 | 主要功能 | 网址 |
| --- | --- | --- |
| 新秦综合研究所 | 招募网民注册和有偿填写问卷 | http：//www. searchina. net. cn/ |
| 调查通 | 招募网民注册和有偿填写问卷 | http：//www. diaochatong. com/ |
| 易调网 | 招募网民注册和有偿填写问卷 | http：//www. yidiao. net/ |
| 中智库玛 | 招募网民注册和有偿填写问卷，下载和安装客户端程序，现金报酬 | http：//www. 51poll. com/ |
| 中国互联网调查社区 | 招募网民注册，下载和安装客户端软件 | http：//www. cnnicresearch. cn/ |
| 天会调研宝 | 自助调研平台，设计和发布网络问卷 | http：//www. diaoyanbao. com/ |
| 知己知彼网 | 招募网民注册和有偿填写问卷，自助问卷设计 | http：//cn. aipsurveys. com/ |
| 爱调研 | 招募网民注册和有偿填写问卷，自主式问卷设计与发布 | http：//www. idiaoyan. com/ |
| 态度 8 调查网 | 招募网民注册和有偿填写问卷，自助式问卷设计与发布 | http：//www. taidu8. com/ |
| 清研通网络调查 | 招募网民注册和有偿填写问卷，下载和安装客户端软件 | http：//www. netinsight. cn/ |
| 数据 100 调查在线 | 自助式问卷设计与发布 | http：//www. data100. net/ |
| 调查派 | 自助式问卷设计与发布 | http：//www. diaochapai. com/ |
| 问卷星 | 自助式问卷设计与发布，样本服务 | http：//www. sojump. com/ |

NOTE

**【思考与练习】**

**一、简答题**

1. 什么是访问法？访问法的类型有哪些？

2. 文案调查法可以用于哪些研究？有哪些获取资料的具体方法？

3. 各种调查方法为什么要结合使用？

**二、实践题**

1. 以顾客身份进行的参与观察：一家拥有众多售货员的连锁商店准备对商店的营业员进行一次评价，作为今后对售货人员进行培训的依据。为此聘请了调查人员作为观察者，让他们在购买物品的过程中对各商店情况进行观察评定，评定的内容主要包括：①当以顾客身份的观察人员进入商店时售货员做些什么？②他们是如何接待这位"顾客"的？③商店里商品布置怎样？④售货员提供商品咨询的能力如何？⑤即使这位观察人员什么也不买，售货员是否还那么热情？

要完成这样的调查任务，对调查人员有何要求？应采取何种观察手段？如何实施观察？

2. 目前在国内市场调查领域，越来越多的机构开始使用网络调查法来收集数据。请通过网络搜索引擎和中国期刊网来检索目前国内与网络调查法相关的市场调查研究项目、论文或评论，然后对这些资料进行整理和分析，撰写一篇有关不同行业或领域对网络调查法持不同态度或看法的原因分析论文。题目自定，字数在5000字左右。论文的格式要求符合学术论文的基本规范，要有摘要、关键词和参考文献。

# 第五章　问卷设计

## 【本章导读】

问卷设计是市场调查的重要环节，也是市场调查工作人员应具备的一项基本工作技能。本章主要从市场调查问卷的基本概况、问卷设计的基本程序、问卷设计的技巧、问卷常用的量表及问卷的信度与效度5个部分进行介绍。学习本章的课程后，同学们应了解调查问卷的概念、作用及基本结构，具备问卷设计的基本技能，掌握问卷设计的方法，包括问卷中问题的设计、答案的设计、量表的设计及使用；在此基础上还要掌握一定的问卷设计技巧。

## 【导入案例】

### 那些能回收大量答卷的问卷是什么样的

1. 普通问卷长度不宜超过20题：统计了2015年1~8月在问卷网上发布的近50万个项目，编写10道题的问卷和5道题的表单的用户最多。而在收集答卷数超过100份的问卷中，83.71%的用户编写的问卷长度≤20题，编写10~15题的用户最多。

2. 吸引用户的表述：问卷的语义表达应"清晰简洁"已有共识。在10月的问卷网会员沙龙上，来自洗白白校园生活服务有限公司的市场部周经理说：针对答卷人大多是大学生的特点，在问卷表述上做文章，多使用年轻人易于接受的语言，让问卷变得好玩起来。如将常规的性别题改为："一个5岁的小朋友看到你会这样称呼你：A. 帅气哥哥　B. 漂亮姐姐"学生们觉得好玩，就会自发转发到朋友圈，收集的答卷数量自然也多了，同时还促进了品牌传播。对专业性较强的问卷来说，如果答卷人是非专业人士，更应该用通俗易懂且简洁的文字来提问和介绍调查项目。

3. 选择适用的题型：问卷网提供16种以上题型，使用率最高的仍然是单选和多选题。在满意度调查中，使用打分题和矩阵打分题更显简洁。开放式的填空题一般放在问卷最后。如果确实需要设置多个填空题，可以考虑改成带填空项的选择题。这样愿意填写的人更多，避免答卷人最终放弃提交。

4. 问卷的逻辑：问卷的题目顺序要合乎答卷人的思维习惯，同类问题应该放在一起。开头的问题一般简单易答，也可以用简单的卷首语努力引起答卷人的兴趣。此外，对随机找人填写的问卷来说，一开始就要求答卷人填写手机号等敏感信息容易让人放弃答题，建议将答卷人的个人信息题（如姓名、手机号）放在具体调查问题后面。对有明确答卷人或只要填写年龄、性别等个人信息的，放在开头也无妨。

（资料来源：http://www.wenjuan.com/blog/2856.html）

一直以来，问卷调查都是开展市场调查活动所广泛采用的方式。在问卷调查过程中，由市场调查机构根据特定的调查目的设计不同的市场调查问卷，通过调查者对调查对象开展调查活

NOTE

动。运用调查问卷开展市场调查活动的关键在于问卷设计，问卷设计质量的高低将直接决定能否获得准确可靠的市场信息。

# 第一节　调查问卷的作用与结构

## 一、市场调查问卷的内涵及作用

### （一）市场调查问卷的内涵

市场调查问卷，又称市场调查表，是调查者根据调查目的设计的，用于收集来自于被调查者信息的工具，即为了达到调查目的和收集必要数据而设计的一系列问题组成的表格。调查问卷通常由一系列问题和备选答案及其他辅助内容所组成。

### （二）市场调查问卷的作用

一份高质量的市场调查问卷，既要能正确体现出调查者的调查目的，又要能准确传达被调查者的认知与想法，是连接调查者与被调查者的信息纽带。调查者在回收问卷后，通过对问卷资料进行整理，对调查得到的数据进行整理、归纳、分析和总结，继而根据调查所得的结果撰写调查报告。调查问卷的质量好坏，将直接影响调查结果的客观与否，继而影响调查报告质量的高低。由此可见，调查问卷在调查过程中起着举足轻重的作用。

通常，在市场调查中调查问卷的作用主要有以下几种：

1. 在调查问卷中，调查者将总体的研究目标转化为一组便于被调查者回答的具体问题。

2. 通过问卷中问题及答案的设置，将问题和答案范围标准化，既便于被调查者回答，也便于调查者的后期回收整理工作。

3. 调查问卷可以作为调查过程的记录进行长期保存，满足未来查询的需求。

4. 部分调查问卷能缩短数据分析的时间。例如，有些公司使用能被计算机扫描的问卷来加速处理原始数据。

5. 它们包括测定可行性假设的信息，如安排测试–再测试或等效形式的问题，并可以据此验证调查参与者的有效性。

正是因为调查问卷有以上诸多重要作用，因此，调查问卷是企业在开展市场调查过程中非常关键的因素。大量的市场调查实践表明，调查问卷设计的质量高低将直接影响市场调查收集到数据的数量与质量。如果调查问卷质量不佳，即使有经验的调查者也很难弥补其缺陷。

在市场调查过程中，有时候调查者需要收集的内容比较多、涉及的领域较为广泛，如果只设计一份调查问卷，这份问卷的问题数量就会较多，内容也比较庞杂，会给被调查者的回答带来一定困难，继而会影响调查获取信息的质量。因此，最好每一类调查内容单独设计一份调查问卷，避免问卷内容过于庞杂，引发被调查者的排斥心理。

## 二、市场调查问卷的结构

问卷作为问卷调查的一种测量工具，需具备统一性、稳定性和实用性等特点。在长期的调查实践中，调查者逐渐总结出一套较为固定的问卷结构。调查问卷一般包括以下几个部分：调查问卷的抬头部分、前言部分、过滤部分、主体部分、背景资料部分及结尾部分。

### （一） 抬头部分

调查问卷的抬头部分主要包括问卷名称、问卷编号等信息。调查问卷的名称是对调查内容的高度概括，因此应简单扼要，通过调查问卷的名称被调查者就能对调查问卷的内容一目了然。例如：新型农村合作医疗实施情况调查问卷、医疗服务消费行为调查问卷等。

### （二） 前言部分

问卷的前言部分需要向被调查者解释本次调查的目的、意义，同时要对被调查者保证调查得到的信息仅供研究使用不会泄露出去，让被调查者相信调查者的研究对他是无害的，以取得被调查者的信任和合作。因此，调查问卷中的这部分内容通常主要包括调查者的身份，调查目的、意义，主要调查内容及信息保密的保证等。自填式调查问卷的前言部分一般要比访谈式问卷的前言部分更复杂，还需要把问卷填写的要求、方法等内容交代清楚。

问卷前言部分的文字应简明易懂，力求激发被调查者的兴趣。其内容一般具体包括下列几个方面：①对被调查者的称呼及问候。例如："某先生、女士：您好。"②调查组织者的自我介绍。说明调查的主办单位及调查实施者的个人身份。③说明此次调查活动的性质。④简要地向被调查者说明调查问卷的主要内容、调查的目的、调查问卷的填写方法与填写要求。⑤告知被调查者填写调查问卷大致需要的时间。⑥向被调查者简要说明参与调查活动的意义或重要性，以激发被调查者参与调查的兴趣。⑦向被调查者保证填写问卷对被调查者无负面影响，同时向其承诺对其问卷填写内容保密。⑧对被调查者表示真诚的感谢。

---

**知识拓展**

#### 某调查问卷的前言部分

尊敬的先生/女士：

您好！本项目是为完成"某地区患者用药行为影响因素研究"专项课题而进行的问卷调查。此次调查旨在了解天津地区患者用药行为现状并发现问题，以便引导我市患者科学用药，并为相关部门制定医疗保障政策提供依据，从而推动全市健康事业的发展。调查的内容仅用于相关的分析研究，对于您所填写的内容，我们将按照《中华人民共和国统计法》的要求保密，希望得到您的配合。我们衷心希望您能根据问卷内容认真填写。

多谢您的支持和合作！

---

问卷前言部分的语气应该是亲切、诚恳而礼貌的。语言表达应注意简明扼要，切忌啰唆。问卷的开头是十分重要的。大量的调查实践显示出，几乎所有拒绝参与调查活动的人都是在与调查者开始接触的时候就表示不愿参与。如果潜在的调查对象在调查者介绍调查意愿时就愿意参与调查活动，那么其中绝大部分人都会配合调查者完成问卷的填写工作。

### （三） 过滤部分

调查问卷的过滤部分是指在对被调查者做正式的问卷调查之前，首先需要对某人是否符合问卷调查的要求，是否应纳入被调查人群进行甄别，这个环节在一次成功的问卷调查中至关重要。例如，根据调查目标的要求，被调查者应为 30～40 岁、月收入在 5000～8000 元的女性，

NOTE

就可以通过问卷中的过滤部分把不符合要求的调查对象过滤掉。如果没有经过过滤环节就直接进入问卷调查环节，选中的被调查者中的一部分并不符合调查目的的要求。如上例中，被调查者年龄小于 30 岁或大于 40 岁，收入低于 5000 元或高于 8000 元，得到的调查结果就很有可能缺乏客观性、真实性，不符合调查目标的要求。

通常利用问卷对某产品的使用者进行的调查，需要在问卷中设计过滤部分对被调查者进行过滤。问卷过滤部分是为了保证被调查者确实是调查产品的目标消费者而设计的一组问题。过滤问题一般包括对个体自然状态变量的排除、对产品适用性的排除、对产品使用频率的排除、对产品评价有特殊影响因素的排除等方面。

**1. 对个体自然状态变量的排除**　对个体自然状态变量的排除主要是为了甄别被调查者的自然状态是否调查的要求，如是否是产品的目标市场人群。主要的自然状态变量包括年龄、性别、文化程度、收入、地域等。如某化妆品生产企业意欲向市场推出一套高档化妆品，主要的目标市场消费者为年龄在 30～45 岁之间、收入在 8000～15000 元的城市职业女性。在产品推向市场之前，需要对目标市场的消费者开展一次问卷调查。在此次调查中，要明确掌握目标顾客群体的需求，因此需要在调查问卷中设置过滤问题，以保证被调查者符合调查活动的要求。

（1）对年龄的甄别　不同年龄段的消费者对化妆品的消费具有明显不同的特征，企业即将推出的化妆品的目标顾客群体为 30～45 岁的消费者，因此需要排除年龄不属于这个阶段的人，所以年龄的甄别问题设计为：

您的年龄：

30 岁以下终止访问；30～45 岁继续；45 岁以上终止访问。

（2）对收入的甄别　企业即将推出的化妆品的目标顾客群体为收入 8000～15000 元的消费者，因此需要排除收入不属于这个阶段的人，所以收入的甄别问题应设计为：

您的收入（包括工资、奖金、第二职业收入等）为：

8000 元及以下终止访问；8000～15000 元继续访问；15000 元及以上终止访问。

**2. 对产品适用性的排除**　假设企业即将推出的这套化妆品只适用于油性和混合性皮肤，那么对于产品适用性的甄别问题应设计为：

您的皮肤性质是：

油性皮肤继续；混合性皮肤继续；干性皮肤终止访问。

**3. 对产品使用频率的排除**　即使是产品的消费群体，如果其使用频率过低，就不应当成为调查活动的被调查者。因此，可以通过问卷中的过滤问题将使用频率过低的人剔除。那么关于化妆品使用频率的甄别问题应设计为：

您通常多长时间使用一次化妆品：

几乎不用终止访问；每周一次以下终止访问；每周一次或以上继续。

**4. 对产品评价有特殊影响因素的排除**　部分潜在的被调查者可能会因为其职业原因或参加调查的经历，对调查结果产生各种影响。对产品评价有特殊影响因素的排除，主要就是为了剔除被调查者的职业因素可能对调查结果产生的影响。对产品评价有特殊影响因素的排除，其甄别问题通常会被设计为：

NOTE

您和您的家人是否有在以下单位工作的：

社情民意调查机构、咨询公司终止访问；电台、电视台、报社、杂志社终止访问；

化妆品生产或销售单位终止访问；以上都没有继续。

在过去6个月里，您是否接受过这场调查公司的访问：

是终止访问；否继续。

### （四） 主体部分

问卷的主体部分，也是问卷的核心部分，包括调查者需要了解的所有内容。问卷的主体部分是市场调查所要收集的主要信息，它由一个个问题及相应的选择项目组成。通过主体部分问题的设计和被调查者的答复，市场调查者可以对被调查者的个人基本情况和对某一特定事物的态度、意见倾向及行为有较充分的了解。问卷的主体部分一般会包括以下几部分内容：

问卷的主体部分首先包括调查中最一般的问题。这部分的问题对于被调查者来说应该比较容易回答，短暂思考甚至不需要思考就能直接回答的问题。此外，在这一部分应注意回避被调查者比较敏感的问题，以免引起被调查者的反感使得调查工作无法继续。

主体部分的第二部分是调查问卷最核心的内容，包括调查的主题、满足调查目标的实质性和细节性的大量的题目。这部分问题数量较多，问题及答案的形式多种多样。调查者在设计问卷的这一部分的时候，要注意问题排列的逻辑顺序。如在对患者开展用药行为影响因素调查时，可以按照自我药疗、药品购买行为、安全用药行为、用药信息获取渠道、医生影响用药行为等的逻辑顺序编排问题及量表，从而达到良好的调查效果。

问卷主体的最后部分通常安排那些对被调查者来说较难回答的问题。这些较难回答的问题主要包括比较敏感的问题或者令被调查者感到尴尬的问题，如向学生询问关于作弊的问题及看法；较为复杂的需要被调查者进行思考才能回答的问题，如部分问卷在这部分的最后都会设计一个开放式问题，作为对前面封闭式问题未尽之处的补充，这就需要被调查者思考，甚至需要自己组织语言来回答，这给被调查者的回答带来了一定困难，因此这类问题都会放在问卷主体部分的最后。如您对北京市现行的与用药相关的医疗保险政策建议有哪些？谈谈您对中央政府深化医疗改革的意见和建议（可选医疗保障、医疗服务、公共卫生、药品供应、监管体制中的任一方面）。

### （五） 背景资料部分

在调查过程中一般需要了解被调查者的基本情况，主要包括被调查者的性别、年龄、婚姻状况、家庭人数、家庭/个人收入、职业、受教育程度等相关信息。在问卷中设置背景资料问题的目的主要是：第一，保证问卷主体部分填写完整、正确，便于核查、填补和更正；第二，可以对被调查者各种特征的分布进行具体描述。

---

**知识拓展**

**个人信息实例**

1. 性别：（1）男；（2）女

2. 年龄：（1）18岁以下；（2）19～25岁；（3）26～35岁；（4）36～45岁；（5）45～55岁；（6）55～65岁；（7）65岁以上

3. 民族：（1）汉；（2）其他民族（请注明）

NOTE

4. 婚姻状况：（1）未婚；（2）已婚；（3）离婚；（4）丧偶

5. 文化程度：（1）小学以下；（2）小学；（3）初中；（4）高中或中专；（5）大专；（6）本科；（7）硕士及以上

6. 是否信奉宗教：（1）是；（2）否

7. 户口所在：（1）市内六区；（2）其他

8. 户籍类别：（1）非农业户口；（2）农业户口

9. 主要从事职业：（1）机关、事业单位管理者；（2）大中型企业高中层管理人员（非业主身份）；（3）私营企业主；（4）专业技术人员；（5）办事人员；（6）个体工商户；（7）商业服务业员工；（8）工人；（9）农民；（10）军人；（11）学生；（12）无业、失业、半失业者；（13）其他（请注明）

10. 您目前的身体状况如何：（1）健康，极少生病；（2）偶尔生病；（3）体质较差，经常生病；（4）患有慢性疾病

11. 您家庭的月收入是多少：（1）800元以下；（2）801~1500元；（3）1501~2500元；（4）2501~3500元；（5）3501~5000元；（6）5001~7000元；（7）7001~10000元；（8）10000元以上。

12. 您家庭最近一年的用药实际支出是多少（除去医保报销部分）：（1）100元以下；（2）101~300元；（3）301~500元；（4）501~800元；（5）801~1500元；（6）1501~2500元；（7）2501~5000元；（8）5001~7000元；（9）7001~10000元；（10）10000元以上

13. 您目前医疗保健形式：（1）自费；（2）城镇职工基本医疗保险；（3）城镇居民基本医疗保险；（4）商业保险；（5）公费医疗；（6）其他（请注明）

（资料来源：某地区患者用药行为影响因素研究问卷）

### （六）结尾部分

一份完整的调查问卷的结尾部分一般包括调查者签名、调查日期、调查地点及实际调查花费的时间等信息。这部分内容主要用于明确调查者责任，对调查表格进行逻辑检查、错误校正、缺项补充，以便事后进一步随访等。

## 三、调查问卷的分类

在市场调查中，由于调查目的、调查方式、调查对象等的不同，调查问卷也会有各种各样的类型。按照不同的划分标准，调查问卷可以划分为不同的类型。

### （一）根据调查问卷的使用方法划分

根据使用方法的不同，调查问卷可以分为自填式问卷和访问式问卷两大类。

**1. 自填式问卷**　自填式问卷是由被调查者自己填写的调查问卷，按照其发送方式的不同又可以分为现场填写问卷、邮寄问卷、网络调查问卷等类型。

现场填写问卷是指由市场调查员直接将调查问卷送到被调查者手中，被调查者现场完成问卷的填写，由市场调查员直接回收。这种问卷最大的特点是回收率较高。

邮寄问卷是由调查单位将调查问卷邮寄给被调查者，由被调查者填写后，再邮寄回调查单

位的调查形式。通过邮寄方式开展问卷调查，调查过程难以控制，因此问卷回收率低，且可信性与有效性都较低。

近些年来，随着互联网的快速发展，网络调查由于其具有更大的便利性、调查范围的广泛性、调查成本相对较低等优点，发展速度很快。网络调查的实施方式很多，其中部分调查方式中需要使用调查问卷，网络问卷相对于传统的纸质问卷，形式更加灵活，后期的资料整理也更加方便。

---

**知识拓展**

### 西安杨森制药有限公司网站调查问卷

欢迎您访问西安杨森和一个中国非处方药业务官方网站，我们邀请您参与网站调查问卷以便我们继续改进，为您提供更好的用户体验。

1. 您对"西安杨森和一个中国非处方药业务"的官方网站的整体风格感觉如何？

（1）非常炫　　　　　　（2）还不错　　　　　　（3）一般

2. 您是否可以通过菜单栏、站点地图或者站内搜索快速找到您想获取的内容？*

（1）可以　　　　　　　（2）有时可以　　　　　（3）不可以

3. 您经常使用什么设备访问本站点？

（1）电脑　　　　　　　（2）手机、平板电脑等移动设备

4. 您对整个站点的访问速度满意度如何？

（1）非常满意　　　　　（2）基本满意　　　　　（3）不满意

5. 您是否可以通过网站中的图标将内容快速、简便地分享到社交媒体？

（1）非常快速简便　　　（2）还不错　　　　　　（3）一般

6. 您认为本站点目前急需增加或者改进哪方面的内容？

---

（资料来源：西安杨森制药有限公司网站）

---

**2. 访问式问卷**　访问式问卷是市场调查员实地拜访或电话访问被调查者，在实地拜访或电话访问中，由调查员针对问卷内容询问被调查者并填写的问卷。与其他调查问卷相比，由于是调查员填写问卷，因此访问式问卷的回收率是最高的，调查收集到的资料也是最可靠的。

### （二）根据问卷结构划分

根据调查问卷问题类型的不同，可以将其划分为结构型问卷、半结构型问卷和非结构型问卷三大类。

**1. 结构型问卷**　结构型问卷也称为封闭式问卷。结构型问卷中问题的答案是预先设计的有限选择项，要求被调查者在填写问卷的时候，按照要求在这些选项中选择一个或多个答案，或对这些选项进行排序等。结构型问卷，由于已设置了有限的答案供被调查者选择，对被调查者来说填写问卷比较容易，适用于广泛的、不同阶层的调查对象；对调查者来说有利于控制和确定研究变量之间的关系，易于量化和进行数据的统计处理。因此，在市场调查中这类问卷被

广泛使用。

结构型问卷也具有一定的局限性。由于答案已经事先预设，被调查者没有自由发挥的空间，难以获得较深入、详尽的资料，调查的效果受问卷本身质量的影响较大。因此，通常结构型问卷是以封闭式问题为主，在末尾添加 1 ~ 2 个开放式问题，这样的问卷往往能获得更好的调查效果。

**2. 非结构型问卷**　非结构型问卷又称为开放式问卷。这种问卷在设计时通常不为问题预设答案，任由被调查者根据自己的感受和想法随意作答。非结构型问卷一般较少作为单独的问卷进行使用，尤其是在调查样本较大时更是鲜有使用。通常非结构型问卷的使用时机是在一项调查工作的最初作为探索性的调查工具，或是在对某些问题需要作进一步深入的调查时。同时，非结构型问卷的使用方法通常在访谈中使用。使用非结构型问卷，调查者往往可以得到意想不到的调查结果，如可以收集到范围更广泛的资料、可以深入发现某些事先并未预料到的特殊问题、可以挖掘到某些被调查者的特殊意见等。在访谈中使用非结构型问卷，调查者经常可以根据被调查者的回答，发现新的想法，形成新的问题，调查者与被调查者之间形成交流互动，使市场调查更为深入。非结构型问卷的使用也具有一定的局限性，如采用非结构型问卷开展市场调查，收集到的资料难以量化及进行统计分析等。

**3. 半结构型问卷**　半结构型问卷介于结构型问卷和非结构型问卷之间，问题的答案既有事先预设的、固定的、标准的选项类型，也有让被调查者自由回答的类型。因此，半结构型问卷兼具结构型问卷与非结构型问卷的优点。这类问卷在实际市场调查中运用比较广泛。上例中，西安杨森制药有限公司网站上的调查问卷即为半结构型问卷。

此外，根据问卷发放方式的不同，调查问卷还可分为留置问卷、邮寄式问卷、报刊式问卷、面访式问卷、电话访问式问卷和网上访问式问卷六大类。

## 四、问卷设计的原则

要想设计一份实用的、高质量的调查问卷，在设计问卷的过程中就要遵循调查问卷设计的原则。

### （一）合理性原则

问卷设计的合理性原则是指调查问卷的内容必须与调查主题密切相关。调查者在设计问卷时，应根据市场调查的目的，明确调查的主题，每个被纳入问卷的问题都应紧紧围绕着调查主题，目的明确，重点突出。如某制药企业开展"某品牌感冒药购买与使用的调查"，根据这一调查主题，可以纳入问卷的与主题密切相关的问题有：使用者及其基本情况（如性别、年龄、受教育程度、收入等）；感冒药的购买与使用情况（如是否知道该品牌的感冒药，从什么渠道了解到该品牌的感冒药，是否使用过该品牌的感冒药，从什么渠道购买到该品牌的感冒药，使用时机、消费频率等）；对该品牌感冒药的使用效果评价（如使用效果，心理感受等）。以上几类问题都是与调查主题直接相关的，是合理的问卷组成部分。

### （二）有效性原则

问卷设计的有效性原则是指市场调查人员在设计问卷问题时的意思与被调查者读到问题时所理解的意思是一致的，不存在分歧，则该问卷或该问题的设计是有效的。反之，则认为该问卷或该问题的设计是无效的。在问题描述中出现歧义，可能会造成被调查者由于理解偏差，而造成误选，影响调查结果的可信度。设计的有效性是问卷设计的一个基本要求。

### （三） 系统性原则

调查问卷本身就是一个完整的系统。在这个完整的系统中又会因为包括不同角度的内容而形成一个个子系统。一份高质量的问卷设计应该具有整体感，整份问卷是一个整体，问卷中的每一个子系统也是一个整体，注意问题与问题之间应具有较强的逻辑性。

---

**知识拓展**

**中央电视台中文国际频道海外观众收视调查问卷**

1. 您最常收看的华语电视频道是_____？［单选］

（1）中文国际频道（CCTV-4）

（2）当地华语电视频道

（3）港澳台地区的中文频道

（4）长城平台的中文频道（除 CCTV-4）

2. 您平时收看 CCTV-4 的频率如何？以下哪项最符合您的情况_____ ［单选］

（1）平均每天 2 次以上

（2）平均每天 1 次

（3）平均每 2~3 天 1 次

（4）平均 1 个星期 1 次

（5）平均半个月 1 次

（6）平均 1 个月 1 次

（7）平均 1 个月以上

（8）平均 1 个月以上

3. 您收看 CCTV-4 的时段一般是_____？［多选］

（1）06：00~08：00

（2）08：00~10：00

（3）10：00~12：00

（4）12：00~14：00

（5）14：00~16：00

（6）16：00~18：00

（7）18：00~20：00

（8）20：00~22：00

（9）22：00~24：00

（10）24：00~06：00

4. 您每天花多长时间收看 CCTV-4？［选择 1~4 的继续答题 5，选择 5 的跳至 6］［单选］

（1）3 个小时以上

（2）2~3 个小时

（3）1~2 个小时

(4) 1 个小时以内

(5) 基本不看

5. 您选择收看 CCTV-4 节目的原因是_____ ［可多选，限选三个］

(1) 关注国内信息

(2) 了解中华文化

(3) 节目内容吸引人

(4) 播出时间符合收视习惯

(5) 习惯性偏好

(6) 其他媒介推荐

(7) 别人推荐

(8) 随意选择

(9) 其他 ［请注明］

6. 您不收看 CCTV-4 节目的原因是_____ ［可多选，限选三个］

(1) 无法接收 CCTV 频道信息

(2) 不关注国内信息节目

(3) 习惯收看非中文类

(4) 节目内容不吸引人

(5) 播出时间不符合收视习惯

(6) 一同收看的人不收看

(7) 其他 ［请注明］_____

（资料来源：中央电视台中文国际频道海外观众收视调查问卷）

在以上几个问题中，问题设置紧密相关，环环相扣，因而能够获得比较完整的信息。

### （四） 明确性原则

所谓明确性原则，即要求问题及答案设计的明确性及规范性。在具体设计过程中既要关注问题设置是否准确；问题表达是否清晰明确，是否便于被调查者回答；答案设计是否科学、合理及准确，是否方便被调查者做出明确的回答等。

如上例中第 2 题答案的设计就十分明确，明确的时间长度设计让被调查者一目了然。而不用经常、偶尔类比较模糊的词，让被调查者感到回答困难；即使勉强作答，每个人对经常及偶尔等词的理解也会有比较大的偏差，会影响答案的准确性。

再有，问卷中常有"是"或"否"类的是非式命题。例如："您的婚姻状况？答案：已婚；未婚。"

显然，这个问题还有第三种以上的答案，如离婚、丧偶或分居等。按照以上方式设置答案就会不可避免地使被调查者感到选择上的困难，导致有效信息的流失。

### （五） 非诱导性原则

非诱导性原则指的是问题的语言组织要注意不能对被调查者进行提示或诱导，要保持态度的中立性，以保证被调查者的独立性与客观性。如果问卷中设计的问题具有诱导和提示性，会掩盖事物的真实性。如："最近，看电影《美国队长》的人比看其他电影的人多。您看过这部

NOTE

电影吗?"由于人的从众心理,大部分被调查者即使没有看过这部电影也会说看过。为了保持其中立性,问题的应该是:"您最近看过电影《美国队长》吗?"

### (六) 便于整理分析原则

大规模的问卷调查,样本动辄成千上万,问卷回收后的整理工作是一项浩大的工程。因此,成功的问卷设计除了要遵循以上各项问卷设计原则外,还要考虑问卷回收后的整理分析工作的便利性。这种便利性体现在很多方面:如调查指标是能够累加且便于累加的;调查指标的累计与相对数的计算是有意义的;能够通过数据分析结果清楚明了地说明所要调查的问题。只有这样,调查工作才能收到预期的效果。

## 第二节　问卷设计的程序

要设计一份高质量的调查问卷是一个困难且复杂的工作,在长期的调查实践中发现,问卷设计程序有一条清晰的脉络,严格按照这个程序设计问卷可大大提高问卷设计的质量。

### 一、确定调查所需信息

设计问卷首先要做的第一步工作即确定调查所需信息,它是问卷设计的前提。问卷设计者必须把握所有研究目的,确定分析数据使用的方法,明确调查所需要的信息及验证研究假设所需要的信息,并严格按这些要求来收集资料,把握信息。

### 二、确定问卷的类型

问卷类型的选择受到该次调查的目的、调查的内容、调查项目、调查对象、调查费用、时效性要求等诸多因素的影响与制约。然而,市场调查问卷的种类繁多,每种类型的问卷都有其各自的优缺点,每种调查问卷都适应不同调查的需要。如结构型问卷更适合于探索性调查,非结构型问卷更适合于样本数量较大的调查。如果调查的时效性与成本性要求比较高,结构型问卷比较适合,反之则非结构型问卷的效果更好。因此,问卷设计者需要综合考虑各种制约因素,选择适合的调查问卷的类型。

### 三、确定问题的内容

在设计问卷过程中,确定问题的内容似乎是一件较为简单的事情。事实上则不然,尤其是为调查样本量很大的调查活动设计问卷,被调查者之间的个体差异导致其对问题的理解程度存在差异。部分被调查者认为比较容易回答的问题在其他被调查者处可能被认为是难以回答的问题。因此,确定问题的内容,最好先与被调查者进行沟通,尤其是设计结构型问卷,可以先设计非结构型问卷,选择少量被调查者开展预调查,听取他们的意见和建议,在此基础上再设计结构型问卷,往往会取得较好的调查效果。

### 四、确定问题的类型

问卷中的问题多种多样,按照不同的标准,可以将问题划分为不同的类型。

### （一） 按提出问题的性质划分

按照提出问题的性质，问卷中的问题可以分为直接性问句、间接性问句和假设性问句。

**1. 直接性问句**　在直接问句的设计中，调查者将要了解的问题直截了当地提出，以获取被调查者的相关信息。

例如：您最喜欢的洗发水的品牌是（　）A. 潘婷　B. 飘柔　C. 力士　D. 海飞丝　E. 沙宣

**2. 间接性问句**　在调查过程中，有些问题如直接提出较为敏感，可能引起被调查者反感，可以采用间接性提问则，使被调查者较为容易地回答该问题，从而顺利获取相关信息。

例如：请问您哪一年出生？而不直接问，女士您今年多大岁数了？

**3. 假设性问句**　在调查问题的设计时，部分问题调查者会将其设计为假设问句。如将问题先假定一种情况，然后询问调查者在该种情况下，他会采取什么行动。

例如：如果某晚报涨价至2元，你是否将改看另一种未涨价的晚报？

假设性问题通常具有一定的引导性，据统计被调查者对这种假设性问题多数会回答"是"。这种探测被调查者对某些市场因素产生变化而采取的应对性行为的问题，被调查者的答案对调查者实际意义不大，因为多数消费者都更倾向于选择尝试一种新的事物，或获得一些新经验。

### （二） 按问题是否提供备选答案划分

按调查表中是否提供备选答案，调查问卷的问题可分为开放式问题、封闭式问题及混合式问题。

**1. 开放式问题**　调查问卷中的开放式问题只提问题，不设备选答案供被调查者选择或排序，要求其根据自己的经历、想法等自由回答，被调查者有自由发挥的空间。

例如：您认为地方政府提供公共卫生时最需要改进的方面并请写出原因或改进方法。

（1） **自由回答法**　自由回答法是指设计问题时不设计供被调查者选择的答案，且不做任何回答提示，要求被调查者根据自身实际情况自由作答。自由回答法对被调查者来说较为困难，因此这种问题主要用于探索性调查。在实际调查问卷中，这种问题数量不多，最多是在问卷主部体分的末尾设置1～2个。自由问答题的主要优点是被调查者的观点不受限制，便于深入了解被调查者的建设性意见、态度、需求问题；主要缺点是难于编码和统计。

例如：谈谈你对中央政府深化医疗改革的意见和建议（可选医疗保障、医疗服务、公共卫生、药品供应、监管体制中的任一方面）。

（2） **词语联想法**　词语联想法是指按照调查目的，选择一组词语展示给被调查者，每展示一个词语，就要求其立刻回答看到该词语后联想到什么，由此推断其内心的想法。调查者感兴趣的那些词语是隐藏在一系列展示词语中的，这些词语中掺杂一些中性的或充数的词语，用于掩盖研究的目的。

词语联想法具体包括自由联想法、控制联想法及引导联想法三种。

①自由联想法：是不限制联想性质和范围的方法，回答者可充分发挥其想象力。

例如：请您写出（或说出）由下面的词语所引发的联想。"看电影"。回答者可能回答："休闲""享受""亲密""舒适""谈恋爱"等。

这些被调查者给出的联想词语从不同侧面反映了其对看电影这一消费行为的服务要求，为改进电影院的服务及进一步明确电影院的市场定位提供借鉴。

②控制联想法：与自由联想法让被调查者天马行空随意回答不同，控制联想法是把被调查者的联想控制在一定范围内的方法。

例如：请您写出（或说出）由下面的词语所联想到的饮料。"手机"。

由手机所联想到的饮料，有的是手机上网络广告中出现的饮料，有的是玩手机时饮用的饮料，有的兼而有之，有的则什么也不是。对此，研究者在分析结果时可加以区分。

③引导联想法：是在提出刺激词语的同时，也提供相关联想词语的一种方法。

例如：请您就下列所给的词语按提示写出（或说出）所引发的相关联想。手机（联想提示：沟通、上网、娱乐、购物、其他）。

引导联想法所给出的联想提示通常带有导向性，如本例的提示，将联想往手机功能方向引导，被调查者的思维也由此向这方面集中。

（3）回忆法 回忆法是用于了解被调查者对企业名称、商品品牌、广告等记忆强烈程度的一种问题设计方法，多用于了解被调查者对某些特定事物"记忆的强度"。回忆法通常有两种类型，一种是不给被调查者任何提示，直接要求被调查者对某一特定事物在某个特定时间段内的状况进行回忆，如请您说出您所知道的感冒药的品牌、请您回忆最近一个月内在电视上看到的感冒药的品牌等；另一种是先给被调查者呈现一组信息，如广告图片、商品包装等，信息呈现完毕后，要求被调查者对其进行回忆，回忆的顺序和观看的顺序可以不一致，想起一个说出一个，最后由调查者根据被调查者回忆的数量及顺序，对调查结果进行分析。

（4）语句完成法 语句完成法是指将问题设计成不完整的句子，请被调查者根据自己的想法将句子补充完整的方法。语句完成法是利用不完整的句子，借被调查者的反应来了解其潜在心理，使研究人员能获得有关被调查者对某一特定事物、现象的深藏于心底的感受、看法或态度等。语句完成法通常不强调被调查者回答问题的时间，由于完成的是句子，调查结果也比较容易分析。因此常用于调查消费者对某种事物的态度或感受。

例如：感冒就要_____。

运用语句完成法时，需注意下列几点：

第一，提供给被调查者的不完整句子越短，信息越少，被调查者回答涉及的范围就可能会越广，信息越发散。而信息过于发散对于后期调查结果的整理和分析是十分不利的，因此，提供给被调查者的不完整句子不宜过短，信息也不宜过少，要尽可能地控制被调查者的联想范围。

第二，要注意尽量不引发被调查者的防卫心态。在句子的人称选择上尽量不只选择第一人称，第一人称出现过多，就会让被调查者有隐私被刺探的感觉，从而产生较强的心理防卫，第一人称与第三人称混合并用在这方面通常会有意想不到的效果。

第三，如果是调查样本比较大的情况，后期的资料整理和分析工作也会比较大，应将调查结果设计为可以计量的，后期的数据分析工作将会大大减少。

第四，在设计语句时，厂商名称、商品品牌等出现的次数不要过多，否则也会使被调查者产生心理防卫。

第五，要想通过完成语句了解被调查者内心的真实想法和感受，就要注意尽量避免出现诱导性词句，否则被调查者会被这些词句诱导，这样调查所得到的信息就会缺乏客观性和真实性。例如否定语句或肯定语句都会具有一定的可诱导性，在句子设计时应避免使用，中立的态度往往能获得最真实的信息。

（5）故事构建法　故事构建法是指由调查者向被调查者提供只有开头或只有结尾的不完整故事，请被调查者按照自己的想法将其补充完整，调查者可以根据被调查者补充的故事内容分析其内心想法和感受。和语句完成法一样，使用故事构建法，不同的被调查者由于其自身特点不同，构建出来的故事也会千差万别，研究人员很难对调查结果进行分析，因此要尽可能地控制被调查者的故事构建范围。

**2. 封闭式问题**　调查问卷中的封闭式问题既提问题，又给出若干备选答案，被调查者只需在备选答案中做出选择或对选项进行排序即可，填写较为轻松，容易得到被调查者的合作。因此，在市场调查问卷中，尤其是样本量很大的调查所使用的问卷中，封闭式问题占了问卷的绝大部分。封闭式问题的形式很多，封闭式两项选择法、多项选择法和顺位法、两两比较法等都属于封闭式问题的类型。

（1）两项选择法　两项选择法又称为是否法或真伪法，是指对于问卷中所提出的问题仅有两种答案可供选择，这两种答案是对立的、排斥的，如"是"或"否"、"有"或"无"，被调查者的回答非此即彼，不能有其他选择。

两项选择法的优点是简单明了，便于统计处理与结果分析；缺点是所获信息量太小，两种极端的回答类型不能表示被调查者意见程度的差别，且没有进一步阐明理由的机会，因此，了解的情况不够深入。两项选择法适用于互相排斥的两项择一式问题及询问较为简单的事实性问题。

例如：您是否打算在今年年内购买家用轿车？□是　□否

您3个月内看过感冒药康泰克的电视广告吗？□是　□否

（2）多项选择法　多项选择法是指问卷中所提出的问题有两个以上的备选答案，被调查者可根据自身的实际情况选择其中一项或多项作为答案。它是各种调查问卷中采用最多的一种问题类型。

例如：您喜欢下列哪些品牌的洗发水？□沙宣　□力士　□飘柔　□海飞丝　□潘婷□伊卡璐　□清扬　□其他

多项选择法的优点是答案有一定的范围，便于回答，便于问卷回收后的编码和统计分析。其缺点主要是预先设计答案选项的排列次序可能会引起对被调查者的误导。这种误导主要表现在以下几个方面：①对于对各个答案选项没有强烈偏好的被调查者，排在前面的答案选项被选中的概率远远大于排在后面选项被选中的概率。②如果预设的备选答案使用层级划分表示程度或直接用数字表示得分等，没有明确态度的被调查者往往倾向于选择中间的层级或数字，而不是偏向两端的极端的层级和数字。

因此，在选择多项选择法设计问卷的问题时，问卷设计者应注意以下几种情况：①要注意选择答案的排列顺序。为了避免有些被调查者喜欢选择排列靠前的答案而使调查结果发生偏差的情况，可以将答案的排列次序打乱，制作多份问卷同时开展调查活动。②要考虑到问题全部可能出现的答案，避免遗漏，让被调查者无从选择。③要注意每个答案之间不能重复或重叠。例如：询问被调查者每天吸烟的数量，答案有5支以下、5～10支、10～15支……如果被调查者每天大约的吸烟数量为10支，那么他应该选择5～10支还是10～15支？很显然，这两个答案之间重复了。④要注意控制答案选项的数量。如果预设答案选项数量较多，会使被调查者产生选择困难，或者部分被调查者根本没有耐心将全部选项读完就已经做出了选择。因此，要严格控制多项选择问题的答案数量，一般答案选项应控制在 8 个以内，如果 8 个备选答案不能把所有的答案选项列完整，则应在答案选项的最后加"其他"选项，以保证答案的完整性。

（3）顺位法　顺位法是指在答案中设计若干答案选项，要求被调查者按各答案选项的重要程度、喜欢程度、关注程度等决定其排列的先后顺序。顺位法主要包括两种类型，一种是要求被调查者将所有答案选项全部进行排序。如请按您信任的程度将下面列出的五类广告由高到低进行排序：①电视广告；②报纸广告；③广播广告；④路牌广告；⑤杂志广告。还有一种就是要求被调查者选择答案中的部分选项，并被选中的答案选项进行排序。如上例中要求被调查者选择三个信任程度最高的答案选项并进行排序。

（4）两两比较法　两两比较法是指问卷设计者在预设答案时，把研究对象两个一对安排在一起，让被调查者一一比较，对答案进行选择。

例如：请比较下列每对品牌的洗发水，您更喜欢使用哪一个品牌？（每对中只选一个划√）

海飞丝□　潘婷□　　　　　潘婷□　　飘柔□

海飞丝□　飘柔□　　　　　潘婷□　　力士□

海飞丝□　力士□　　　　　海飞丝□　伊卡璐□

飘柔□　　力士□　　　　　飘柔□　　伊卡璐□

力士□　　伊卡璐□

**3. 混合式问题**　混合式问题又称半封闭式问题，是在设计封闭式问题答案的时候，有限的答案选项不能把所有的答案罗列完整，因此在答案的最后再附上一项开放式的选项，以保证答案的完整性。

例如：您使用过的手机品牌有哪些？（可多选）

□华为　　□三星　　□小米　　□苹果　　□联想　　□OPPO　　□VIVO　　□魅族　　□其他

### （三）　按要收集资料的性质划分

问卷中每一个具体的问题要收集资料的性质都是不同的，因此按照要搜集资料的性质，可以将问题划分为事实性问句、行为性问句、动机性问句及态度性问句。这四种问句形式具有递进关系，从事实到行为、动机及态度，逐渐深入了解被调查者的真实态度。

例如：您通常什么时候看电视？您昨晚 7 点钟看电视了吗？您为什么每天晚 7 点看电视？您是否喜欢某电视节目？

在现实的调查问卷中，往往是几种类型的问题同时存在，单纯采用一种类型问题的问卷并不多见。

## 五、确定问题的措辞

在问卷设计过程中，每个问题的语言组织很重要，否则就会出现表达不清，导致被调查者无法很好地理解调查者的调查意图，影响调查结果的有效性。因此，当确定了问题的具体内容后，应逐词逐句地斟酌其措辞，尽量避免产生歧义。

## 六、确定问题的顺序

问卷中问题的排列顺序应仔细斟酌，遵循一定的逻辑次序排列。问题的排列次序会直接影

NOTE

响被调查者的感受，继而影响其合作积极性。所以一份好的问卷应对问题的排列做出精心的设计。

首先同一主题的问题应排列在一起，且注意问题的排列要逻辑相连，这样被调查者就对问题更容易理解，切忌在各个主题之间来回跳跃。当问题主题变化时，最好在中间设计过渡说明（衔接语），如一段说明性的文字解释，使应答者体会逻辑的连贯性。

### 七、问卷的排版和布局

问卷的设计工作基本完成之后，便要着手问卷的排版和布局。问卷排版布局总的要求是整齐、美观，以及便于阅读、作答和统计。问卷排版美观、清楚与否直接影响被调查者填写问卷的意愿和结果。例如问卷选择的字体不应过小，排版不宜过于拥挤，否则会让被调查者阅读困难，从而影响其问卷作答的效果。

在问卷的排版布局上应注意以下几点：①版面不应过于拥挤，字号不宜过小。②同一个问题的题目和选项不应排在两页，否则容易产生漏读情况。③行间距、字间距设置合理，尽可能通篇一致。④问卷每页应设置页码，防止漏页。

### 八、问卷的测试

问卷的初稿设计工作完成后，一般不应直接用于调查之中，应对设计好的问卷进行测试，测试后再投入使用。尤其是有些企业的调查项目样本数量很大，问卷设计完就大规模印刷直接投入使用，一旦问卷本身存在问题，修改问卷会导致调查成本大幅度提高。因此，问卷设计好后，首先应对问卷进行测试，发现问题及时修改。

问卷测试过程可以采用客观评价法，这种方法是指调查设计者印少量问卷，选取部分目标调查对象，开展调查活动，分析调查结果，发现问卷存在的问题。通常在测试中，对问卷进行检查和分析的主要有问卷回收率、有效率、填写错误或漏答等方面。如果问卷回收率及有效率较低的话，说明问卷整体质量低，需要做大的修改。填写错误过多，尤其是集中于某一个或某几个问题上，则说明这些问题的设计存在缺陷，如问句语言组织问题导致被调查者没有了解调查者的意图，出现填写错误，就需要对该问句斟酌修改。如果是填答方式出现错误，如调查者本来希望被调查者对各个选项进行排序或选择其中的若干种进行排序，但是大部分被调查者只是选择了其中某些选项作为答案，这就说明该问题的填答要求不够突出，没有引起被调查者的注意，可以通过斜体字或加粗字体强调问题填答要求。此外，漏答也是问卷的常见问题，如果较多的被调查者都在某个问题或某些问题上出现漏答，就应仔细考虑漏答的原因，对问卷进行改进。除客观评价法之外，主观评价法也是测试问卷常用的方法。主观评价法是将设计好的问卷送到本领域专家或典型的被调查者手中，请他们阅读问卷，并就问卷提出修改意见和建议。

如果第一次测试后问卷有较大的改动，则要考虑是否有必要组织第二次问卷测试。通过测试的问卷才能正式交付使用。

### 九、问卷的定稿

当问卷的测试工作完成，确定没有必要再进一步修改后，可以考虑定稿。问卷定稿后就可以交付打印，正式投入使用。

NOTE

**知识拓展**

　　1981 年，欧洲 9 个国家（英国、法国、联邦德国、比利时、荷兰、丹麦、意大利、西班牙、爱尔兰等）的社会学者进行了一项题为"欧洲价值体系的调查"的大型研究。研究采用问卷调查的方式收集资料。为了设计出适合各个国家情况的问卷，研究者们进行了精心的准备和探索工作。在探索阶段，联邦德国小组查阅了有关价值体系的各种著作，在社会名流、大学、政界和信息界进行了一系列深入的交谈。英国小组在被认为对普遍接受的价值持不同意见的少数人中间组织了若干讨论小组。在法国，对近十年来本国及多国性的历次欧洲调查中所收集到的有关价值的全部数据进行了系统探测。这样集中起来的各种文献在管理委员会和技术小组的多次会议上被用作制定一张测试调查表的依据。这张既长又复杂的调查表在四个国家——西班牙、法国、英国和联邦德国进行测试，每个国家挑选 200 名调查对象，其目的显然是检验它的被接受程度。答卷在伦敦处理后，送到巴黎分析。经过在布鲁塞尔举行的第一次全体会议和在巴黎举行的第二次偏重于技术问题的会议之后，于 1980 年末确定了包括 302 个问题的正式调查表。

# 第三节　问卷设计的技巧

## 一、问卷整体结构合理

　　问卷中问题的提问合理、排列科学可以提高问卷回收率和信息的质量。在问卷设计中需要注意的地方很多，这里介绍一些最应受到关注的常见问题。

### （一）问卷长度

　　问卷设计者在准备阶段会准备大量的与调查相关的问题，但是在问卷设计过程中需要对这些问题进行甄别，把那些和调查需要关联最直接的问题纳入问卷，以保证问卷的长度适宜。过长的问卷会给被调查者带来心理负担，导致其直接拒绝填写问卷或胡乱完成应付差事，这样都会使调查工作难以达到预期的效果。

### （二）问题排列顺序

　　在问卷设计的过程中，应注意问题顺序的编排，这是影响问卷质量的关键因素之一。在设计问卷中问题顺序的时候，通常需遵循的原则主要有以下几点：

　　**1. 先易后难，先简后繁**　在将准备纳入问卷的问题排序时，通常应将容易回答的问题放在问卷前面，相对较难回答的问题放在后面；比较简单的问题放在前面，较为复杂的问题放在后面。问卷的前几道题目容易作答能够显著提高被调查者的积极性，有利于问卷的顺利完成。如果一开始的问题就很难回答，容易造成被调查者的畏难情绪，可能会中途退出。

　　**2. 先一般性问题后敏感性问题**　在开展问卷调查时，有时可能会不可避免地涉及一些让被调查者感觉抗拒的问题。这些问题可能是关于被调查者本人的隐私问题，如受教育程度、收入状况、年龄、婚姻状况等；可能是涉及被调查者公司内部商业机密的问题，如公司的营业额、利润水平、购销渠道、具体进货价格、营销策略、发展规划等；也可能是对于被调查者而言较为敏感的，对某些问题态度的询问等，如个人政治态度、询问被调查者患病的情况、询问学生作弊的情况等。这些问题可能会引发被调查者的内心抗拒，如果放在问卷的最开头会影响问卷调查的进行。因此，应将一般性问题安排在问卷的开始部分，创造一种宽松、随和、融洽的调查气氛，这样可以让被调查者心情放松，以便调查的顺利开展。

**3. 先封闭式问题后开放式问题**    从问题类型来看，封闭式问题为被调查者预设了答案，被调查者只需在预设的答案中进行选择或对预设的答案进行排序处理即可，相对比较容易回答。开放式问题则没有预设答案，要求被调查者对自己的感受、想法等自行组织文字进行描述，回答起来具有一定的难度。因此，在编排问卷的顺序时，通常将较易回答的封闭式问题安排在问卷的前面，将较难回答的开放式问题安排在问卷的后面。按照经验，一般调查问卷的开放式问题不宜过多，否则会导致被调查者拒绝填写。

**4. 先总括性问题后特定性问题**    总括性问题指对某个事物总体特征的提问。例如："您在选择感冒药时，哪些因素会影响您的选择？"特定性问题指对该事物某个具体要素或某个具体方面的提问，如："您在选择感冒药时，其品牌对您选择的影响程度如何？"一般而言，总括性问题应安排在特定性问题的前面。

**5. 问题之间的逻辑关系**    问卷中涉及的问题通常包括不同的主题部分，主题与主题之间通常具有并列关系或逻辑关系。如果主题之间的逻辑关系较强就要注意其顺序安排。同样，同一主题涉及的问题之间如果具有逻辑关系，这些问题一定要按逻辑顺序排列。

## 二、问题设计

**1. 语句意思明确清楚**    问题设计中首先要注意的就是文字要表达准确，语句意思明确清楚，不应使被调查者理解上产生歧义或认识模糊不清。如调查药品消费情况，使用"您经常感冒吗""您经常使用感冒药吗"等问句，语义就不够准确，因为对"经常"的含义，不同的被调查者有不同的理解，有的人认为6个月感冒一次就是经常了，而有的人则认为3个月感冒一次并不属于经常的范畴，因此很难获取准确的信息。如改为更为具体的问题："您平均多长时间得一次感冒？""您平均多长时间使用一次感冒药？"这样表达就很准确，不会产生理解上的歧义。调查者获得的调查信息也比较准确。

**2. 问题应避免诱导被调查者**    在问题设计中应注意问题的中立性，不能让问句存在对被调查者的引导作用。如："绝大多数的患者都认为某牌的降压药质优价廉，您是否会购买？"这样的问题就会对被调查者产生影响，诱导其选择肯定的答案，不能反映被调查者对商品的真实态度，产生的结论也缺乏客观性，结果可信度低。

**3. 问句及答案设计要注意艺术性**    在设计问题时，要注意问句及答案设计的艺术性，尽量选择被调查者容易接受的语句，避免对被调查者产生不良刺激而不能很好地合作。

例如：

A：您至今未买汽车的原因是什么？①买不起；②没有用；③不会开；④其他

B：您至今未购买汽车的主要原因是什么？①价格高；②用途较少；③尚未考取驾驶证；

④其他

显然 B 组问句更有艺术性，比较容易使被调查者愉快地合作；而 A 组问句较易引起被调查者的反感，不愿合作。

**4. 尽量避免被调查者不易回答的问题** 被调查者不易回答的问题主要包括：其一，涉及被调查者的心理、习惯和个人生活隐私而不愿回答的问题，此时需变通问题及答案的形式。如调查个人收入，如果直接询问，不易得到准确结果，而划分出不同的档次区间供其选择，效果就比较好。其二，时间久、回忆不起来或回忆不准确的问题，如近一年中您在电视中看到过哪些感冒药的广告？这个问题涉及的时间跨度太大，给被调查者的回答带来很大困难，可能会因此而出现漏答。

**5. 避免一个问题带有多重含义** 为了表达清楚明确，注意一个问题只能有一个含义。一个问题若涉及两个甚至多个内容，则会使被调查者难以作答，问卷统计也会很困难。例如："您对仲景牌六味地黄丸的剂型和疗效满意吗？"这个问题包含了"您对仲景牌六味地黄丸的剂型满意吗？"和"您对仲景牌六味地黄丸的疗效满意吗"两层意思，被调查者很难回答。

**6. 尽量避免使用专业术语** 在问卷中出现专业术语，被调查者弄不清其真实的含义，难以保证调查的效果。如某药品公司调查患者对本公司感冒药品的印象，询问：本药每片中含对乙酰氨基酚 500mg、氢溴酸右美沙芬 15mg、盐酸伪麻黄碱 30mg 和马来酸氯苯那敏 2mg，请问您对这个配方是否满意？消费者购买感冒药只关注其疗效、价格等，非专业人员根本弄不清楚什么是对乙酰氨基酚、氢溴酸右美沙芬、盐酸伪麻黄碱和马来酸氯苯那敏，也更不清楚感冒药的配方应该是怎么样的，即便给出答案也没有意义。再如：请您估计一下，您平均一年在音像制品上花多少元钱？"音像制品"虽然是常用词语，但是如果不对音像制品范围进行划定，则被调查者对其所含物品种类的理解就会存在差异，有些人可能认为"音像制品"是磁带、录像带等。还有，这里的"花多少钱"，可以指购买，也可以指租借，不同人的理解显然也是不同的。

**7. 尽量不用反义疑问句及否定句** 在问题设计时尽可能采用肯定句，因为肯定句是在各种句子类型中最容易理解、最不容易产生歧义的。

如一个问题的三种问法：①肯定句问法："您是否赞成超市实行'打折'促销制度？"②否定句问法："您是否不赞成超市实行'打折'促销制度？"③反义疑问句问法："您不赞成超市实行'打折'促销制度，是吗？"将三种问法进行对比可以发现，第一种肯定句问法，被调查者是最容易理解的；第二种否定句问法不太符合语言习惯，让被调查者感觉很别扭；第三种反义疑问句问法则会对被调查者产生误导。

**8. 避免问题引发从众效应和权威效应** 在设计问题时，问句如果出现从众效应和权威效应，就会引导被调查者选择某个答案，很难得到被调查者的真实想法。如："科学家认为钙是人体生理不可缺少的元素，我们国家 80% 以上的儿童都缺钙，您认为您的孩子需要补钙吗？"这个问句的专家权威效应很容易让被调查者选择需要补钙的选项。

# 第四节　问卷常用的量表

## 一、测量的定义

在市场调查中，调查者常常需要对一些市场因素进行度量，如某产品的市场销售潜力、市场总需求、消费者对该种商品的态度、消费者的购买意向等。如何对这些市场因素进行测量、采用什么工具进行测量，将会在很大程度上影响调查者对这些市场因素的理解，继而影响调查结果，最终会影响企业所做的营销决策。因此，测量技术是市场调查者应具备的基本技能之一。

在市场调查中，测量是指对所确定的市场研究内容或调查指标进行有效的观测与度量，是对市场现象之间的性质差异和数量差异进行的度量。

## 二、测量尺度

在测量中，测量者会按照一定的规则将数字、符号分配到测量对象中。但是这些数字和符号能为测量者提供什么样的信息，除了取决于参照标准外，还取决于测量的尺度，因此，测量尺度是构成测量规则的基本要素之一。

所谓测量尺度是指在测量过程中，按照一定的规则设计数字、符号代表事物某种特征的程度水平，是测量时的标准依据。按照对客观事物测度的程度或精确水平，测量尺度可以由低级到高级分为四个层次：定类尺度、定序尺度、定距尺度及定比尺度。采用不同的测量尺度可以对不同类型的市场调查数据进行测度。与这四种尺度相对应，市场调查中所要测量的变量可以分为定类变量、定序变量、定距离变量及定比变量。

### （一）定类尺度

定类尺度也称类别尺度或名义尺度，是将调查对象分类并确定其类别的方法。定类尺度实质上是一种分类体系，只能将调查对象进行分类。如性别、职业、婚姻状况、出生地等都是按照事物的性质和类别区分的。在市场调查中，类别尺度常常用来区分被调查者的不同特征、不同的品牌或商品的不同特性等。

### （二）定序尺度

定序尺度也称等级尺度或顺序尺度，是按照某种逻辑将调查对象排列出高低或大小的顺序，是确定调查对象等级及次序的一种尺度。如对茶叶的品质进行比较时，可以按照特级、一级、二级、三级的分类；在对消费者对商品满意度的测量中，可以将消费者的满意程度划分为非常满意、比较满意、一般、不满意、非常不满意等。

### （三）定距尺度

定距尺度也称等距尺度或区间尺度，是一种不仅能将市场变量区分类别和等级，而且可以确定市场变量之间的数量差别和间隔距离的尺度。如商品价格的比较，可以直接比较出各种商品之间的差距。在定距尺度中，相邻数值之间的差距是相等的，定距尺度没有绝对的零点，所以通过定距尺度测量的数据只能做加减运算，不能做乘除运算。

## （四）定比尺度

定比尺度也称比例尺度或等比尺度，是一种除具有上述三种尺度的全部性质之外，还有实际意义的零点的尺度。定比尺度测得的数据，既能做加减运算也能做乘除运算。因此定比尺度是测量不同市场变量之间的比例或比率关系的尺度。在市场调查中，销售额、生产成本、市场份额、消费者数量等变量都可以定比尺度来测量。

# 三、量表

## （一）量表的定义

量表是由一组相互联系的测量指标及其经过量化的若干可供选择的答案所构成的，用来测定研究对象主观意识的表格。量表是调查表的一种，它的最大特点是测量指标或问题答案经过了量化处理，以便进行数学运算和统计分析，使调查结果精确化。量表主要用于测量人们的主观认识，故以态度量表（表5-1）为最常见。

表 5-1　态度量表

| 指标 | 好 | 较好 | 中等 | 较差 | 差 |
|---|---|---|---|---|---|
| | 5 | 4 | 3 | 2 | 1 |
| 质量 | | | | | |
| 价格 | | | | | |
| 性能 | | | | | |
| 包装 | | | | | |

## （二）量表的分类

依据不同的标准可以把量表划分为不同的种类。根据量表的量化层次，可分为定类量表、定序量表、定距量表和定比量表4种类型；根据量表的测量内容是单方面的还是多方面的，可分为一维量表和多维量表；根据量表的测量内容是事实情况还是主观态度，可分为事实量表和态度量表；根据量表中测量指标的肯定答案数目与否定答案数目是否相等，可分为平衡量表和非平衡量表。下面主要介绍定类量表、定序量表、定距量表和定比量表几种类型。

**1. 定类量表**　如果所提问题的答案只表示类别，不表示任何数量的顺序或大小，那么对应的变量就叫作定类变量，测量的量表就叫作定类量表。

例如：请问您知道某牌降压药吗？①知道　②不知道

例中每类答案的代表数值（①，②）只作分类之用，不能作数值计算，也不能表示排序。

**2. 定序量表**　如果所提问题的答案可以表示重要性或程度轻重等先后顺序，那么对应的变量就叫作定序变量，测量的量表就叫作定序量表。

例如：请在下列数字后依次给出您最喜欢的手机品牌、第二喜欢的品牌、第三喜欢的品牌。①②③

**3. 定距量表**　如果所提问题的答案可以表示绝对数值的大小，那么对应的变量就叫作定距变量，测量的量表就叫作定距量表。

例如：请您用10分制对某医药公司某品牌感冒药的满意度打分，1分表示很不满意，10分表示很满意。

很不满意    1  2  3  4  5  6  7  8  9  10    很满意

**4. 定比量表**    如果所提问题的答案可以表示绝对数值的大小，而且零点也是有意义的话，那么对应的变量就叫作定比变量，测量的量表就叫作定比量表。所有的统计方法都适用于定比量表。

## 四、常用的市场调查量表

### （一）评比量表

**1. 评比量表的定义**    评比量表也称评价量表，是市场调查过程中一种经常使用的定序量表。评比量表是对调查的问题，其答案以两种对立的态度为两端端点，在中间划分出若干层次（表5-2），由被调查者从中选择一个适合层次代表自己的态度。层次的划分数量按照市场研究的需求可多可少，但是如果划分层次过少，很难达到对被调查者的态度进行区分的目的，层次划分过多又会给被调查者回答问题带来一定的困难。评价量表用不同的数值来代表某种态度，其目的是将非数量化的因素加以量化，便于市场问题进行研究和分析。

表5-2    评比量表层次划分

| 购买意愿 | 肯定购买 | 可能购买 | 不明确 | 可能不购买 | 肯定不购买 |
|---|---|---|---|---|---|
| 质量 | 非常好 | 比较好 | 中等 | 比较差 | 非常差 |
| 款式 | 非常新颖 | 比较新颖 | 一般 | 比较陈旧 | 十分陈旧 |
| 价格 | 非常低 | 比较低 | 一般 | 比较高 | 非常高 |

**2. 评比量表的形式**    在市场调查中，评比量表的形式是多种多样的，常见的评比量表主要有图示评比量表、列举评比量表等。

（1）图示评比量表    图示评比量表在使用时，市场调查者首先要设计图示，继而要求被调查者在已经设计好的，有两个固定端点的图示连续体上进行判断选择。常见的图示评比量表有以下几种（图5-1~图5-3）。

如请在下图直线中标出你对三星品牌的感受。

喜欢                                                                不喜欢

图5-1    图示评比量表1

图5-1是最简单的图示评比量表的形式，被调查者只要按照自己对被调查对象的感受程度，在上图直线中的适当位置做出相应的标记即可。调查完成后市场调查者根据市场调查对象整体反应的分布及市场调查目标，再将直线划分为若干部分，每一部分配以对应的数字，并根据被调查者给出的答案对该项目进行分析。

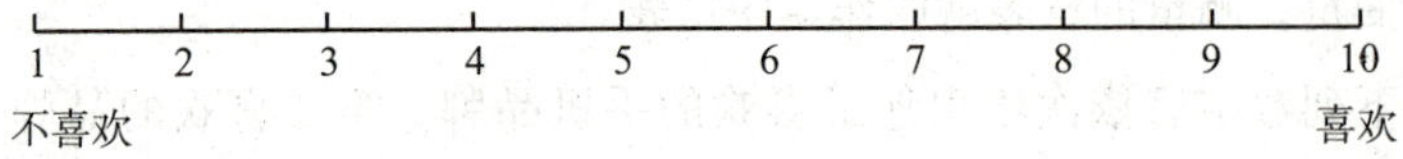

1      2      3      4      5      6      7      8      9      10

不喜欢                                                              喜欢

图5-2    图示评比量表2

图5-2的图示评比量表中，针对上述问题，调查者事先已经在连续的直线上标出了刻度，并且已经分配了相应的数值，被调查者只需要在适当的位置做出标记即可，事后调查者可根据被调查者所做标记对应的数字得分，对该项目进行分析。

**NOTE**

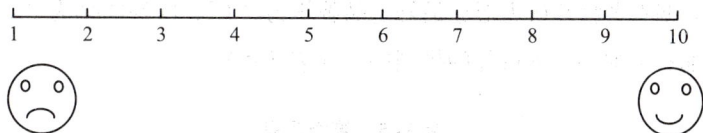

图5-3 图示评比量表3

图5-3的量表与上面的量表本质上没有太大的区别，只是在连续直线的两端分别增加了形象的笑脸和哭脸的图案，使得量表更加生动且更具趣味性。对于老人或不识字的儿童，此种量表的使用往往能发挥更好的调查效果。

（2）列举评比量表 列举评比量表比图示评比量表更容易设计及使用，只要求被调查者按照自己的感受在预设的有限类别的表格标记中进行选择。常见的形式主要有以下几种（表5-3～表5-4）。

例如：下面表格中列举了一些洗发水的品牌，请您按照您对该洗发水广告的感受进行选择。

表5-3 列表评比量表1

|  | 非常差 | 比较差 | 一般 | 比较好 | 非常好 |
| --- | --- | --- | --- | --- | --- |
| 潘婷 | ☐ | ☐ | ☐ | ☐ | ☐ |
| 沙宣 | ☐ | ☐ | ☐ | ☐ | ☐ |
| 力士 | ☐ | ☐ | ☐ | ☐ | ☐ |
| 清扬 | ☐ | ☐ | ☐ | ☐ | ☐ |
| 海飞丝 | ☐ | ☐ | ☐ | ☐ | ☐ |

又如：下面表格中列举了一些汽车的品牌，您认为该品牌的知名度是怎样的。

表5-4 列表评比量表2

|  | 非常低 | 比较低 | 一般 | 比较高 | 非常高 |
| --- | --- | --- | --- | --- | --- |
| 宝马 | ☐ | ☐ | ☐ | ☐ | ☐ |
| 比亚迪 | ☐ | ☐ | ☐ | ☐ | ☐ |
| 长城 | ☐ | ☐ | ☐ | ☐ | ☐ |
| 奔驰 | ☐ | ☐ | ☐ | ☐ | ☐ |
| 日产 | ☐ | ☐ | ☐ | ☐ | ☐ |
| 本田 | ☐ | ☐ | ☐ | ☐ | ☐ |
| 丰田 | ☐ | ☐ | ☐ | ☐ | ☐ |

评比量表在市场调查中的应用是十分广泛的。在设计评比量表时要注意其定量的基础。调查完成后，将市场调查得到的态度测量结果在定量的基础上进行分析，判断其状况。此外，量表测定的结果，只能说明被调查者对该测量对象的态度不同，不能说明其他问题。

### （二）等级量表

等级量表是为等级测量而设计的量表，是一种顺序量表。它是指将许多市场调查研究的对象在同一个量表中一起展示给被调查者，要求被调查者根据某一特定的标准将这些研究对象进行排序或划分为不同的等级。等级量表反映事物的等级差不一定相同，不具有等距性。如在市场调查中，调查者经常会要求被调查者根据其对某类商品中不同品牌的总体印象，对这些品牌进行排序，要求被调查者将其认为形象最好的品牌排为"1"，次好的排为"2"……直至量表涉及的每个品牌都有了唯一且不重复的排列序号（表5-5）。

表5-5　等级量表

| 请根据您的喜好，将下列手机品牌进行排序。在最喜欢的旁边写1，第二的写2，以此类推。 |
| --- |
| 三星（　　　　） |
| 苹果（　　　　） |
| 华为（　　　　） |
| 小米（　　　　） |
| OPPO（　　　　） |

等级量表题目的设计相对容易，被调查者也较容易掌握回答问题的方法，使用等级量表通常比较节约调查时间，因此在市场调查中的使用十分广泛。但是等级量表只能得到调查对象的顺序资料，不能测量调查对象各等级之间的差距。此外，用于排序的对象数量不能过多，否则被调查者容易出现错误和遗漏。

### （三）配对比较量表

在配对比较量表中，被调查者被要求对一系列对象两两进行比较，根据某个特定的标准在两个被比较的对象中做出选择。配对比较量表也是一种使用很普遍的态度测量量表（表5-6）。它是一种特殊的等级量表，不过要求的是对分成若干组的每组中的两个对象进行排序，而不是要求对多个对象同时完成排序。

表5-6　配对比较量表

| 下面是十对牙膏的品牌，对每一对品牌，请指出您更喜欢哪一个，在选中的品牌边的括号中打勾。 | |
| --- | --- |
| 云南白药（　　　　） | 黑　人（　　　　） |
| 云南白药（　　　　） | 高露洁（　　　　） |
| 云南白药（　　　　） | 舒适达（　　　　） |
| 云南白药（　　　　） | 竹　盐（　　　　） |
| 黑　人（　　　　） | 高露洁（　　　　） |
| 黑　人（　　　　） | 舒适达（　　　　） |
| 黑　人（　　　　） | 竹　盐（　　　　） |
| 高露洁（　　　　） | 舒适达（　　　　） |
| 高露洁（　　　　） | 竹　盐（　　　　） |
| 舒适达（　　　　） | 竹　盐（　　　　） |

配对比较量表克服了等级量表中的一些问题。如对于被调查者来说，从每组的比较对象中选出一个，比对众多的对象进行排序更加容易。此外，配对比较量表也能避免等级量表的顺序误差。

### （四）李克特量表

**1. 李克特量表的概念**　李克特量表是市场调查问卷设计中运用十分广泛的一种量表。此种量表要求被调查者表明对某一表述语句所持的赞成或否定的态度，但它并不是将被调查者对这些问题的态度仅仅划分为简单的同意或不同意两类，而是将被调查者的态度从非常赞成到非常不赞成划分为若干等级，中间为中间等级，通过回答选项等级的增多，人们在态度上的差别就能充分体现出来。表 5-7 是超市顾客惠顾的李克特量表。

### 表 5-7 超市顾客惠顾的李克特量表

| | 非常同意 | 同意 | 无所谓 | 不同意 | 非常不同意 |
|---|---|---|---|---|---|
| 1. 超市的整体品牌形象越好，越会选择光顾 | | | | | |
| 2. 超市产品的质量很重要 | | | | | |
| 3. 我更倾向于服务态度好的超市 | | | | | |
| 4. 广告和折扣经常会影响我去哪家超市 | | | | | |
| 5. 我一般逛离住所近的超市 | | | | | |
| 6. 周年庆节假日的时候逛超市的频率更高 | | | | | |
| 7. 我更乐意去环境好的超市购物 | | | | | |
| 8. 超市的卫生设施很大程度上影响我的购物意愿 | | | | | |
| 9. 我一般去人流量大的超市 | | | | | |
| 10. 我会去安保系统好的超市购物 | | | | | |
| 11. 超市周边交通越便捷，逛该超市的频率越高 | | | | | |
| 12. 我更愿意去停车便捷的超市 | | | | | |
| 13. 产品的价格很大程度上影响我的惠顾意愿 | | | | | |
| 14. 超市的产品要多样性，范围广 | | | | | |
| 15. 超市产品要新颖，更新快 | | | | | |

**2. 李克特量表的设计过程**

（1）在量表设计之初，量表设计者首先要收集大量的与市场调查内容概念相关的陈述语句。

（2）由市场研究人员根据市场调查的概念将每个调查的项目划分为"正面态度"或"负面态度"两类，一般调查中"正面态度"或"负面态度"的项目都应保证一定的数量。

（3）选择部分被调查者对全部项目进行预调查，要求其指出对每个项目的态度选择，并在下面的方向——强度描述语句中进行选择，一般采用所谓"五点"量表，即非常同意、同意、无所谓（不确定）、不同意、非常不同意。

（4）给每个答案的选项赋予一个分数，如从非常同意到非常不同意的"正面态度"的选项分别赋予 5、4、3、2、1 分，对"负面态度"的选项则分别赋予 1、2、3、4、5 分。

（5）根据被调查者选择的各个选项的分数计算代数和，得到个人态度总得分，并依据总分的高低将被调查者划分为高分组和低分组。

（6）选出若干条在高分组和低分组之间有较大区分能力的语句，构成一个李克特量表。如可以计算每条语句在高分组和低分组中的平均得分，则选择那些在高分组平均得分较高并且在低分组平均得分较低的语句。

### （五）语义差别量表

语义差别量表是一种定距量表，用于测量某种事物、概念或实体在人们心目中的形象。语义差别量表主要应用于市场调查中调查者对品牌形象及企业形象的研究。表 5-8 是网站评价的语义差别量表。请您根据对某网站的印象，在以下每一个标尺上选出一个具体的数字：

表5-8 网站评价的语义差别量表

| 好 | 1 | 2 | 3 | 4 | 5 | 6 | 7 | 坏 |
|---|---|---|---|---|---|---|---|---|
| 客观 | 1 | 2 | 3 | 4 | 5 | 6 | 7 | 主观 |
| 公正 | 1 | 2 | 3 | 4 | 5 | 6 | 7 | 偏袒 |
| 诚实 | 1 | 2 | 3 | 4 | 5 | 6 | 7 | 欺骗 |
| 及时 | 1 | 2 | 3 | 4 | 5 | 6 | 7 | 过时 |
| 有价值 | 1 | 2 | 3 | 4 | 5 | 6 | 7 | 无价值 |
| 可信任 | 1 | 2 | 3 | 4 | 5 | 6 | 7 | 不信任 |

### 五、量表设计需要注意的问题

在量表设计过程中，需要注意以下问题：

**1. 量表种类的选择** 在量表设计过程中首先要注意量表种类的选择。目前的量表种类很多，各种量表都有其特有的优点及缺点，因而每种量表都有其适合的研究领域。只有选对了量表的类型，才能让量表在市场调查中发挥出最大的效果。

**2. 量表的平衡性** 量表平衡与否是指置于量表两端的有利态度与不利态度的数目是否相等，如果相等称为平衡量表，不相等则被称为不平衡量表。在市场调查实践中，平衡量表的使用更加普遍。因为在不平衡量表的使用中，被调查者容易受量表本身的有利态度与不利态度的数目不相等的诱导，偏向于档次数量较多的态度，很难客观地反映出被调查者的真实感受。

**3. 量级层次** 在量表设计中，量级层次的设计是调查者首先要考虑的问题。量级层次设计的多少直接关系到量表调查的效果。量级层次设计过少，虽然被调查者在回答的过程中较为容易，但是对被调查者的态度很难有准确的把握；量级层次设计过多则会给被调查者的回答带来较大的困难。

# 第五节 问卷的信度与效度

在市场调查中，调查问卷质量的高低对调查结果的真实性及适用性等具有决定性的作用。为了保证调查问卷具有较高的可靠性和有效性，在问卷正式定稿之前，应当对问卷进行试用，并对试用结果进行信度和效度分析，根据分析结果调整问卷结构、筛选问卷问题，从而提升问卷的可靠性和有效性，即问卷的信度和效度。

## 一、问卷的信度

### （一）信度的概念

信度（reliability）也就是可靠性，是指采用同样的方法对同一对象重复测量时所得结果的一致性程度，即测量数据的可靠程度。如对于同一份问卷中的同一个问题，同一个被调查者连续3天重复回答该问题，每天的答案都不一致，则说明对于该问题调查结果的信度低。如果3天都选择相同的答案或者差异较小的答案，则在排除系统误差的条件下，说明调查结果的信度较高。信度指标多以相关系数来表示，也就是用同一被测试样本所得的两组数据的相关系数作为测量一致性的指标，称为信度系数。

### （二）信度的测量方法

**1. 重测信度法** 重测信度法是使用同样的问卷，让同一组被调查者在间隔一定时间后重复填写，然后计算两次填写结果的相关系数，相关程度高表示前后测量一致性高、稳定性好。显然，它反映问卷填写的稳定程度，因此重测信度属于稳定系数，其相关系数又称稳定性系数。

重测信度法特别适用于对事实式问卷信度的测量，如教育背景、性别、年龄、收入等信息在两次填写中不应有任何变化，多数被调查者的兴趣、爱好等在短时间内也不应该有十分明显的变化。但是，由于重测信度法需要对同一样本试测两次，其间被调查者很容易受到外界各种环境因素的影响，而且间隔时间长短也有一定限制，因此在实施中有一定的困难。

**2. 复本信度法** 复本信度法是让同一组被调查者一次填答两份等值但题目不同的问卷复本，计算被调查者两个问卷复本得分的相关系数。复本信度属于等值系数。复本信度法要求两个复本除表述模式不同外，在内容、格式、难度和对应题项的提问方向等方面要完全一致，而在实际调查中，很难使调查问卷达到这种要求，因此采用这种方法者较少。

复本信度法在实施中主要有两种方式：一种是在同一时间里连续填写问卷进行测试，主要用于判断两次填写的问卷内容之间是否等值，用这种方法得到的信度系数也称为等值系数；另一种是间隔一段时间后再让被调查者填写问卷进行测试，这种方法既可以判断两次填写的问卷内容之间等值与否，也可以反映出时间因素对被调查者内在属性的影响程度，因此用这种方法得到的信度系数也称为等值稳定系数。

**3. 折半信度法** 折半信度法也叫分半信度法，是在问卷无复本且只能测试一次的情况下通常采用的方法。它是将调查问卷分为两半，通常采用奇偶分组方法，即将问卷题目按照序号的奇数和偶数分成两半，计算两半得分的相关系数，这个系数可以反映问卷项目内部的一致性程度。折半信度属于内在一致性系数。这种方法常用于对被调查者态度、意见等类型的问卷的信度分析。如在问卷调查中，态度测量最常见的 5 级李克特量表，对其进行折半信度分析时，首先将量表中含"负面态度"语句的得分作反向处理，以保证各个问题答案选项的得分方向的一致性，然后将全部语句按奇偶或前后分为相等的两半，计算前后两部得分的相关系数。分半信度法求得的仅是一份问卷分成的两个半份问卷的分数的相关系数，因此，应使用"斯皮尔曼–布朗"公式加以校正，用以估计整份问卷的信度。

**4. Cronbach α 信度系数法** Cronbach α 信度系数是目前最常用的信度系数，是指问卷所有可能的题目划分方法得到的折半信度系数的平均值，其公式为：

$$\alpha = \frac{K}{K-1}\left(1 - \frac{\sum_{i=1}^{K} S_i^2}{S_X^2}\right) \tag{5-1}$$

其中 $K$ 为某一特定问卷的题目数量；$S_X^2$ 为总样本的方差，即各被调查者对某一问卷各题目的评分总分的方差），$S_i^2$ 为目前观测样本的方差，即各被调查者在某一特定题目的评分的方差）。α 系数评价的是问卷中各题目得分间的一致性，属于内在一致性系数。

通常，Cronbach α 系数的值在 0 和 1 之间。如果计算所得的 α 系数不高于 0.6 时，一般认为问卷内部一致信度不足；α 系数处于 0.7 ~ 0.8 时表示问卷具有相当的信度，α 系数达到 0.8 ~ 0.9 时说明问卷信度非常好。Cronbach α 系数有一个重要特性，它们的值会随着问卷问题

NOTE

数量的增加而提高。因此，当问卷中包含了过多的问题，尤其是多余的问题时，Cronbach α 系数可能会出现非正常提高。Cronbach α 信度系数法适用于态度、意见式问卷（量表）的信度分析。

## 二、问卷的效度

### （一）效度的概念

效度（validity）即有效性，是指测量工具或手段能够准确测出所需测量事物的程度。

### （二）效度的测量方法

效度的测量方法主要包括内容效度、准则效度和结构效度。

**1. 内容效度**　内容效度指的是问卷的内容与调查目标之间是否契合，也就是问卷所设计的题目是否符合调查的目的和要求。对内容效度的评价最常采用的是逻辑分析法与统计分析法相结合的方法。逻辑分析法一般是由专家根据经验评价判断问卷所选题目是否符合调查的目的和要求。统计分析法则主要是采用计算问卷中每个题目得分与题目总分的相关系数获得评价结果，根据相关系数的高低判断内容效度。

**2. 准则效度**　准则效度也称为效标效度，是表明问卷得分与某种外部准则（效标）间的关联程度，用问卷测量得分与效度准则之间的相关系数表示。如果二者相关显著，或者问卷题目对准则的不同取值、特性表现出显著差异，则为有效的题目。在调查问卷的效度分析中，选择一个适当的准则往往十分困难，这种方法的应用也因此受到了一定限制。

**3. 结构效度**　结构效度又称构想效度，是指问卷对某一理论概念或特质测量的程度，即某问卷测验的实际得分能解释某一特质的程度。结构效度分析所采用的方法是因子分析法，其主要功能是从问卷全部题目中提取一些公因子，各公因子分别与某一组特定变量高度关联，这些公因子即代表了问卷的基本结构。

### 【思考与练习】

#### 一、名词解释

1. 市场调查问卷
2. 访问式问卷
3. 结构型问卷
4. 非结构型问卷
5. 测量尺度
6. 定类尺度
7. 定距尺度
8. 量表

#### 二、简答题

1. 市场调查问卷的作用有哪些？
2. 问卷的过滤部分一般包括哪些方面？
3. 问卷设计的原则有哪些？
4. 设计问卷中的多项选择问题时应注意哪些情况？

5. 在问卷问题排序时应注意哪些问题?

6. 在问卷问题设计时应注意哪些问题?

### 三、实践题

联合国规定,凡65岁以上的老年人口占总人口的比例达7%以上或60岁以上老年人口在总人口中的比重超过10%的属老年型国家或地区。我国从2000年已经进入老龄化社会。第六次全国人口普查数据显示,60岁及以上人口占13.26%,比2000年人口普查上升2.93个百分点,其中65岁及以上人口占8.87%,比2000年人口普查上升1.91个百分点。0~14岁人口占16.60%,比2000年人口普查下降6.29个百分点。然而,1990~2000年的10年间,60岁以上和65岁以上人口比例分别提升了1.77和1.45个百分点,0~14岁区间少年儿童人口比重下降了4.93个百分点。可以看出,人口老龄化的速度在加快,少年儿童比重降低速度亦在加快。

中国的老龄化是一个规模大且发展迅速的过程,比其他国家都要更快。据第六次全国人口普查数据,全国65岁以上人口比重为8.87%。可以看到,我国老年人口比重已大幅上升。从总体上看,我国每百人所拥有的养老机构床位数较低,大体徘徊在1~2张之间。这与发达国家5~7张的床位数相比有较大的差距,也与我国老年人对养老机构的需求有较大的缺口,养老机构床位数供给远小于需求,供需矛盾十分突出。

请阅读上述资料,为养老服务机构设计一份调查问卷,了解本地养老需求的具体情况。

# 第六章　市场调查的实施

【本章导读】

　　市场调查实施是正式的调查方案具体执行的过程。市场调查经费的绝大部分将投入在调查实施阶段。因此，市场调查结果的准确与否，很大程度上取决于市场调查实施阶段的工作质量。本章主要包括市场调查机构的选择、市场调查人员的选择与培训、市场调查人员的监督管理等四部分内容。通过本章的学习，要求学生掌握市场调查机构的类型与市场调查机构选择的影响因素、市场调查人员应具备的素质、市场调查人员培训的主要内容及方法、市场调查实施的监督管理措施。此外，要求学生能组织小范围的市场调查工作。

【导入案例】

### 医药健康行业全球最大的市场调查机构——IMS Health Inc.

　　IMS Health Inc. 是全球领先的市场研究公司之一，成立于 1954 年，总部位于美国康涅狄格州诺沃克。公司在全世界 100 多个国家开展市场研究服务，在亚太区的 18 个国家都设有分支机构。IMS 依仗医药保健相关的信息资产、分析工具和咨询服务的能力，已成为制药和保健行业全球领先的市场情报资源提供商。公司自成立以来，不断采取兼并策略扩张其在全球的业务。例如：2002 年 11 月，IMS Health Inc. 公司与专业从事卫生保健市场数据研究的信息服务公司 New Hampshire 合并；2003 年 3 月，IMS Health Inc. 公司又兼并了 Data Niche Associates（DNA）公司——该公司专业从事公共医疗补助制度服务；2004 年 1 月，IMS Health Inc. 公司与另一家全球知名的市场研究公司——AC Nielsen 公司合作，在印度成立了一家名为 ORG IMS Health 的合作企业，旨在提供药物市场数据研究服务。这家拥有 50 多年历史的企业提供一流的商业情报产品和服务，满足客户的日常经营需求，提供产品组合优化服务、产品上市和品牌管理解决方案、销售人员效率创新、管理式医疗，非处方产品及咨询和服务解决方案，以提高全球优质保健服务的投资回报率并改善产品供应水平。

　　IMS 提供以医药市场数据为基础的全方位的市场信息和战略咨询服务，公司能从全球几千个信息源获得几十亿个医药交易的信息，然后利用自己的尖端技术，用战略的眼光去诠释这些交易信息。这些交易信息经过 IMS 专家们的分析和解释，成为了解医药行业各细分市场的具体状况、市场走向、营销新观点形成的重要工具之一。目前，IMS 覆盖全球 100 多个国家超过70% 的药品销售，以及美国超过 90% 的药品销售，每天跟踪超过一百万个处方药品牌，公司为客户所提供区域性销售报告、产业跟踪报告和行业的诊断预测服务等研究成果，被药物生产厂家作为衡量和预测产品销售情况的重要依据。正因为如此，IMS 成为全球医药信息的"黄金标准"，全球 500 强制药企业几乎都是 IMS 全球的客户，IMS 近 60% 的收入来自美国之外。

（资料来源：http://baike. baidu. com）

市场调查的实施是正式的市场调查方案具体执行的过程。市场调查结果的准确与否，很大程度上取决于市场调查实施阶段的工作质量。由于市场调查机构是市场调查实施的主体，是进行有效市场调查的组织保证。因此，本章主要从市场调查机构的选择、市场调查人员的选择与培训及市场调查人员的监督管理等方面进行探讨。

# 第一节　市场调查机构的选择

市场调查作为经济活动中的一种群体活动，需要系统的组织和周密的计划，才能保证调查工作的顺利进行，从而取得预期的调查效果。市场调查机构是实施市场调查活动的主体，因此，选择恰当的市场调查机构，不仅是市场调查策划的重要内容之一，也是进行有效市场调查的根本保证。

## 一、国内外市场调查机构概况

### （一）国外市场调查机构

市场调查作为一种经济活动由来已久，但作为现代市场营销的基础工作，有计划、有组织地开展市场调查却始于 20 世纪初期。当时，随着商品经济进一步发展，市场迅速扩大，企业之间的竞争加剧，企业迫切需要了解市场变化及竞争对手的活动情况，作为生产、经营决策和改进销售措施的依据，尤其是 20 世纪 30 年代世界经济危机的爆发和其残酷的后果，使企业更加认识到做好市场调查的重要性。因此，市场调查成为营销管理的重要内容和有效工具，并逐步发展成为有组织的群体，即成立必要的机构并配备专业人员从事市场调查活动。世界上第一个专业性市场调查机构是美国柯蒂斯出版公司，1911 年该公司成立商业调查部，在进行大量市场调查的基础上，提出了许多有见解的市场调查理论与方法，成为市场调查这门学科的先驱。与此同时，美国一些公司也开始重视市场调查机构的建立，如杜邦公司、通用汽车公司、通用电气公司等都先后成立了专门的市场调查部门从事市场调查活动。与欧美发达国家一样，日本市场调查机构也在迅速发展，如日本丰田公司内部的市场调查部，汇集数学、统计、机械工程等各类专家 60 余人，市场调查部每年定期进行两次市场需求动向的调查，除此之外，还要进行 5~6 次不定期的抽样调查，涉及调查对象人数和调查费用在日本企业界都是首屈一指的。目前，市场调查机构已发展为社会中的一项重要行业，规模日益壮大。

据 2015 ESOMAR（European Society for Opinion and Marketing Research）报告的资料显示，全球 2014 年的市场调研年总销售额 438.61 亿美元，全球市场研究的市场份额分布：北美与欧洲的销售额占比依然最多，约为全球的 80%，达 351 亿美元；亚太区只有 14%，61 亿美元，比 2013 年减少 1%。其中，美国在全球排名第 1 位，并且占到全球的 42%，几乎占一半的市场份额。市场调查机构在国外已经成为社会的重要行业，表 6-1 列出了 2012 年排名全球前十位的营销调查机构。

NOTE

**表6-1    全球排名前十位的营销调查机构**

| 排名 | | 组织名称 | 总部所在地 | 所属国家 | 组织网站（www.） | 设有分支机构的国家数目 | 全球收入（百万美元） |
|---|---|---|---|---|---|---|---|
| 2012年 | 2011年 | | | | | | |
| 1 | 1 | Nielsen | 纽约 | 美国 | nielsen.com | 100 | 5429.20 |
| 2 | 2 | Kantar | 伦敦 | 英国 | kantar.com | 80 | 3338.6 |
| 3 | 3 | Ipsos SA | 巴黎 | 法国 | ipsos.com | 85 | 2301.1 |
| 4 | 4 | GFK SE | 纽伦堡 | 德国 | gfk.com | 68 | 1947.8 |
| 5 | 6 | IMS Health Inc. | 诺沃克 | 美国 | Imshealth.com | 74 | 775.0 |
| 6 | 5 | Information Resource Inc. | 芝加哥 | 美国 | Iriworldwide.com | 8 | 763.8 |
| 7 | 8 | INTAGE Inc. | 东京 | 日本 | Intage.co.jp | 7 | 500.3 |
| 8 | 7 | Westat Inc. | 洛克威尔 | 美国 | Westat.com | 8 | 495.9 |
| 9 | 9 | Arbitron Inc. | 哥伦比亚 | 美国 | arbitron.com | 3 | 449.9 |
| 10 | 10 | The NPD Group Inc. | 纽约州华盛顿港 | 美国 | npd.com | 13 | 272.0 |

资料来源：Marketing News（August 2013）：24，American Marketing Association.

### （二）国内市场调查机构

新中国成立前，由于我国商品经济不发达，在相当一段时间内，既没有组织过全国性的或大规模的市场调查，也没有专业性的市场调查机构。

新中国成立以后，为了适应国民经济发展的需要，中央及各级政府相应建立了含有调查工作内容的统计机构，对宏观经济指数进行统计分析，并高度重视社会经济方面的市场调查，但由于经济体制的限制，市场调查的作用没有得到充分体现。

专业性市场调查机构的出现是在改革开放以后，尤其是近几年，随着市场化进程的加快，给市场调查行业带来了前所未有的机遇。我国产生了一批颇具实力的本土化专业市场调查公司，如央视——索福瑞媒介研究有限公司、北京零点研究集团、北京新生代市场监测机构有限公司等商业性市场调查公司。这些公司已经发展成行业内具有一定影响力的大型市场调查公司，并朝着大型化和综合化的方向发展。而且，我国市场调查行业的服务内容也从最初的以简单数据提供为主，发展成能够提供专业化的市场调查与咨询研究报告。同时，国际上具有影响力的跨国市场调查公司如尼尔森、盖洛普等都纷纷在中国设立分公司来开展业务。据2015 ESOMAR报告资料显示，2014年末中国在全球调查行业的市场份额占比排名第5位，占全球4%，年总销售额17.8亿美元，约116亿人民币。

尽管我国市场调查行业取得了一定的成绩，但与发达国家相比还存在一定的差距，这主要是由于中国市场经济历程相对较短，中国企业使用市场研究做决策还不是很普遍，但同时我们也可以看到，中国市场调查行业的增长空间还是很巨大的。

随着全球一体化进程的加快，企业对市场调查机构的要求越来越高，我国市场调查机构应加强自身的建设和管理，并参照国际先进市场调查机构的经验，加快规范我国的市场调查工作，使市场调查在法制的轨道上运作。随着我国经济的高速发展，市场调查行业必将迎来新的发展。

**知识拓展**

## 中国十大行业市场调查研究咨询公司

我国咨询业的发展是和改革开放同时起步的，通过学习与引进国外咨询研究的理论与方法，并结合中国的国情及企业的实际情况，深入开展企业咨询研究，并逐步形成较强的竞争力。目前我国共有各类咨询公司3万余家，而真正从事咨询服务业务的仅1500余家，在咨询业中做大品牌的只有几十家。以下为中国十大行业市场调查研究咨询机构公司：

1. 零点咨询（Horizon）：零点调查（市场研究）1992年成立，于2000年进行结构调整，投资成立了前进策略（策略咨询）和指标数据（共享信息），形成三位一体的格局，是目前国内最大的提供专业策略性研究咨询服务的集团公司之一。

2. 中为咨询（ZWZYZX）：中为咨询有限公司是中国领先的产业与市场研究服务供应商。中为咨询在调查报告、研究报告、市场调查分析报告、商业计划书、可行性研究、IPO咨询等领域构筑了全面专业优势。目前，中为咨询已与国内外数十家专业调研机构建立长期合作关系，确保了跨国性项目的有效实施和执行。

3. 新华信（SINOTRUST）：新华信国际信息咨询（北京）有限公司是中国领先的营销解决方案和信用解决方案提供商，1992年在北京成立。企业收集、分析和管理关于市场、消费者和商业机构的信息，通过信息、服务和技术的整合，提供市场研究、商业信息、咨询和数据库营销服务，协助企业做出更好的营销决策和信贷决策并发展盈利的客户关系

4. 艾瑞咨询（iResearch）：艾瑞咨询成立于2002年，致力成为中国大数据时代下最佳互联网收视率及消费者洞察公司。艾瑞咨询以"生活梦想科技承载"为理念，为客户提供中国市场最专业的互联网相关领域的数据产品、研究咨询等专业服务，助力客户提高对互联网产业的认知水平、盈利能力和综合竞争力，让互联网的力量点燃中国各个行业。

5. 益普索中国（Ipsos）：益普索是全球领先的市场研究集团，于1975年成立于法国巴黎，1999年在巴黎上市，是全球唯一由研究专业人士拥有并管理的市场研究集团。益普索是全球第三大研究集团，2014年集团全球营业额22.184亿美元，在全球87个国家设有办公室。益普索在六大研究领域为客户提供专业的洞察和服务：广告与品牌研究，客户满意度与忠诚度研究，营销研究，媒介研究，公共事务研究，调研管理服务。益普索于2000年进入中国，已成为中国最大的市场研究公司。

6. 赛迪顾问（CCID）：赛迪顾问股份有限公司是中国首家在香港创业板上市，并在业内率先通过国际、国家质量管理与体系（ISO9001）标准认证的现代咨询企业，直属于中华人民共和国工业和信息化部中国电子信息产业发展研究院。目前公司总部设在北京，

7. 易观国际（Analysys International）：易观国际成立于2000年，是中国互联网

和互联网化市场卓越的信息产品、服务及解决方案提供商。每年为来自于全球的互联网和信息技术厂商、电信运营商及行业用户、投资机构、政府部门的高级主管提供信息产品、服务及解决方案。

8. 慧聪研究（HCR）：HCR 是一家根植于中国、放眼全球、提供大数据与小数据有效结合的洞察研究公司，通过大数据研究与经典研究相结合的深度洞察服务，帮助企业了解他们面对的市场、客户群体、竞争情况等，为企业提供决策依据。

9. AC 尼尔森中国（Acnielsen）：AC 尼尔森于 1984 年来到中国，至今已经对中国——全球竞争激烈的市场之一——及中国消费者积累了深刻的理解。不论是中国本地企业还是准备及已经进入中国的外国公司，该企业所拥有的丰富的市场资讯和深刻的市场洞察都能够帮助他们深入理解其竞争环境及消费者的需求和期望，从而协助其制定和执行成功的市场战略。

10. 明镜咨询（CMMR）：明镜咨询成立于 1997 年，集数据收集、市场研究、管理咨询于一体，一直致力于为企业提供科学理性的经营管理解决方案。

（资料来源：http：//mt. sohu. com/20160305/n439503362. shtml）

## 二、市场调查机构的类型

市场调查机构的类型通常可以分为两种：一种是企业内部自设的市场调查部门，另一种是企业外部的市场调查机构。

### （一）企业内部市场调查部门

**1. 企业市场调查部门的设置**　企业设置市场调查部门的情况因企业规模和性质的不同而异。从规模来看，内部市场调查部门通常存在于各个行业中的大型组织中，如从汽车制造（通用、福特）到消费品企业（宝洁、高露洁、可口可乐），再到银行（花旗银行、美洲银行），这些企业都设有内部的市场调查部门。在一些大型公司中，市场调查部门通常设置在公司总部，它能满足公司所有的调查需要。而对于某些小型公司，或采取分权式管理、拥有独立经营部门的公司来说，市场调查部门可能分散在各个部门中。在采取分权式管理的组织中，由于其各个部门可以根据产品、消费者或者地理区域分别进行构建，因此，市场调查人员则分散于全国各处，每个事业部都设置自己的市场调查部门。尽管近年来有一种集中化和精简市场调查部门的趋势，但是对某一公司而言，最佳的组织结构取决于它对市场调查的需求，以及市场营销和其他职能的结构。

从企业性质来看，消费资料制造业比生产资料制造业设置的内部市场调查部门要多，尤其是与消费者生活密切相关的食品、服装、家电行业更为重视市场调查部门的设置。调查资料表明，美国消费资料制造业中有 46% 的企业设置市场调查部门，而生产资料制造业中仅有 10% 的企业设置市场调查部。目前世界 500 强企业中 90% 都建立了信息调查分析部门，其中微软约 17%、可口可乐约 5% 的利润源是由于开展了准确的市场调查分析。

美国福特汽车公司专门设立了企业内部市场调查部门，并由一位副总经理负责管理，该部门的组织方式如图 6-1 所示。

```
                        ┌──────────┐
                        │  副总经理  │
                        └────┬─────┘
                        ┌────┴─────┐
                        │ 调查部部长 │
                        └────┬─────┘
              ┌──────────────┴──────────────┐
        ┌─────┴──────┐                ┌──────┴──────┐
        │  消费者调查部 │                │  经济研究部   │
        └──┬──────┬──┘                └──┬───────┬──┘
     ┌─────┴──┐ ┌─┴──────┐        ┌─────┴──┐ ┌──┴─────┐
     │ 产品研究 │ │ 产品促销研究 │      │ 收入研究 │ │ 价格研究 │
     └────────┘ └────────┘        └────────┘ └────────┘
```

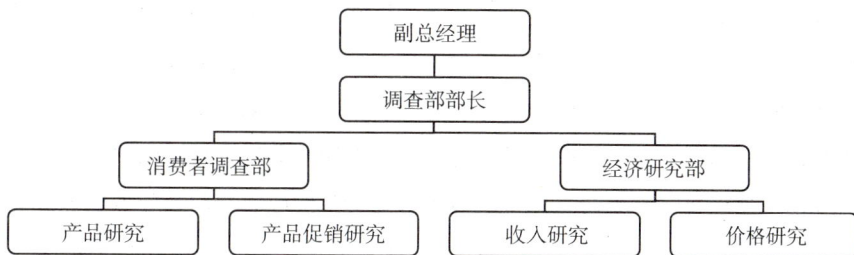

**图 6-1　美国福特公司的市场调查机构**

（资料来源：马连福、张慧敏主编《现代市场调查预测》，第 5 版，首都经济贸易大学出版社，2016 年）

**2. 企业市场调查部门面临的问题**

（1）市场调查部门的经费来源　市场调查部门的运营常常受到该部门经费的影响。调查部门的经费一般有固定来源和变动来源两种。前者是企业根据调查部门的工作量定期支付的固定费用，这种费用来源比较稳定，但缺乏激励作用；后者是根据企业年销售额的大小，即占年销售额的比例，这种费用来源方式对调查部门来说有一定的激励作用，费用会因调查部的工作结果有所变化，但风险较大。如美国企业的市场调查费用一般为年销售额的 15%。

（2）市场调查部门的人员构成　市场调查部门的人员多少可视其业务情况而定，如果将调查工作委托外部专业调查机构办理，或调查工作比较简单，则可以设置较少的市场调查人员岗位，当有需要时也可以采取临时雇用的方式。如日本电通广告公司不仅拥有全职的市场调查人员，而且公司还特约数百名 30～35 岁的家庭主妇，这些经过调查专业训练的特约调查员，在公司有调查任务时可立即投入调查工作。

对于规模较大的公司，市场调查部门人员可以多一些。

### （二）企业外部市场调查机构

当企业规模较小或无力自设内部市场调查部门时，通常可委托企业外部的市场调查机构开展调查工作。即使是一些拥有内部市场调查部门的大型公司，如中国台湾电脑制造商宏基集团、德国运动服务和设备制造商阿迪达斯公司，也会在一定程度上利用外部市场调查机构。以下主要按照市场调查主体的类型进行分类：

**1. 各级政府部门组织的调查机构**　为了适应经济社会发展的需要，世界各国的各级政府都会定期或不定期地发布各种信息，尤其是在信息公开化成为大趋势的背景下。因此，各级政府部门纷纷设立调查机构，以完成各种信息的搜集和整理任务。政府机构设立的调查部门包括国家、省（自治区、直辖市）、地（市）等各级统计、审计、工商行政管理、经济贸易（商务）委员会等部门设立或所属的调查机构，这些调查部门在获取数据资料方面，有着其他类型市场调查机构所不具备的优势，即收集和提供的数据资料更具有权威性。它们的主要任务是根据国内外经济形势的发展变化、国家发展改革的目标要求和区域范围内相应政策的制定需求来进行政治、经济和文化等方面的调查。

我国最大的市场调查机构为政府部门设置的统计机构，特别是国家统计局及地方各级统计机构负责收集整理各类数据资料、定期发布各种信息，既是人们开展经济贸易活动的重要参考依据，也是人们了解经济社会发展状况的重要途径。如国家统计局每月发布的 CPI 数据，就已经成为各个企事业单位和个人了解经济发展的重要信息来源，也为各个企事业单位制定有关决策提供了重要的参考数据资料。各级政府主管部门和地方统计机构负责管理和公布统一的市场

NOTE

调查数据资料，以便于企业了解市场环境的变化与发展，指导企业的经营活动。此外，为适应经济形势发展的需要，还相继成立了城市社会经济调查队、农村社会经济调查队、企业调查队和人口调查队。除了统计机构外，中央和地方的各级财政、金融，工商和税务等职能部门，也都设有各种形式的市场调查机构，及时发布各自专业领域的数据资料。随着政府职能转换，信息服务的功能越来越重要，市场调查机构的设置已成为各级政府部门重要的职能配置。

**2. 新闻单位、大学和研究机关的调查机构**　新闻单位、大学和研究机关由于自身工作的特点和业务的需要，也会开展各种类型的市场调查活动。这些组织或是接受政府部门的委托，或者是由于自己的需要而进行独立的市场调查活动，会定期或不定期地公布调查信息。由于新闻单位、大学和研究机关都有各自的关注领域，它们所开展的调查工作通常具有较明显的专业特色。因此，由这些组织所提供的信息，在各自的专业领域里具有一定的影响力甚至权威性。如英国路透社在全球设立了众多的分社和记者站，目前已成为世界上最大的经济新闻提供者。高等院校、经济研究单位设立的市场调查研究机构，会运用科研人员的力量有针对性地进行专题调查和预测。如中国人民大学、复旦大学和上海社会科学院也都设有市场调查机构。在国外，如美国哈佛大学、密西根大学等也经常从事市场调查研究活动，这些大学有关消费者对购买某些耐用品的态度和意见的分析对企业来讲是很重要的信息，进而影响企业的经营活动。

例如，中国旅游研究院充分发挥自身的专长，针对旅游方面的情况，会专门发布有关旅游方面的市场调查报告，为旅游行业提供参考数据资料，并对下年度的旅游前景做出预测。其在《2013年中国旅游经济蓝皮书》中公布了一组数据资料，其中2013年度我国参加国内旅游的人数达到33亿人次，出境旅游的人员达到9800万人次，由于旅游行业涉及许多相关联的行业，对这些关联行业今后的发展，蓝皮书提供的数据资料有着极大的参考意义。

另外，还有一些社会中介组织、各种协会或学会等学术团体为了学术研究、工作探讨、提供咨询等需要，也会组织开展各种类型的市场调查活动，一般将这类组织和团体也归类于新闻单位、大学和研究机关的调查机构。

**3. 广告公司的市场调查部门**　具有一定规模的广告公司，基本上都设置有市场调查部门，其服务的对象主要是企业广告主，所提供的调查服务更具有系统性和整体性，并且在定性研究方面更具优势（图6-2）。这类市场调查部门的主要任务：一是参加广告制作并及时提供有关资料；二是在广告计划确定后，要运用市场调查方法进行广告效果的调查；三是适应企业广告主的要求从事一般性的市场调查业务。总之，广告公司的市场调查部门从事与广告相关资料的搜集和管理，提供市场营销理论及营销技术的研究，协助广告主的广告活动。

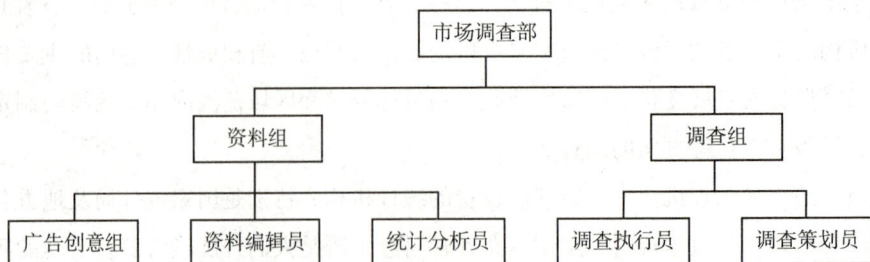

**图6-2　广告公司的市场调查部门**

（资料来源：马连福、张慧敏主编《现代市场调查预测》，第5版，首都经济贸易大学出版社，2016年）

**4. 管理咨询公司**　管理咨询公司一般由资历较深的专家、学者和有丰富管理实践经验的人员组成，主要为企业经营管理提供咨询服务，是充当企业顾问的专业机构。这类调查机构往往具有较强的研究实力，除了能够从较高层次、较宏观的角度为企业提供咨询顾问服务，也能进行一些独立专题的研究。如闻名世界的美国兰德顾问公司，在美国社会的政治、经济、企业经营管理等领域都有较为广泛的影响力。

**5. 专业市场调查公司**　专业市场调查公司是以市场调查为核心业务的、营利性的市场调查机构。它们通常具有较强的市场调查能力，经常在传媒上发布调查结果，具有很高的知名度。这类组织对客户需求反应迅速，有很强的服务意识，通常采用项目经理负责制。这种做法不仅有利于激发市场调查人员的积极性和责任心，而且还能有效地将项目调查的质量与项目经理的个人素质密切结合起来。专业市场调查公司可以提供一般的市场动态产品信息和相关资料，还可以接受企业的委托，对某一产品的目标市场进行专项调查。目前，这类市场调查公司已经成为众多企业不可缺少的好助手，从而成为社会的新兴行业。专业市场调查机构按所提供服务的类型可划分为提供全程服务或有限服务的市场调查机构。

（1）全程服务　提供全程服务的市场调查机构提供全部营销调查服务，从调查问题的定义、调查方法的确定、问卷设计、抽样、数据收集、数据分析和解释，到报告撰写与汇报。这些市场调查机构提供的服务可以进一步分为定制化服务、辛迪加服务、互联网服务。

①定制化服务：是指提供种类繁多的定制式的营销调查服务以适合某一客户的具体需要。

例如，一家公司产生了新产品或服务的想法、包装的想法、广告创意、新的定价策略和产品配方或者其他有关的营销问题或机会，那么提供定制化服务的调查公司可以为其提供服务。每个营销调查项目的设计都是为了满足客户的独特需求，客户支付所有的成本，并对所产生的信息拥有知识产权。提供这类服务的市场调查机构有凯度（Kantar）、索福瑞（TNS）及伯克（Burke）公司。

②辛迪加服务：是指通过收集具有商业价值的信息，然后向多个订阅的客户提供服务的公司。这些数据主要通过抽样调查、购买固定样本组和媒体固定样本组、扫描仪和审计来收集。

在美国，尼尔森公司提供观看特定电视节目的观众规模和人口统计特征的信息。此外，尼尔森公司还通过超市收银台的电子扫描仪为客户收集销量追踪数据。NPD集团也是提供辛迪加服务的公司，它拥有全美最大的消费者固定样本组。

**知识拓展**

### 治疗流感

每年大约有20万人因流感并发症而住院，大约有36000人死于流感并发症。大多数死者和患病者是老人和慢性病患者。在美国感染流感的可能性高达20%。

益普索保健（Ipsos Healthcare，一家全球保健市场调查企业）通过其综合服务，对18岁及以上的879位家庭户主的全国代表性样本进行了调查。其目标是确定人们接种流感疫苗的地点和频率。

结果显示，家中至少有一个受抚养人的调查对象中，少于半数（42%）的人表示，在过去6个月内受抚养人接种过流感疫苗。在过去6个月内接种疫苗的人群中，大部分人声称去医生（43%）或其雇主（23%）处接种，较少有人（尤其是

18～44 岁的人群）去药店与大商场的零售诊所接种，这表明人们对这些保健服务场所的认知度和接受度较低。鉴于只有不到一半的人接种了流感疫苗，当地政府应该开展一项教育活动，引用流感统计数据促使人们去接种流感疫苗。药店和大商场的零售诊所应该举办营销活动，以提升人们对在这些场所接种疫苗的认知度和接受度。

（资料来源：纳雷希·马尔霍特拉主编《营销调研精要》，中国人民大学出版社，2016 年）

③互联网服务：有许多家市场调查公司提供包括社会化媒体调查在内的互联网服务。

例如，2009 年收购了格林菲尔德在线咨询公司和西奥调查公司的图鲁纳集团（Toluna Group）为消费者、B2B 和专业性市场提供多种定量和定性的在线营销调查服务。该集团利用大型、专有的数据库，在其安全网站上进行调查。另外，弗雷斯特市场调查公司（Forrester Research）提供的调查和咨询服务主要集中在消费者在线行为和互动技术方面。

（2）有限服务    专门提供与营销调查过程中的一个或几个步骤有关的服务。提供有限服务的调查机构专门从事现场服务、定性服务、技术与分析服务。

①现场服务：从事现场服务的公司可以使用所有数据收集方法（例如邮件、面谈、电话及电子访谈）或专门使用一种方法收集数据。有些提供现场服务的组织在全国各地拥有大量访谈设施，供调查商场购物者时使用。如现场事实公司（Field Facts）和现场工作公司（Field Work）是提供现场服务的两家美国公司。

②定性服务：为焦点小组座谈和其他形式提供的定性调查服务，如为一对一深度访谈提供设施并招募调查对象。有些公司还提供额外的服务，如提供主持人和准备专题组座谈报告。

③技术与分析服务：由专门从事设计及对定性和定量数据进行计算机分析的公司所提供。如美国 SDR 公司采用先进的统计技术提供精密数据分析服务；绍图斯技术公司提供的软件能用于营销调查数据的收集和分析。

利用计算机和统计软件包，企业可以自己进行数据分析。然而，外部市场调查机构的数据分析服务能提供专业化数据分析，因此，在市场上仍有大量的需求。另外，其他此类服务还包括为解决某些特定类型的营销调查问题而开发的数据收集和分析流程。如美国营销调研公司国际抽样调查公司专门从事抽样设计和分销。在新西兰，FCB 公司专门从事与社会营销有关的各类调查。

一家没有内部市场调查部门或专家的企业将会依赖于提供全程服务的外部市场调查机构；而拥有内部市场调查部门的企业可以使用提供全程服务和有限服务的市场调查机构。当一家企业没有资源或专业技术特长来进行某一调查项目中某些阶段的调查时，或者当企业面临利益冲突问题时，就可以考虑借助外部的市场调查机构来承担全部或部分的市场调查工作。

## 三、市场调查机构选择的影响因素

正确地选择市场调查机构是取得调查项目成功必不可少的环节。企业选择一家优秀的市场调查机构如同寻找一个战略联盟，是一件非常严谨而重要的工作。企业根据市场调查计划选择外部市场调查机构时，应考虑以下因素。

### （一）　市场调查机构的信誉

市场调查机构的信誉主要包括社会声誉、组织的稳定性、客户的评价、职业道德及服务态度等。具备良好信誉的市场调查公司，应该做到能准时和高质量地完成调查项目，具有良好的职业道德。

### （二）　市场调查机构的规模

市场调查机构的规模主要包括工作人员的构成、办公室面积和档次、专业设施、分支机构情况等方面。市场调查公司的规模能部分反映该公司的专业化程度，通常员工人数较少的公司其专业化程度相对较低。一般来说，中国的市场调查公司人员会分为专职人员与兼职人员两种，公司的研究人员、技术人员等一般是专职人员；而访问员、复核员、编码员和行业专家等一般是兼职人员；实地督导有些是专职，有些则是兼职。这些可以量化的指标是判断公司实力的一种比较硬性的标准。办公室的面积和档次也能反映一个公司的规模。不同的市场调查公司要求的专业设施有所不同，如一个擅长开展电话调查的市场调查公司应该有专门的电话调查设备，如隔开的电话间等；一个经常做定性研究的公司应该配有为举行焦点小组访谈而准备的单面镜房间。一个调查公司的分支机构能够保证它在其他地域的实地执行能够顺利进行。这里的顺利不仅包括时间，也包括质量。有些调查公司在外地的执行是由合作伙伴来进行，有些公司则倾向于自己设立分支机构。一般来说，有较多分支机构的公司一般业务量比较大，如尼尔森公司在全球100个国家建立了分支机构，其全球销售收入也位于全球调研行业第一位。通过对市场调查公司规模的了解，可以大致知道这些公司的专长和所属的专业领域及调查能力等方面的信息。另外，现在有许多外部专业市场调查机构与市场调查行业中的其他公司结成战略联盟，这些联盟让参与其中的公司能利用彼此的专长和资源。这样的联盟可以通过合并、收购或合同约定来形成。如英国索福瑞集团（TNS）与其他国家的营销调查公司建立了合作伙伴关系。这些合作和联盟让索福瑞集团进入了国际市场。因此，对于采用和异地合作伙伴共同开展调查工作的形式，企业还应对调查公司的异地合作伙伴进行了解和评估。

### （三）　市场调查机构人员的专业能力

市场调查机构的专业人员应具备技术性和非技术性的专业能力。专业人员应具有操作能力和提供有价值的资料及营销观念的创新能力等。另外，负责调查项目的人员还需要具有非技术性专业能力，即要能够充分理解客户的需要并认同客户的调查理念。

### （四）　市场调查机构的经验

市场调查机构的经验有两层含义：一方面要看市场调查公司成立时间的长短；另一方面要看该公司主要人员的从业经验。市场调查公司成立的时间较长，对本行业的过去、现状及发展趋势都很熟悉，对行业内各种管理与运作模式的情况也比较了解，其管理制度相对规范与完善。在评价市场调查公司的专业经验时，公司主要人员的从业经验十分重要，具备丰富经验的市场调查人员能够准确地定义客户的问题，由于其对于各种调查方法的优缺点非常熟悉，能够及时处理在项目实施过程中所出现的问题。如定性研究最常用的方法是焦点小组座谈，一个有经验的主持人能够从容地控制座谈的进程、调节气氛、调动每个参加者的主动性，最终使参加者真正表达出自己的观点。除了从业经验外，主要人员在某行业的市场调查经验也能直接影响

NOTE

一个市场调查项目的质量，行业经验使研究人员对某行业的背景资料、存在问题等非常了解，对于该行业产品特性、客户构成、分销渠道、促销手段等也有深刻认识，市场调查人员的行业经验不仅有助于设计行业内的调查方案，而且在数据分析时能够利用所掌握的知识来解释数据，给企业提出切实可行的建议。最后，主要工作人员服务年限，已经完成的市场调查课题的性质、范围和效果，以及为竞争者工作的经验等情况对于选择市场调查公司也十分重要。

### （五）市场调查机构的报价

市场调查机构的报价是客户在做选择时一个很重要的考虑因素。每个公司都有自己的报价体系和方法，企业要了解调查机构的收费情况，包括费用的估算情况和定价标准。

目前，竞争性招标通常被用来作为选择外部市场调查机构的方法，尤其是大型项目。通常，拟将调查项目委托给外部市场调查机构的组织先发布需求建议书或类似的请求书，邀请市场调查机构来投标。依据最低报价来委托项目并不总是最佳选择。调查提案的完整性及上述标准都必须被纳入委托决策的考虑范围。当企业找到具有一定实力并且能够达到企业要求的市场调查机构后，就可以委托该机构实施调查工作，为了使双方的利益能在这种关系中得到有效的保障，需要签订委托代理合同，以明确双方应该承担的责任、义务和付款方式等。相对于以单个项目为基础进行选择，通常与外部市场调查机构签订长期合同是更为可取的方式。

## 第二节　市场调查人员的选择与培训

企业进行市场调查，无论是依靠内部的市场调查部门，还是委托外部专业市场调查机构，市场调查人员都是市场调查的具体实施者，其数量和质量将直接影响市场调查的结果。因此，市场调查机构必须根据调查工作量的大小及调查工作的难易程度，认真选择、配备一定数量且具有较高素质的工作人员，认真做好调查人员的培训和组织管理工作，组建一支能顺利完成调查工作的调查队伍。

### 一、市场调查人员的选择

一般来说，调查人员和调查对象所具有的共同特征越多，调查获得成功的可能性就越大。根据一项有关情感和精神健康的调查结果，年长的调查员可能比年轻的调查员更容易取得被调查者的合作；调查对象是大学生时，大学生调查员实施调查的效果会更好。因此，选择市场调查人员除了应考虑调查问题的性质、收集数据的具体办法，尽量选择能与被调查者匹配的调查员。尽管选择市场调查人员的具体要求会随调查项目的不同而有所变化，但对市场调查人员的一般要求是基本相同的。按照市场调查的客观要求，作为一名市场调查人员，应具备以下基本的素质和条件。

**1. 具有良好的职业道德修养**　市场调查通常会涉及四类利益相关者：调查人员、客户、调查对象和公众。这些利益相关者相互之间及对调查项目都负有一定的责任。当这些利益相关者有利益冲突或者其中一方或多方未尽责时，就会产生伦理问题。例如，如果调查人员不遵循正确的调查程序，或者滥用调查信息，伦理规范就遭到破坏。在冲突面前，利益相关者的行为应该由行为准则来指导。在美国，包括营销调研协会（Marketing Research Association）和美国营销协会（American Marketing Association）在内的几个组织为营销调研行为制定了道德行为准则。专业协会的行为准则可以作为行动指南并帮助解决市场调查过程中所出现的伦理难题。市场调查人员应遵守调查行业内的行为准则，时刻保持较高的职业道德标准，坚持做到实事求是、客观公正，具有强烈的社会责任感和事业感，不能以虚假的调查结果迎合利益相关者的意愿，以确保不会给调查在职能和信息方面带来任何负面影响。

表6-2是美国营销调研协会（MRA）所制定的营销调研道德指导原则，该准则与许多营销调研组织及相关协会所颁布的营销调研指导原则相一致。

**表6-2　利用互联网进行营销调研时应遵守的 MRA 道德指导原则**

| |
|---|
| 1 调查对象的合作应该出于自愿 |
| 2. 调研人员应该向调查对象表明自己的身份 |
| 3. 应该保护调查对象的匿名权 |
| 4. 应该在网上发布个人隐私保护说明 |
| 5. 应该确保数据安全 |
| 6. 应该向公众公布结果的可靠性和有效性 |
| 7. 对未成年人进行调查的调研人员应该遵守《儿童网上隐私保护法》 |
| 8. 未经收件人要求，不应该向拒绝接收邮件的收件人发送电子邮件 |

资料来源：code of Ethics of marketing Research Association（www.mra-net.org）. Used with permission.

**2. 具有广博的专业理论知识**　市场调查需要综合运用各方面学科知识，不仅需要了解市场营销学、管理学、心理学、统计学、社会学和消费者行为学等方面的知识，还需要掌握互联网、社交媒体和计算机技术及程序语言方面的知识。研究国际市场情况的调查人员还应了解国际贸易、各国风俗习惯等方面知识和一定的外语水平。市场调查人员只有具备多领域的教育背景及丰富的专业知识，才能够很好地理解调查工作中所面临的问题，并以开阔的视角来解决问题。

**3. 具有较强的业务能力**　市场调查人员的业务能力对于做好市场调查工作具有十分重要的意义。一般而言，作为一名合格的市场调查人员，应具有以下业务能力：

（1）利用各种数据资料的能力　市场调查其实就是收集资料的过程，因此，做好市场调查必须掌握与调查有关的情报资料，包括通过文献调查获得的二手资料和实地调查获得的一手资料。在搜集资料的过程中，调查人员应具有敏感性，不放过任何有价值的资料，要经常对市场中出现的新情况、新问题进行调查，尽可能及时、准确、全面、具体地收集一切与调查目的有关的资料。

（2）敏锐的观察、分析和解决问题的能力　市场调查活动也是培养观察、分析和解决问题能力的过程。市场调查人员应善于从各种数据资料中去伪存真，提炼出对调查有价值的信息，综合各种数据资料并通过由表及里的定性定量分析，为客户提出解决问题的措施及可行性的建议。市场调查不仅仅是收集资料的工具，更重要的是提供解决问题的可行性方案。

NOTE

（3）良好的书面和语言沟通能力　书面和语言沟通能力是对调查人员的基本要求，无论是在进行调查访谈时，还是在对调查结果的介绍、说明时，都需要较强的语言沟通能力。调查研究成果最终要撰写市场调查报告，调查报告的内容要有观点、有创意、有深度和有说服力，这就要求市场调查人员必须要具有一定的书面表达能力。

（4）创造性思维能力　市场调查活动不是简单地对某些问题和情况的搜集、记录和整理，而是一项具有较强探索性的工作。调查人员经常面对一系列错综复杂的市场问题，而且需要随时对市场中出现的新情况、新问题进行详细调查，在获得大量初级、次级数据资料的基础上，经过深入分析，提出有创造性的建议。这些都要求调查人员应具有创新思维意识，能够创造性地运用一些技术手段来解决调查工作中所遇到的问题。

### 知识拓展

#### 市场调查中的创造性

20 世纪 40 年代，美国速溶咖啡投入市场后，销路不畅，厂家请市场调查专家进行研究。先是用访问问卷直接询问，很多被访的家庭主妇回答说，不愿选购速溶咖啡是因为不喜欢速溶咖啡的味道。然而，在试饮过程中，主妇们却大多辨认不出速溶咖啡和豆制咖啡的味道有何不同。这说明主妇们选购速溶咖啡的原因不是味道问题而是其他因素所导致的。

为了找出真正的原因，研究人员设计出两张几乎相同的购物清单，唯一的区别在于两者上面写了不同咖啡，然后把清单分给两组有可比性的家庭主妇，要求她们评价清单持有人的特征，结果差异非常显著：读了含有速溶咖啡购物单的绝大多数被访者认为，按照这张购物单买东西的家庭主妇是个懒惰、浪费、差劲的妻子；而看到含有豆制咖啡购物单的被访者则认为，按照这个购物单去采购的家庭主妇是勤俭、称职的妻子。由此可见，当时的美国妇女普遍认为：作为家庭主妇，担负繁重的家务劳动乃是一种天职，任何企图逃避或减轻这种劳动的行为都应该受到谴责。咖啡之所以受到冷落，问题并不在于产品本身，而是家庭主妇不愿让人非议，想要努力保持社会所认定的完美形象。

根据调查结果，厂家首先对产品包装做了相应的修改，如使密封十分牢固，启开时比较费力，从而打消顾客因为使用新产品图省事而造成的心理压力；在广告中也不再强调简便的特点，而是宣传速溶咖啡同豆制咖啡一样醇香、美味。从此，速溶咖啡销路大增，成为西方世界最受欢迎的咖啡。

有人曾在 1970 年重复了这项有关速溶咖啡的研究，发现人们已经普遍能够接受物品方便使用的特点，这也说明消费动机和观念随着社会的发展而变化。

速溶咖啡调研的成功，主要是因为调查人员创造性地发现家庭主妇不愿意购买速溶咖啡的真正原因。这种深层次的原因，仅靠信息搜集和直接访问是很难发现的。因此，创造性的思维能力是市场调查人员不可缺少的素质。

（资料来源：http：//wenku. baidu. com）

**4. 具备良好的身体素质** 市场调查是一项艰苦而细致的工作，由于调查人员经常需要与众多的消费者和组织接触，这就要求市场调查人员必须具有良好的体力、旺盛的精力，才能更好地完成市场调查工作。此外，调查人员还要具有开朗的性格，热心于调查工作，乐意接触和了解社会。调查人员经常与陌生人打交道，开朗的性格不仅表现在能很快地适应被访者，有助于被访者很好地配合；还表现在遇到调查困难（如拒访）时，能够很快地调整自己的情绪，积极地面对挫折，更好地完成后面的调查工作。

总之，一个市场调查人员应该勤学多问，有思想、有知识并具有创造性，他们必须善于倾听、善于思考、善于分析和解决问题。

## 二、市场调查人员的培训

在开展市场调查活动的过程中，为保证调查人员能够顺利地完成调查任务，提高调查工作质量，不仅要正确地选择市场调查人员，而且还要对其进行必要的培训。通过培训有助于提高调查人员的工作技能，进而提高市场调查工作的质量。

### （一） 培训的内容

对调查人员的培训是调查实施过程中一项重要的工作，它对调查的质量起着关键作用。培训的内容主要包括以下三个方面。

**1. 职业道德方面** 组织调查人员学习市场经济方面的一般理论，充分认识市场调查的重要意义。培养他们强烈的事业心和责任感，端正工作态度和工作作风，激发他们对调查工作的积极性。

**2. 政策法规和规章制度方面** 随着市场调查活动的发展，国际和国内相继出台了有关政策法规。如欧洲意向考察和市场研究协会（ESOMAR）与国际商会（ICC）共同编制了《市场研究与社会调查国际准则》，该准则主要包括市场研究的一些基本概念，明确规定了市场研究必须尊重科学、遵守法律，市场研究必须保护被访者的权利，恪守研究者的基本职责，如保守秘密、不做有损行业声誉的事情等，同时也阐明了研究者与客户之间的相互权利与义务。该准则已为所有的 ESOMAR 会员及所在地单位认可，同时也为 ICC 会员和世界各地的市场研究组织认可，对于规范执行研究起着指导作用。又如国家统计局为规范涉外调查服务，也制定了《涉外调查管理办法》。

此外，各个市场调查机构本身也分别有一套自己内部的管理方法，如保密制度、保障工作协议等。因此，政策法规和规章制度应列入培训的内容，调查人员必须遵守与市场调查相关的政策法规、准则与管理规章制度，并且能在实际调查活动中自觉遵守，这是调查得以顺利进行的保证。

**3. 业务技能方面** 作为市场调查人员，不仅需要掌握市场营销学、市场调查原理、统计学、心理学等方面的专业理论知识，而且还需要不断加强自身在业务技能方面的训练。业务技能培训的内容主要包括书面技能、访问技巧和调查项目专项培训三个方面。

（1） 书面技能 书面技能训练的基本要点在于要求调查人员牢记调查项目的目的、任务及重要性，并通过训练熟悉各项调查任务及要求。主要包括：①熟悉市场调查项目的目的和内容；②熟悉并掌握按调查计划选择被调查者，以及选择恰当时机地点和具体访问对象的方法；③获得被调查者合作的有关访问技巧；④关于调查询问的技术；⑤关于如何鉴定调查形式、检查调查问卷的填写说明及如何处理访问中发生特殊情况的说明。

在培训中需要特别注重的是，必须让市场调查人员掌握两方面的内容："怎样做"和"为什么要这样做"。让市场调查人员遵循所规定的访问指南和访问程序的理由，以及不这样做会造成的后果。例如，选择一周中的哪一天和一天中的哪一段时间进行访谈，是一个很重要的问题，它不但可能影响回答率，还可能影响对调查问题回答的性质，有关原因及技巧应该向培训对象说明清楚。

（2）访问技巧　在市场调查的实际进程中，调查人员要做到态度友好，有较强的判断能力，善于选择访谈时机，能抓住问题重点，并给被调查者充分的回答余地，忠实地反映被调查者的本意等。为此，需要市场调查人员能够灵活地运用各种口头调查的访问技巧。访问技巧方面的训练主要包括以下内容。

①接触被调查者：与调查对象的最初接触，决定着调查能否顺利进行。一般而言，调查人员应该向被调查者说明他们参与的重要性，但是不必特意征求其允许再提问，避免使用"我能占用您一点时间吗"或"您能回答几个问题吗"这样的话。经验表明，与不请求获得允许的开场白相比，请求获得允许的拒绝率往往会更高。

另外，在培训过程中，要指导调查人员掌握处理拒绝的一些技巧。例如：如果被调查者说："我现在不方便。"调查员就应该问："那您什么时候有空，我可以再来？"

为了获得被调查者的信任，市场调查人员应该说明此次调查活动的目的，这些说明可以有效地缩短调查人员与被调查者之间的距离，有利于双方相互配合，共同完成访问任务。

②提问：如果调查问卷是事先设计好让被调查者填写的，调查人员只要指导被调查者认真填写就可以。但是，若问题需要调查人员提出来，并由调查人员来记录答案时，提问环节时的措辞、顺序和态度就很重要，这些方面的微小变化都可能导致被调查者对问题有不同的理解，从而给出不同的回答。因此，对提问环节技巧运用的培训，对减少误导现象的发生十分必要。

以下是提问时应遵循的一些指导原则：一是要熟悉和理解调查问卷中的问题；二是严格按照问卷设计的顺序提问；三是使用问卷中的措辞提问；四是提问题时语速稍慢一些；五是如果被调查者没有听明白，需要重复问题，有时需进行必要的解释；六是不要遗漏问卷中的问题；七是按照问卷说明和要求的跳跃模式提问，并且适时追问。

③追问：当问题需要调查人员提出来时，还需要根据情况适时追问。追问的目的是鼓励被调查者进一步说明、澄清或解释他们的答案。另外，追问还有助于调查人员帮助被调查者将注意力集中到访谈的特定内容上，以免偏离主题。不过，在具体运用中要特别注意，追问时不应误导被调查者。

以下列出了常用的几点追问技巧：一是重复问题。用同样的措辞重复提问能够有效地引出回答。二是重复被调查者的回答。通过逐字逐句地重复被调查者的回答，可以刺激被调查者给出更确切的回答和更多的细节。三是使用短暂停顿或沉默式追问。当调查人员采用沉默式的追问、期待性的停顿或者眼光时，可以向被调查者暗示希望得到更完整的回答，不过要把握好度，不要让沉默变成冷场。四是鼓励或打消被调查者的疑虑。如果被调查者表现出犹豫，调查人员应该打消他们的疑虑。如"答案无对错之分，我们只是想了解您的真实想法"。五是引导被调查者说明细节。如"我不是很理解您的意思，您能否说得再详细一点"。六是采用中性的问题或评论。常用于追问的问题：还有其他原因吗？还有呢？您指的是什么意思？您为什么有这样的感觉？

④记录答案：当问题需要调查人员提出并记录时，记录答案并非是一件简单工作。调查的组织者要力求所有的调查人员使用统一的格式和语言，记录访谈结果并进行编辑整理。

记录答案有以下一些基本要求：一是在访谈过程中记录答案；二是使用被调查者的语言记录；三是不要自己概括或解释被调查者的回答；四是记录所有与提问目的有关的内容；五是记录所有的追问和评论；六是在允许的情况下，使用录音设备。

⑤结束访谈：在结束访谈时，如果被调查者希望了解调查的目的，调查人员应该予以告之。调查人员需要感谢被调查者的配合，要给被调查者留下一个好印象，但没有得到所有信息之前不要轻易结束访谈。另外，被调查者在正式问题回答完毕以后，对调查本身做出的评估最好也记录在案。

（3）调查项目专项培训　不同的市场调查项目，在访问方式、内容上都是不同的。所以，在调查实施前的培训阶段，市场调查机构的组织者要对调查人员进行项目操作的指导和培训。其主要内容包括如下方面：①介绍调查项目的背景知识。②向调查人员解释问卷问题。一般是让调查人员先看问卷和问卷须知，针对调查人员不清楚的地方给予解释。③统一问卷填写方法。为了今后录入方便，要规范作答的方式和方法。④分派任务。指定每个调查人员调查的区域、时间和调查的对象。⑤访问准备。告诉调查人员在调查前所需携带的各种东西，如问卷、受访者名单及电话、答案卡片、介绍信、自己的身份证明、礼品等。⑥向调查人员说明会有一定的监督措施来检查调查人员的调查质量。

## （二）培训的方法

目前，常用的培训方法有以下几种类型：

**1. 集中讲授**　这是目前培训中常用的方法。例如，可以邀请相关市场调查专家讲授市场调查的基本理论与方法，要求拥有丰富经验的市场调查人员面授调查技巧、经验；企业内部可以请主管人员讲解国家的经济形势和本企业生产经营情况等。这样的培训应该是经常性的，但需要注意培训内容要突出重点、针对性强、讲究实效。

**2. 案例分析法**　通常给受训者提供一个现实的调查案例，首先让他们自己独立地分析这个案例，然后再与其他受训者一起讨论，从而提出自己对问题的解决办法。案例分析法的好处：通过对案例的分析，有助于解决类似的实际问题；案例分析强调个人独立思考，有助于培养受训人员独立分析问题、解决问题的能力；运用案例分析方法的最终目的不是为找到一个确定的答案，而是要借助这种形式，提升受训人员分析问题和解决问题的能力，这也是市场调查人员应具备的基本能力。案例分析法的缺点是案例的搜集和提炼往往比较困难，案例虽然来自现实，但又不是现实的直接反映，还需要经过一定的加工。此外，这种方法对培训者的要求比较高，要求能够给受训者以启发。

**3. 角色扮演法**   是指给受训人员提供一个真实的情境，让他们在其中分别扮演不同的角色，做出他们认为适合于每一种角色的行为。在扮演过程中培训者随时加以指导，在结束后组织大家讨论，以各自对扮演角色的看法来发表意见。通过角色扮演，受训人员可以体会到与自己工作有关的其他角色的心理活动，从而有助于改正过去工作中的不良行为，以利于建立良好的人际关系。

例如：可以由有经验的调查人员扮演调查对象，让受训人员进行调查访谈，在训练访问过程中，调查对象应将自己曾亲身经历的调查困难情境重新展现，以考验受训人员的应对技巧，并及时进行解说及纠正。也可以让受训人员扮演被调查者角色进行练习，这时调查人员因角色的转换，更能发现自己作为访问员应该以怎样的技巧才能使被调查者更方便地领会问题。

综上所述，要成为一名优秀的市场调查人员，除了必须具备的一定专业知识、技能外，更重要的就是要增加实践，不断积累经验。

# 第三节   市场调查人员的监督管理

市场调查人员所收集的数据是市场调查研究的重要信息来源，因此，市场调查机构非常重视数据来源的真实性。但是，在实际调查实施过程中，由于多方面影响因素，调查人员回收的问卷信息并不一定真实可靠，这就必须对市场调查人员进行适当的监督，以保证调查问卷的质量。

## 一、市场调查人员引发的质量问题

在调查实施过程中，市场调查人员由于自身的原因容易出现以下问题：

1. 调查人员自己填写问卷，而不是按要求去调查被调查者。

2. 调查人员访问的对象并不是研究者需要的样本对象。

3. 调查人员自行修改已完成的问卷。

4. 调查人员没有按规定向被调查者提供礼品或礼金。

5. 调查人员在听、理解和记录被调查者的回答时，由于疏忽、粗心和理解偏差等原因导致部分信息漏记、没有记录或错误记录等情况的发生。如被调查者给出的是中性回答（如还未做出决定），但调查人员错误地理解成了肯定的回答。对于有些开放性问题，按指导语的要求，调查人员不能将问卷中各种可能的答案读给被调查者，而必须先听回答，然后再选择一个对应的答案。由于被调查者很少会用与问卷中的答案完全相同的措辞来回答，因此，调查人员必须判断答案的意思，然后选择最接近的答案进行记录，在实地面访或电话访问时，这种判断是很容易出错的。

6. 调查过程没有按照调查要求进行。如调查人员将本应当由调查人员一边问一边记录的问卷交由被调查者自填。

7. 调查人员在调查过程中带有倾向性。

8. 调查人员为了获取更多的报酬，片面追求问卷完成的份数，而放弃对那些地址不准确或第一次家里没人的被调查者。

9. 家庭成员的抽样没有按抽样要求进行。

## 二、市场调查人员的监督管理措施

除了进行认真严格的培训之外，还要采取充分的措施，以保证调查人员确实能按照培训中所要求的方法和技术来实施调查。负责市场调查监督管理工作的人员可以采取以下具体措施。

### （一）质量控制

对调查人员进行质量控制，就是要检查调查实施工作的过程是否按照计划执行。

首先，市场调查督导人员必须按照一定的比例，如15%左右，采取公开或隐蔽的方法，监督调查人员每天的工作。如果发现操作问题，督导人员应该及时与调查人员沟通，及时纠正解决，必要时还要对调查人员进行进一步的培训。为了理解调查人员所提出的调查问题，督导人员也应亲自做一些调查访问。

其次，督导人员应该每天回收当天完成的问卷，并且每天都要对每份问卷做检查，看是否有未答现象、字迹是否清晰、跳答的问答题是否按要求进行等情况。对调查人员的反馈应该是正面的反馈。

第三，督导人员应每天记录调查人员所做的工作（完成的访问数或访问的时间），以便掌握实际进度与计划进度的差距及调查实施中存在的问题。

第四，督导人员还应该每天如实地向调查项目主管或实施主管报告项目实施的进展情况；若无法按预期的进度完成，则需要先通知有关的部门或单位；要对所有的调查材料和结果予以保密。

### （二）抽样控制

监督管理的一个重要方面是抽样控制。所谓抽样控制就是要确保调查人员严格地按照抽样计划进行调查，而不是为了图方便随意选择样本。另外，市场调查员有时会扩大定额抽样的范围，如在调查实施过程中，将60岁的调查对象划入45～59岁组，以完成抽样配额的要求。为了避免出现这些问题，督导应每天记录每个调查人员调查访谈的数量、不在家的调查对象的数量、被拒访的数量、完成的数量、完成的配额情况（如果有配额要求的情况），然后汇总每天全部调查人员完成的数量和配额。为了随时向项目经理准确报告抽样控制的情况，最好能够准备一份抽样控制表，记录包括对配额变量的完成情况、已完成的部分样本的人口特征分布、对关键变量的回答情况等内容。

### （三）作弊行为控制

调查中的作弊行为包括私自篡改部分或者整张问卷。为了使调查结果被人接受，调查人员可能会篡改部分答案或直接伪造答案，甚至有些调查人员根本没有与调查对象交流，直接伪造了整张问卷的答案。除了通过合适的培训、督导和对调查现场工作的核查使作弊行为减至最小外，还可以使用一些其他的方法：如可以在问卷中设置一些检测用的问题，这些问题与问卷中的某些题是高度相关的或几乎是相同的，调查人员如果作假自己填答问卷的话，很有可能会在这些题中出现前后矛盾，从而被发现。另外，可以在访问的名单中安排调查公司或委托客户公司中的工作人员，如果调查人员有任何作弊的行为，都会很快暴露出来。

### （四）复查验收

现场复查验收工作的目的是证实调查人员所提交的调查结果的真实性。对于经督导人员检查上交的调查结果，调查实施主管或项目主管还要进行必要的核实和复查后才能通过验收。通常需要对调查对象的部分单位进行核查，复核的比例根据现场操作的情况可以有所不同。一般在 10%～20% 之间，对存在质量问题的调查人员可以增大复核比例。复核的内容主要包括对调查人员的访问情况、工作态度和问卷内容真实性的复核。如调查人员声称某调查对象拒访时，可以由复核人员登门核实是否存在拒访的情况及拒访的原因。有时候调查人员为了避免走较远的路，可能伪造某一户居民不在家或者拒访，复核人员需要确定在调查人员所声明的时间内该户居民是否真的不在家。另外，还要了解调查实际进行的时间长度、访谈的质量、对调查人员的印象及是否收到礼品或收到什么礼品。在某些情况下，还需要重复询问被调查者的事实型问题如人口基本特征等，用于核实调查问卷中记录的信息准确性。

---

**知识拓展**

#### 玛氏的低卡糖果棒

美国食品生产商玛氏公司的一个分支——玛氏 M&M 经常做商场拦截调查，以发现或者测试新的产品理念。购物者会在商场的不同地点遭遇拦截，然后统一被带到一个地方来品尝新研发的糖果棒，并且对调查做出回答。这些调查包括相当多的开放式问题或者非结构型问题，需要调研人员对调查对象进行追问。而通过追问，可以对调查对象的潜在价值观、态度和信念有更多的了解。因为这样的调查是在一个集中的地点进行的，所以公司很容易对调查人员的工作进行监管。调查问卷完成后，可以立即交给管理人员编辑和进行质量控制。因为样本控制也很容易执行，而且还可以避免作弊，因此不需要再进行确认工作。

公司根据一项商场拦截调查结果发现，人们特别偏爱低脂肪糖果棒，因为这样的产品可以让人们尽情享用而且没有负罪感。于是，玛氏 M&M 公司推出了一种各为"银河"的低脂糖果棒。它只含有 5g 脂肪，是那些知名巧克力品牌平均脂肪含量的一半。在美国，这是第一种达到食品与药物管理局的《营养与教育法案》要求，并通过广告做宣传的糖果棒。在商场拦截调查中对调查人员的严密监管，使得玛氏 M&M 公司能够推出这款大获成功的产品。

（资料来源：纳雷希·马尔霍特拉主编《营销调研精要》，

中国人民大学出版社，2016 年）

---

### 🔍 【思考与练习】

**简答题**

1. 市场调查机构按照调查主体划分时主要有哪些类型？

2. 如果由你对调查人员进行培训，试列出培训计划？

3. 外部专业市场调查机构按照所提供的服务类型可划分为哪些？

4. 比较定制式调研和辛迪加调研在提供调研信息服务上有什么不同？

5. 企业在选择市场调查机构时，主要应考虑哪几个方面的因素？

6. 市场调查人员应具备哪些基本素质？

7. 调查实施过程中如何做好市场调查人员的监督管理工作？

8. 评估市场调查人员的标准有哪些？

# 第七章　数据回收、整理与分析

【本章导读】

　　当市场调查方法、调查人员确定下来后，研究的重点便转向数据回收、整理与分析。本章主要解决数据回收、整理与分析的问题。学习本章的课程后，同学们应掌握数据回收误差的来源及如何使其最小化，非回应误差的不同类型及测定方法，数据整理的步骤，数据的审核、分组、编码、录入与清理、图形化，数据分析工具的分类及数据分析方法等。此外，同学们还要掌握区间估计、相关与回归等分析工具进行数据分析，并正确解释分析结果。

【导入案例】

### 奇妙的垃圾研究

　　美国的大型超级商场雪佛龙公司聘请美国亚利桑那大学人类学系的威廉·雷兹教授对垃圾进行研究。威廉·雷兹教授和他的助手在每次垃圾收集日的垃圾堆中挑选数袋，然后把垃圾的内容依照其原产品的名称、重量、数量、包装形式等予以分类。如此反复地进行了近一年的收集垃圾的研究分析。雷兹教授说："垃圾袋绝不会说谎和弄虚作假，什么样的人就丢什么样的垃圾。查看人们所丢弃的垃圾，是一种更有效的行销研究方法。"他通过对土珊市的垃圾研究，获得了有关当地食品消费情况的信息，做出了如下结论：①劳动者阶层所喝的进口啤酒比收入高的阶层多，并知道所喝啤酒中各牌子的比率；②中等阶层人士比其他阶层消费的食物更多，因为双职工都要上班，以致没有时间处理剩余的食物，依照垃圾的分类重量计算，所浪费的食物中有15%是还可以吃的好食品；③通过垃圾内容的分析了解到人们消耗各种食物的情况，得知减肥清凉饮料与压榨的橘子汁属高收入阶层人士的良好消费品。

（资料来源：http：//jpkc. ahiib. com/scdcyfx/showart. asp？art_ id＝178）

　　数据回收是市场调查的基础，担负着提供基础资料的任务，在整个市场调查中具有极其重要的作用。所有的市场研究、市场预测、市场决策都是建立在数据回收基础上的。数据整理主要是对回收的各种数据进行审核、分类和汇总。只有做好数据回收、整理和分析，才能保证市场调查达到认识市场经济现象及其发展变化规律，为市场预测和决策提供依据的目的。

## 第一节　数据回收

　　在市场调查中，从前期准备工作到正式执行，再到最后的数据处理与分析，中间存在问卷回收与整理这一步骤。其实这一步骤也是非常重要的环节。通常做法包含以下过程：问卷初步检查；对于空白、乱填等不完整问卷的处理；对于多项答案的问卷处理；问卷编码与录入；数据检查。

## 一、数据回收质量的影响因素

数据回收是指市场调查过程中被调查者针对调查内容向调查人员提供自己的答案或信息的阶段过程。这一过程，要重点关注影响数据回收质量的因素。一般而言，大的非抽样误差可能出现在数据回收的过程中，是数据回收质量的重要影响因素。

非抽样误差与抽样误差相对，是指调查中除了抽样设计和样本容量导致的误差之外的所有误差，包括：①数据回收误差；②各类非回应误差；③数据处理误差；④数据分析误差；⑤解释误差。事实上，还包括在问题界定、问句措辞方面出现的误差，以及出抽样误差之外的其他所有误差。下面主要就数据回收误差与各类非回应误差进行说明。

### （一） 数据回收误差

根据误差的来源，可以将数据回收现场可能出现的误差分成两类，一类是现场工作人员误差，即现场工作人员在操控问卷调查时产生的误差；另一类是被调查者误差，即由被调查者造成的误差。根据误差是否出自相关人员的主观意愿，可进一步将上述两类误差分为故意误差和非故意误差。

**1. 现场工作人员的故意误差** 当数据回收人员故意违反调查者制定的数据回收要求时，就会出现现场工作人员故意误差。

例如：现场调查人员可能因为报酬水平较低、时间较长等原因，谎报被调查者的答案，此时便发生了调查人员欺骗误差；现场调查人员有意通过措辞、声音或形体语言影响被调查者的回答，则出现了诱导被调查者误差。

**2. 现场工作人员的非故意误差** 现场工作人员非故意误差是指现场工作人员犯了错误而不自知，从而导致的误差。产生这种误差的原因可能是因为工作人员的个人特征，如口音、性别、举止行为等；也可能是由于工作人员理解有误，导致实际操作失误；还可能是因为工作人员疲劳而导致的误差。疲劳可能发生在访问过程中，冗长乏味的调查实施工作可能使工作人员忘记跳转问题、对被调查者失去耐心等。

**3. 被调查者的故意误差** 被调查者的故意误差主要包括被调查者说谎和非回应所带来的误差。被调查者可能出于保护个人隐私、想尽快完成调查等原因说谎。非回应误差是指某些预期访问的被调查者未参与调查，提前终止调查或拒绝回答某些特定的问题所造成的误差。由于公众越来越不愿意参与调查，以及隐私观念越来越强，非回应误差可能是目前最普遍的被调查者故意误差。

**4. 被调查者的非故意误差** 当被调查者提供了无效答案而自认为提供的是事实时，则出现了被调查者非故意误差。产生的原因可能有被调查者未能理解问题或没有按要求进行回答，被调查者在没有确切的把握时对答案进行了猜测，或者因为被调查者出现疲劳、注意力减弱、调查过程被打断等问题导致误差。

### （二） 非回应误差

非回应问题是市场调查行业中最大的问题。对非回应进行必要的识别、控制和调整是成功调查的关键。一般而言，在调查中，至少存在 3 种不同类型的潜在非回应误差：拒绝参加调查、访谈中断、拒绝回答某些特定问题导致的项目遗漏。

*NOTE*

拒绝参加调查的原因有很多，可能是被调查者很忙、对调查的内容不感兴趣、认为调查的主题过于私人化等，可以通过赠送其小礼物等形式激励被调查者参与调查。

访谈中断可能是由于访谈的时间超出了被调查者最初的估计、访谈比较单调或者突然受到了干扰等，这导致被调查者只完成了一部分问卷。训练有素的调查人员能有效提升被调查者的合作意向。

项目遗漏主要用来衡量被调查者拒绝回答某个特定问题的百分比。一般而言，敏感问题、需要很多思考的问题更容易发生项目遗漏。可以在问题设计中增加"不知道"这一选项来减少项目遗漏的发生。

几乎所有的调查都会存在某些项目遗漏和中断。那么究竟项目遗漏达到何种程度被视为未完成？完整的访谈标准是什么？不同的市场调查有不同的标准，很少有调查会要求完成所有的问题，调查人员必须制定一个标准，以确定调查中项目遗漏达到何种程度才是无效的调查。

实际过程中，可以通过计算回应率来衡量非回应误差。回应率是指整个样本中完成访谈的百分比。其计算公式为：

$$回应率 = \frac{完成访谈的受访者数量}{样本中符合条件的受访者数量} \times 100\%$$

假设有 1000 个被调查者的样本，同时通过调查，发现 400 人完成了调查，300 人不符合参与调查的条件（不是要寻找的被试者），100 人拒绝了参与调查。那么可以得到未能接触者是 200 人。可以假定未能参与调查的人（含拒绝参与和未能接触者）中符合条件的被调查者比例与已经交谈的人员中符合比例相同，则上述公式可以进一步转化为如下公式：

$$回应率 = \frac{完成者}{完成者 + \left(\dfrac{完成者}{完成者 + 不符合条件者}\right) \times (拒绝者 + 未能接触者)} \times 100\%$$

上述问题中的回应率计算方式为：

$$回应率 = \frac{400}{400 + \left(\dfrac{400}{400 + 300}\right) \times (100 + 200)} \times 100\% = 70\%$$

## 二、数据回收质量控制

### （一）现场数据回收误差控制

数据回收过程中潜在的误差总会存在，但可以通过制定并实施一定的控制方法使误差最小化。

**1. 对现场工作人员的故意误差的控制**　对现场工作人员的故意误差，一般可以采用监督和审核两种方法来预防。

监督是指派管理人员对现场数据回收工作人员的工作进行监督。例如，大多数电话访谈公司拥有"监听"装置，可以监听调查人员的电话访谈过程，如果调查人员诱导或者过分影响被调查者，则管理人员将采取一定措施惩戒调查人员。也可能是管理人员在个人访谈中，直接陪同访问者，在调查现场观察调查人员的调查行为。

审核是指对访问员的工作进行证实，解决篡改和欺骗问题。如管理人员重新联系被调查者，核实他们是否参与了调查。行业标准是从完成的调查中随机抽取 10% 进行回访，甚至就一些有问题的样本重新进行调查，以进行前后对比。如果不进行回访，管理人员还可以根据自己的经验来检查整个问卷的完成情况，例如中学生购买并使用很多降血压药物，这就会引起管理人员对问卷真实性的怀疑。

**2. 对现场工作人员非故意误差的控制**　在控制现场工作人员非故意误差方面，一般采用筛选、培训调查人员及对调查人员进行角色扮演训练。如：筛选具备或不具备某些个性特征的调查人员。然后对通过筛选的调查人员进行有关调查内容、问卷操作、行为举止等方面的培训，使每个调查人员的访问实现标准化。最后通过角色扮演的方式，对问卷调查过程进行彩排，使调查人员熟悉问卷要求，提升调查人员的调查访问能力。

**3. 对被调查者故意误差的控制**　为了防止被调查者的故意误差，在调查过程中需要：①向被调查者保证不将其名字及其他个人信息公开；②用现金、礼物或者其他有价值的东西鼓励被调查者参与调查；③对被调查者提供的信息进行证实，如提出看看被调查者声称所具有的产品等；④通过问卷设计来减少被调查者故意误差。

如在提问时使用第三者技术——访问者可能不直接问中年男子使用伟哥的情况，而是问"您是否认为像您这样的人会使用伟哥"？还可设计大量相关同类问题来证伪等。

**4. 对被调查者非故意误差的控制**　为了防止被调查者的非故意误差，在调查过程中需要：①提供详细的问卷说明和范例；②采用量表端点互换的方式，即不将所有消极意义的形容词放一边、积极意义的形容词放另一边，而是变换一些词语的位置，以提醒被调查者思考两端的每对词语；③如果问卷较长，还需要经常使用一些提示语或其他策略来鼓励被调查者继续接受调查。

### （二）减少非回应误差的措施

非回应问题不能完全消除，但是可以努力将其最小化。

**1. 提高回应率**　开展市场调查前，调查人员可以通过事先通知、金钱激励、跟踪联络、回拨电话及替换样本等方式来提高回应率。替换样本的方法很多，其本质是在调查中用一个相似的被调查者替换一个不回应者。

例如：利用电话簿访谈，每隔 20 个名字进行一次访谈，如果遇见一个不回应者，则可电话下一个人，而不是再跳过 20 个人，然后再继续采用每隔 20 个人访谈一次的方法完成下面的访谈。

**2. 降低非回应误差的影响**　如果存在非回应误差，还可以采取加权平均和过度抽样的方式来降低非回应误差的影响。

加权平均是使用能够精确地反映总体中隔层均值比例的权重来计算总分，以便调整各层的非回应误差。

例如：需要调查一种药品的心理价位，男性的回答为 5 元，女性为 6 元。总体中男女性别的构成比例是 1∶1，但是样本中男女比例为 1∶3，如果不经过加权，则调查结果为 5.75 元（0.25×5+0.75×6），非回应误差歪曲坪区价格。可以运用 1∶1 的加权平均来调整调查结果，得出均值为 5.5 元（0.5×5+0.5×6）。

过度抽样即抽取比要分析的数量更大的样本，以减少非回应误差。

# 第二节　数据整理

　　数据整理是一项细致的工作，其内容主要包括三个层面：第一是根据研究目的设计整理汇总方案。汇总方案的设计包括两方面：一方面是对总体的处理方法，主要是如何进行统计分组；另一方面是确定用哪些指标来说明总体。第二是根据汇总方案，对各个调查项目的数据进行汇总，通过汇总计算各项指标，主要是集中趋势和离中趋势指标。第三是通过统计表或统计图的统计形式，形象直观地描述数据整理的结果。

　　数据整理需要有计划、有组织地进行，首先整理数据前需要制定数据整理方案。因为正确制定市场调查数据整理方案，是保证市场调查数据整理有计划、有组织进行的首要步骤，是市场预测方案在市场调查数据整理阶段的具体化。整理方案应遵循市场调查数据整理的原则，明确规定各种市场调查数据分类和各项汇总指标。设计好数据整理方案后，数据整理就包括以下几个主要步骤。

## 一、数据审核

　　数据审核是对数据进行校对和筛选的过程，是对市场调查数据的真实性、准确性、系统性、实用性等所做的判断和结论，它决定着最终数据整理结果的准确程度。因此，在整理市场调查数据前，必须对市场调查数据进行认真审核，以保证数据的质量。从不同渠道取得的数据，其审核的内容和方法有所不同。

### （一）　原始数据的审核

　　对原始数据的审核，主要从准确性和完整性两方面进行。准确性审核主要是检查数据是否真实地反映了客观实际情况，内容是否实际；数据是否有记录错误，计算是否正确等。完整性审核主要是检查应调查的单位或个体是否有遗漏，所有调查项目或指标是否填写完全等。

**1. 原始数据审核主要内容**

　　（1）虚假材料的审核　审核数据中是否存在调查者根本没有进行正式访问而提供或编造的与事实不符的信息资料，或者是在调查过程中以讹传讹、道听途说而得来的不真实的资料进行审核。

　　（2）错误信息的审核　主要是对被调查者不真实回答导致的不真实答案进行审核。错误信息一般在被调查者由于某种原因不愿意与调查者配合时容易出现。这种错误有时候较易辨别，如问卷中每个问题的答案都是中性的或都在最后，但多数是不容易发现和辨别的，所以审核人员对这类问题要特别谨慎。

　　（3）不一致信息的审核　就是对信息资料逻辑上的不一致性进行审核。

　　例如：两个相似或相关问题的答案不一致。如回答喜欢移动公司的服务，可留的手机号却是联通的；回答没有听说过该产品，可又回答说效果不错等。

　　如果发现这类问题就应将其视为无效回答。

　　（4）不充分回答的审核　就是对在形式上表现为不完全或模棱两可的回答的审核。如某一问题要求至少选择两个答案，可调查对象只选择了一个，即为不充分回答。

（5）不相关回答的审核　主要是对所给答案与所问的牛头不对马嘴，或者是由于回答者误解了问题而做出的与所提问题目的不相关的回答所进行的审核。遇到这类问题审核者也应将其剔除。

**2. 原始数据审核主要方法**　原始数据审核的方法主要有逻辑检查和计算检查。

（1）逻辑检查　逻辑检查主要是从定性角度审核数据是否符合逻辑，内容是否合理，各项目或数字之间有无相互矛盾的现象。例如，中学文化程度的人填写的职业是大学教师，这种违背逻辑的项目无疑是需要纠正的。

（2）计算检查　计算检查是检查调查表中的各项数据在计算结果和方法上有无错误。例如，各分项数字之和是否等于相应的合计数、各结构比例之和是否等于 1 或 100%，出现在不同表格上的同一指标值是否相同等。

### （二）　二手数据的审核

对二手数据的审核，除了要审核数据的完整性和准确性外，还应着重审核数据的适用性和时效性。

适用性审核，就是检测信息数据的适用程度和价值大小。使用者应弄清楚数据的来源、数据的口径及有关的背景资料，以便确定这些数据是否真实，是否符合分析研究的需要，是否需要进行重新加工整理等。

时效性审核，就是检查数据是否是最新的市场信息。有些时效性强的问题，如果所取得的资料过于滞后，就失去了研究的意义。一般来说，应尽可能使用最新的数据。

### （三）　数据收集过程与方法的审核

除此之外，还应对调查数据的收集过程与方法进行审核，以避免由于方法不当而引起处理的信息质量不高。例如，由于使用抽样方法不当而带来的代表性错误，这类错误的验证方式一般是调查后再选取一部分被调查者进行重复调查，以此证实正式调查数据的代表性。市场调查数据经过审核后，确认符合实际需要，才有必要作进一步的加工整理。

## 二、数据分组

数据分组是根据市场研究的需要，按照某一标志，把调查数据划分为不同的类型或性质不同的几个部分。从分组的性质上看，分组兼有分和合双重含义。对于现象总体而言是"分"，即把总体分为性质相异的若干部分；而对于单位而言又是"合"，即把性质相同的许多单位结合为一组。对于分组标志而言是"分"，即按分组标志将不同的标志表现分为若干组；而对于其他标志而言是"合"，即在一个组内的各单位即使其他标志表现不相同也只能结合在一组。由此可见，选择一种分组方法，就是突出了一种差异，显示了一种矛盾的同时，掩盖了其他差异，忽略了其他矛盾。不同的分组方法可能得出不同的结论。因此，分组必须先对所研究现象的本质作全面、深刻地分析，确定所研究现象类别的属性及其内部差别，然后才能选择反映事物本质的、正确的分组标志。

### （一）　数据分组的原则

数据分组是研究的基础。因此，数据分组时应遵循以下 3 个原则。

**1. 穷尽原则**　总体中的每一个单位都应有组可归，或者说各分组的空间足以容纳所有的单位。

**2. 互斥原则**　在特定的分组标志下，总体中的任何一个单位只能归属于某一组，而不能同时归属于几个组。

**3. 标志原则**　标志是分组的标准和依据，是调查数据分组的核心。它不但直接影响调查数据分组的科学性和调查数据整理的准确性，并将最终影响市场预测的准确性。任何总体都有很多标志，采用不同的标志分组，其结果会不同。标志原则要求在选择分组标志时必须遵循以下规则：

（1）根据市场调查的目的选择　例如，调查的目的是要调查工人素质对提高劳动生产率的影响，就可按文化程度、技术等级标志分组；如果目的在于调查工人工资情况，则按工资额分组。

（2）适应被调查者的特征　选择标志分组时，有时会遇到同时可以用好几个标志作为分组标志的，这时需要根据总体的特征来选择。

例如，调查工业企业的发展规模，一般使用生产能力和固定资产作为分组标志，而不是职工人数。因为有些机械化、自动化水平较高的企业，虽然规模大，但职工人数却很少。而调查商业企业规模时，则一般使用工人数或商品销售额作为分组标志，因为商业企业多是劳动密集型企业。

（3）根据现象所处具体历史条件选择　通过调查和分组所得的分组数据，随着时间、地点和条件的不同，而具有不同的意义，因为被调查者的现象在不断变化，因此分组标志也应为适应这种变化而加以改变。

例如，同样是调查企业规模，在技术不发达的条件下，用职工人数分组；在现代技术和设备都取得进步的情况下，以固定资产价值或生产能力作为分组标志更恰当。

### （二）数据分组的种类

**1. 按分组标志数量，可分为简单分组和复合分组**

（1）简单分组　对研究现象按一个标志进行分组，它只能从某一方面说明和反映事物的分布情况和内部结构。

例如：顾客所在区域可以简单分为广州、上海、深圳。如表 7-1 所示。

表 7-1　某公司冰箱 8 月销售统计表　　　　　　　　　　（单位：台）

| 按销售区域分组 | 销售数量 |
| --- | --- |
| 广州分部 | 400 |
| 上海分部 | 130 |
| 北京分部 | 60 |
| 合计 | 590 |

（2）复合分组　是按两个及以上的标志进行分组，即先按一个标志分组，在此基础上再按第二个标志分小组，又再按更多的标志分成更小的组。如表 7-2 所示。

表 7-2 某公司冰箱 8 月销售统计表 （单位：台）

| 按销售区域分组 | 小计 | 销售数量 | | |
| --- | --- | --- | --- | --- |
| | | 上旬销售数量 | 中旬销售数量 | 下旬销售数量 |
| 广州分部 | 400 | 200 | 80 | 120 |
| 上海分部 | 130 | 65 | 45 | 20 |
| 北京分部 | 60 | 28 | 19 | 13 |
| 合计 | 590 | 293 | 144 | 153 |

随着复合分组的标志增加，表内指标项数将成倍增加，如果分组标志增加过多，则表的篇幅将会更大，内容将会庞杂，不利于说明问题。所以复合分组中结合运用的分组标志不宜过多。

**2. 按分组标志性质不同，可以分为品质分组和数量分组**

（1）品质分组　即按反映事物属性差异的品质标志进行分组，并在品质标志的变异范围内划定各组界限，将调查数据分成性质不同的组。例如，将人口按照民族、职业、性别、文化程度、政治面貌等分组，将商业企业按照经济类型分组等。品质分组所形成的数列被称为品质数列。

（2）数量分组　即按数量标志分组。例如，居民家庭按子女数分组，可分为 0 人（无子女）、1 人、2 人、3 人等组。数量标志所反映的是事物特定内容的数量特征，不是抽象的数量特征，其概念是明确、具体的。但数量标志下的变异表现为许多不等的变量值，它们能准确反映现象数量上的差异，却不能明确地反映现象性质上的区别，因而不容易根据变量值的大小不等来划分性质不同的各组界限。

如果按数量标志分组，将总体的所有单位按组归并，并按一定顺序排列，形成总体中各个单位在各组间的分布，称为变量分配数列，简称变量数列。如表 7-3 所示。

表 7-3 某市商业企业按年销售额分组

| 按销售额分组 | 商业企业数（个） |
| --- | --- |
| 1000 以下 | 8 |
| 1000～2000 | 10 |
| 2000～3000 | 32 |
| 3000～4000 | 40 |
| 4000 及以上 | 10 |
| 合计 | 100 |

**3. 按分组作用和任务不同，可分为类型分组、结构分组和分析分组**

（1）类型分组　是把复杂的现象总体划分为若干个不同性质的部分。例如，把顾客按年龄分为少儿组、青年组、中年组和老年组。

（2）结构分组　是在对总体分组的基础上计算出各组总体的比重，借此研究总体各部分的结构。类型分组与结构分组往往紧密地联系在一起，结构分组是类型分组的延续和深化。

（3）分析分组　是为研究现象之间依存关系而进行的统计分组。例如，为研究顾客的消费额与顾客年龄之间的依存关系，就要用分析分组的方法。

### （三）数据分组的方法

品质分组和数量分组是较常用的分组方式。品质分组的方法较为简单，这里主要介绍数量分组的方法。在进行数量分组时，一方面要使分组时各组数量界限的确定必须能反映事物的差别；另一方面，应根据被研究现象总体的数量特征，采用适当的分组形式，确定适当的组距、组限。

**1. 变量类型**　在社会经济现象中，变量有两种：一种是离散型变量，一种是连续型变量。由于变量的类型不同，所编制的变量数列也不同。

（1）离散型变量　其值只能是整数，变量的变动是不连续的。如果变量值个数较少，变动幅度不大，可将每一变量值列为一组，编制单项数列。如果变量值个数较多，变动幅度较大，就应取变量值变动的一个区间作为一组，编制由若干个组形成的组距数列。

（2）连续型变量　其值既可以是整数，也可以是带小数的数值。为了能包括它的全部数值，通常都编制组距数列。

**2. 组距**　组距是每组的上、下限之间的距离。组距是分组特有的概念，单项式分组没有组距的概念。

（1）单项式分组和组距式分组

①单项式分组：使用一个变量值作为一组，形成单项式变量数列，一般适用于离散型变量且变量变动范围不大的情形。

例如：随机对 50 位居民进行调查，按其拥有住房的套数分类，可分为 0 套、1 套、2 套、3 套、4 套及以上 5 组，如表 7-4 所示。

表 7-4　居民拥有住房套数的单项式分组

| 拥有住房套数 | 频数 |
| --- | --- |
| 0 | 12 |
| 1 | 23 |
| 2 | 8 |
| 3 | 4 |
| 4 及以上 | 3 |
| 合计 | 50 |

②组距式分组：是将多个变量值作为一组，变量依次划分为几段区间，把一段区间内的所有变量值归为一组，形成组距式变量数列。区间的距离就是组距。连续型变量或变动范围较大的离散型变量，适宜采用组距式分组，如表 7-5 所示。

表 7-5　人均消费额的组距式分组

| 人均消费额（元） | 频数 |
| --- | --- |
| 5 ~ 10 | 4 |
| 10 ~ 15 | 8 |
| 15 ~ 20 | 15 |
| 20 ~ 25 | 13 |
| 25 以上 | 9 |
| 合计 | 49 |

（2）等距分组和异距分组　等距分组的标志值在各组保持相等的组距，即各组的标志值变动都限于相同的范围。一般用于标志值变动比较均匀的场合。其组距的确定比较简单，只要先确定了组数，就可计算出组距。其计算公式为：

$$i = \frac{R}{n}$$

$i$ 为组距，$R$ 为全距，$n$ 为组数。等距分组的优点是能够显示现象分布的规律性，同时便于计算。

但是很多社会经济现象不宜采用等距分组，如变量值按一定比例变化，以及频数分布状态等标志值的变动范围比较大时，应使用异距分组。异距分组能反映出各组性质的不同，其标志值在各组保持不等的组距，即各组的标志值变动范围不同。如表 7-6 所示。

表 7-6　人均收入的异距分组

| 人均收入（元） | 频数 |
| --- | --- |
| 1000 以下 | 2 |
| 1000～1500 | 5 |
| 1500～3000 | 26 |
| 3000～6000 | 13 |
| 6000 及以上 | 4 |
| 合计 | 50 |

**3. 组数**　组数是统计分组时所分组的数量。数据的离散程度和组距的大小直接关系到组数的多少。组距大，组数就少；组距小，组数就多。组数的确定，应充分考虑整理后的组距数列是否能显示出现象的分布特征，以利于市场调查。如果没有明确提出分组的组距等要求时，可以应用注明的斯特杰斯经验公式进行分组：

$$n = 1 + \lg N$$

$n$ 为组数，$N$ 为总体单位数。假设调查得到的数据有 110 个，按斯特杰斯经验公式大致可以把得到的调查数据分为 7 组。

**4. 组限**　分组组限有上限和下限之分：下限是各组中变量值小的数值，上限是各组中变量值大的数值。各组的组限应根据变量的性质来确定。

离散型变量通常用顺序相邻两个变量值作为相邻两个组的上限和下限（间断）。

例如：企业按职工人数分组，可按如下组限表示：

100 人以下

100～499 人

500～999 人

1000 人以上

连续型变量中，由于任何两个数值之间有很多个中间数值，因此在分组时通常用同一个数值作为相邻两组的上限和下限（重叠）。同时，根据"上限不在本组内"的原则一般把此值归并到作为下限的那一组。

例如：职工按年龄分组如下：

20 岁以下

20～30 岁

30～40 岁

40 岁以上

如果某个职工的年龄刚好是 30 岁，则他归为 30～40 岁组，而不是 20～30 岁组。

遇到特大或特小的变量值，为了不使组数增加过多或组距不必要地扩大，可将最前组或最后组采用"某数以下""某数以上"的方式表示，这种分组叫"开口组"，如"20 岁以下""40 岁以上"。

**5. 组中值**    组中值是上限和下限之间的中点数值，通常可简单地用各组上限及下限的平均值表示。用组中值来代表组内变量值的一般水平有一个必要的前提：各单位的变量值在本组范围内呈均匀分布或在组中值两侧呈对称分布。为减少组中值代表各组变量一般水平时所造成的误差及计算的便利，应力求使组中值取整数。另外，对于开口组的组中值计算公式如下：

$$缺下限开口组的组中值 = 上限 - 邻组组距 / 2$$
$$缺上限开口组的组中值 = 上限 + 邻组组距 / 2$$

**6. 频数与频率**    频数等于各组出现的单位数。频率为各组频数与总体单位总和之比。累计频数（频率）分为向上累计和向下累计两种。向上累计是指变量值较低的组向变量值较高的组逐组加总频数（频率），向下累计是指从变量值较高的组向变量值较低的组逐组加总频数（频率）。如表 7-7 所示。

表 7-7    累计频数与频率表

| 月工资（元） | 职工数 | 频率（%） | 向上累计频数 | 向上累计频率（%） | 向下累计频数 | 向下累计频率（%） |
|---|---|---|---|---|---|---|
| 2000～3000 | 15 | 5 | 15 | 5 | 300 | 100 |
| 3000～4000 | 75 | 25 | 90 | 30 | 285 | 95 |
| 4000～5000 | 105 | 35 | 195 | 65 | 210 | 70 |
| 5000～6000 | 75 | 25 | 270 | 90 | 105 | 35 |
| 6000～7000 | 30 | 10 | 300 | 100 | 30 | 10 |
| 合计 | 300 | 100 | — | — | — | — |

累计频数（频率）也是一种数列，如表 7-7 中有三种数列：频数（频率）数列，向上累计频数（频率）数列和向下累计频数（频率）数列。三种数列有不同的用途：当关注的是某一类型的工资分配时，应该编制频数数列，以观察各类型工资的分布规律；当关注的是低工资水平的人数分配时，应该编制向上累计频数（频率）数列，以观察某等级工资以下的人数分布情况；当关注的是高工资水平的人数分配时，则需编制向下累计频数（频率）数列。

## 三、数据编码

对数据进行分组后，就可以进入编码环节。编码是在分组的基础上，对一个问题的不同回答确定代码的过程。代码是用来代表事物的标记，可以用数字、字母或特殊的符号或者他们之间的组合来表示。编码是一项重要的工作，特别是运用计算机管理的情况下，由于计算机是通过代码来识别事物的，所以编码是必不可少的环节。

对数据进行编码，可以为各项数据提供一个概要而清楚的认定，便于储存和检索；可以显示信息资料单元的重要意义，并协助数据的检索和操作；还有利于提高数据处理的效率和精度，节省处理费用。

### （一）　编码的分类

编码可分为事先编码和事后编码。

**1. 事先编码**　大部分问卷中的大多数问题是封闭式的，一般已经预设编码。

例如："请问您家里是否有彩电？选项：①是；②否。"每个答案选项的左边都有一个数字代码（①或②）即为指定的编码。

全部封闭式问题都是事先编码，即在设计问卷时确定代码，在问卷上同时给出代码数字，这就大大减少了以后的数据整理工作，也有利于减少编码的错误。

**2. 事后编码**　但是如果遇到主观性较强的开放式问题，因为变量或分类太多，无法进行事先编码，则只能选择事后编码。事后编码指等数据收集后，再根据调查对象的答复内容来决定类别的指定号码。开放式问题的事后编码所依据的不应该仅仅是答案的文字，更重要的是这些文字所能反映出来的被调查者的思想认识。

开放式编码工作可以遵循下述步骤进行：

（1）列出答案。即所有答案都一一列出。在大型调研中，这项工作可以作为编辑过程的一部分或单独的一个部分完成。

（2）将所有有意义的答案列成频数分布表。

（3）确定可以接受的分组数。此时主要从调查目的出发，考虑分组的标准是否能紧密结合调研的目的。

（4）根据拟定的分组数，对频数分布表中整理出来的答案进行挑选归并。在符合调研目的的前提下，保留频数多的答案，然后把频数较少的答案尽可能归并成含义相近的几组。对那些含义相距甚远或者虽然含义相近但合起来频数仍不够多的答案，最后一并以"其他"来概括，作为一组。这一步可以由一个以上的编码员分别来做，然后凑到一起进行核对、讨论，最终形成一致的分组意见。

（5）为所确定的分组选择正式的描述词汇。

（6）根据分组结果制定编码规则。

（7）对全部回收问卷的答案进行编码。

合并分组及编码如表 7-8 和表 7-9 示例。

**表 7-8　开放式问题答案**

| 问题：您为什么选择 A 品牌的电视？列出答案如下（设只有 14 个样本） |
| --- |
| 1. 质量好 |
| 2. 外形美观 |
| 3. 价格便宜 |
| 4. 清晰 |
| 5. 色彩丰富 |
| 6. 耐用 |

NOTE

续表

| 问题：您为什么选择 A 品牌的电视？列出答案如下（设只有 14 个样本） |
| --- |
| 7. 高科技 |
| 8. 体积小 |
| 9. 名牌 |
| 10. 大家都买这个牌子 |
| 11. 经常在广告中见到 |
| 12. 我没想过 |
| 13. 我不知道 |
| 14. 没什么特别的原因 |

表 7-9　对表 7-8 中开放式问题回答的合并分组和编码

| 回答分组 | 表 7-8 中的回答 | 分组的数字编码 |
| --- | --- | --- |
| 质量好 | 1，4，6 | 1 |
| 外形美 | 2，5 | 2 |
| 价格便宜 | 3 | 3 |
| 体积小 | 6 | 4 |
| 名牌 | 9，10，11 | 5 |
| 不知道 | 12，13，14 | 6 |

### （二）编码的原则

无论是事先编码还是事后编码，都必须遵循以下原则。

**1. 相关性原则**　即相关的分组应用相关的编码。

**2. 标准化原则**　即编码的编制要标准化。数据分组的每一条记录都只能有一个用于识别的编码，其目的就是识别数据分组中的这一特定记录。而且，同组项目的编码要等长，尽量避免混淆和误解。

**3. 系统化原则**　即代码要以整体目标为标准，要系统化。用于编码的代码要适应整个调查系统的全部功能，同时编码还应具有兼容性和通用性，以便于与其他系统相衔接。

**4. 周密性原则**　即编码时尽可能考虑周全并预留一定的位置以接受意外数据。如某一项目对访问者无法询问，就须有"无法应用"的编码；某一项目访问者拒绝回答，就应有"拒绝回答"的编码，否则就会导致数据缺失。

**5. 一致性原则**　即编码的内容要保持一致性。通常的操作技巧是用固定的数字顺序表示回答的答案次序。例如，对所有等级的项目，答案都是以从小到大的原则分配编码，"1"表示最差，"2"表示较差，以此类推。

编码的意义越一致，就越可以减少在编码过程中产生误解的可能。

### （三）编码的常用方法

**1. 顺序编码法**　顺序编码法，又称为系列编码法，就是只用一个标准对信息资料进行分类，并按照一定的顺序用连续的数字或字母进行编码的方式。

例如，一项调查消费者年龄的项目，可以把不同年龄的消费者分为 5 个档次，编码相应如下：

1. 小于 18 岁

2. 19 ~ 35 岁

3. 36 ~ 50 岁

4. 51 ~ 65 岁

5. 65 岁以上

这种编码方法简单，易于管理，但不适合进行分组处理。

**2. 分组编码法**　分组编码法，又称区间编码法，就是根据事物的特性和信息资料分组处理的要求，把具有一定位数的代码单元分成若干个组或者区间，每一组或区间的数字均代表一定意义，所有项目都有同样的数码个数。

例如，对消费者购买保险产品的意向调查，相关信息包括性别、职业、年龄、收入等，据此可以将资料分为 4 组，然后再编码。如首位用"1"表示年龄 30 岁以下，第二位用"1"表示工人，第三位用"1"表示月收入低于 600 元，这三位数字合起来"111"就表示 30 岁以下、月收入低于 600 元的工人。同理编码如表 7-10 所示。

表 7-10　对消费者的基本信息分组编码

| 年龄 | 职业 | 收入 |
|---|---|---|
| 1 = 30 岁以下 | 1 = 工人 | 1 = 低于 600 元 |
| 2 = 31 ~ 45 岁 | 2 = 教师 | 2 = 600 ~ 1000 元 |
| 3 = 46 ~ 60 岁 | 3 = 行政管理者 | 3 = 1000 ~ 1500 元 |
| 4 = 61 岁以上 | 4 = 技术人员 | 4 = 1500 ~ 2000 元 |
| | 5 = 销售人员 | 5 = 2000 ~ 2500 元 |
| | 5 = 企业管理者 | 6 = 2500 ~ 3000 元 |
| | 7 = 其他 | 7 = 3000 元以上 |

由表 7-10 可知：344 就表示 46 ~ 60 岁之间的技术人员，月收入 1500 ~ 2000 元。这种方法容易记忆，处理起来简便，所以使用较为广泛，但有时也会因为位数过多而造成系统维护上的困难。

**3. 信息组码编码法**　这种方法就是把信息资料区分为一定数量的组，每个组给予一定的组码进行编码的方法。

例如，某项对大学生社会活动情况的调查，预计抽取调查对象 500 人，则分组编码如表 7-11 所示。

表 7-11　对大学生社会活动调查的信息组编码

| 组别 | 各组编码 |
|---|---|
| 大一组 | 001 ~ 080 |
| 大二组 | 081 ~ 160 |
| 大三组 | 161 ~ 300 |
| 大四组 | 301 ~ 500 |

这种编码方法能以较少的位数分组，但一旦编码体系确定，遇到某些组内资料增加时，处理起来就有一定的难度。

**4. 助忆编码法**　又称为表意式文字编码法，就是用数字、文字、符号等表明编码对象的属性，并按此进行信息资料编码的方法。例如：用 25TVC 表示 25 英寸彩色电视机，其中 25 是规格，TV 表示电视机，C 表示彩色。这种方法比较直观，易于理解，便于记忆。

**5. 编写编码法**　这种方法就是把惯用的缩写字直接作为代码来进行编码。如用"kg"表示千克，用"cm"表示厘米，用"mL"表示毫升等。

## 四、数据录入与自动清理

### （一）数据录入

数据录入是指调查人员按照某种电脑软件的格式将经过编码的数据输入计算机的过程。如果数据收集是通过计算机辅助电话访问（简称 CATI）或计算机辅助面访（简称 CAPI）完成的，这一步就可以跳过，因为数据收集时就已经是电子形式的。

数据录入的方式通常有三种：一是利用专用的数据输入软件，这样的软件由一系列的数据输入窗口组成，数据输入完毕后，软件将自动生成数据文件。二是利用数字处理或表格软件产生无标号的 ASCII 文件。该文件是一种任何软件都能读取的文件。三是利用统计软件包的数据输入模块，由此产生的标号数据文件只能用于该软件包。在实际的数据录入中，最好是利用第二种方式，除非是有非常好的数据输入软件可用。因为这些文件相对可以快速做成，而且不会使调查人员限制在任何一个特定的数据软件中。

目前通用的录入方法是直接用计算机键盘输入编码。除此之外，数据录入还可以通过机读卡、光学扫描和计算机控制的传感器分析完成。机读卡要求调查对象用一种特殊铅笔按照编码填写答案，然后这种卡片可以直接用计算机读出；光学扫描就是用机器直接读代码，同时进行转换；计算机控制的传感器分析系统则能够自动操作数据收集过程，利用传感装置直接记录调查对象的信息。至于选择何种录入方法，要根据调查方式和可用设备而定。

如果采用键盘输入法，就有可能发生错误，影响数据录入的质量，因此就需要采取一定的方法对数据库进行检查或控制。一般控制录入质量的方法主要有三种：

1. 重复录入两次甚至三次，录入后指示计算机将两者进行比较检查，当发现同一位置的数字前后录入不同时，计算机将给予显示，以便纠正。

2. 预值控制，就是事先依据编码手册规定输入编码的范围，并编制自动对照程序。当输入的数字超出规定范围时，计算机自动拒绝接受并发出警告信号。

3. 对于数值类报表和统计表，在输入时可采用平衡检测法控制输入的质量。就是把表中某组数值相加作为平衡项，如果录入的平衡项数值与计算机的数值相同，则计算机接受；如果数值不相等，则计算机不接受并发出警告信号。

### （二）数据自动清理

数据自动清理包括检查数据的一致性和处理缺失值。虽然在数据审核和录入时会进行初步的一致性检查，但数据自动清理时的检查会更为详尽彻底，因为它完全是由计算机来完成的。

**1. 一致性检查**　一致性检查是为了找出超出正常范围、逻辑上不合理或者极端的取值。超出正常值域范围的数据是不能用于分析的，必须进行纠正。

例如：调查对象在回答对某品牌产品喜好程度问题时，备选答案有 1 ~ 5，而数据中出现了 0、6 或 7，那么 0、6 或 7 都应视为超出正常值域范围的数据。

NOTE

一般的计算机软件都能够自动识别每个变量中超出范围的取值，并列出调查对象代码、变量代码、变量名、记录号、栏目数及超出范围的取值。这样做可以系统地检查每个变量，更正时则需要回到问卷编辑和编码的部分。

具有逻辑上下不一致的答案可能以多种形式出现，在数据审核部分已有所讲述。发现不一致的数据时，还要同时明确必要的信息，包括调查对象代码、变量代码、变量名、记录号等，以便于定位和进行更正。

最后还要仔细检查极端值。并非所有的极端值都是由错误造成的，但极端值一般能显示出数据存在的问题。例如，对品牌评估的极端值就可能是由于调查对象在每个问题上都选择了第一个代码或最后一个代码所致。

**2. 处理缺失值**  缺失值就是对某个变量的取值不明，原因可能是调查对象的答案不清楚或者记录不完整。对缺失值的处理可能带来一些问题，尤其是当缺失值超过 10% 时。一般处理缺失值的方法有以下几种。

（1）用均值代替  也就是用某个变量取值的平均值来代替缺失值。这样做不会改变其他变量，同时诸如相关分析等统计结果也不会受到太大的影响。但是平均值不一定能够代表调查对象对这个问题的答案，实际答案可能会高于或低于均值。

（2）用估计值代替  就是用调查对象对其他问题的回答估计出或计算出一个值来代替缺失值。采用这种方法可能通过相关统计工作来确定问题中的变量与数据已知的变量之间的关系来做到。例如，名牌产品的购买量可能与消费者的收入和职业有关，于是就可以通过调查对象的收入和职业来推算出某名牌产品的需求量。不过这种方法在很大程度上可能受到调查人员主观因素的影响。

（3）整例删除  就是将有缺失值的样本或问卷整个删除，不计入统计分析的数据之内。不过这样做可能会导致样本减少，甚至可能导致某类数据缺失，严重影响分析结果。

（4）单项删除  即研究者不是删除有缺失值的所有样本，而是分别在每一步计算中删除有缺失值的项目而采用有完整答案的问卷。因此，不同分析步骤采用的样本规模也会有所不同。这种方法适用于样本规模大、缺失值很少及变量之间没有高度相关的情况。

采用不同的处理缺失值的方法可能导致不同的分析结果，尤其是当缺失值并非随机出现，而且变量之间存在相关性时。因此，在调查中应尽量避免出现缺失值，调查人员在选择处理缺失值的方法之前也要慎重考虑其利弊。

## 五、数据的图形化

数据自动清理完成后，就可以用来进行数据分析了。但在对数据进行归档和分析之前，最好还要使复杂的数据简单化、通俗化、形象化，数据的图形化就是达到这一目的的有效方法。图形化的数据具有直观、形象、生动具体等特点，使人一目了然、印象深刻，具有较强的说服力和吸引力，通过相应的图和表，决策者往往能迅速了解数据的整体情况，甚至仅仅通过图表就能得出结论。数据图形化的最重要功能之一就是帮助研究者掌握数据分布的形状。

可以用来描述数据的图示很多，常用的有柱状图、圆饼图、曲线图等。

**1. 柱状图**  柱状图也叫直方图，是用垂直的条形来描述数据分布的一种图形。在平面直角坐标中，柱状图的横轴表示数据分组，纵轴表示频数或频率，这样各组与相应的频数就形成

NOTE

了一个矩形，即柱状图。

如某游乐场对不同年龄的顾客对过山车等惊险活动项目的喜好情况进行调查分析，结果如图 7-1 所示。

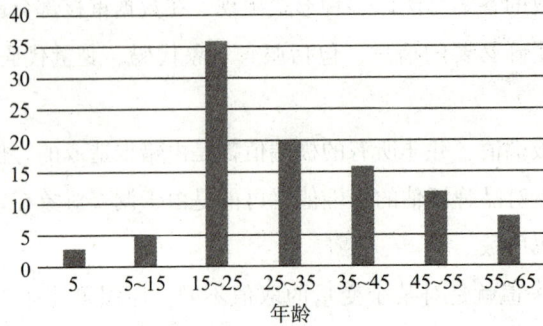

**图 7-1　游客对惊险玩具的喜好情况柱状图**

图 7-1 清楚地表明了年龄在 15～25 岁之间的频数最高，为 36，而且该图还表明组与组之间的频数波动较大。

所以说，柱状图是区分每组频数的有效工具，可以直观地表明每组频数的高低。

不过在使用柱状图时应该注意：因为被描述的两个变量的有效意义的单位常常不一致，所以横轴坐标的比例也可能不一致，所以图表使用者必须明确柱状图各轴的比例，否则，图表制作者就可能通过增大或减少图表比例来歪曲事实，导致分析结果失去意义。

**2. 圆饼图**　圆饼图就是一个被分割成一个个扇形的圆形图，整个图的面积代表所研究数据的整体，每一扇形区域代表一组所占的百分比。也就是说，圆饼图给出了部分相对于整体的比例。圆饼图在市场研究中被广泛采用，尤其适合于描述市场份额及资源分配。

例如，某调研机构对某市旅游业进行调研发现，外来旅游者随团旅游、自助结伴游、独自旅游及其他旅游方式分别占旅游者总数的 42.7%、28.6%、24.5% 和 4.2%，由此绘出圆饼图如图 7-2 所示。

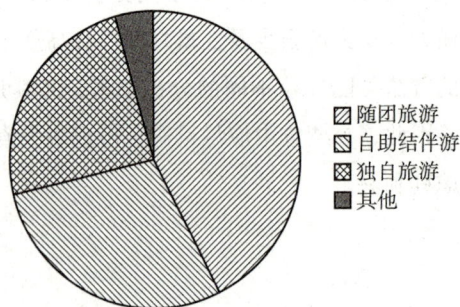

图例：
☑ 随团旅游
▨ 自助结伴游
▧ 独自旅游
■ 其他

**图 7-2　不同旅游方式比例图**

要画出圆饼图，首先要确定每一组相对于整体的比例，然后将这一比例乘以 360° 就可以得到正确的角度代表每一部分（因为一个圆有 360°），最后使用圆规绘出每一组所占角度，就得出了相应的圆饼图。

**3. 曲线图**　曲线图就是在平面坐标系上用折线将调查结果的数据连接起来所形成的一种图示。该图示主要是表现数量变化特征和规律的一种统计图，所以主要用于显示时间序列的数据，以反映事物发展变化的规律和趋势。某企业统计显示该企业各月份的销售额如表 7-12

所示。

表 7–12　某企业 2005 年各月份的销售额

| 月份 | 1 | 2 | 3 | 4 | 5 | 6 | 7 | 8 | 9 | 10 | 11 | 12 |
|---|---|---|---|---|---|---|---|---|---|---|---|---|
| 销售额（万元） | 104 | 112 | 125 | 108 | 130 | 127 | 133 | 142 | 136 | 124 | 134 | 148 |

根据上表绘制曲线图，如图 7–3 所示。

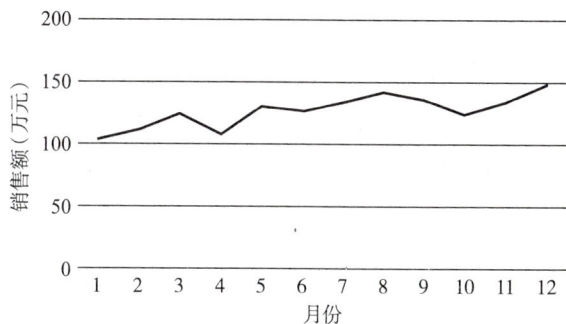

图 7–3　某企业 2005 年各月份的销售额曲线图

从图 7–3 可以清楚地看出：该企业的销售额稳中有升。如果对不同产品的情况在一个坐标系中进行比较分析，此图的效果更加明显。

需要注意的是：绘制曲线图时，时间一般在横轴，指标数据绘在纵轴；图形的长宽比例要适当，一般以横轴略大于纵轴为宜，以免出现过扁或过于瘦高甚至造成视觉错觉的情况。

曲线图还适用于对有相关关系的两个变量之间的分析。不过在绘图时应注意将自变量绘在横轴，而将因变量绘在纵轴。

# 第三节　数据分析

数据回收、整理后，接下来就是对它们的分析。数据分析是市场调查的重要组成部分。在"互联网+"时代，数据分析变得比以往更为重要。管理大师彼得·德鲁克说过："如果你不能衡量，那么你就不能有效增长。"通过市场调查收集到的原始资料，是处于一种零散、模糊、浅显的状态，只有经过进一步的处理和分析，将看来杂乱无章的数据信息集中、萃取和提炼出来，才能使零散变为系统、模糊走向清晰、浅显发展为深刻，分析研究其规律性，达到正确认识经济社会现象的目的，为准确的市场预测提供参考依据，最终为调查者正确决策提供强有力的依据。

## 一、数据分析概述

### （一）定义

数据分析（data analysis）是指运用适当的统计方法对收集来的大量第一手和第二手资料进行分析，以求最大化地开发数据资料的功能，提取有用信息和形成结论的过程。麦尔斯和哈伯曼（1994 年）提出，数据分析包括三方面：筛选数据、展示数据和归纳或证明结论。

**1. 筛选数据**　指将大量的数据进行提炼，按现有类别、主题和概念分门别类。

**2. 展示数据**　指上述的类别、主题和概念以表意的形式加以呈现。方法包括图示法、分类法、矩阵法，以及对大量数据中持续反复出现的主题、主旨、相互关系和程序进行可视的（文本性的）描述。

**3. 归纳或证明结论**　通过不断对比数据，构建定性的"理论"。

### （二）　数据分析方法

数据分析方法是从宏观角度指导数据分析，把问题分解成相关联的部分，并显示之间的关系，确保数据分析结构体系化，为后续数据分析开展指引方向，主要包括营销管理分析方法和统计分析方法。营销管理分析方法主要有 PEST、5W2H、逻辑树、用户使用行为分析（user behavior）等；统计分析方法主要有描述统计、假设检验、相关分析、方差分析、回归分析、聚类分析、判别分析、主成分与因子分析、时间序列分析、决策树等。

### （三）　数据分析方法的选择

在数据分析中，要根据研究目的、调查方式、变量多少、数据类型等因素来选择合适的分析方法。

**1. 根据研究目的选择数据分析方法**　任何调查研究都会有具体研究任务和研究目的，不同的研究任务和目的对数据分析要求不同。从调查研究目的来看，如果研究目的是了解现象的一般情况，如规模、结构、水平等一些基本数量特征，则可运用描述统计分析方法；如果研究目的是通过样本数据了解总体数量特征，则要运用推断统计分析方法。如果研究任务是了解现象的一般情况，可采用描述统计分析方法；如果研究任务是为制定决策提供咨询，则数据分析结果应能满足决策需要。

**2. 根据调查方式选择数据分析方法**　调查数据可以产生于全面调查，也可以产生于非全面调查；可以产生于概率抽样，也可以产生于非概率抽样；可以产生于文案调查，也可以产生于实地调查。对于不同来源的调查数据，应该选用不同方法进行分析。例如，非概率抽样数据不宜进行推断分析，而概率抽样数据只有通过推断分析才有意义。

**3. 根据变量多少选择数据分析方法**　从数据分析所涉及的变量来看，有单变量、双变量和多变量数据分析。单变量数据分析方法简单些，需研究每个独立变量有几种可能变动的情况、变量的分布特点、数据的集中与离散特征等。而双变量和多变量数据分析方法复杂些，可能运用到方差分析、假设检验、回归分析、多元统计分析等方法。

**4. 根据数据类型选择数据分析方法**　根据数据计量尺度不同，数据可划分为定类数据、定序数据、定距数据和定比数据四种类型。前两类数据属于定性数据或品质数据，后两类数据属于定量数据或数量数据。数据类型不同，所采用的分析方法也不同。对于定类数据，通常要计算各组的频数和频率，计算众数和异众比率，进行列联表分析等；对于定序数据，可以计算中位数和四分位差，进行等级相关系数等非参数统计分析；对于定量数据除可运用定性分析方法外，还可应用更多的统计分析方法，如回归分析、参数估计、假设检验、方差分析、多元统计分析等。

## 二、描述性统计分析

描述性统计分析（descriptive statistics）是对被调查总体所有单位的有关数据做搜集、整理和计算综合指标等加工处理，用以描述总体特征的统计分析方法，在市场调查中有着广泛应用。通过描述性统计分析可以大致了解数据分布类型和特点、数据分布的集中趋势和离散程度，或对数据进行初步探索性分析，包括检查数据是否有误，对数据分布特征和规律进行初步观察。

### （一）数据集中趋势分析

数据集中趋势指一组数据向其中心值靠拢的倾向和程度，是寻找数据一般水平的代表值或中心值。不同类型的数据用不同的集中趋势分析指标。集中趋势常用指标有平均数、众数、中位数等，见表7-12。

**1. 平均数**　平均数（mean），又称均值，是总体中各单位标志值之和除以单位总数得到的数值。均值是实际中应用最广泛的集中趋势测度值，样本均值受样本数据影响最小，具有一定的稳定性，但应用中还要注意：①当数据中有极大值或极小值存在时，均值会受到很大影响，其结果会掩盖数据的真实特征，使均值失去代表性。②使用分组数据计算总平均数时，由于各组频率对平均数的影响，在对总平均数进行对比时，要注意结合组平均数补充说明。

**2. 中位数**　中位数（median）是变量的所有取值中居于中间位置的变量值。对于有限的数集，可以通过把所有观察值高低排序后找出正中间的一个作为中位数。当观察值的项数 $n$ 为奇数时，处于中间位置的数值即为中位数；当 $n$ 为偶数时，中位数是处于中间位置上的两个数值的平均值。中位数不受个别极端值的影响，表现出稳定的特性。不管数值从大到小排列中个别极端值有多大变化，中位数的值也会保持不变或变化很小。这一特点使其在数据分布有较大偏斜时，能够保持对数据一般水平的代表性，因此对于不规则分布使用中位数度量是很适用的。

**3. 众数**　众数（mode）是变量取值中出现频次最多的数值，是一种位置平均数。市场调查中，众数代表了最典型的个案或分布的高峰所对应的变量值。

众数不受极端值影响，具有不唯一性，在某些场合具有不可替代的作用。例如，人们穿着的服装和鞋帽尺寸对于生产商非常重要，但用均值计算的服装和鞋帽的数据可能是不存在的，生产商只有按照服装和鞋帽尺寸的众数生产才有意义。众数不仅可以代表数值型变量的集中趋势，还可以代表非数值类型变量的集中趋势。

例如：房地产商关心哪种"格局"房屋销售最多，饮料厂商关心哪一种"颜色"的饮料销售最多，灯具厂商关心哪一种"造型"的灯具销售最多等。

选用哪个指标来反映数据集中趋势，要根据所掌握的数据类型来确定：平均数适用于正态分布和对称分布资料，在对中心偏离程度和偏斜程度都不大的情况下，用平均数代表分布的中心较好；中位数适用于所有分布类型的资料，在存在极端值或分布很偏时，选择中位数表示这组数据的"集中趋势"就比较适合。低层次数据的集中趋势指标适用于高层次的调查数据，但高层次数据的集中趋势指标并不适用于低层次的调查数据。

表7-12　平均数、中位数、众数比较

| 比较标准 | 算术平均数 | 中位数 | 众数 |
| --- | --- | --- | --- |
| 定义 | 清楚 | 清楚 | 不清楚 |
| 使用资料 | 充分 | 不充分 | 不充分 |
| 代数运算 | 适合 | 不适合 | 不适合 |
| 抽样变动 | 影响小 | 影响较大 | 影响大 |

NOTE

续表

| 比较标准 | 算术平均数 | 中位数 | 众数 |
|---|---|---|---|
| 极端值 | 影响大 | 无影响 | 无影响 |
| 开放组距 | 无法计算 | 可计算 | 可计算 |
| 均匀分布 | 有 | 有 | 无 |
| 定类尺度 | 不可 | 不可 | 可 |
| 定序尺度 | 不可 | 可 | 可 |
| 定距尺度 | 可 | 可 | 可 |
| 用途 | 最广 | 次之 | 又次之 |

### （二）　数据离中趋势分析

数据离中趋势反映各变量值偏离其中心值的程度，是个案与个案间的差异情况。离散趋势测度是用来描述数据中指标值的离散趋势与离散程度。常用指标有全距、平均差、方差、标准差、标准误、离散系数等。

**1. 全距**　全距（range）也称极差，指总体各单位两个极端标志值之差，计算公式为全距＝最大标志值–最小标志值。全距大小能说明标志值变动范围的大小，是离散程度最简单测度值，较粗略反映总体标志值差异范围。

在实际工作中，全距可用于检查产品质量稳定性，进行质量控制。在正常生产条件下，产品质量稳定，全距在一定范围内波动，若全距超过给定范围，说明有不正常情况产生。如果因特殊原因出现特大或特小值时，全距受到极端值影响，测定结果往往不能反映数据实际离散程度。

**2. 平均差**　平均差（average deviation，A.D）是总体所有单位平均值与其平均数离差绝对值的算术平均数。平均差反映各标志值与算术平均数之间的平均差异。平均差越大，表明各标志值与算术平均数的差异程度越大，该算术平均数的代表性就越小；平均差越小，表明各标志值与算术平均数的差异程度越小，该算术平均数的代表性就越大。

**3. 方差和标准差**　方差（variance）也称为变异数，是各数据与其平均数离差平方和的平均数，通常以 $\sigma^2$ 表示。标准差（standard deviation）是总体各单位标志值与其平均数离差平方和的算术平均数的平方根，用 $\sigma$ 表示。

标准差和方差都用以描述数据资料分布的离散程度，其值越大，则离散程度越大；其值越小，说明数据分布越集中。

**4. 离散系数**　离散系数，又称变异系数，是测定总体各单位标志值变异的相对量指标，主要用于比较不同水平变量数据的离散程度及平均数的代表性。离散趋势指标反映调查数据的个性和分散性。常用的标准差系数，是标准差与相应平均指标对比得出的相对数值，用 $V_\sigma$ 表示。离散系数越大，差异程度越大。

### （三）　偏态与峰度的测度

偏态和峰度是对数据分布的形状是否对称、偏斜的程度及分布扁平程度等分布特征的进一步描述。偏态是分布偏斜方向及程度的测度。峰度是分布集中趋势高峰的形态。它通常是与正态分布相比较来说的，在归化到同一方差时，若分布形状比正态分布更瘦更高则称为尖峰，若比正态分布更矮更胖则称为平峰分布。

## 三、推断性统计分析

推断性统计分析（statistical inference），也称解析性统计分析，是根据随机性观测数据（样本）及问题条件和假定（模型），对未知事物做出以概率形式表述的推断。市场调查研究中，是采用描述统计还是推断统计，应视具体研究目的而定。如研究目的是要描述数据特征，则需描述统计；若还需对多组数据进行比较或需以样本信息来推断总体情况，则需用推断统计。推断统计主要包括参数估计和假设检验。

### （一）参数估计

参数估计（parameter estimation）是用样本统计量去估计总体的参数，包括点估计和区间估计。

**1. 点估计**　点估计指以样本指标直接替代总体指标估计值，不考虑误差及可靠程度，对总体指标准确性要求不高。例如，要知道某地区居民户的平均收入，就以样本均值作为估计值。如果样本越大，抽样方法越严谨，则点估计方法越可信。但点估计不能说明抽样误差、把握程度的大小。点估计方法有矩估计法、顺序统计量法、极大似然估计法、最小二乘法等。

**2. 区间估计**　区间估计是在一定概率的保证下，用样本指标来推断总体的未知参数，在考虑抽样误差的前提下将总体的未知参数限制在某一范围内的方法。具体表现了这样一种思想：对于参数 $\theta$，如果有两个统计量 $\hat{\theta}_1 = \hat{\theta}_1(x_1, x_2, \cdots, x_n)$ 及 $\hat{\theta}_2 = \hat{\theta}_2(x_1, x_2, \cdots, x_n)$，对于给定的 $\alpha \in (0, 1)$，满足条件 $p(\hat{\theta}_1 < \theta < \hat{\theta}_2) = 1 - \alpha$，则称 $[\hat{\theta}_1, \hat{\theta}_2]$ 是 $\theta$ 的置信概率为 $1 - \alpha$ 的区间估计。其中 $[\hat{\theta}_1, \hat{\theta}_2]$ 称为 $\theta$ 的 $1 - \alpha$ 置信区间，$1 - \alpha$ 称为置信区间的置信水平。

（1）置信区间：若反复抽样多次，每一组样本值确定一个区间 $(\theta_1, \theta_2)$，每个这样的区间要么包含 $\theta$ 的真值，要么不包含 $\theta$ 的真值。在这么多的区间中，包含 $\theta$ 真值的约占 $100(1 - \alpha)\%$，不包含 $\theta$ 真值的约仅占 $100\alpha\%$。

（2）置信区间的长度表示估计结果的精确性，而置信水平表示估计结果的可靠性。

### （二）假设检验

在市场调查中，许多现象往往需要经过检验才能得出正确结论。如"广告前后消费者对某种商品的购买发生明显变化"，"某品牌洗涤剂包装平均每包的重量不少于500克"等。但这些推断是否真实、正确，需要加以科学检验。

假设检验（hypothesis testing）是推断统计分析中的常用方法，是对总体参数或分布形式先提出某种假设，然后利用样本数据信息来检验原假设是否正确，以判断接受还是拒绝原假设。

（1）假设检验的步骤　假设检验一般遵循以下步骤：

①建立原假设 $H_0$ 和备择假设 $H_1$：依据市场调查问题性质和条件提出原假设 $H_0$ 和备择假设 $H_1$。

例如，为检验广告投放效果，提出两个假设：$H_0$ 为广告投放前后销量无显著变化；$H_1$ 为广告投放前后销量有显著变化。原假设 $H_0$，即零假设、无效假设，指参数没有变化或变量之间没有关系；$H_1$ 是拒绝检验假设时的备择假设，指总体参数发生了变化或变量之间有某种关系。

②确定适当检验统计量：用于假设的统计量称为检验统计量，对不同类型的问题选择不同的统计量作为检验统计量，选择适当的检验统计量要依据有关的抽样分布。标准化检验统计量的一般公式为：

$$\text{标准化检验统计量} = \frac{\text{点估计量} - \text{假设值}}{\text{点估计量的抽样标准差}}$$

③指定检验中的显著性水平 $\alpha$：利用 $\alpha$ 根据检验统计量的值建立拒绝原假设的规则。

市场调查中显著性水平 $\alpha$ 是事先根据调查人员愿意承担拒绝原假设的风险程度来确定，一般确定为 0.05，即检验结果的可靠程度是 95%。如果使用双侧检验，则应使用 $\frac{\alpha}{2}$。在显著水平 $\alpha$ 下，根据统计量的分布将样本空间划分为两个不相交的区域，其中一个由接受假设的样本值全体组成，称为接受域，反之为拒绝域。

④搜集样本数据，计算检验统计量的值：选定了检验统计量后，需要根据所搜集的样本数据计算出检验统计量的值。

⑤做出统计决策：一种方法是将检验统计量的值与拒绝规则所指定的临界值相比较，确定是否拒绝原假设。若统计量的观测值落在拒绝域，则拒绝原假设 $H_0$ 而接受备择假设 $H_1$；反之，若统计量的观测值落在接受域，则接受 $H_0$ 而拒绝 $H_1$。

另一种方法由步骤④的检验统计量计算 $p$ 值，利用 $p$ 值确定是否拒绝原假设，若 $p \leq \alpha$，则拒绝 $H_0$，接受 $H_1$。

（2）假设检验的分类    假设检验分为参数检验和非参数检验。

1）参数假设检验：当总体分布已知时，通常采用参数假设检验，对数据分布的参数是否落在相应范围内进行检验。参数检验包括对平均值的检验和对百分数的检验，常用的检验方法有 Z 检验、t 检验和 F 检验。

①总体均值的假设检验：对平均值的检验是根据样本均值及标准差来判断总体均值的一种方法。通常采用 Z 检验法和 t 检验法。Z 检验法适用于总体方差已知的平均值检验，而 t 检验法则适用于总体方差未知及在小样本情况下的平均值检验。

**Z 检验法：**当样本量>30，总体分布为正态分布，且总体标准差已知时，常采用 Z 检验法。

若令 $(\bar{x} - Z_{\alpha/2} \frac{\sigma}{\sqrt{n}}, \quad \bar{x} + Z_{\alpha/2} \frac{\sigma}{\sqrt{n}})$，检验统计量 Z 的计算公式为：

$$Z = \frac{\bar{x} - \mu_0}{\sigma / \sqrt{n}}$$

当 $-Z_{\alpha/2} < Z < Z_{\alpha/2}$ 时接受 $H_0$，$|Z| \geq Z_{\alpha/2}$ 时则拒绝 $H_0$。

**例7-1：**某冰箱厂为国内大型的冰箱生产基地，产品质量一直比较稳定，返修率为 1.1%。但近年来却不断听到消费者抱怨，为了解近年该厂生产冰箱质量情况，随机对其国内 36 家专卖店及大中型商场专卖柜台中 400 台冰箱的返修率进行调查，结果发现其样本均值为 1.14%，又由同类产品的经验知其标准差为 0.2%，是否可由调查结果判定近年来企业生产的冰箱出现了质量问题？（显著性水平 $\alpha = 0.05$；$H_0 : \mu = \mu_0$）

解：$Z = \dfrac{\bar{x} - \mu_0}{\sigma / \sqrt{n}} = \dfrac{1.14\% - 1.1\%}{0.2\% / \sqrt{400}} = 4$

选定显著性水平 $\alpha = 0.05$，查正态分布表则 $Z_{\alpha/2} = Z_{0.025} = 1.96$。

由于 $| Z | > Z_{0.025}$，所以拒绝 $H_0$，即认为该厂冰箱出现了一定的问题，一定有系统性因素在起作用，必须尽快查明原因；与此同时，要更加注重售后服务，及时修复已出现质量问题的出厂冰箱，避免因顾客抱怨造成不良舆论而影响企业声誉。

**t 检验法：**当样本量<30，若总体为正态分布，总体方差未知时，可用样本标准差代替总体标准差，应用 t 检验法。t 检验法是使用服从 t 分布的统计量检验正态总体平均值的方法。

当正态总体标准差 $\sigma$ 未知时，检验原假设 $H_0 : \mu = \mu_0$ 可以证明，在 $H_0$ 成立的前提下：$t = \dfrac{\bar{x} - \mu_0}{S / \sqrt{n}}$

其中，样本标准差 $S = \sqrt{\dfrac{\sum\limits_{i=1}^{n} (x_i - \bar{x})^2}{n}}$

当 $-t_{\alpha/2} < t < t_{\alpha/2}$ 时接受 $H_0$，$| t | \geq t_{\alpha/2}$ 时，则拒绝 $H_0$。

**例 7-2：**某市居民上月平均伙食费为 355 元，随机抽取 49 个居民，他们本月伙食费平均为 365 元，由这 49 个样本算出的标准差估计 $S = 35$ 元。假定该市居民伙食费 $X$ 服从正态分布，试在显著性水平 $\alpha = 0.05$ 之下检验"本月该市居民品均伙食费较上月无变化"的假设。

解：假设 $H_0 : \mu = 355 \leftrightarrow H_1 : \mu \neq 355$

$$t = \dfrac{365 - 355}{35 / \sqrt{49}} = 2$$

查 t 分布表，$t_{0.025}(48) \approx U_{0.025} = 1.96$，在 $\alpha = 0.05$ 的水平上应拒绝 $H_0$。

②两个总体均值之差的检验：调查人员常常希望检验不同调查群体间的差别，当两个样本是独立的随机样本，正态总体或非正态总体大样本（$n_1 \geq 30$ 和 $n_2 \geq 30$），来自两个总体的样本平均值之差是趋近于正态分布的，可采用 Z 检验。当 $\sigma_1^2$ 与 $\sigma_2^2$ 已知时，检验统计量为：

$$Z = \dfrac{(\bar{x}_1 - \bar{x}_2) - (\mu_1 - \mu_2)}{\sqrt{\dfrac{\sigma_1^2}{n_1} + \dfrac{\sigma_2^2}{n_2}}} \sim N(0, 1)$$

当 $\sigma_1^2$ 与 $\sigma_2^2$ 未知时，检验统计量为：

$$Z = \dfrac{(\bar{x}_1 - \bar{x}_2) - (\mu_1 - \mu_2)}{\sqrt{\dfrac{S_1^2}{n_1} + \dfrac{S_2^2}{n_2}}} \sim N(0, 1)$$

公式中的 $\mu_1 - \mu_2$ 一般为 0（假设二者相等），可略去。

**例 7-3：**某公司对男女职员的平均小时工资进行了调查，独立抽取了具有同类工作经验的男女职员的两个随机样本。男性职员 44 名，其均值 $\bar{x}_1 = 75$，方差 $S_1^2 = 64$。女性职员 32 名，其均值 $\bar{x}_2 = 70$，$S_2^2 = 42.25$。在显著性水平 $\alpha = 0.05$ 的条件下，能否认为男性职员与女性职员的平均小时工资存在显著差异？

解：

$$Z = \frac{75 - 70}{\sqrt{\dfrac{64}{44} + \dfrac{42.25}{32}}} = 3.002$$

当 $\alpha = 0.05$ 时，查 Z 分布表得临界值为 1.96，应拒绝 $H_0$，所以有 95% 的把握确信该公司男女职员的平均小时工资之间存在显著差异。

③单个总体比率的假设检验：在实际问题中，调查人员都会遇到用百分比进行统计的情况，在单个总体比率的假设检验中，当样本数 $n > 30$，$np$ 和 $n(1-p)$ 都大于 5 时，样本比率 $p$ 的抽样分布近似于正态分布，可采用 Z 检验，检验统计量为：

$$Z = \frac{p - p_0}{\sqrt{\dfrac{p_0(1 - p_0)}{n}}}$$

其中 $p$ 为样本比率，$p_0$ 为假设的总体比率。

**例 7-4：** 在过去的几个月中，在松树谷打高尔夫球的人中有 20% 是妇女。为了提高女性高尔夫球手的比例，某俱乐部采取了一项激励措施来吸引女性高尔夫球手。一周后，随机抽取了 400 名球手作为一个样本，结果有 300 名男性球手和 100 名女性球手。课程经理想知道这些数据是否支持他们的结论：该俱乐部的女性高尔夫球手的比例已经有所增加。（给定显著水平 $\alpha = 0.05$）

解：检验假设：　　$H_0: p \leq 0.20 \leftrightarrow H_1: p > 0.20$

$$n = 400, p = \frac{100}{400} = 0.25, p_0 = 0.2, \alpha = 0.05$$

$$Z = \frac{p - p_0}{\sqrt{\dfrac{p_0(1 - p_0)}{n}}} = \frac{0.25 - 0.2}{\sqrt{\dfrac{0.2(1 - 0.2)}{400}}} = 2.5$$

查 Z 分布表，当 $\alpha = 0.05$，得临界值为 1.645，应拒绝 $H_0$，即该俱乐部的课程经理能够得出结论"女性高尔夫球手的比例有所增加"。

④两个总体比率之差的检验：两个总体比率之差的检验思路与单个总体比率的检验类似，只是由于涉及了两个总体，在形式上相对复杂一些。当样本量较大时，来自两个总体的样本比率之差的抽样分布是近似于正态分布的。对两个独立的两点分布总体 $X$ 与 $Y$，要检验的是两个总体参数 $p_1$、$p_2$ 的差异性，当两个总体比率 $p$ 大体相同时，可先求两个样本比率的联合估计值 $\hat{p}$：

$$\hat{p} = \frac{1}{n_1 + n_2}\left( \sum_{i=1}^{n_1} X_i + \sum_{i=1}^{n_2} Y_i \right)$$

检验统计量为：

$$Z = \frac{\hat{p}_1 - \hat{p}_2}{\sqrt{\hat{p}(1 - \hat{p})(1/n_1 + 1/n_2)}}$$

其中，$\hat{p}_1 = \bar{X}$，$\hat{p}_2 = \bar{Y}$。

**例 7-5：** 新星税务事务所公司对比较其两个地区性办事处的工作质量非常感兴趣，通过随机从每个办事处准备的纳税申报单中抽取样本，对纳税申报单样本的准确率进行检查，公司就能够对每个办事处准备的申报单中错误的申报单比例进行估计。假设来自于两个办事处的独立简单随机纳税申报单样本提供的信息：办事处 1 中 $n_1 = 250$，错误申报单数量 $= 35$；办事处 2 中 $n_2 = 300$，错误申报单数量 $= 27$。试问新星税务事务所两个办事处的错误率是否存在显著差异？（$\alpha = 0.10$）

解：检验假设：$H_0: p_1 = p_2 \leftrightarrow H_1: p_1 \neq p_2$，$\alpha = 0.10$，$Z_{\alpha/2} = Z_{0.05} = 1.645$

$$\widehat{p_1} = \frac{35}{250} = 0.14，\widehat{p_2} = \frac{27}{300} = 0.09$$

$$\widehat{p} = \frac{n_1\widehat{p_1} + n_2\widehat{p_2}}{n_1 + n_2} = \frac{250 \times 0.14 + 300 \times 0.09}{250 + 300} = 0.113$$

$$\sqrt{\widehat{p}(1-\widehat{p})\left(\frac{1}{n_1} + \frac{1}{n_2}\right)} = \sqrt{0.113 \times 0.887 \times \left(\frac{1}{250} + \frac{1}{300}\right)} = 0.0271$$

检验统计量为：

$$Z = \frac{\widehat{p_1} - \widehat{p_2}}{\sqrt{\widehat{p}(1-\widehat{p})(1/n_1 + 1/n_2)}} = \frac{0.14 - 0.09}{0.0271} = 1.85 > 1.645$$

所以，拒绝 $H_0$，即两个办事处的错误比例存在差异。

2）非参数假设检验：非参数检验一般是在不知道数据分布的前提下，检验数据的分布情况。即总体分布完全未知，根据样本对提出假设做出判断，在推断过程中不涉及有关总体分布的参数，应用最多的是 $\chi^2$ 检验和方差分析。

非参数检验的主要特点：非参数检验不依赖于总体分布；适用于较低的计量水平，如等级、顺序的计量等；常常用于参数以外的检验，如随机变量是否服从某种规律、某种分布的拟合优度检验、数据是否随机的游程检验等。

①$\chi^2$ 检验：市场调查中，$\chi^2$ 检验主要应用于以下情况。第一，$\chi^2$ 检验样本分布与总体分布有无显著差异，用以说明样本的代表性。如果 $\chi^2$ 检验显著说明样本分布与总体分布差异大，缺乏代表性。第二，应用于检验两个或两个以上因素的多项分类之间是否关联或具有独立性的问题。以下分情形讨论。

第一种情形，单个独立样本的 $\chi^2$ 检验：在市场分析中，常常需要比较变量观察值出现的实际频数和理论频数的吻合程度或拟合优度，以判别实际的频数分布形态与期望分布是否一致。

$\chi^2$ 检验的决策法则：当 $\chi^2 > \chi^2_{1-\alpha}$ 时，不适合某理论分布（差异显著）；当 $\chi^2 < \chi^2_{1-\alpha}$ 时，适合某理论分布（差异不显著）。

例 7-6：奥曼特市场销售研究机构进行市场份额评估。在过去一年里，市场份额稳定在 A 公司占 30%、B 公司占 50%、C 公司占 20%。最近，C 公司开发了一种"新型和改进型"的产品以代替当前它在市场上的产品。C 公司聘请奥曼特市场销售研究机构进行研究以确定这种新产品是否将会改变市场份额。假定在研究中，市场研究公司使用了 200 名顾客组成的一个顾客小组，要求每位顾客在 3 种选择中说出自己的购买偏好：A 公司的产品、B 公司的产品、C 公司的产品，得到的数据如表 7-13 所示。

**表7-13    200名顾客对三个公司产品的购买偏好**

| 观察频数 | | |
|---|---|---|
| A公司的产品 | B公司的产品 | C公司的产品 |
| 48 | 98 | 54 |

试问在奥曼特市场销售研究机构进行的研究下，是否可以认为C公司引进的新产品将会改变当前的市场份额？（$\alpha = 0.05$）

解：检验假设 $H_0 : p_A = p_1 = 0.30$，$p_B = p_2 = 0.50$，$p_C = p_3 = 0.20$

在 $H_0$ 成立的条件下：$\chi^2 = \sum_{i=1}^{3} \frac{(n_i - np_i)^2}{np_i} \sim \chi^2(2)$

$$\chi^2 = \frac{(48 - 200 \times 0.3)^2}{200 \times 0.3} + \frac{(98 - 200 \times 0.5)^2}{200 \times 0.5} + \frac{(54 - 200 \times 0.2)^2}{200 \times 0.2} = 7.34 > \chi^2(2) = 5.991$$

所以，拒绝 $H_0$，即认为C公司引进的新产品将会改变当前的市场份额。

第二种情形，对两个变量独立性的 $\chi^2$ 检验——列联表分析：列联表是由两个以上的变量进行交叉分类的频数分布表，是用于提供基本调查结果的最常用形式，可以清楚地表示定类变量之间是否相互关联。在利用列联表进行分析时，首先表示出列联表，利用所给频数构造一个卡方统计量，根据样本数据计算得来的卡方值与一定自由度下卡方临界值进行对比，从而判断是否接受原假设。根据列联表的不同内容，可以进行拟合优度检验（一致性检验）和独立性检验。

**例7-7**：某啤酒厂生产和经销三种类型的啤酒：淡啤酒、普通啤酒和黑啤酒。公司市场研究小组通过对三种啤酒的市场部分进行分析，提出这样的问题：在啤酒饮用者中，男性和女性对这三种啤酒的偏好是否存在差异。如果对啤酒的偏好与啤酒饮用者的性别相互独立，就会针对所有的啤酒进行广告宣传。可是，如果啤酒的偏好与啤酒饮用者的性别相关，公司就会针对不同的目标市场进行促销活动。假定抽取了150名啤酒饮用者作为一个简单随机样本，在品尝了每种酒后，要求每个人说出他们的偏好或第一选择，回答结果列于表7-14。

**表7-14    150名啤酒饮用者的偏好情况**

| 性别 | 啤酒偏好 | | | 总计 |
|---|---|---|---|---|
| | 淡啤酒 | 普通啤酒 | 黑啤酒 | |
| 男 | 20 | 40 | 20 | 80 |
| 女 | 30 | 30 | 10 | 70 |
| 总计 | 50 | 70 | 30 | 150 |

试问啤酒的偏好与啤酒饮用者的性别是否相互独立？（$\alpha = 0.05$）

解：$H_0$：啤酒的偏好与啤酒饮用者的性别独立

$$\chi^2 = \sum_{i=1}^{2} \sum_{j=1}^{3} \frac{(n_{ij} - n_i \cdot n_j / n)^2}{n_i \cdot n_j / n} = \frac{(20 - 80 \times 50/150)^2}{80 \times 50/150} + \frac{(40 - 80 \times 70/150)^2}{80 \times 70/150} + \frac{(20 - 80 \times 30/150)^2}{80 \times 30/150}$$

$$+ \frac{(30 - 70 \times 50/150)^2}{70 \times 50/150} + \frac{(30 - 70 \times 70/150)^2}{70 \times 70/150} + \frac{(10 - 70 \times 30/150)^2}{70 \times 30/150} = 6.13$$

而 $\chi^2_{0.05}(2) = 5.99$，由于 $6.13 > 5.99$，所以拒绝 $H_0$，即可以认为啤酒的偏好与啤酒饮用者

的性别不相互独立。

②方差分析：方差分析（analysis of variance，ANOVA）是把全部数据的总方差分解成几部分，每一部分表示某一影响因素或各影响因素之间的交互作用所产生的效应，将各部分方差与随机误差的方差相比较，依据 F 分布做出统计推断，从而确定各因素或交互作用的效应是否显著。因为分析是通过计算方差的估计值进行的，所以称为方差分析。

方差分析的优点是可以在一次分析中同时考察多个因素的显著性，比 t 检验所需的观测值少；方差分析可以考察多个因素的交互作用。

方差分析的缺点是条件有些苛刻，需要满足如下条件：各样本是相互独立的；各样本数据来自正态总体；各处理组总体方差相等（方差齐性：homogeneity of variance）。因此在做方差分析之前，要做正态性检验和方差齐性检验，如不满足上述要求，可考虑做变量变换。常用的变量变换方法有平方根变换、平方根反正弦变换、对数变换及倒数变换等。

根据资料设计类型的不同，有以下两种方差分析方法：对成组设计的多个样本均数比较，应采用完全随机设计的方差分析，即单因素方差分析；对随机区组设计的多个样本均数比较，应采用配伍组设计的方差分析，即双因素方差分析。

例如饮料销售，除了关心饮料品牌之外，还想了解销售地区是否影响销售量。如果在不同的地区，销售量存在显著差异，就需要分析原因。采用不同的销售策略，使该饮料品牌在市场占有率高的地区继续深入人心，保持领先地位；在市场占有率低的地区，进一步扩大宣传，让更多的消费者了解、接受该产品。这就属于双因素方差分析的内容，双因素方差分析是对影响因素进行检验，究竟是一个因素在起作用，还是两个因素都起作用，或是两个因素的影响都不显著。

两类方差分析的基本步骤相同，只是变异的分解方式不同，对成组设计的资料，总变异分解为组内变异和组间变异（随机误差），即 SS 总 = SS 组间 + SS 组内，而对配伍组设计的资料，总变异除了分解为处理组变异和随机误差外还包括配伍组变异，即 SS 总 = SS 处理 + SS 配伍 + SS 误差。

## 四、多元统计分析

在调查分析中，常常要研究多个随机变量间的相互依赖关系及内在统计规律，要对复杂研究现象分类和简化，需要借助多元统计分析方法，主要介绍聚类分析和判别分析。

### （一）聚类分析

聚类分析主要用于辨认具有相似性的事物，并根据彼此不同的特性加以"聚类"，使同一类事物具有高度相同性，而类与类之间却有着显著差异。

在市场调查中，聚类分析主要应用是帮助调查人员寻找目标消费群体，进行市场细分，描述出各细分市场人群特征，了解购买行为以便于有针对性地对目标群体施加影响，合理开展工作。聚类分析还可用于开发新产品，对产品和品牌进行聚类分析，把他们分为不同类别的竞争对手，在同一类别的品牌比其他类品牌更具竞争性时，通过比较现有的竞争对手，明确新产品的潜在机遇。聚类分析主要有以下步骤。

1. 确定待研究问题并选择变量：确定待研究的市场问题和待分类对象，选取分类所应依据的与待研究市场问题密切相关变量。即使仅选择另外一两个无关变量，也可能破坏聚类效果。

2. 选择聚类用的相似性测度方法：为了将尽可能"靠近"的研究对象归入同一类，要选择适当的相似性测度统计量。一般对样品聚类时多采用距离统计量，而对变量聚类时多采用相似系数统计量。常见的距离测度有欧氏距离、绝对值距离、明科夫斯基距离和马氏距离等，其中欧氏距离是聚类分析中用的最广泛的距离。

3. 选择聚类的方法：聚类方法很多，一般情况下所选的方法与所选的距离有关。例如，选用欧氏距离平方时，一般对应选择离差平方和法；使用非谱系聚类法时常选用欧氏距离平方。小样本情况下谱系聚类法较常用，一般认为其中的平均联结法和离差平方和法效果较好。大样本情况下非谱系聚类法较常用，因为该方法的速度比谱系聚类法快。

4. 确定类别的个数。

5. 描述与解释各个类别：检验各类在各变量上的均值（可以借助判别分析），为各个类别命名。有时也可使用并没有参加聚类的变量对类别进行解释，通过方差分析与判别分析确定这些变量在不同类间是否显著不同。

6. 评价聚类的有效性与准确性：在接受聚类结果之前，必须对它的有效性和准确性进行检验。

**例7-8**：某购物中心对其经销的5种不同品牌的同一种商品就各自的外观和质地进行了评估，每项评估的满分都是10分，结果如下（表7-15）。

**表7-15　外观评分和质地评分**

| 品牌 | 1 | 2 | 3 | 4 | 5 |
|------|---|---|---|---|---|
| 外观评分 | 8 | 3 | 6 | 6 | 4 |
| 质地评分 | 5 | 7 | 4 | 9 | 7 |

将被调查的不同品牌按外观和质地进行聚类分析：由于所用两组数据单位相同，不用对原始数据进行标准化处理。采用欧氏距离求各样本间的距离，其计算公式为：

$$d_{ij}^2 = (x_i - x_j)^2 + (y_i - y_j)^2$$

式中，$d_{ij}^2$ 为品牌 $i$ 与品牌 $j$ 的距离平方；$x_i$ 为品牌 $i$ 的外观评分；$y_j$ 为品牌 $j$ 的质地评分。

计算后得到5种品牌之间平方矩阵 $D_1^2$，最初各品牌各为一类，分类记为 $G_1$、$G_2$、$G_3$、$G_4$、$G_5$。

$$D_1^2 = \begin{array}{c|ccccc} & G_1 & G_2 & G_3 & G_4 & G_5 \\ \hline G_1 & 0 & & & & \\ G_2 & 29 & 0 & & & \\ G_3 & 5 & 18 & 0 & & \\ G_4 & 20 & 13 & 25 & 0 & \\ G_5 & 20 & 1 & 13 & 8 & 0 \end{array}$$

用最短距离将相应两类合并。从 $D_1^2$ 中发现 $G_2$、$G_5$ 的距离最短（$d_{25}^2 = 1$），将它们合并为新的一类，记为 $G_6 = \{2, 5\}$，然后再计算 $G_6$ 与剩下各类的距离。

$$d_{61}^2 = \min(d_{21}^2, d_{51}^2) = \min(29, 20) = 20$$

$$d_{63}^2 = \min(d_{23}^2, d_{53}^2) = \min(18, 13) = 13$$

$$d_{64}^2 = \min(d_{24}^2, d_{54}^2) = \min(13, 8) = 8$$

这样得到 $G_1$、$G_3$、$G_4$、$G_6$ 的距离平方矩阵 $D_2^2$，即：

$$
D_2^2 = \begin{array}{c|cccc}
 & G_1 & G_3 & G_4 & G_6 \\
\hline
G_1 & 0 & & & \\
G_3 & 5 & 0 & & \\
G_4 & 20 & 25 & 0 & \\
G_6 & 20 & 13 & 8 & 0 \\
\end{array}
$$

依次类推，得到 $G_7 = \{1, 3\}$。再计算各类别之间的距离，得到 $D_3^2$，即：

$$
D_3^2 = \begin{array}{c|ccc}
 & G_4 & G_6 & G_7 \\
\hline
G_4 & 0 & & \\
G_6 & 8 & 0 & \\
G_7 & 20 & 13 & 0 \\
\end{array}
$$

将 $G_4$ 和 $G_6$ 合并为 $G_8 = \{4, 6\}$，最后剩下 $G_7$ 和 $G_8$，其距离为 13。

如果只把这种品牌分成两类的话，则第一类包括 1 和 3，第二类包括 2、4 和 5。第一类的特点是外观评分高，质地评分低。第二类的特点是外观评分低，质地评分高。

### （二）判别分析

判别分析是一种统计辨别和分组技术，根据观察调查对象的若干变量值，判断研究对象属于哪一类的方法。如判断某个顾客是可能购买者还是非购买者等。在判别分析中，用于推导分类规则样品的所属类别必须是事先已知的。它可以就一定数量样本的一个分组变量和相应的其他多元变量的已知信息，确定分组与其他多元变量之间的数量关系，建立辨别函数，利用这一数量关系和其他已知多元变量信息，对未知分组类型所属样本进行判别分组。

判别分析基本模型称为判别函数，用数学形式表示如下：

$$y_i = b_1 x_{1i} + b_2 x_{2i} +, \cdots, + b_j x_{ji}$$

其中：$y_i$ 为第 $i$ 个研究对象的判别值；$x_{ji}$ 为第 $i$ 个研究对象在第 $j$ 个因素上的观察值；$b_j$ 为第 $j$ 个因素的比重或判别系数。

根据所收集样本数据，计算出一个判别临界值 $y_c$，作为判定某个体归属到哪一个类别的基准。例如，假定要判别的是"购买组"还是"非购买组"，那么可能的结果是：

如果 $y_i > y_c$，则判定第 $i$ 个个体到"购买组"；如果 $y_i < y_c$，则判定第 $i$ 个个体到"非购买组"。

判别分析的步骤，以两总体判别为例，主要有以下几步。

**1. 确定研究问题** 大量判别问题是两总体问题，或可以化为两总体问题。例如，判别经常购买和非经常购买者、消费者心目中喜爱品牌和不喜爱品牌等。

**2. 确定分析样本和验证样本**　样本分成两部分，分别用于确定判别函数和检查判别效果。如果样本量很大，可将样本平均或随机分成两部分。应注意，分析样本和验证样本中类别分布应与总样本基本一致。

**3. 估计判别函数或后验概率**　分别计算两个类别协方差矩阵、计算合并的协方差矩阵、计算该协方差矩阵的逆矩阵，以及该逆矩阵乘以两类别各个自变量均值之差组成的矩阵从而得到判别系数；后验概率可通过判别函数计算。

**4. 评价判别模型效果**　通过合并协方差矩阵检查预测变量间是否存在共线性；根据 $F$ 比值判断各个预测变量在判别分析中的作用，用特征值指示类别间和类别内变差比例，通过典型相关系数的平方估计此判别模型所能解释的方差比例。

**5. 检验模型的显著性**　模型显著性研究的零假设为"两个类别判别得分的均值相同"。如果零假设被拒绝，说明判别分析模型显著。

**6. 解释分析结果**　如果判别分析模型显著，根据结构相关系数（判别负荷）的大小，可以对判别函数的意义给予适当解释。

**7. 检验判别效果**　除根据分析样本分类矩阵计算错判比率和正确判定比率之外，一般要将判别函数用于验证样本，通过验证样本错判比率和正确判定比率来确定判别效果。

**例 7-9：** 某食品公司从全年销售的饮料中随机抽取了 9 种，其中有 4 种消费者喜爱，有 5 种消费者不喜爱。该公司对这 9 种饮料就其口感和包装两方面进行了评分，评分采用 10 分制，结果如表 7-16 所示。

表 7-16　包装和口感评分表

| 受欢迎饮料 | | | 不受欢迎饮料 | | |
| --- | --- | --- | --- | --- | --- |
| 品牌 | 包装 | 口感 | 品牌 | 包装 | 口感 |
| A | 9.5 | 6.8 | E | 5.6 | 6.8 |
| B | 8.4 | 7.9 | F | 7.3 | 4.4 |
| C | 6.5 | 9.6 | G | 3.5 | 7.5 |
| D | 7.2 | 6.1 | H | 3.8 | 5.6 |
| | | | I | 5.3 | 3.7 |

解：设 $x_1$ 为对饮料包装评分，$x_2$ 为对饮料口感评分，设 $D(\bar{x_1})$ 为两组饮料包装评分的平均值之差，$D(\bar{x_2})$ 为两组饮料口感评分的平均值之差，则有：

$$D(\bar{x_1}) = 7.9 - 5.1 = 2.8$$

$$D(\bar{x_2}) = 7.6 - 5.6 = 2$$

记 $D = D[D(\bar{x_1}), D(\bar{x_2})] = (2.8, 2)^T$ 为平均差向量。

设 $A_1$、$A_2$ 分别为受欢迎饮料和不受欢迎饮料组的离差矩阵，计算两组数据的离差矩阵：

$$A_1 = \begin{bmatrix} 9.5-7.9 & 6.8-7.6 \\ 8.4-7.9 & 7.9-7.6 \\ 6.5-7.9 & 9.6-7.6 \\ 7.2-7.9 & 6.1-7.6 \end{bmatrix} = \begin{bmatrix} 1.6 & -0.8 \\ 0.5 & 0.3 \\ -1.4 & 2 \\ -0.7 & -1.5 \end{bmatrix}$$

$$A_2 = \begin{bmatrix} 5.6 - 5.1 & 6.8 - 5.6 \\ 7.3 - 5.1 & 4.4 - 5.6 \\ 3.5 - 5.1 & 7.5 - 5.6 \\ 3.8 - 5.1 & 5.6 - 5.6 \\ 5.3 - 5.1 & 3.7 - 5.6 \end{bmatrix} = \begin{bmatrix} 0.5 & 1.2 \\ 2.2 & -1.2 \\ -1.6 & 1.9 \\ -1.3 & 0 \\ 0.2 & -1.9 \end{bmatrix}$$

再计算共方差矩阵：

$$S_1 = A_1^T A_1 = \begin{bmatrix} 5.26 & -2.88 \\ -2.88 & 6.98 \end{bmatrix}$$

$$S_2 = A_2^T A_2 = \begin{bmatrix} 9.38 & -5.46 \\ -5.46 & 10.1 \end{bmatrix}$$

则两组数据的联合共方差矩阵为：

$$S = S_1 + S_2 = \begin{bmatrix} 14.64 & -8.34 \\ -8.34 & 17.08 \end{bmatrix}$$

$$b = \begin{pmatrix} b_1 \\ b_2 \end{pmatrix} = S^{-1} D = \begin{bmatrix} 14.64 & -8.34 \\ -8.34 & 17.08 \end{bmatrix}^{-1} \begin{bmatrix} 2.8 \\ 2 \end{bmatrix} = \begin{bmatrix} 0.358 \\ 0.292 \end{bmatrix}$$

由此得到判别系数：

$$y = 0.358 x_1 + 0.292 x_2$$

将受欢迎饮料与不受欢迎饮料各组变量均值代入判别系数，得到两组临界值：

受欢迎组：

$$y_a = 0.358 \times 7.9 + 0.292 \times 7.6 = 5.05$$

不受欢迎组：

$$y_b = 0.358 \times 5.1 + 0.292 \times 5.6 = 3.46$$

如果要判断某饮料是否受欢迎，只需将该饮料的包装和口感评分代入判别函数就可以求得该饮料的判别值 $y_i$。

如果 $y_i > y_a$，该饮料可能受欢迎；如果 $y_i < y_b$，该饮料可能不受欢迎；如果 $y_a < y_i < y_b$，则要以最小差值为原则判断其差别值与哪一临界值更接近，从而将该饮料划分为受欢迎饮料和不受欢迎饮料。

对于受欢迎的饮料，公司应注意做好宣传推广，抓住市场机会；对于不受欢迎的饮料，公司没必要花太多的精力。

### 【思考与练习】

**一、简答题。**

1. 数据回收现场可能出现哪些误差，如何控制？

2. 如何处理非回应误差？

3. 数据整理的步骤是什么？

4. 如何进行数据审核？

5. 数据分组的原则和方法是什么？

6. 如何进行数据编码？

NOTE

7. 数据如何图形化？

8. 定性分析法和定量分析法有何特点，都有哪些具体的方法？

9. 描述统计方法有哪些？

10. 什么是参数检验和非参数检验？有什么差别？

11. 方差分析的基本思想是什么？主要用于分析什么样的问题？

## 二、实践题

（一）案例分析：企业连锁租车公司服务质量调查

**顾客调查：** 凯文·科克曼将他炫目的蓝色宝马车驶入车道，减速，刹车，再将车停好，然后走出车门检查信箱，就像每天回家都要做的那样。他翻捡着成堆的产品目录册及信用卡推销信，注意到一封来自企业连锁租车公司（Enterprise Rent-A-Car）的信。他很诧异这家公司会写信给他。

**事故：** 接着，他想起是什么原因了。该月早些时候，凯文发生了一次交通事故。一个下雨的早晨，他开车上班途中在一个红绿灯前等候的时候，一辆车由于公路太滑无法停住而撞到他的车上。幸好他和另一个司机都没有受伤，但是两辆车都受到很大的损害。事实上，凯文的车已经无法再开了。

凯文用手机通知了警察。在等警察的过程中，还和他的汽车保险代理商通了电话。代理人向他保证，在他的车进行修理时，可以为其提供一辆租来的车，这是包含在保险条约中的。他让凯文将车拖到最近的汽车维修处，并且还告诉了凯文所在服务区的企业连锁租车公司办事处的电话号码。代理人提出，保险公司推荐凯文从企业连锁租车公司处租车，并且指出保险合约中规定可以替凯文支付每天 20 美元的租车费用。

当凯文将车交予维修处并做了必要安排后，就给企业连锁租车公司打了电话。在 10 分钟之内，就有一个租车公司的员工开车到维修处来接凯文，然后他们一同返回了租车公司的办公室。在那里凯文填完了一些必要的文件后，租到了一辆福特金牛（Taurus）。在他自己的车修好前的 12 天中，凯文一直驾驶这辆新租来的车。

"不知道为什么企业连锁租车公司会写信给我。"凯文在想，"保险公司替我支付了每天 20 元租车费，并且我也已经付了剩下的部分。不知道问题出在了哪里。"

**追踪顾客满意：** 凯文将信扔在车座上，发动了车沿车道行驶。一到家，它就打开租车公司的信，发现原来是一张调查对租车服务满意程度的问卷。该问卷只有一页，共包括 13 个问题（附录：服务质量调查表）。

企业连锁租车公司的管理者认为，公司之所以能够成为美国最大的租车公司（根据车辆数、租车点及收入），就在于其注重顾客满意和主要服务于替代性租车市场。它主要为像凯文一样因卷入事故而突然无车可用的顾客服务。当其他更有名的公司如赫兹和安飞士在竞争白热化的机场市场中争抢生意的时候，企业连锁租车公司培养保险代理人和维修处经理成为其引荐人，当保险客户或是修车的顾客需要一辆汽车代步时，他们就会推荐企业连锁租车公司。就是以这种方式，企业连锁租车公司不动声色地做起了自己的生意。这种替代性的租车服务占据公司业务的 80%，它还服务于随机租车市场（出于休闲和度假的目的而租车）及商用租车市场（出于短期商业目的而租车）。另外，它也开始在一些机场提供接站和送站服务。

纵观其历史，企业连锁租车公司一直奉行其创始人杰克·泰勒的主张。泰勒认为，公司首先要关心顾客和员工，之后利润就会滚滚而来。所以该公司一直都认真地追踪顾客满意。

大约有1/20的随机抽取的顾客会像凯文一样收到信。信件由一个独立的公司邮寄给选定的顾客，信件内附一个已付邮资的回信信封。顾客填写完问卷后反馈给那个独立的公司。它整理出结果后将其提供给企业连锁租车公司。

**持续不断改进：** 在企业连锁租车公司圣路易（Saint Louis）的总部，高层管理者们对于采取顾客满意计划这一行动很感兴趣。企业连锁租车公司已经开发出了公司服务质量指标（Enterprise Service Quality index，ESQi）。利用调查结果，可以计算出公司总体ESQi平均分数和每个分公司的分数。该公司的分公司经理都信任并支持这一过程。

高层管理者都坚信，要真正实现顾客满意而不是纸上谈兵，就必须使得ESQi成为促销过程的关键影响因素。公司希望将ESQi作为考查分公司经理促销活动的标准。高层管理者认为这一过程将确保分公司经理和员工都以使顾客满意为中心。

然而，公司的高层管理者已经认识到下一步行动中所要面临的两个问题。首先，他们希望能获得一个更高的问卷反馈率。虽然其拥有相对于同类调查较高的反馈率——25%，但是该公司认为仍丢失了大量重要信息。其次，问卷结果的反馈往往需要两个月之久，公司希望通过某种方式使得顾客满意信息的获得更加快速，至少能够缩短到一个月，这样分公司经理才能够更快更有效地识别顾客服务中的问题并采取行动。

企业连锁租车公司很想知道它们应该如何提高其顾客满意。

问题：

1. 分析企业连锁租车公司的服务质量调查表，它打算收集什么样的数据？

2. 在数据的回收过程中，该公司的市场调查可能会遇到哪些非回应问题？如何降低非回应误差？

3. 该项调查应如何对数据进行整理？

4. 关于企业连锁租车公司改进其信息反馈过程的及时性和提高反馈率，你有哪些具体的建议？

**附录：服务质量调查表**（请标出最符合你想法的选项）

1. 总体上，你对在2005年1月1日从企业连锁租车公司租赁汽车满意程度如何？

A. 完全满意　　　　　B. 有些满意　　　　　C. 既没有满意也没有不满意

D. 有些不满意　　　　E. 完全不满意

2. 你认为企业连锁租车公司还有哪些需要改进的地方？（请具体指出）

3a. 在租车过程中你是否遇到过问题？

A. 有　　　　　　　　B. 没有

3b. 如果你向企业连锁租车公司提出过问题，它们是否令人满意地解决了该问题？

A. 是　　　　　　　　B. 不是　　　　　　　C. 没有提出问题

4. 如果你亲自打电话给企业连锁租车公司预定一辆汽车，你如何评价该电话预订过程？

A. 非常好　　　　　　B. 好　　　　　　　　C. 一般

D. 较差　　　　　　　E. 未回答

NOTE

5. 你是否去过企业连锁租车公司的办公室？

A. 在开始租车和结束的时候都去过　　　　B. 只在开始租车的时候去过

C. 只在结束租车的时候去过　　　　　　　D. 从来没有去过

6. 在你需要搭乘车的时候，企业连锁租车公司的员工是否会载你一程？

A. 在开始租车和结束租车的时候都有　　　B. 只在开始租车的时候有

C. 只在结束租车的时候有　　　　　　　　D. 从来没有过

7. 在你到达企业连锁租车公司的办公室后，以下活动共花了你多少时间？

| | 少于5分钟 | 5~10分钟 | 11~15分钟 | 16~20分钟 | 21~30分钟 | 超过30分钟 |
|---|---|---|---|---|---|---|
| 得到你租用的车 | | | | | | |
| 归还你所租的车 | | | | | | |

8. 你将如何评价：

| | 非常好 | 好 | 一般 | 很差 | 不回答 |
|---|---|---|---|---|---|
| 在租车开始和结束时是否及时 | | | | | |
| 将车送到你住址及之后取走是否及时 | | | | | |
| 处理你的文件工作，公司的员工： | | | | | |
| 　a. 在租车开始时 | | | | | |
| 　b. 在租车结束时 | | | | | |
| 汽车的机械性能 | | | | | |
| 汽车内部和外部的清洁程度 | | | | | |

9. 企业连锁租车公司是否满足了你对于某一辆具体型号的汽车的要求？

A. 是　　　　　　　B. 不是　　　　　　　C. 未回答

10. 你选择租车的理由是什么？

A. 由于事故原因，车需要修理　　　　　B. 所有其他的车都在修理或是保养

C. 车被偷了　　　　D. 商用　　　　E. 度假或是休闲　　F. 其他原因

11. 下次当你在所住的城市或地区需要租车服务的时候，给企业连锁租车公司打电话的可能性有多大？

A. 绝对会打　　　　　B. 可能会打　　　　　C. 可能打也可能不打

D. 可能不会打　　　　E. 绝对不会打

12. 估计一下你从企业连锁租车公司租车的总次数是（包括此次）多少？

A. 1次——第一次　　　B. 2次　　　　　C. 3~5次　　　　　D. 6~10次

E. 11次或者更多

13. 将你所住城市或地区所有的租车公司考虑在内，去年你的租车总次数是多少？

A. 0次　　　　　　　B. 1次　　　　　C. 2次　　　　　D. 3~5次

E. 6~10次　　　　　F. 11次或者更多

（资料来源：http://www.chinadmd.com/file/r3xccz6raszoxuvi6c6icwso_1.html）

（二）案例分析：蓝天洗车系统

蓝天公司是一家连锁汽车装饰美容公司，他们委托某市场调查公司对洗车市场进行了调

查，对洗车客户进行了以下分类：大量使用者是指那些平均每月在固定洗车点洗车 3 次或 3 次以上者；少量使用者是指那些每月在固定洗车点洗车少于 3 次，但每年至少洗车 4 次者；非用户是那些每年在洗车点洗车少于 4 次者。

在分析的第一阶段，他们在 100 个用户区总共进行了 5000 次面访。通过交叉表分析发现，有 4 个变量可能影响着使用者：车主的年龄、车主的年收入、交通工具的使用时间和车主的社会经济地位等。

通过判别分析，调查公司得出以下结果：

$$Z = 0.18x_1 + 0.53x_2 - 0.49x_3 + 0.93x_4$$

问题：

1. 你会如何向蓝天公司负责营销的副总解释每个变量的重要性？

2. 蓝天公司如果定位于大量使用者市场，你会建议他们应以什么样的人为目标？

# 第八章　市场预测（上）

**【本章导读】**

　　市场预测并不是独立于市场调查的一套程序，它与市场调查共同组成了一套为企业市场营销活动收集、加工和提供信息的程序。本章主要分市场预测概述、个人直观判断法、专家会议法和德尔菲法四个部分进行介绍。学习本章的课程后，同学们应了解市场预测的内涵及市场预测与市场调查的关系、熟悉市场预测程序，掌握各种市场预测方法，具备熟练使用个人直观判断法、专家会议法、德尔菲法等市场预测方法进行市场预测的基本技能。

**【导入案例】**

### 中药饮片行业前景预测

　　中药饮片是中国中药产业的三大支柱之一，是中医临床辨证施治必需的传统武器，也是中成药的重要原料。其独特的炮制理论和方法，无不体现着古老中医的精深智慧。随着炮制理论的不断完善和成熟，目前中药饮片已成为中医临床防病、治病的重要手段。近年来，我国中药饮片行业保持良好增长态势。2012年中国中药饮片加工行业实现销售额990.29亿元，同比增长16.00%；2013年中国中药饮片加工行业实现产品销售收入1259.35亿元，同比增长27.17%。就行业属性而言，由于中药饮片价格管制相对宽松，在绝大部分地区可以进入医保支付体系，因此在可预见的未来，行业整体增速仍有望维持较快水平。基于此，有专家预测整个中药饮片行业将出现以下几大趋势：

　　趋势一：由于中药饮片被纳入基药，其市场份额将进一步快速扩大。

　　趋势二：随着大健康市场的快速扩大和中药的养生保健特性，以及招投标和限价对于医疗市场的限制，进入中药领域的厂家越来越多，竞争日趋白热化，如白药、盘龙云海、李时珍、步长、振东、汤臣倍健等。

　　趋势三：制药企业和连锁药店已从重视中药毛利到重视中药品质方向转变，高端高毛利产品必将越来越普遍。同时这必将引起优质中药原料来源趋于紧张，价格将快速增长。

　　趋势四：新鲜中药必将成为重要的一个品类，由于运输技术和保鲜技术的进步，冷链运输的发达，以及新鲜中药养生治疗效果更好的理念深入普及，使得新鲜人参、新鲜石斛、新鲜西洋参、新鲜玛咖、新鲜虫草、新鲜百合等市场将快速扩容，作为药店的增量品类，必然成为消费趋势，最终成为药店必不可少的重要品类。

　　趋势五：中药体验营销将会普及化。随着终端体验营销的大力推进，各种教消费者怎样试用、食用中药，打造舌尖上的美味中药的体验活动将会越来越多。

　　趋势六：中药饮片平民化和即食化成为趋势。

（资料来源：http://www.yiyaojie.com/yd/jdrw/20160105/96628.html）

正如《礼记·中庸》所说："凡事预则立，不预则废。言前定，则不跆；事前定，则不困；行前定，则不疚；道前定，则不穷。"在激烈的市场竞争中，企业若想立于不败之地，不但需要熟知企业现有的内部条件和外部环境，还必须通过对已经发生和正在发生的各种情况的分析，科学地预知未来将要发生的经济活动的某些情况。市场预测方法正是运用一定的科学方法，对企业的经营活动进行科学的估计和推测的一种分析方法。科学的市场预测是企业做出最佳规划与决策的基础。

# 第一节　市场预测概述

古代有谚语"月晕而风，础润而雨"，意思就是说看到月有光环，就预知将要刮风，甚至何时有风都可以预测。"月晕午时风，日晕三更雨"，就是说今夜月晕，明日中午就有风，今天日晕，夜里三更就将下雨。根据这个预测，农家就可以调整安排自己的劳动时间。

市场预测是随着生产的发展、社会市场范围的扩大，日益发展和完善起来的。为了提高现代管理的科学水平，减少管理决策的盲目性，需要通过预测来把握经济发展或者未来市场变化的有关动态，减少未来的不确定性，降低决策可能遇到的风险，使决策目标得以顺利实现。

## 一、市场预测的概念

### （一）预测

预测是根据过去和现在推测未来的一种活动，即在掌握现有信息的基础上，运用已有的科学知识和手段，参照一定的方法和规律，对未来的事情做出定性或定量的估计和评价，以预先了解事情发展的过程与结果。本质上，预测是人类研究客观事物未来发展变化的行为。

预测研究的范围极为广泛，如气象预测、生态环境预测、军事预测、社会发展预测、政治预测、文化教育预测、经济预测等。在市场经济条件下，市场预测是经济预测中最基本、最主要的内容，是经济预测的核心。

### （二）市场预测

所谓市场预测，就是运用科学的方法，对影响市场供求变化的诸因素进行调查研究，分析和预见其发展趋势，掌握市场供求变化的规律，为经营决策提供可靠的依据。

市场预测是制定企业战略和运行策略的依据。在市场调研的基础上，企业利用一定的市场预测方法或技术，测算一定时期内市场供求趋势和影响市场供求因素的变化，从而为企业的战略决策提供科学的依据。同时，企业要想在市场竞争中占据有利地位，必须制定行之有效的营销组合策略，而制定有效的营销组合策略，取决于在相关方面的准确预测。只有通过准确的市场预测，企业才能把握机会，准确企业定位，确定目标市场和相应的营销组合策略，从而获取竞争优势，提高企业绩效。

## 二、市场预测的作用

现代企业的每一次发展计划与经营决策，往往都投入大量的资金，这些资金收回、计划成

NOTE

败，都具有很大的不确定性，存在一定的"风险"。而预测则可以防患于未然，以预防的手段减少和避免市场风险，增加投资的安全性。具体来讲，市场预测有以下几个方面的作用。

### （一）　在宏观经济管理中的作用

1. 通过预测，预见市场活动发展趋势，为编制国民经济发展计划提供资料，同时为制定间接调控生产、流通、分配和消费的政策法规提供依据，促使宏观经济管理各项工作进一步适应市场发展要求。

2. 通过市场商品供需总量及构成预测，预见商品供需发展变化趋势。据此，研究供需总额及结构平衡状况，以便实现调整生产与消费的关系，安排积累与消费的比例，调整生产与投资结构，扭转经济发展中可能出现的失衡现象。

3. 通过预测，预见关系国计民生的主要产品供需变化，明确重点产品发展方向，抑制长线产品，支持短线产品。

### （二）　在企业生产经营管理中的作用

1. 通过预测，预见市场未来发展趋势，为企业确定生产经营方向、制定企业生产经营的发展计划提供依据。正确的市场预测，可以使经营管理者对市场未来的变化做到心中有数，可以事先做出必要的安排，"未雨绸缪"，避免被动。例如，对市场变化和企业产品销量预测，可以合理确定生产量和库存量，既满足需要，又不造成积压。

2. 通过预测，可探明消费者消费心理变化、购买力增减、具体商品需求趋向等，然后结合企业自身条件，分析优势与差距，寻求可行的解决方案。

3. 通过预测，摸清竞争对手状况，制定相应策略，克"敌"制胜。

4. 了解与企业有关的各项市场环境变化，有针对性地制定适当措施和利用环境策略，以确保企业生产经营顺利发展。

## 三、市场预测的特点

### （一）　科学性

市场预测是以消费需求变化的理论为基础，是在掌握大量资料的基础上，运用现代科学方法和手段对未来事物进行定性和定量分析的结果。它建立在准备的信息情报基础上，因此，准确的信息是市场预测的生命。马克思说："一件上衣因穿的行为才能现实地成为衣服；一间房屋无人居住，事实上就不能成为现实的房屋。因此，产品只有在消费中才能证实自己是产品，才能成为现实的产品。"而实现从生产到消费的华丽转身，离不开市场，离不开市场的准确情报信息。然而，有些企业生产时仅仅对质进行了分析，没有进行量的分析，结果使产品在过剩的情况下，还继续大量生产，造成产品积压，给企业带来了巨大损失。由此可见，市场预测必须是用科学的方法，绝非靠大体估计、拍脑袋所能得到的。

### （二）　连贯性

所谓连贯性，就是从纵的过程来看，任何事物发展的各个阶段都具有连续性。今天的市场情况是由昨天演变而来，明天又是今天顺序发展的一个结果。也就是说，把未来的发展同过去和现在联系起来。市场预测具有一定的连贯性，是因为市场是一个连续发展的过程，未来的市场是在现在市场的基础上发展起来的。人们可以依据收集到的过去和现在的资料推出将来的变化。市场预测的过程是人们对市场发展规律认识的不断深化过程。没有什么永远不可认识的事物，也没有什么不可逾越的峰谷。市场发展千变万化，但它有一定的周期性，先是不断上升，达到一定峰值后，又不断下降，当达到一定谷底后又不断上升，这样周而复始地、波浪起伏地连续向前发展。根据市场预测的连贯性，从宏观角度可以预测未来经济发展速度和经济发展轨迹，从微观角度可以预测行业发展速度和产品生命周期阶段。

### （三）　概率性

任何事情的发展，都是由必然性和偶然性决定的。在市场变化过程中，两者同时存在。必然性通过大量的偶然性表现出来，偶然性是必然性的补充和表现形式，偶然性中隐藏着必然性。市场预测必须通过对偶然性的分析，揭露事物内部隐藏着的必然规律性。为了预测市场某段稳定趋势，需要建立某时间段事物实际发展过程的模拟，但这种模拟如果与长期发展趋势相比较会有偏差，具有随机的或偶然的过程。因此，概率性要求市场预测工作者必须估计可能形成的某段稳定性趋势与长期发展趋势的背离，必须确定某段稳定性趋势与长期发展趋势可能的误差，也就是说必须估计某段稳定趋势的概率。

### （四）　系统性

市场是包括多环节、多因素的动态有机统一系统。市场预测是以系统观点为指导思想，将市场预测视为预测依据、预测分析、预测技术和预测结果等各种预测要素相互作用、有机结合而形成的活动过程。

总之，市场预测的作用与地位，可用目前流行的一句话来概括，即"管理的重点是经营，经营的核心是决策，决策的基础是预测"。

## 四、市场预测的原则

### （一）　相关性原则

所谓相关性，是指建立在"分类"的思维高度，关注事物（类别）之间的关联性，当了解（或假设）到已知的某个事物发生变化，再推知另一个事物的变化趋势。在市场经济的发展过程中，一些经济变量之间往往不是孤立的，而是存在着相互依存的因果关系，即经济变量之间存在着一定的相关性。利用这种相关性，可以通过对一些经济变量的分析研究，找出这些变量影响的另一个（或另一些）经济变量发展的规律性，从而做出预测。

### （二）　延续性原则

任何事物发展都具有一定惯性，即在一定时间、一定条件下保持原来的趋势和状态，这也是大多数传统预测方法的理论基础。在市场经济发展过程中，经济变量遵循的发展规律常常表现出延续性，过去和现在的经济活动中存在某种发展规律会持续下去，适用于未来。经济发展过程中的这种延续性，规定了市场预测工作的延续性原则。

### （三）　相似性原则

在市场经济发展过程中，不同的经济变量所遵循的发展规律有时是相似的，即具有一定的相似性，这就规定了市场预测工作中的相似性原则，可以利用这种相似由已知的经济变量发展规律推出未知变量的未来发展。

### （四）　统计规律性原则

在市场经济发展过程中，对于某个经济所做的一次观察的结果往往是随机的，但多次观察的结果却具有某种统计规律性。经济变量的这种统计规律性是应用概率论及数据统计的理论和方法进行预测的基础。

在市场经济发展过程中，经济变量发展的规律性、经济变量的关系是极其复杂的，经常是多种规律同时起作用，这就决定了市场预测工作的复杂性，常常要同时运用这几种原则进行预测。

### 五、市场预测的主要内容

市场预测的核心内容是市场供应量和需求量。对市场供应量和需求量进行科学的预测，是安排和调节市场供求关系，更好地满足人民生活和社会生产日益增长的、不断发展变化需求的客观需要。除此之外，市场预测的内容还有市场各种主要影响因素的预测，这些大致可归纳为以下几个方面。

#### （一）生产发展及其变化趋势预测

社会生产的发展是形成市场供应量，实现市场需求的物质基础。市场供应量的大小和需求量在数量、构成上是否能够得到平衡，归根到底取决于社会生产的发展，取决于国民生产总值的增长及其分配比例关系的变化。对生产进行预测，主要是对生产的数量、品种及其发展变化趋势进行预测。

在生产预测中，一般是以工、农业生产部门为主。对工业部门的生产进行预测，必须从搜集某种或某类工业产品的历史和现实资料入手；对农业生产部门进行生产预测，必须结合我国农业生产的特点进行。

#### （二）市场需求量预测

市场需求量又称市场容量，是指一定时期一定地区购买者，在市场上具有货币支付能力的需求。

市场需求量的预测必须从社会分配着眼，对具有货币支付能力的需求即购买力进行预测。根据需求产品用途，市场需求量可分为生产资料市场需求量和生活资料市场需求量两类，对这两类商品的市场需求量进行预测时，必须紧密结合我国市场的分工，结合消费者的特点来进行。

生产资料的市场需求量即生产资料购买力，对它进行预测，主要是了解预测期内各生产部门设备更新、改造、挖掘、革新所需的生产资料数量及其构成；了解预测期内扩大再生产资金的数量和构成；了解各行业内部及国民经济的生产结构变动情况；了解国家在预测期内的基本建设投资政策等。

生活资料市场需求量即居民和社会集团购买力，其中居民购买力是主要方面。对它进行预测主要搜集和了解以下几个方面的资料：一是必须搜集居民购买力资料，测算居民购买力总额；二是在市场需求量预测中对居民购买力要进行分类预测；三是在市场需求总量和分类市场需求量预测的基础上，对各种主要商品的需求量进行预测。

#### （三）市场商品价格预测

市场商品价格的预测主要是从形成和影响商品价格的各种因素入手，预测各种影响因素的变动。它必须预测商品生产中劳动生产率的水平，预测产品的成本、利润等。这些是形成和影响商品价格的主要因素，每种因素的变动都会引起市场商品价格的变化。对市场商品价格预测是在对各影响因素预测的基础上，对商品价格的未来水平和变动趋势进行预测；同时还要说明市场商品价格变动的原因，分析商品价格的变动是否合理，并就市场价格变动对市场需求量的影响程度进行分析等。

市场商品价格与市场需求量有密切联系，有时表现为市场需求量决定市场商品价格变动，有时表现为商品价格高低影响需求量的大小。

### （四）　消费需求变化预测

消费需求变化的原因主要是由生产的发展、居民购买力资料的提高、消费者消费心理的变化等引起的。消费需求的变化主要表现在两方面：一方面是消费需求的数量变化，另一方面是消费需求结构的变化。消费需求数量变化预测主要是预测出消费需求的变动趋势和变动程度，它可以就商品总量预测，也可以就分类商品或单项商品预测；消费需求结构的变化，一方面表现为在较长一段时间内各类消费品需求结构的变动，另一方面表现为在较短时间内呈现的消费需求的季节性变化。

### （五）　市场占有率预测

市场占有率是指在社会生产专业化分工的基础上，某行业或某企业生产或营销的某种商品，在该种商品的总生产量或总销售量中所占的比重。企业对市场占有率的预测，能够促使企业在组织生产或营销中，提高经营管理水平，提高产品的质量，促使企业采用先进的生产技术或先进的促销手段。

## 六、市场预测的方法

市场预测方法的科学、合理与否，直接影响决策的正确性。市场预测的具体方法很多，据国外统计，已达数百种，分别适用于不同的目的和要求。但一般来讲，可以概括为两大类，即定性预测法和定量预测法。

### （一）　定性预测法

定性预测法，又称判断预测法，就是预测者凭借个人经验和专业知识，运用个人的逻辑推理和判断能力，结合预测对象的特点，对预测对象的未来状况及发展趋势做出预测的一种分析方法。当预测影响因素复杂、主次难分或主要变量难以量化处理时，需要研究者或决策者凭借经验、分析和判断能力，做出趋势性的定性预测。

定性预测法一般适用于预测对象的历史资料不完备或无法进行定量分析情况下的预测。定性预测的基本原理是运用逻辑学的方法，来推断预测对象未来的发展趋势。定性预测方法又可分为个人直观判断法、集体经验判断法和专家判断法。最常采用的方法是专家判断法，如专家会议法、德尔菲法等。

**1. 个人直观判断法**　个人直观判断法就是在企业经营活动中，有关人员凭借个人的经验和知识对事物的未来发展趋势做出判断。这种判断的准确性，在很大程度上取决于预测者获取数据资料和进行逻辑推理的能力。个人直观判断法又可以分为相关推断法和对比推断法两大类。

**2. 集体经验判断法**　集体经验判断法，就是企业领导者集合企业内外各方面人员，尤其是经营管理人员，在过去和日常经济活动的基础上，进行座谈讨论，相互交换意见，共同研究，对市场发展趋势进行预测。个人的经验和判断能力具有很大的局限性，通过集体经验，集思广益，在一定程度上可以克服这种局限性，提高预测的质量。

**3. 专家判断法** 专家判断法，就是根据市场预测的目的和要求，向有关专家提供一些背景资料，然后请他们就某事物未来发展变化的趋势做出判断。在实际应用中，专家判断法又分两种形式：德尔菲法和专家会议法。

（1）德尔菲法 也称为专家调查法，是由美国兰德公司在20世纪40年代创立的一种定性预测方法。它是预测机构或人员通过向见识广、学有专长的有关专家发出调查表，由专家根据自己的业务专长和对预测对象的深入了解发表个人意见，经过多次反馈、综合、归纳各位专家的意见后，对有关产品在未来一定期间内的销售趋势做出预测判断。采用专家调查法进行销售预测时，应尽量保证使各位专家之间互不通气，以避免因彼此地位、观点的不同产生干扰和影响，使每位专家都能够根据自己的观点、方法和经验进行预测，同时对不同专家意见的征询应反复进行。为使各位专家在重复预测时能做出比较全面的判断，每次都应将上一次所有征询意见的结果进行整理归纳后再反馈给专家。

（2）专家会议法 也称为专家小组法，是由企业将各有关专家集中起来，通过召开不同形式座谈会的方式，让专家针对预测对象交换意见并进行讨论，最后由企业综合各种意见做出预测的一种方法。与德尔菲法各专家"背对背"的形式相反，这一方法是由专家小组"面对面"集体讨论和研究，相互启发和补充，因此对预测问题的分析研究更深入，预测结果较准确；但在专家会议中，有时易受心理因素影响，特别是权威人士意见对其他专家影响较大。

### （二）定量预测法

定量预测法，也称数量分析法，是根据调查得来的数据或历史统计，运用现代数学方法和统计工具对其进行分析加工处理，建立预测模型，并据以进行推算的一种预测方法。定量预测用得好，不仅可以得到量化的预测结果，而且因为用数据说话，较少受个人经验和分析判断能力的影响，所以预测结果会相对客观、可靠和准确。定量分析法一般适用于能较为方便地取得相关数据资料的情况，常用的定量预测方法有两大类：时间序列预测法和因果预测分析法两大类。

**1. 时间序列预测法** 时间序列预测法，是指将时间作为制约预测对象变化的自变量，把未来作为历史的自然延续，属于按事物自身发展趋势进行预测的一类动态预测方法。

**2. 因果预测分析法** 因果预测分析法，是根据变量之间存在的因果函数关系，建立相应因果预测模型，按预测因素（即非时间自变量）的未来变动趋势来推测预测对象（即因变量）未来水平的一类预测方法。

定性预测法与预测分析法在实际应用中并非相互排斥，而是相互补充、相辅相成的。定量预测法虽然较精确，但许多非计量因素无法考虑。例如，国家方针政策及政治经济形势的变动、消费者心理及习惯的改变、投资者意向及职工情绪的变动等。定性预测法虽然可以将这些非计量因素考虑进去，但估计的准确性在很大程度上受预测人员经验和素质的影响，带有一定的主观随意性。因此，定量预测法往往需要采用一定的定性预测法加以补充，定性预测的结果也需要利用一定的定量数据进行验证。企业在经营预测时，应当考虑如何实现二者的优势互补，将它们有机地结合起来，这样才能提高预测的准确性和可信度，更好地为决策服务。

在实践中，对同一预测对象，往往可以选用不同的预测方法或建立几种预测模型来预测。每一种预测方法都有自己的特点和适用范围（表8-1）。让预测方法与预测对象相匹配，是提高预测精密度的重要途径。

## （三） 选择预测方法应考虑的因素

**1. 预测的期限及范围** 每种预测方法均有其最适宜的预测期限和预测范围，其最适宜的期限和范围与要求的预测期限和范围相匹配时，才能得到比较理想的预测精度。

**2. 预测的资料及模型** 不同的资料与数据模式，适合采用不同的定量预测方法。资料充分、数据准确可靠，采用定量预测方法；相反，资料缺乏、数据变化较大且不稳定，则采用定性预测方法。

**3. 预测费用及精度** 预测费用与预测方法的复杂程度与结果的精确程度成正比。预测方法越复杂或预测精度要求越高，预测费用就越大。一般而言，定量预测比定性预测的费用要高。在某些情况下，预测的准确性在10%左右就可满足预测的要求；而另一些情况下，5%的变动就会给企业带来灾难。因此，必须从预测精密度和所需费用两个方面权衡利弊得失，然后选择预测方法。

表 8-1 常用市场预测方法的特点

| | 预测方法 | | 适用的时间、范围及用途 | 需要的数据资料 | 精确度 | 预测所用时间 |
|---|---|---|---|---|---|---|
| 定性预测法 | 专家会议法 | | 长期预测 | 市场历史发展资料和信息 | 较好 | 较长 |
| | 德尔菲法 | | 长期预测 | 将专家意见综合分析与处理 | 较好 | 长 |
| | 类推预测法 | | 长期预测 | 多年历史资料 | 尚好 | 一般 |
| 定量预测法 | 时间序列预测法 | 移动平均法 | 短期预测 | 数据最低要求5~10个 | 尚好 | 短 |
| | | 指数平滑法 | 短期预测 | 数据最低要求5~10个 | 较好 | 短 |
| | | 趋势外推法 | 短、中期预测 | 至少5年数据 | 短期好，中期较好 | 短 |
| | 因果预测分析法 | 回归分析 | 短、中、长期预测 | 需要几年数据 | 很好 | 取决于分析能力 |
| | | 消费系数法 | 短、中、长期预测 | 需要几年数据 | 很好 | 取决于分析能力 |
| | | 弹性系数法 | 短、中、长期预测 | 需要几年数据 | 较好 | 短 |

## 七、市场预测的一般程序

市场预测一般可按以下6个程序进行。

### （一） 确定预测目标

预测目标是企业制定预测工作计划、确定资料来源、选择预测方法及配备预测人力的重要依据，所以进行经营预测，应首先明确预测目标。预测目标一般应根据企业生产经营的总体目标来设计和选择，避免盲目确定或面面俱到，还应根据预测的具体对象和内容确定预测的期限和范围。

### （二） 收集数据资料

根据已确定的预测目标，围绕预测目标有针对性地收集必要的信息资料，并采用一定方法对所收集的历史资料进行加工、整理、归纳和分析，找出与预测对象有关的各因素之间的相互依存关系，做到去粗取精、去伪存真，使经营预测建立在占用完整、准确信息的基础上。

### （三） 选择预测方法

经营预测方法的选择，必须从预测对象的实际出发，应根据预测对象的不同而有所不同。对于那些信息资料收集齐全、可以建立数学模型的预测对象，应根据预测目标与有关影响因素之间的关系，以及经过分析整理的有关预测信息资料，确定恰当的定量预测法；而对于那些缺乏大量信息资料、无法进行定量分析的预测对象，应当结合以往经验选择最佳的定性预测方法。为了保证企业预测分析的质量，应将定量预测法与定性预测法结合起来使用。

### （四）　预测组织实施

预测的组织实施，是进行预测的具体操作过程。对相同的预测对象，运用不同的预测方法，有可能取得大体一致的预测结果，也可能得到本质不同的预测结果。因此，在做一些重要的市场预测时，可以多采用几种方法进行预测。

### （五）　评价预测结果并修正误差

通过检查预测结论是否符合当前实际，分析产生差异的原因，来验证预测方法是否科学有效，以便在以后的预测过程中及时加以改进。同时，由于企业面对的市场复杂多变，存在许多不确定因素，根据数学模型计算出来的预测值可能没有将非计量因素考虑进去，这就需要结合定性分析的结论对其进行修正和补充，说明预测结果可能的变化幅度和预测误差，使其更接近于实际，为决策者在使用预测信息时留有充分的余地。

### （六）　提出预测报告

对于预测所揭示的客观事物发展变化的内在必然性，最终应以一定形式、按照一定程序向企业的有关管理者提出预测分析报告，以便于制定正确的计划，进行科学的决策。

---

**知识拓展**

预测古已有之，我国历史上就不乏许多有识之士在政治、军事、经济上进行预测的实例。如东汉末年的诸葛亮，初出茅庐之前所做的"隆中对"就能预见东汉末年天下三分的时局。"隆中对"是诸葛亮在刘备三顾茅庐时向其提出的兴复汉室、谋取天下的战略策划书。而这部战略策划书是诸葛亮根据当时的政治、经济、军事、人事、地理环境进行预测而成的。

官渡大战以后，刘备逃到荆州，投奔刘表。刘表拨给他一些人马，让他驻在新野（今河南新野县）。刘备在荆州住了几年，刘表一直把他当上等宾客来招待。但刘备是一个雄心勃勃的人，因为自己的抱负没有能够实现，心里总是闷闷不乐。刘表安慰了他一阵，但是刘备心里总在考虑着长远的打算。

他想寻找个好助手，打听到襄阳地方有个名士叫司马徽，就特地去拜访。司马徽很客气地接待他，问他的来意。刘备说："不瞒先生说，我是专诚来向您请教天下大势的。"司马徽听了，呵呵大笑起来，说："像我这样平凡的人，懂得什么天下大势。要谈天下大势，得靠有才能的俊杰。"刘备央求他指点说："往哪里去找这样的俊杰呢？"司马徽说："这一带有卧龙，还有凤雏，您能请到其中一位，就可以平定天下了。"司马徽告诉刘备：卧龙名叫诸葛亮，字孔明；凤雏名叫庞统，字士元。

徐庶也是当地一位名士，听到刘备正在招贤纳士，特地来投奔他。刘备很高兴，就把徐庶留在部下当谋士。徐庶说："我有个老朋友诸葛孔明，人们称他卧龙，将军是不是愿意见见他呢？"刘备听了徐庶的介绍，说："既然您跟他这样熟悉，就请您辛苦一趟，把他请来吧！"徐庶摇摇头说："这可不行。像这样的人，一定得将军亲自去请他，才能表示您的诚意。"刘备先后听到司马徽、徐庶这样推崇诸葛亮，知道诸葛亮一定是个了不起的人才，就带着关羽、张飞，一起到隆中去找诸葛亮。

三顾茅庐后，诸葛亮终于被刘备的诚意感动了，就在自己的草屋里接待刘备。诸葛亮看到刘备这样虚心请教，也就推心置腹地跟刘备谈了自己的主张："北让曹操占天时，南让孙权占地利，将军可占人和，拿下西川成大业，和曹、孙成三足鼎立之势。"意思就是现在曹操已经战胜袁绍，拥有一百万兵力，而且他又挟持天子发号施令。这就不能光凭武力和他争胜负了。孙权占据江东一带，已经三代。江东地势险要，现在百姓归附他，还有一批有才能的人为他效力。看来，也只能和他联合，不能打他的主意。接着，诸葛亮分析了荆州和益州（今四川、云南和陕西、甘肃、湖北、贵州的一部）的形势，认为荆州是一个军事要地，可是刘表是守不住这块地方的。益州土地肥沃广阔，向来称为"天府之国"，可是那里的主人刘璋也是个懦弱无能的人，大家都对他不满意。最后，他说："将军是皇室的后代，天下闻名，如果您能占领荆、益两州的地方，对外联合孙权，对内整顿内政，一旦有机会，就可以从荆州、益州两路进军，攻击曹操。到那时，有谁不欢迎将军呢。能够这样，功业就可以成就，汉室也可以恢复了。"

刘备听了诸葛亮这一番精辟透彻的分析，思想豁然开朗。他觉得诸葛亮人才难得，于是恳切地请诸葛亮出山，帮助他完成兴复汉室的大业。诸葛亮遂出山辅佐刘备。

后来，人们把这件事称作"三顾茅庐"，把诸葛亮这番谈话称作"隆中对"。

# 第二节　个人直观判断法

个人直观判断法，就是在企业经营活动中，有关人员凭借个人的经验和知识对事物的未来发展趋势做出判断。这种判断的准确性，在很大程度上取决于预测者获取数据资料和进行逻辑推理的能力。

## 一、个人直观判断法的特点

### （一）定性的主观推断

根据是否建立数学模型，市场预测方法可分为定性和定量预测法两大类。定性预测法是根据直观材料，依靠预测者的经验和分析判断能力，对未来事物的发展做出的预测。个人直观判断法是定性预测法中的一种，它对事物未来发展趋势的预测完全凭预测者主观判断和逻辑推理能力，而不借用或很少借用数学模型，因此，预测结果不可避免地带有浓重的个人主观色彩。

### （二）预测结果取决于预测者的知识经验

正因为个人直观判断法具有定性的主观性，故预测结果的取得与预测者的判断推测能力有极大关系，而预测者的判断推测能力又取决于其对事物的认识能力、分析能力、逻辑推理水

NOTE

平、工作经验等，甚至与气质、性格等人的基本素质也很有关联。不同的预测者，由于知识经验的不同，其预测结果差异较大。所以，要想取得较佳的预测结果，就要重视和尊重经验丰富、知识水平较高的专家的推测。

### （三）预测过程简便

个人直观判断法是以预测者的个人判断推测为主，由于预测者对所需要预测的目标及相关情况掌握比较透彻，不需专门进行调查摸底，同时其分析判断也主要是依靠自己的思维，而不是数学模型等，故其预测过程较其他预测方法简便，其预测所需时间也相对较短。

由于个人直观判断法存在上述三个特点，故它仅仅适用于近期或短期的市场预测，尤其适用于那些急需对市场某一方面情况做出大致估计的预测分析。

## 二、个人直观判断法的作用

### （一）是市场快速预测必不可少的方法

由于现代社会信息技术的进步，市场形势瞬息万变。企业要时时刻刻注意市场的变化状况，把握市场的变化规律，并据之随时做出经营决策。由于时间、精力与财力等因素的限制，企业不可能也没有必要对频繁的市场变化详加分析预测，并且在很多情况下，市场商机稍纵即逝，需要"当机立断"，而采用复杂的预测方法无法承担此任务，这就需要由企业管理人员或销售人员根据自己的知识经验，快速地对变化的市场情况做出判断、预测，进而决策。

### （二）是其他预测方法的必要补充

尽管市场预测方法种类繁多，但各有利弊。在现代复杂的市场环境中，一味将先进的科学设备和技术引进到预测工作是远远不够的，先进的设备仅仅是预测的工具，而真正要对预测结果做出明智的分析与判断，仍然需要运用个人直观判断法。尤其在瞬息万变的市场环境中，更需要运用个人直观判断方法"当机立断"。此外，将个人直观判断法与其他市场预测方法结合起来，能够起到取长补短、互为补充的作用，能使预测结果更加有效，更加符合客观的市场实际。

## 三、个人直观判断法的种类及运用

个人直观判断法可以分为两大类，即相关推断法和对比类推法。

### （一）相关推断法

相关推断法，就是根据事物之间的相关关系，从已知经济现象及经济指标的发展趋势，来推断预测对象的未来发展动向。

户外搭帐篷已成为目前众多家庭的一种户外休整与娱乐享受，帐篷的市场需求量同有露营意愿的人数有密切关系，而露营意愿与拥有家庭轿车的人数密切相关。在已知现有家庭轿车人数（或家庭）及增长量的情况下，可大致推断出帐篷的需求量。当然，若能考虑不同经济收入家庭的消费水平，将拥有家庭轿车的人数进行分类，确定每类轿车的年需求量，这样推断出来的帐篷需求量更加准确。

在市场预测中，运用相关推断法，首先要依据理论分析或实践经验，找出与预测对象相关的各种因素，特别要抓住同预测对象有直接关系的主要因素，再依据事物之间的内在联系（如因果关系，或相关关系），对预测对象进行推断。一般情况下，相关推断法有以下几种。

**1. 从时间关系上进行推断**　某些社会经济现象在其他社会经济现象出现变化之后，相隔若干时间才会随之发生相应的变化。这种相关的变化关系称为时间上先行与后行关系，反映了因果关系的时间顺序性，原因在先，结果在后。先行的经济指标称为领先指标，后行的经济指标称为滞后指标，两者相隔的时间称为滞后时间。

例如：原料价格的上涨，先于制成品价格的上涨；石油价格的提高，先于化工材料价格的提高；婴儿出生人数的增加，先于婴儿用品需求量的增加。原材料价格与制成品价格、石油价格与化工材料价格存在着先行与后行的关系。

某些社会现象之间的原因与结果，先后相继出现的时间间隔很短，几乎可看成是同时出现，称这两者具有时间上的平行关系。分析市场经济变量与某些经济指标之间的平行关系，也是运用相关推断法的重要方面。这种平行关系的推断，往往同变动方向的推断结合起来运用。

1990 年 8 月，伊拉克入侵科威特，国际上在谴责伊拉克野蛮行径的同时，对其实行经济制裁和货物禁运。世界石油市场的价格立即上涨，我国也随之调整了石油出口策略，提高了石油价格，并大量组织石油向国外出口。这是成功地利用经济现象平行关系的范例。又如，婴儿用品需求量直接与婴儿出生人数有关。随着我国二胎政策的落地，婴儿的出生高峰即将到来，且随着人们收入水平的提高，婴儿用品必向高档化、系列化、现代化方向发展，婴儿用品的制造企业与销售企业需要据此调整原先的生产经营策略，以适应新形势的需要。这也是一种平行关系推断的应用。

**2. 从相关变动方向上进行推断**　在社会经济现象之间的相关变动关系中，不仅有时间上的先后，还有变动方向上的正向与负向关系。两个经济指标相关，有的是同增同减。当一个经济指标增加（或减少）会引起另一指标的增加（或减少），则两者存在正相关关系；当一个经济指标增加（或减少）会引起另一指标的减少（或增加），则两者存在负相关关系。可以利用经济现象事物之间的这种正向或负向变化关系，来判断预测对象的变动趋势。

一些相互配套和连带关系的商品（即互补产品），在需求上往往有同增同减的关系。例如：智能手机的销售量增加，移动充电宝的销售量也会增加；反之，智能手机的销量减少，移动充电宝的销售量也会减少。

许多有相互代替关系的商品（即替补产品），在需求上往往存在此长彼消的关系。例如：笔记本电脑的销售量增加，台式电脑的销售量就会减少。圆珠笔的销售量增加，钢笔的销售量就会减少；反之，钢笔的销售量增加，圆珠笔的销售量就会减少。

在进行市场预测时，还要考虑两个相关指标之间的数量变化关系。这种数量变化关系，不外乎以下三种情况：一是两者同步增减，也就是两者增减的量大体相近；二是两者不同步增减，但增减的比率保持一定差距，也就是预测目标的变量增减比率总是高于或低于同预测目标相关的另一变量的增减比率，并保持大体相近的变动比率；三是两者的增减变化不规则，即有时同步增减、有时不同步增减，而且变化的差距也不一样，这表明两者的变化关系在数量上没有规律可循。

对于前两种情况，在市场预测时，可通过近几年的历史统计资料分析，找出相关经济现象之间数量关系的变化规律，从而凭借预测者对今后市场形势的分析，做出预测与估计。对于第三种情况，预测者就需要经过长期的观察，运用大量的统计资料来进行分析，并考虑预测期市场形势可能发生的变化状况，做出判断。

**3. 多因素综合推断** 多因素综合推断，就是在综合分析影响预测对象各个因素的基础上，对预测对象变化的趋势做出定性估计。运用此种方法推断，首先要找出对预测对象有影响的各种因素；然后，对每个因素进行分析，了解每个因素对预测对象作用力的时间关系、大小与方向；最后，对各个因素的作用做出综合性推断，用各因素的"合力"来推断预测对象的变化趋势。

### （二） 对比类推法

对比类推法，就是根据市场及其环境因素之间的类似性，通过相互对照，从一个市场发展变化的情况推测另一个市场未来趋势的判断预测方法。对比类推法根据预测者对预测目标市场范围的不同，可分为产品对比类推法、行业对比类推法、地区（或国际）对比类推法。

**1. 产品对比类推法** 这种对比类推法是以其他相近产品的发展变化情况来推断某种新产品的发展变化趋势。

产品对比类推法的依据：由于产品之间在功能、构造、原材料、档次等方面的相似性，产品市场的发展可能出现某种相似性。

例如，彩色电视机和黑白电视机的基本功能是相似的，因此，可以根据黑白电视机的市场发展规律大致判断彩色电视机市场的发展趋势。又如，同一种布料做成的不同服装市场之间可能有某种相似性，这在个人经验预测法中常为预测者重视。再如，档次相近的产品市场之间，如高级化妆品（或奢侈品等）的市场之间可能存在相似的营销规律。

总之，在市场预测中，可以根据产品市场之间的相似性，对产品的发展趋势进行判断预测。

**2. 行业对比类推法** 有不少产品的发展是从某一个行业市场开始，逐步向其他行业推广；而且每进入一个新的行业市场，往往要对原来的产品做一些改进或创新，以便适合新的行业市场的需要。根据这一点，可以运用行业对比类推法对产品的行业市场加以判断预测。

例如，预测者可以根据军工产品市场的发展预测民品的市场。军工产品一般都是技术上领先的产品，军工行业市场的现在基本上就是民用市场的未来。所以，预测者应密切注视军工产品的发展动向，推测军工产品或技术在民用市场上发展的可能性。除了军工行业外，航天工业也是技术领先的行业之一。有些今天仅用于宇航的产品，可能在将来的民用市场上得到普及，羽绒服、浓缩速溶饮品就是范例。

总之，预测者可以根据先行的行业市场类推滞后的行业市场，这就是行业类推法。

**3. 地区（或国际）对比类推法** 同类产品的市场，不仅在不同行业之间存在领先滞后的时差，而且在不同地区（不同国家）之间也存在这种时差。因而，预测者可以根据领先地区的市场情况类推滞后的市场。

就服装而言，上海、广州、大连、温州、石狮等城市市场可能是领先的，这些地区服装市场的发展情况，可以作为估计与推测其他地区和城市服装市场的发展依据。当然，在进行地区对比类推时，要考虑到不同地区消费者的消费行为、消费心理、消费水平、消费结构、消费习俗等方面的异同及程度。同时应注意同一产品在不同的地区，其产品生命周期也可能有差异，这是与其他对比类推法相比有所不同的。

国际对比类推较地区对比类推更为复杂，它不仅要考虑不同国家之间消费心理、人口、风俗习惯、文化传统等因素，而且还要考虑不同国家之间在经济增长、经济结构、经济体制、国家政策和法规等方面的异同。

例如，预测我国国内汽车市场时，可以参考国外工业发达国家汽车市场发展情况，并加以类推。但是，如果不注意我国的具体国情，如现时的道路交通水平、国家汽车市场政策、汽车市场的营销体制及汽车工业发展的基础产业等显然是不行的。又如，在预测某种产品国外市场的开拓时，需要参考这种产品在国内市场的发展情况，但如果不注意国内外市场的环境差异肯定是不行的。

# 第三节　专家会议法

专家会议法，又称为集合意见法，是根据规定的原则邀请一定数量的专家，按照一定的方式组织专家会议，通过共同讨论的形式达成共识，对预测对象未来的发展趋势及状况做出集体判断的方法。

参加会议的人员，一般选择具有丰富经验、对预测主题熟悉，并有一定专长的各方面专家。这种方法可以发挥专家的智慧，寻找预测的依据和逻辑，做出较为理智的判断，从而可以避免依靠个人经验进行预测而产生的片面性。

例如，对材料价格市场行情的预测，可请材料设备采购人员、计划人员、经营人员等；对工料消耗分析，可请技术人员、施工管理人员、材料管理人员、劳资人员等；估计工程成本，可请预算人员、经营人员、施工管理人员等。

但是，专家会议法是面对面的讨论，与会专家的个性、心理状态、在组织中的职位高低，以及说服能力等都会影响预测效果。特别是一些"权威"人士，往往会左右他人意见，使专家会议法的预测效果大打折扣。因此，专家会场上平等自由的讨论气氛，是采用专家会议法进行预测的一个基本要求。

例如：一家公司即将向市场投放某种新产品，公司的生产技术部门和市场营销部门对这种新产品的看法发生分歧。生产技术部门认为该产品销售前景看好，可以进行批量生产；而市场营销部门则认为，这种新产品过去没有销售过，没有历史销售资料可以借鉴，对销售前景看不准，是否进行大批量生产最好不要太早下结论。为了使大家统一看法，该公司邀请了有关方面的专家开会讨论，包括产品设计和生产方面的专家、推销专家、区域经营专家、管理专家及市场调研机构的专家等。为了使会议开得富有成效，公司准备了一些背景资料，如新产品的质量、成本、价格、同类产品销售情况、公司市场知名度等。在会议上，公司采用了各种方法以保证与会者畅所欲言，自由争辩。最后，公司在广泛听取各方专家意见的基础上，综合每位专家的意见，整理出有关新产品的竞争能力与市场需求的材料，并对该产品市场未来的销售状况做出判断和推测。

## 一、专家会议法的组织形式

目前，专家会议法的主要组织形式包括三种：头脑风暴会议法、交锋式会议法、混合式会议法。

**1. 头脑风暴会议法**　也称非交锋式会议。会议不带任何限制条件，鼓励与会专家独立、任意地发表意见，没有批评或评论，以激发灵感，产生创造性思维。

**2. 交锋式会议法**　与会专家围绕一个主题，各自发表意见，并进行充分讨论，最后达成共识，取得比较一致的预测结论。

**3. 混合式会议法**　也称质疑头脑风暴法，是对头脑风暴法的改进。它将会议分为两个阶段，第一阶段是非交锋式会议，产生各种思路和预测方案；第二阶段是交锋式会议，对上一阶段提出的各种设想进行质疑和讨论，也可提出新的设想，相互不断启发，最后取得一致的预测结论。

## 二、专家会议法的实施要求

### （一）注意选好专家

1. 如果应邀的专家彼此相互认识，就要从同一职位的人员中挑选，领导者不应参加。如果应邀的专家彼此互不认识，可以从不同职位的人员中挑选，但禁止宣布参加者的职位，主持会议者应一视同仁。

2. 绝大多数应邀专家的研究领域应力求与论及的预测对象的问题相一致，但同时应邀请一些学识渊博、经验丰富、对所论及的问题有较深理解的其他领域的专家参加会议。

3. 选择专家不仅看经验、知识能力，还要看是否善于表达自己的意见。知识面广、思想活跃的专家，可以防止会议气氛沉闷，同时可以作为易激发的元素因子，使整个创造设想起强烈连锁反应。

4. 参加会议的专家人数不宜太多，也不宜太少，这样可以在思维激发持续时间内使问题讨论更深入一些，意见反映也更全面一些。一般10～15个专家组成专家预测小组。理想的专家预测小组应由如下人员组成：方法论学家——预测学家；设想产生者——专业领域专家；分析者——专业领域的高级专家，他们应当追溯过去并及时评价对象的现状和发展趋势；演绎者——对所论问题具有充分推断能力的专家。

专家会议法的领导和主持工作最好能委托给预测学家或者对专家会议法比较熟悉的专家担任。如果所论及的问题专业面很窄，则应邀请论及问题的专家和熟悉此法的专家共同担任领导工作。因为他们对要解决的问题十分了解，知道如何提问题，并对引导科学论辩有足够的经验，也熟悉头脑风暴法的处理程序和方法。作为主持人，在主持会议时应头脑清晰、思路敏捷、作风民主，既善于营造活跃的气氛，又善于启发诱导。

专家会议时间一般以20～60分钟为宜，通常在会议开始时，主持人必须采取强制询问的方法，因为主持人能在5～10分钟之内创造一个自由交换意见的气氛，并激起参加者发言的可能性很小。同时头脑风暴会议会场布置要考虑到光线、噪音、室温等因素，做到环境宜人，给人以轻松舒适的感觉。

### （二）与会者要严格遵守的原则

1. 讨论的问题不宜太小，不得附加各种约束条件。

2. 倡导提新奇设想，越新奇越好。

3. 提出的设想越多越好。

4. 鼓励结合他人的设想提出新的设想。

5. 不允许私下交谈，不得宣读事先准备的发言稿。

6. 与会者不论职务高低，一律平等相待。

7. 不允许批评或指责别人的设想。

8. 不允许对提出的创造性设想作判断性结论。

9. 不得以集体或权威意见的方式妨碍他人提出设想。

10. 提出的设想不分好坏，一律记录下来。

会议提出的设想应录在磁带上，或设一名记录员记录，以便不放过任何一个设想。会议结束后，由分析组对会议产生的设想，按如下程序系统化：①就所有提出的设想编制名称一览表；②用专业术语说明每一设想；③找出重复和互为补充的设想，并在此基础上形成综合设想；④分组编制设想一览表。将提出的设想分析整理，分别进行严格的审查和评议，从中筛选出有价值的提案。

### （三）组织者应遵守的两条基本原则

**1. 推迟判断原则**　即不要过早地下断言、做结论，避免束缚他人的想象力，熄灭创造性思想的火花。这一原则要求对与会者发言畅谈期间所提出的任何一种设想和看法，不管这些设想和看法正确与否，也不管这些设想和看法是否符合自己的想法，严格规定不准对别人提的设想和意见提出怀疑和批评，更不允许抓别人发言中的"辫子"。不仅不准对别人的意见评头论足，而且也不允许对自己的发言作自我评判。即便是自己确知原来的发言是错误的，也不允许在此会议上作自我批评。总之，应自觉禁止一切形式的评判。不仅禁止否定性的评判，而且也禁止肯定性的颂扬，特别是夸大其词的溢美之言。例如，"这个方案太好了""您真是这方面的权威"等，类似这样恭维的话同样会妨碍创造性的发挥，并且也会妨碍人们继续独立思考、寻求最佳设想的热情。

**2. 数量保证质量的原则**　这一原则指在有限的时间里所提出的设想数量越多越好，鼓励与会者抓紧时间提出尽可能多的设想。这是因为，只有一定的数量，才能保证一定的质量。据国外的调查统计结果表明，一个在同一时间内能比别人多提出两倍设想的人，最后产生的有实用价值的设想可以比别人高出 10 倍。因此，要激发与会专家尽可能多地提出自己的设想。同时，应注意并不是与会者人越多，提出的建议或设想就越多，因为往往参与者太多，反倒使更多人失去了参与的激情，达不到预期的效果。

## 三、专家会议法的实施步骤

### （一）会议前的准备

专家会议前的各项准备工作大体包括以下几方面。

1. 确定欲解决的问题。若解决的问题涉及的面很广或包含的因素太多，就应该把问题分解为若干单一明确的子问题，一次会议最好只解决一个问题。

2. 根据要解决问题的性质挑选参加会议的人选。

3. 拟定开会的邀请通知，并附上一张备忘录。备忘录上面应注明会议的主题及涉及的具体内容。

### （二）会前"热身"

人的大脑不是一下子就可以发动起来并立即投入高度紧张工作的，它需要一个逐步"升温"的过程。此步骤的目的是促使与会者的大脑尽快开动起来并处于"受激"状态，从而形成一种热烈、欢愉和宽松的气氛。该过程一般只需几分钟就可以了。通常是通过讲幽默故事或者提出一两个与会议主题关系不大的小问题的形式，促使与会者积极思考并畅所欲言。

### （三） 介绍问题

主持人首先向大家介绍所要解决的问题。介绍问题时，只能向与会者提出有关问题的最低数量的信息，切忌把自己的初步设想全盘端出来。同时，要注意表达问题的技巧，主持人的发言尽量做到富有启发性。

### （四） 重新叙述问题

这里是指改变问题的表达方式。此步骤要在仔细分析所要解决问题的基础上，尽量找出它的不同方面，然后在每一方面都用"怎样……"的句型来表达。

例如：假定要解决的问题是如何提高某制药企业的经济效益。那么，对此问题就可重新叙述如下：①怎样降低成本？②怎样扩大市场份额？③怎样减少库存，加快资金的周转速度？④怎样提高管理水平？⑤怎样搞好新药产品研发与制造？⑥怎样强化职工技术培训，提高职工的科学技术水平和工艺水平？⑦怎样引进人才，引进新药专利？⑧怎样减少浪费？⑨怎样加强职工的思想政治工作，调动积极因素，增强企业的凝聚力？⑩怎样提高企业的决策水平，切实做到决策的民主化和科学化？

### （五） 畅谈

按会议所规定的原则，针对上面重新叙述的问题进行畅谈。这一阶段是与会者充分发挥自己的创造能力，让思维自由驰骋，并借助于与会者之间的智力碰撞、思维共振、信息激发提出大量创造性设想的阶段。因此，这是专家会议法的关键阶段。

根据国内的实践经验，一次成功的头脑风暴会议法，一般都能产生出几十条，甚至上百条的设想。虽然一部分没有实用价值，但确实也有几个设想既新颖又具有很大的实用价值。

### （六） 对有价值的设想加工整理

会议主持者汇集有关人员，对会上提出的所有设想要认真筛选，特别是那些有一定价值的设想，要仔细研究和正确评价，并进行加工整理，去掉不合理、不科学或不切合实际的部分，补充、增加一些内容，使某些新颖、有价值的设想更完善，更具有实用价值。

实践表明，专家会议法，尤其是头脑风暴会议法可以排除折中方案，对所论问题通过公正连续的分析，找到一组切实可行的方案，因而近年来头脑风暴会议法在军事和民用预测中得到广泛应用。

例如：在美国国防部制订长远科技规划中，邀请 50 名专家采用头脑风暴会议法开了两周会议。参加的任务是对事先提出的工作文件提出非议，并通过讨论把文件变成协调一致的报告。通过讨论，原工作文件中只有 25% ~ 30% 的意见保留，由此可以看到头脑风暴会议法的价值。

## 四、专家会议法的优缺点

专家会议法有助于专家们交换意见，通过互相启发，可以弥补个人意见的不足；通过内外信息的交流与反馈，产生"思维共振"，进而将产生的创造性思维活动集中于预测对象，在较短时间内得到富有成效的创造性成果，为决策提供预测依据。

但是，专家会议法也有不足之处：①由于参加会议的人数有限，因此代表性不充分；②易屈服于权威或大多数人意见，容易压制不同意见的发表；③易受表达能力的影响，而使一些有价值的意见未得到重视；④易于受心理因素，如自尊心等因素的影响，可能使会议出现僵局；⑤易受潮流思想的影响等。

# 第四节　德尔菲法

德尔菲法（Delphi method），又名专家通信调查法或专家函询调查法，是依据系统的程序，采用匿名发表意见的方式，即团队成员之间不得互相讨论，不发生横向联系，只能与调查人员发生关系，以反复填写问卷，以集结问卷填写人的共识及搜集各方意见，可用来构造团队沟通流程，应对复杂任务难题的管理技术。该方法主要是由调查者拟定调查表，按照既定程序，以函件的方式分别向专家组成员进行征询；而专家组成员又以匿名的方式（函件）提交意见。经过几次反复征询和反馈，专家组成员的意见逐步趋于集中，最后获得具有很高准确率的集体判断结果。德尔菲法是为了避免专家会议法容易被"权威"意见左右的不足而采用的一种预测方法。为了使不同专家的意见能够充分表达，这种方法要求专家们背靠背而不是面对面地做出集体判断。应用德尔菲法解决的主要有三类问题：预测事件完成时间、择优选择方案和评价指标相对重要性。

**知识拓展**

德尔菲（Delphi）是古希腊的地名，相传希腊神在德尔菲降服妖龙，后人用"德尔菲"比喻神的高超预见能力。20世纪40年代末，美国兰德（RAND）公司借用"德尔菲"这个地名，作为美国空军预测"遭受原子弹轰炸后，可能出现的结果"的代号，德尔菲法由此得名。20世纪50年代以后，被用于市场预测。这种方法曾在20世纪七八十年代成为主要的预测方法，得到了广泛应用。经过人们不断改进、完善，它已广泛用来进行预测、决策分析和编制规划工作。

## 一、德尔菲法的基本特点

德尔菲法本质上是一种反馈匿名函询法。运用德尔菲法的大体过程：在对所要预测的问题征得专家的意见之后，进行整理、归纳、统计，再以匿名的方式将专家的第一轮意见反馈给各个专家，再次征求意见，再集中，再反馈，直至得到一致的意见。其过程可简单表示为：匿名征求专家意见→归纳、统计→匿名反馈→归纳、统计……若干轮后停止。由此可见，德尔菲法是一种利用函询形式进行的集体匿名思想交流过程，有4个明显区别于专家会议法的特点，即匿名性、反馈性、统计性、充分性。

**1. 匿名性**　匿名性是德尔菲法极其重要的特点。采用德尔菲法时，所有预测专家组成员彼此互不知道其他有哪些人参加预测，且不直接见面，只是通过函件背对背地表达意见，能够排除面对面"权威"的影响，消除预测参与专家表达意见的心理压力，使他们独立思考、独立判断。后来改进的德尔菲法允许专家开会进行专题讨论。

**2. 反馈性**　德尔菲法需要经过 3~4 轮的信息反馈，在每次反馈中每个预测专家都可以进行深入研究，多次提出和修改自己的意见，也有助于他们了解其他预测人员的意见和预测依据，开拓思路。专家的交流是通过回答组织者的问题来实现的，一般要经过若干轮反馈才能完成预测，得到的最终结果基本能够反映专家的基本想法和对信息的认识，结果较为客观、可信。

**3. 统计性**　定量处理是德尔菲法的一个重要特点。德尔菲法对所有专家意见和预测结果做定量的统计归纳与处理，使结果趋于一致。

**4. 充分性**　德尔菲法具有资源利用充分性的特点。由于德尔菲法吸收不同的专家与预测，充分利用了每位专家的经验和学识。

正是由于德尔菲法具有以上这些特点，使它在诸多判断预测或决策手段中脱颖而出。这种方法的优点主要是简便易行，具有一定科学性和实用性，可以避免会议讨论时产生的害怕权威随声附和，或固执己见，或因顾虑情面不愿与他人意见冲突等弊病；同时也可以使大家发表的意见较快收集，参加者也易接受结论，具有一定程度综合意见的客观性。

## 二、德尔菲法的操作流程

在德尔菲法的实施过程中，除了需要有预测专家外，还需要成立一个预测组织小组，负责拟订预测主题、编制预测事件一览表，以及对结果进行分析处理，更重要的是负责选择专家。

首先应注意的是，德尔菲法中的调查表与通常的调查表有所不同，除了有通常调查表向被调查者提出问题并要求回答的内容外，还兼有向被调查者提供信息的责任，它是专家们交流思想的工具。德尔菲法的工作流程大致可以分为四个步骤（图 8-1），在每一步中，组织者与专家都有各自不同的任务。

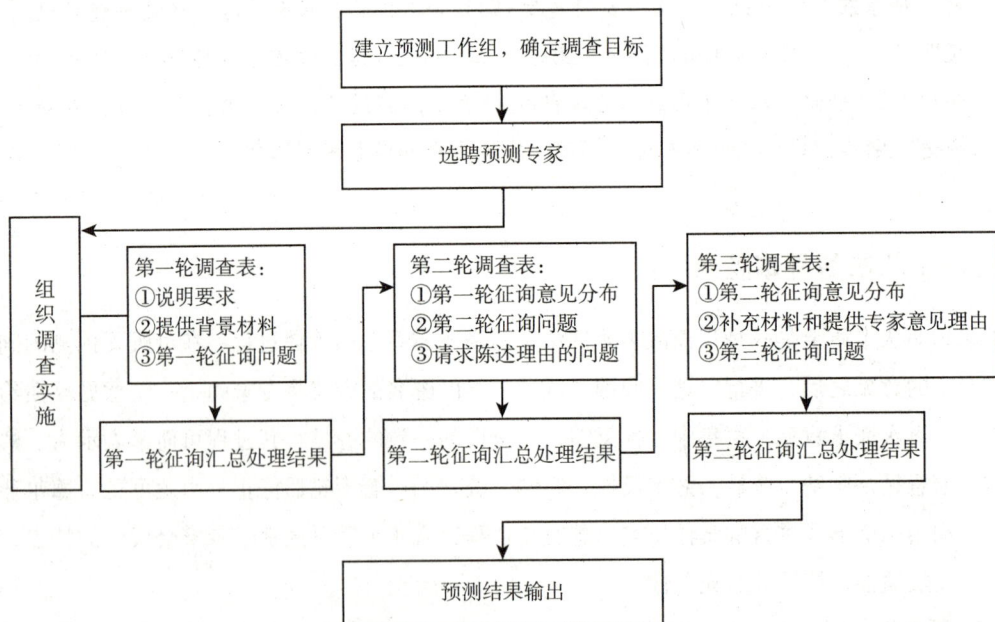

图 8-1　德尔菲法预测程序

### （一）　建立预测工作组，确定调查预测目标

调查的组织者明确调查的主题，设计调查问卷或调查提纲，并收集整理有关调查主题的背景材料，做好调查前的准备工作。准备好已收集到的有关资料，拟订向专家小组提出的问题，问题要提得明确。准备向专家提供的相关资料，包括预测目的、期限、调查表及填写方法等。

### （二）　选聘预测专家

德尔菲法本身就是一种对于意见和价值进行判断的作业，所以物色专家是一个关键步骤。在选择专家过程中不仅要根据调查主题，注意选择精通专业技术、有一定声望、有学科代表性的专家，同时还需要选择边缘学科、交叉学科的专家。预测专家规模，一般可根据预测课题的大小和涉及面的宽窄而定，人数一般不超过20人。人数太少，限制学科代表性，并缺乏权威，同时影响预测精度；人数太多，难于组织，对结果的处理也比较复杂，意见不易集中。然而对于重大预测项目，专家人数可以超过此数。

需要注意的是，因种种原因，专家可能不一定每轮都能参加，所以预选专家数要多于规定人数。专家选定后，还可根据具体预测问题，划分从事基础研究预测和应用研究预测的小组，亦可按其他形式分组。

例如："兰德"公司首先采用德尔菲法就科学的突破、人口的增长、自动化技术、航天技术、战争的可能与防止、新的武器系统等6个问题进行了预测。专家组由82人组成，分6个小组活动。成员一半来自于本公司，外单位成员中包括6名欧洲专家。

### （三）　组织调查，反复征询专家预测意见

专家名单确定后，即可将调查问卷或调查提纲及背景材料提交给每个选定的专家，请专家用书面方式，在规定的时间内各自作答，然后由组织者回收调查问题。具体可按照如下步骤开展。

**1. 开放式的首轮调研**　由预测组织者发给专家的第一轮调查表是开放式的，没有任何限制，只提出预测问题，请专家围绕预测问题说出预测意见，并请求他们说明预测的依据。因为，如果限制太多，会漏掉一些重要事件。

组织者回收意见后，依据专家们的答复，以匿名的方式汇总并整理专家们的意见，归并同类事件，排除次要事件，用准确术语提出一个预测事件一览表，并作为第二步调研的调查表发给专家。

**2. 评价式的第二轮调研**　将首轮调研归纳和整理的结果以匿名的方式反馈给各位专家，进行第二轮意见征询。要求专家根据新的资料，对第二步调查表的每个事件做出评价，如说明事件发生的时间、争论问题和事件或迟或早发生的理由。各位专家在第二轮征询过程中，可以坚持自己第一次征询的意见，也可以参考其他专家的不同意见，修改、补充自己原来的意见，再次由组织者回收问卷。组织者回收第二轮意见后，统计处理各位专家意见，整理出第三张调查表。第三张调查表包括事件、事件发生的中位数和上下四分点，以及事件发生时间在四分点外侧的理由。

**3. 重审式的第三轮调研**　整理出第三张调查表后，开始进行第三轮调研，将第三张调查表反馈给专家，请专家重审争论。请各位专家对上下四分点外的对立意见做出评价，并给出自己新的评价（尤其是在上下四分点外的专家，应重述自己的理由）。在第三轮意见征询过程中，如果专家要修正自己原来的观点，需要叙述改变理由。组织者回收专家们的新评论和新争

*NOTE*

论后，与第二步类似地统计中位数和上下四分点。总结专家观点，形成第四张调查表。其重点在争论双方的意见。

**4. 复核式的第四轮调研**　发放第四张调查表，专家再次评价和权衡，做出新的预测。是否要求做出新的论证与评价，取决于组织者的要求。回收第四张调查表，计算每个事件的中位数和上下四分点，归纳总结各种意见的理由及争论点。

值得注意的是，并不是所有被预测的事件都要经过四轮调研。有的事件可能在第二步就达到统一，而不必在第三步中出现；有的事件可能在第四步结束后，专家对各事件的预测也不一定达到统一。不统一也可以用中位数与上下四分点来做结论。事实上，总会有许多事件的预测结果不统一。

在反复征询专家预测意见的过程中，应注意以下几点：

（1）对德尔菲方法做出充分说明　在发出调查表的同时，应向专家说明德尔菲预测的目的和任务、专家回答的作用，以及德尔菲预测方法的原理和依据。

（2）问题要集中　提出的问题要有针对性。

（3）避免组合事件　例如避免提出"一种技术的实现是建立在某种方法基础上"这类组合事件。

（4）用词要确切　例如"私人家庭到哪一年将普遍使用大屏幕彩电"的预测事件中，"普遍""大"用得比较含糊。如果改为"私人家庭到哪一年将有80%使用64cm以上彩电"则更为确切。

（5）调查表要简化，问题数量适当限制　一般认为上限以25个为宜，且领导小组意见不应强加在调查表中。

### （四）预测结果输出

对专家的回答进行分析和处理是德尔菲法的最后阶段，也是最重要的阶段。在一般情况下，专家意见经过3~5轮反馈之后，预测结果的概率接近状态分布，可对各位专家最后一次的征询意见进行统计处理，作为调查预测的结果。

## 三、德尔菲法资料的统计处理方法

应用德尔菲法解决的主要有三类问题：预测事件完成时间、择优选择方案和评价指标相对重要性。

对预测事件完成时间问题的统计处理，用中位数代表专家们预测的协调结果，用上下四分位数代表专家们意见的分散程度。中位数表示专家中有一半人估计的时间早于该时间，而另一半人估计的时间晚于该时间。让专家从备选方案中选择最优的方案，通过百分比表示每个方案的专家选择比重，选择率最高的方案即最优方案。评价指标相对重要性是目前应用德尔菲法的常见问题类型，如建立评价指标体系。此类问题的统计分析内容主要有指标评分的集中程度、协调程度及协调系数的检验，专家意见的集中程度和协调程度是判断不同专家的意见是否存在分歧的重要指标。

以下主要介绍专家情况描述和专家答案情况的统计处理。

### （一）专家情况的统计处理

1. 对专家的性别、年龄、职务、专业、文化程度、从事专业的年限等进行描述性分析，以了解专家的基本情况，说明参加该预测项目专家的专业水平、经验丰富程度等。

2. 对专家参与调查的积极程度分析。一般以调查表的回收率和回答率两项指标衡量，包括不同专业、文化程度、从事专业年限专家的问卷回收情况。

专家咨询表回收率＝（参与的专家数/全部专家数）×100%，或专家咨询表回收率＝（收回问卷份数/发出问卷份数）×100%。这一指标可以反映专家对研究的关心程度。

问题回答率＝（对该问题有效问答的专家数/参与的专家数）×100%，或问题回答率（对该问题有效回答的份数/收回问卷的份数）×100%。这一指标说明了专家对该问题的熟悉和关注程度，同样也是从另一侧面说明调查结果的可信程度。

3. 计算专家的权威程度。专家的权威程度一般由两个因素决定，一是专家对方案做出判断的依据，二是专家对问题的熟悉程度。专家一般以"实践经验""理论分析""对国内外同行的了解"及"直觉"等作为判断依据。专家的权威程度以自我评价为主，两者的算术均值即权威程度。专家的权威程度越大，说明其判断的科学性越大，其结果可信度越高。

## （二）专家答案的统计处理

常用预测结果统计方法，是以中位数代表专家预测的集中意见，以上下四分位数代表专家意见的分散程度，上下分位数的间隔反映了处于中间状态50%的专家意见的差异范围。

将几位专家所提供的 $n$ 个（包括重复的）预测数据由小到大、从左到右进行排列：$x_1 \leq x_2 \leq x_3 \leq \cdots \leq x_n$。那么，中位数、上四分位数、下四分位数的计算方法，可分4种情况。

1. 当 $n$ 为偶数，且 $n = 2k$，$k$ 为偶数时，即 $n = 4，8，\cdots$

中位数的计算公式为：$Mdn = \dfrac{1}{2}(x_{\frac{n}{2}} + x_{\frac{n}{2}+1})$

上四分位点的计算公式为：$Q_1 = \dfrac{1}{2}(x_{\frac{k}{2}} + x_{\frac{k}{2}+1})$

下四分位点的计算公式为：$Q_3 = \dfrac{1}{2}(x_{\frac{3k}{2}} + x_{\frac{3k}{2}+1})$

**例8-1**：有20名专家的德尔菲调查的数据如下：

| 序号 | 1 | 2 | 3 | 4 | 5 | 6 | 7 | 8 | 9 | 10 | 11 | 12 | 13 | 14 | 15 | 16 | 17 | 18 | 19 | 20 |
|------|---|---|---|---|---|---|---|---|---|----|----|----|----|----|----|----|----|----|----|----|
| 数据 | 4 | 4 | 4 | 5 | 5 | 5 | 5 | 6 | 6 | 6 | 6 | 6 | 7 | 7 | 7 | 7 | 8 | 8 | 9 | 0 |

求：中位数，上四分位数，下四分位数。

解：因为 $n = 20$ 为偶数，$k = \dfrac{n}{2} = 10$ 为偶数，所以：

中位数为：$Mdn = \dfrac{1}{2}(x_{\frac{n}{2}} + x_{\frac{n}{2}+1}) = \dfrac{1}{2}(x_{10} + x_{11}) = \dfrac{1}{2}(6 + 6) = 6$

上四分位点为：$Q_1 = \dfrac{1}{2}(x_{\frac{k}{2}} + x_{\frac{k}{2}+1}) = \dfrac{1}{2}(x_5 + x_6) = \dfrac{1}{2}(5 + 5) = 5$

下四分位点为：$Q_3 = \dfrac{1}{2}(x_{\frac{3k}{2}} + x_{\frac{3k}{2}+1}) = \dfrac{1}{2}(x_{15} + x_{16}) = \dfrac{1}{2}(7 + 7) = 7$

2. 当 $n$ 为偶数，且 $n = 2k$，$k$ 为奇数时，即 $n = 6，10，\cdots$

中位数为：$Mdn = (x_{\frac{n}{2}} + x_{\frac{n}{2}+1})/2$

上四分位点为：$Q_1 = x_{\frac{k+1}{2}}$

下四分位点为：$Q_3 = x_{\frac{3k+1}{2}}$

**例 8-2**：有 18 名专家的德尔菲调查的数据如下：

| 序号 | 1 | 2 | 3 | 4 | 5 | 6 | 7 | 8 | 9 | 10 | 11 | 12 | 13 | 14 | 15 | 16 | 17 | 18 |
|------|---|---|---|---|---|---|---|---|---|----|----|----|----|----|----|----|----|----|
| 数据 | 4 | 4 | 4 | 5 | 5 | 5 | 5 | 6 | 6 | 6 | 6 | 6 | 7 | 7 | 7 | 7 | 8 | 8 |

求：中位数，上四分位数，下四分位数。

解：因为 $n = 18$ 为偶数，$k = \dfrac{n}{2} = 9$ 为奇数，所以：

中位数为：$Mdn = \dfrac{1}{2}\left(x_{\frac{n}{2}} + x_{\frac{n}{2}+1}\right) = \dfrac{1}{2}(x_9 + x_{10}) = \dfrac{1}{2}(6 + 6) = 6$

上四分位点为：$Q_1 = x_{\frac{k+1}{2}} = x_5 = 5$

下四分位点为：$Q_3 = x_{\frac{3k+1}{2}} = x_{14} = 7$

3. 当 $n$ 为奇数，且 $n = 2k + 1$，$k$ 为偶数时，即 $n = 5$，9，…

中位数为：$Mdn = x_{\frac{n+1}{2}}$

上四分位点为：$Q_1 = \dfrac{1}{2}\left(x_{\frac{k}{2}} + x_{\frac{k}{2}+1}\right)$

下四分位点为：$Q_3 = \dfrac{1}{2}\left(x_{\frac{3k}{2}+1} + x_{\frac{3k}{2}+2}\right)$

**例 8-3**：有 17 名专家的德尔菲调查的数据如下：

| 序号 | 1 | 2 | 3 | 4 | 5 | 6 | 7 | 8 | 9 | 10 | 11 | 12 | 13 | 14 | 15 | 16 | 17 |
|------|---|---|---|---|---|---|---|---|---|----|----|----|----|----|----|----|----|
| 数据 | 4 | 4 | 4 | 5 | 5 | 5 | 5 | 6 | 6 | 6 | 6 | 6 | 7 | 7 | 7 | 7 | 8 |

求：中位数，上四分位数，下四分位数。

解：因为 $n = 17$ 为奇数，$k = \dfrac{n-1}{2} = 8$ 为偶数，所以：

中位数为：$Mdn = x_{\frac{n+1}{2}} = x_9 = 6$

上四分位点为：$Q_1 = \dfrac{1}{2}\left(x_{\frac{k}{2}} + x_{\frac{k}{2}+1}\right) = \dfrac{1}{2}(x_4 + x_5) = \dfrac{1}{2}(5 + 5) = 5$

下四分位点为：$Q_3 = \dfrac{1}{2}\left(x_{\frac{3k}{2}+1} + x_{\frac{3k}{2}+2}\right) = \dfrac{1}{2}(x_{13} + x_{14}) = \dfrac{1}{2}(7 + 7) = 7$

4. 当 $n$ 为奇数，且 $n = 2k + 1$，$k$ 为奇数时，即 $n = 7$，11，…

中位数为：$Mdn = x_{\frac{n+1}{2}}$

上四分位点为：$Q_1 = x_{\frac{k+1}{2}}$

下四分位点为：$Q_3 = x_{\frac{3k+3}{2}}$

**例 8-4**：有 15 名专家的德尔菲调查的数据如下：

| 序号 | 1 | 2 | 3 | 4 | 5 | 6 | 7 | 8 | 9 | 10 | 11 | 12 | 13 | 14 | 15 |
|------|---|---|---|---|---|---|---|---|---|----|----|----|----|----|----|
| 数据 | 4 | 4 | 4 | 5 | 5 | 5 | 5 | 6 | 6 | 6 | 6 | 6 | 7 | 7 | 7 |

求：中位数，上四分位数，下四分位数。

NOTE

解：因为 $n = 15$ 为奇数，$k = \dfrac{n-1}{2} = 7$ 为奇数，所以：

中位数为：$Mdn = x_{\frac{n+1}{2}} = x_8 = 6$

上四分位点为：$Q_1 = x_{\frac{k+1}{2}} = x_4 = 5$

下四分位点为：$Q_3 = x_{\frac{3k+3}{2}} = x_{12} = 6$

## 四、德尔菲法在市场预测中的应用

德尔菲法在我国应用起始于 20 世纪 80 年代初期，时至今日，它已成为我国广泛使用的预测及评价研究方法。德尔菲法在我国的应用研究主要集中在以下六大领域。

### （一）　在评价相关领域的应用

德尔菲法本是为长期预测需要而创建的一种方法，但在评价相关领域的应用已是该法在我国的第一大应用领域。与评价相关的领域具体体现在"评价""评价指标""综合评价""评价指标体系""评价体系""模糊综合评价""评估""指标""模糊综合评判""评价方法""评价模型""绩效评价""模糊评价"等方面。

实践表明，在评价体系建立与优化、评价模型构建、评价指标的选择、评价指标的权重确定、方案评价与选择、绩效考核与评估、绩效评估工具选择、竞争力评价、发展水平评价、风险评估、安全评价、聘选机制等领域都非常适合采用德尔菲法。

### （二）　在科技预测相关领域的应用

"经济预测""预测方法""技术预见"等是德尔菲法在我国的另一个重要应用领域。德尔菲法特别适用于缺少情报资料和历史数据而又较多地受社会、政治人为因素影响的预测。如运用德尔菲法对 1988 ~ 1990 年陕西省黑白电视机市场需求趋势的预测，中国人民银行总行金融研究所于 1986 年 11 月邀请经济、金融、信息、管理等方面的专家对长期和下期的经济、金融形势进行了德尔菲法预测评估。此外，德尔菲法还特别适合缺乏足够原始数据或者需要考虑众多影响因素的科技发展及其对社会、经济影响的预测。

### （三）　在确定影响因素相关领域的应用

"影响因素""因子分析"是德尔菲法在我国的第三大应用领域。探寻研究对象的影响因素，长久以来一直是许多学科重要的研究内容，其方法也很多，但如果研究对象过于复杂，难以用其他方法确定研究对象的影响因素时，一般可以考虑采用德尔菲法，依靠专家的知识来完成这一艰巨的任务。

### （四）　在医学相关领域的应用

医学不仅是我国最早应用德尔菲法的领域，也是我国应用德尔菲法较成熟的领域之一。德尔菲法在临床医学、护理、卫生经济学、流行病学等领域的应用主要包括：①医疗机构的技术创新能力、疾病防治能力、应急能力和服务能力的评价，医疗机构的绩效考核、服务质量和服务满意度的评价，医疗机构的民主文化测评体系、服务风险管理指标体系和安全管理指标体系构建；②医护人员的资质、工作内容、工作范围、培训提纲的评定，医护人员的服务能力、技能、质量和绩效的评价，医护人员的人力资源配置、技术水平影响因素分析、执业准入标准构建、工作环境评价量表测评；③卫生管理体系、传染病暴发流行预警指标体系、出生缺陷干预综合评价指标体系、医疗新技术准入评估指标体系、农村合作医疗补偿方案评价指标体系的构建，卫生许可网上审批系统绩效、疾病管理适宜技术绩效、医用设备利用情况的评价，医疗机构品牌效应构成因素、亚健康影响因素、医学科研协作影响因素的分析，医学诊疗指南、诊疗方案、诊疗标准、医护流程设计原则、医护技术操作规程标准、健康评定量表的拟定。此外，卫生城市评选、医疗机构设立、健康教育机构资源配置等也都特别适合用德尔菲法。

### （五）　在土地集约利用评价、生态环境和可持续发展领域的应用

一方面土地资源越来越稀缺，另一方面土地利用效率不高，因此土地集约利用引起人们的重视。由于土地集约利用涉及因素较多且在很大程度上取决于政策和人为的努力，因此它适合采用德尔菲法进行研究。

德尔菲法在生态环境和可持续发展中的应用领域主要包括：①区域生态环境质量、区域经济可持续发展、循环经济发展、土地可持续利用、草原适宜放牧率、生态旅游的可持续性、生态旅游开发潜力、城市宜居性、生态安全评价、土地生态安全风险、风景林健康、绿化景观价值的评价；②环境与社会、经济协调发展评价指标体系、城市生态支持系统指标体系、低碳社会评价指标体系、城市绿地有害生物风险分析体系的构建。此外，绿化生态树种选择、生态环境区域类型划分、环境监测管理工作思路分析、生态环境影响因素分析、旅游竞争力评价等也适合用德尔菲法。

### （六）　在教育相关领域的应用

教育相关领域也是德尔菲法的一个重要应用领域。德尔菲法在教育中可应用领域主要包括：①学生的创新实践平台建设质量、毕业论文、健康生活方式、就业竞争力、创业能力、就业质量的评价；②学校竞争力评价指标体系、学科群建设评价指标体系、创新人才评价指标体系、课堂教学质量评价体系、远程医学教育机构评估指标体系和学生核心能力评价指标体系的构建。此外，教育质量影响因素分析、教学内容的优化与评价、教学评价量表的研制、教材建设改革策略研究、科研项目评价、高校贫困生国家助学金评定等也适合用德尔菲法。

### 【思考与练习】

#### 一、简答题

1. 用事例说明市场预测在企业经营决策中的重要作用。

2. 简述市场预测的原则与程序。

3. 定性预测法与定量预测法有何区别？各适用于什么条件？

4. 专家会议法与德尔菲法有何区别？

#### 二、计算题

某企业开发一种新产品，对新产品的年销售量难以确定，因而聘请了产品设计专家、营销专家、批发业务专家、零售专家等10位用德尔菲法进行预测，具体数据见表8-2。从表8-2中不难看出，专家们在发表第二轮预测意见时，大部分的专家都修改了自己的第一轮预测意见，只有编号为1和编号为10的专家们坚持自己第一轮的预测意见。经过三轮征询后，专家们预测值的差距在逐步缩小。在第一轮征询中，专家的最大预测值80与最小预测值45相差35万台；第二轮征询中，专家最大预测值75与最小预测值47相差28万台；第三轮征询中，专家最大预测值73与最小预测值55相差18万台。

请分别用平均数法、中位数法确定德尔菲法专家的最终预测值。

| 专家编号 | 1 | 2 | 3 | 4 | 5 | 6 | 7 | 8 | 9 | 10 |
|---|---|---|---|---|---|---|---|---|---|---|
| 第一轮 | 70 | 80 | 75 | 53 | 75 | 45 | 50 | 59 | 55 | 63 |
| 第二轮 | 70 | 75 | 73 | 55 | 65 | 47 | 54 | 65 | 60 | 63 |
| 第三轮 | 70 | 73 | 70 | 62 | 72 | 55 | 58 | 60 | 63 | 65 |

表 8-2　德尔菲法专家预测值汇总表　　　　（单位：万台）

## 三、案例分析

### 三次失策，苦汁自饮

美国西部的佩珀尔基农庄（Pepperldge Farm）从 1979～1984 年连续三次失策，使农庄自食其经营的苦果。

20 世纪 70 年代末，佩氏农庄几乎成了传统、优质副产品的代名词，无论是新鲜的蔬菜或冰冻制品，只要是冠以佩氏牌子，在市场上总是很抢手。

1979 年，佩氏农庄准备扩大战果。农庄的董事们云集一起，进行了长时间的酝酿，他们认为：人们的饮食模式正在改变，传统的家庭饮食已经过时，人们需要在无规则的时间里食用味道鲜美、数量不多却有饶有趣味的"非餐食"食品。1980 年 3 月，这条食品线在加州的贝克斯菲尔德经过了小型试验，试验结果表明，这种食品与三明治相比更能引起人们的食欲，烹饪方便、价格便宜。于是他们将其命名为"得利"食品。董事们预测，这种食品上市一年后，销售额不会低于 4000 万美元。

可是一年之后，"得利"食品的销售额只有 3500 万美元，大大低于佩氏农庄董事们的事先预测。这是佩珀尔基农庄有史以来的第一次严重失利。农庄的老板克鲁奇先生承认："得利"食品的牛肉馅肉质太老，令人极不满意；消费者并没有接受"得利"的新风味；更主要的是，"得利"食品在早期决策过程中没有一个明确的定位策略，目标顾客在哪儿、是谁，至今尚未清晰。

"看来，我们的运气不佳，我们必须需求新的机遇"，克鲁奇说，"产品也要有特色！"1982 年 5 月，佩氏农庄的董事们又坐到了一起，重新设计着新的方案。"我们一直销售着别人的优质饼干，为何自己不能生产呢？"一位董事说。董事们对这一提议很感兴趣，他们决心将此次的目标市场找准。"据可靠消息，3 部系列电影《星球大战》将于 1983 年春上映，这将赐予我们开发儿童饼干市场的良机。"另一位董事开口了。后经考察，证实了《星球大战》上映的内容和时间，董事会又形成了一个所谓"万无一失"的方案。

就在《星球大战》第 3 部上映的 1983 年春天，佩氏农庄的"星球大战饼干"批量上市。起初确实迎合了儿童的心理，销势看好，佩氏农庄信心十足地加快了生产步伐。"当时，我们确有垄断儿童饼干市场的雄心壮志"，克鲁奇先生回忆。但是，时隔几个月，形势急转直下，许多超级市场都不愿销售这种饼干。这些零售商认为佩氏农庄的饼干出厂价太高，他们不得不将零售价定为 1.39 美元，这在当时已超过了任何儿童饼干的价格。佩氏农庄设法降低生产成本，这样又使"星球大战饼干"的一些质量标准低于正常标准，由于已与卢卡斯电影公司签订了专利许可协议，因而在亏本情况下，佩氏农庄不得不硬着头皮生产。这个老牌农庄又遇到了新的问题。

在"星球大战饼干"刚刚滞销的同时，佩氏农庄的董事们又进行了"拯救佩珀尔基"商讨会，计划引进一种新的高质量产品——非过滤优质苹果汁。当时，美国消费者们购买的

80%的苹果汁都是经过过滤的，十分干净，且儿童消费占据很大的比重。他们将新产品投入于康涅狄格州的哈福特和新哈劳两地试销，取得了令人鼓舞的结果。于是，佩珀尔基就购买了一家大型食品加工厂。1984年初，印有佩珀尔基农庄名称的苹果汁在康涅狄格州铺天盖地地上了市。但是，当农庄将这种所谓"味美甘润的天然苹果汁"推向美国其他市场时，却招致了不幸。那时，美国人对天然饮料并未发生浓厚的兴趣，人们对这种未经过滤的、有很多絮状物的东西望而生畏。另外，产品名称和广告中没有一点"适宜于儿童"的宣传字样。销售不畅使农庄不得不以优惠价格出售产品，而降价又引起人们更大地猜疑。这种恶性循环使佩氏农庄陷入第三次困境。1984年财政年度，佩珀尔基农庄的经营利润下降了18%。1985年，那家大型食品加工厂整个关闭，至此，优质苹果汁只能作为自饮的苦汁了。

讨论：佩珀尔基农庄三次失策的原因？

# 第九章　市场预测（下）

**【本章导读】**

定量预测方法是立足历史资料和现状统计数据，运用数学方法对现有资料进行科学分析、处理，找出预测目标可能存在的趋势性规律或与其他因素的相关关系，由此对事物发展变化的趋势进行量化推断的预测方法。本章主要介绍的定量预测方法包括时间序列预测法、指数平滑预测法、马尔柯夫预测法和回归分析法。本章学习的基本要求：掌握各预测方法的基本原理，特别是各预测方法适用的数据类型和预测条件；熟练掌握各种预测法的基本运算公式和预测的基本步骤；重点把握季节变动趋势预测法、趋势外推预测法、指数平滑预测法、马尔柯夫预测法和线性回归分析预测法在实际调查中的应用。

**【导入案例】**

### 中国阿胶市场前景分析

阿胶，即阿邑（阿地）之胶。胶是古人在狩猎与生活中，熬制动物角与皮时发现的具有黏合力、可以食用并且可以治疗某些疾病的稠状物。李时珍《本草纲目》载："阿胶，《本经》上品。"陶弘景曰："出东阿，故名阿胶。"现代《药典》定义阿胶为马科动物驴的皮，经煎煮、浓缩制成的固体胶。道地阿胶表面平整，无油气孔，质硬而脆，断面光亮细腻，碎片对光照视呈棕色半透明状，李时珍赞其"黄透如琥珀色，光黑如瑿漆"。

目前全国阿胶生产厂家已超过30家，以东阿阿胶、福胶销量最大。其他阿胶小厂普遍产量在100~200吨之间，全国销量在6000~7000吨。随着中医药影响力的不断增大，以及人民保健意识的不断增强，阿胶补血的概念逐步深入人心。在东阿阿胶、福胶集团、同仁堂等企业共同推动下，阿胶行业的消费人群逐渐扩大，阿胶类产品的销量呈连续增长趋势。就我国阿胶产品的销量而言，2008~2014年，我国阿胶市场规模不断扩大（图9-1）。

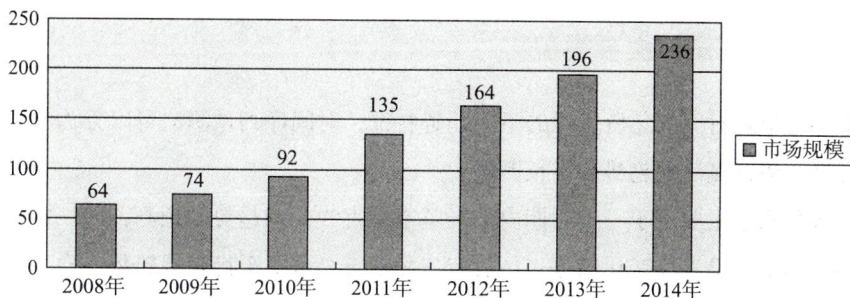

**图9-1　2008~2014年我国阿胶类产品市场规模统计（单位：亿元）**

思考：结合材料，运用定量预测的方法对2015~2020年间全球阿胶产量及我国阿胶市场的规模进行预测。

（资料来源：智研咨询集团："2015~2020年中国阿胶市场分析与投资前景研究报告"，http：//www.chyx.com/research/201503/309280.html）

# 第一节　时间序列预测法

## 一、时间序列预测法的定义和基本思路

时间序列是指将各行业或部门在生产、经营等过程中形成的历史统计数据，按照时间顺序排列而形成的一组数字序列。时间单位可以是日、周、月、季度或年等。例如：某品牌中成药在某区域每月的销售总量、中药材每年的出口量等。表9-1 就是以年为单位的时间序列，它反映了 2009～2014 年我国中药材大黄、籽黄的出口量变化。

表 9-1　2009～2014 年我国大黄、籽黄出口量统计　　　　（单位：千克）

| 年份 | 2009 | 2010 | 2011 | 2012 | 2013 | 2014 |
|---|---|---|---|---|---|---|
| 出口量 | 2202176 | 2304623 | 1989836 | 1785941 | 1777509 | 1431611 |

时间序列预测法就是将预测目标的历史数据列成时间序列，通过分析历史数据随时间变化的方向和趋势，外推或延伸时间序列来预测未来目标值的一种预测方法。

时间序列预测法的基本思路：各种社会经济现象的发展总是遵循一定的轨迹，是一个由历史到现在再到未来的过程。在这一过程中，影响事物发展的因素是多样的且具有复杂性，所以通过分析和判断影响事物发展因素来预测未来变化趋势的做法很难具有实践性。但如果将所有的影响因素综合起来，做一模糊化或简单化处理，即依据时间序列宏观地分析事物历史的变化规律，以此为基础，扩展或延伸历史发展的结果，由此考察事物过去与未来的联系，对事物未来的发展趋势做出判断，这是可能的。时间序列预测法就是基于以上思路，它不具体分析事物发展的因果关系，只分析事物的过去与未来的联系，实现预测未来发展趋势的目的。

时间序列预测法具有以下特点：首先，时间序列预测法根据事物历史发展、变化的趋势来预测未来目标，它的前提是假定事物的过去同样会延续到未来。正是由于这一特点，该方法比较适合短期和近期预测。其次，时间序列数据的变动存在规律性与不规律性。这就要求在实际应用中，要选择合适的时间序列预测方法。

## 二、时间序列预测法的主要类型

按照市场现象随时间变化所呈现的不同趋势特征，时间序列预测法可以分为直线趋势预测法、季节变动趋势预测法和趋势外推预测法。

直线趋势预测法主要用于一定时期内市场基本呈直线变动趋势的预测，即一定时期内预测目标的时间序列基本呈直线变化趋势。一般有三种形态：水平平稳发展趋势、向上发展趋势和向下发展趋势。

季节变动趋势预测法用于市场现象随季节变化呈现周期性变动情况的预测。季节变动是时间序列较为普遍存在的一种变动规律。这里的季节并不是严格意义上四季中的季节，而是指销售活动在若干年内每年中所呈现的较为固定的形态。如与气候相关的季节性产品电风扇等的销售。

趋势外推预测法是指如果通过对时间序列的分析和计算，能找到一条比较合适的函数曲线来近似反映预测目标 y 关于时间 t 的变化和趋势，就可以大体判定这种规律和趋势可以延伸到未来，这种情况下就可以根据函数曲线建立数学模型，实现对预测目标的预判。趋势外推预测法的基本假设有二：一是决定事物过去发展的因素，在很大程度上也决定该事物未来的发展，其变化不会太大；二是事物发展过程一般都是渐进式变化，而不是跳跃式突变。趋势外推预测法在具体应用中要比简单的时间序列预测法更加准确。

## 三、时间序列预测法的具体应用

### （一）直线趋势预测法

**1. 算术平均法**　算术平均法是以一定时期内预测目标的时间序列的算术平均数作为下期预测值的预测方法。根据计算方法不同，算术平均法又可分为简单算术平均法和加权算术平均法。

（1）简单算术平均法　简单算术平均法适用于一定时期内预测目标的时间序列呈水平稳定趋势的预测。其计算公式为：

$$\bar{x} = \frac{x_1 + x_2 + \cdots x_n}{n}$$

式中：$\bar{x}$ 表示算术平均数，即预测值；$x_1 \cdots x_n$ 表示预测目标时间序列第 1 期到第 n 期的数据值；n 表示预测目标时间序列的期数。

**例 9-1**：某中药厂 2015 年 1～8 月的营业额如表 9-2 所示。请利用算术平均法预测该厂 2015 年 9 月的营业额。

表 9-2　某中药厂 2015 年 1～9 月的营业额

| 月份 | 1 | 2 | 3 | 4 | 5 | 6 | 7 | 8 |
|---|---|---|---|---|---|---|---|---|
| 营业额（万元） | 54 | 56 | 55 | 55 | 57 | 53 | 52 | 58 |

解：$\bar{x} = \dfrac{x_1 + x_2 + \cdots x_n}{n} = 55$（万元）

即该中药厂 2015 年 9 月份营业额的预测值为 55 万元。

算术平均法的特点在于使用简单方便，但只适用于预测目标的时间序列呈水平稳定趋势下的预测，不能用于时间序列呈上升或下降趋势的预测，且预测结果的精度不高。

（2）加权算术平均法　加权算术平均法是根据预测目标时间序列各个时期数值的地位或重要性不同，乘以不同权数，进而计算加权算术平均数作为下一期预测值的时间序列预测方法。加权算术平均法用公式表示为：

$$\bar{x} = \frac{x_1 f_1 + x_2 f_2 + \cdots x_n f_n}{f_1 + f_2 + \cdots f_n}$$

式中，$\bar{x}$ 表示加权算术平均数，即预测值；$x_1 \cdots x_n$ 表示预测目标时间序列第 1 期到第 n 期的数据值；$f_1 \cdots f_n$ 表示预测目标时间序列期数的权数。

**例 9-2**：某品牌抗病毒中成药 2010～2015 年的销售状况统计如表 9-3 所示。请用加权算术平均法预测 2016 年该药品的销售情况。

NOTE

**表9-3　某品牌抗病毒中成药2010~2015年的销售情况**　　　　（单位：万元）

| 序号 | 年份 | 销售额 |
|---|---|---|
| 1 | 2010 | 910 |
| 2 | 2011 | 880 |
| 3 | 2012 | 1000 |
| 4 | 2013 | 1020 |
| 5 | 2014 | 1080 |
| 6 | 2015 | 1150 |

解：令2009~2015年的权数依次为0.05、0.05、0.1、0.1、0、0.2、0.5，根据公式可得：

$$\bar{x} = \frac{x_1 f_1 + x_2 f_2 + \cdots x_n f_n}{f_1 + f_2 + \cdots f_n} = 1082.5 （万元）$$

该方法的关键在于确定适当的权数。一般情况下，根据时间由远及近的顺序，赋予预测目标时间序列中各数据由小到大的权数，距离预测目标最近的时间赋予最大权数。

**2. 几何平均法**　在一定时期内，如果预测目标时间序列中，各期（不包括第1期）较前期的环比发展速度大体相近，没有明显的突变现象，就可说明市场发展较为稳定。这种情况下，就可以根据历史统计数据，采用时间序列预测法对市场的未来发展趋势做出预测。几何平均法是常用的预测方法之一，尤其常用于预测市场需求增量、产品销售增量等方面。

几何平均法的基本应用步骤：①计算时间序列逐期环比发展速度；②利用逐期环比发展速度求几何平均数，作为预测期平均发展速度；③以预测前一期观察值乘以预测期平均（即几何平均数）发展速度，得出预测期预测值。

由此可见，几何平均法的关键在于计算几何平均数，其基本公式是：

$$G = \sqrt[n-1]{\frac{x_1}{x_0} \times \frac{x_2}{x_1} \times \frac{x_3}{x_2} \times \cdots \frac{x_n}{x_{n-1}}}\%$$

式中：$G$为几何平均数；$n$为预测目标时间序列的项数；$x_0$为时间序列的第一项。

**例9-3**：某地区2009~2015年某品牌心脑血管类中成药销售统计如表9-4所示。请预测2016年该药品的销售量。

**表9-4　2009~2015年某品牌心脑血管类中成药销售统计**　　　　（单位：万盒）

| 序号 | 年份 | 销售额 | 环比增长速度 |
|---|---|---|---|
| 1 | 2009 | 670 | — |
| 2 | 2010 | 755 | 112.7 |
| 3 | 2011 | 890 | 117.9 |
| 4 | 2012 | 1000 | 112.4 |
| 5 | 2013 | 980 | 98 |
| 6 | 2014 | 1150 | 117.3 |
| 7 | 2015 | 1350 | 117.4 |

解：$G = \sqrt[n-1]{\dfrac{x_1}{x_0} \times \dfrac{x_2}{x_1} \times \dfrac{x_3}{x_2} \times \cdots \dfrac{x_n}{x_{n-1}}}\%$

$G = \sqrt[6]{112.7 \times 117.9 \times 112.4 \times 98 \times 117.3 \times 117.4}\% = 112.4\%$

则 2016 年该药品的销售量为：1350×112.4% =1517 （万盒）

**3. 移动平均法** 移动平均法是在算术平均法的基础上发展起来的预测方法。移动平均法可减少预测目标受短期的偶然性因素影响所引起的不规则变动，是修匀时间序列常用的方法。

移动平均法的具体做法：选定固定期数，保持选定期数不变，按时间顺序向下平滑，即每次舍弃选定期数的第一项，增加选定期数的下一项，算出平均值，依次类推。最后由移动序列的平均数构成一个新的序列。

常用的移动平均法有一次平均法和二次平均法。

（1）一次平均法 一次平均法是以一组观察序列的平均值作为下一期预测值的预测方法，一般适用于时间序列基本呈水平发展趋势的近期或短期预测。

一次平均法的基本公式是：

$$M_t(1) = \frac{x_t + x_{t-1} + x_{t-2} + \ldots x_{t-n+1}}{n}$$

式中：$M_t(1)$ 指的是第 $t$ 期的一次移动的平均值；$x_t \cdots\cdots x_{t-n+1}$ 指的是 $t$ 期到 $t-n+1$ 期的具体数据；$n$ 指的是选择移动的固定期数。一次移动平均法的预测模型为 $x_{t+1} = M_t(1)$。

但在实际应用中，通常不直接将一次移动平均值作为预测值，而是要选取不同的 $n$ 值进行误差分析，最后选取误差最小的移动平均期数 $n$。具体步骤是：

首先，选取若干个移动平均期数，即 $n$ 值，分别计算一次移动平均值 $M_t(1)$ 和绝对误差值。绝对误差 $|e_t| = |t$ 项的实际值 $- t$ 项的预测值 $|$。

其次，比较不同 $n$ 值下的各平均绝对误差 $|\bar{e}|$。$|\bar{e}| = \sum |e_t|/n$（其中 $n$ 为绝对误差值序列的项数）。

最后，选取误差较小的移动平均期数 $n$ 作为预测移动平均期数，并进行预测。

例9-4：表9-5 中记录了某医药公司 2015 年 1～11 月的销售额。请用一次移动平均法预测该公司 2015 年 12 月份的销售额度。

**表9-5 某医药公司 2015 年 1～11 月销售额度**　　　　　　　　（单位：万元）

| 期数 $t$ | 实际销售量 $x_t$ | 当 $n=3$ 时 | | 当 $n=5$ 时 | |
|---|---|---|---|---|---|
| | | 预测值 $M_t(1)$ | 绝对误差值 $|e_t|$ | 预测值 $M_t(1)$ | 绝对误差值 $|e_t|$ |
| 1 | 165 | | | | |
| 2 | 135 | | | | |
| 3 | 195 | | | | |
| 4 | 225 | 165 | 60 | | |
| 5 | 260 | 185 | 75 | | |
| 6 | 175 | 227 | 52 | 196 | 21 |

续表

| 期数 $t$ | 实际销售量$x_t$ | 当 $n=3$ 时 | | 当 $n=5$ 时 | |
|---|---|---|---|---|---|
| | | 预测值$M_t(1)$ | 绝对误差值$|e_t|$ | 预测值$M_t(1)$ | 绝对误差值$|e_t|$ |
| 7 | 230 | 220 | 10 | 198 | 32 |
| 8 | 190 | 222 | 32 | 217 | 27 |
| 9 | 220 | 198 | 22 | 216 | 4 |
| 10 | 270 | 213 | 57 | 215 | 55 |
| 11 | 235 | 227 | 8 | 217 | 18 |

解：首先，分别计算 $n=3$ 和 $n=5$ 的移动平均值。即：

当 $n=3$ 时， $M_3(1)=\dfrac{165+135+195}{3}=165$

$$M_4(1)=\dfrac{135+195+225}{3}=185$$

$$\cdots\cdots\cdots$$

$$M_{10}(1)=\dfrac{190+220+270}{3}=227$$

当 $n=5$ 时， $M_5(1)=\dfrac{165+135+195+225+260}{5}=196$

$$M_6(1)=\dfrac{135+195+225+260+175}{5}=198$$

$$\cdots\cdots\cdots$$

$$M_{10}(1)=\dfrac{175+230+190+220+270}{5}=217$$

其次，计算并比较当 $n=3$ 和 $n=5$ 时的平均绝对误差（如表中所示）：

当 $n=3$ 时， $|\bar{e}|=\dfrac{60+75+52+10+32+22+57+8}{8}=39.5$

当 $n=5$ 时， $|\bar{e}|=\dfrac{21+32+27+4+55+18}{6}=26.1$

所以，应该选取 $n=5$ 进行预测。

第三，该公司 12 月份的预测销售额度为：

$$x_{12}=M_{11}(1)=\dfrac{230+190+220+270+235}{5}=229（万元）。$$

此外，与简单算术平均法一样，一次移动平均法对时间序列中各期数据的重要性与地位是视作一致的，没有考虑各期数据对预测目标影响的不同性。因此，在一次移动平均法中也可对各项相应加权，形成加权移动平均法。其公式可表达为：

$$x_{t+1}=M_{tw}(1)=\dfrac{f_1 x_t+f_2 x_{t-1}+\ldots+f_n x_{t-n+1}}{\sum_f}$$

式中，$f_1\cdots f_n$ 为各相应项的权数；$\sum_f$ 为各加权数的总和。

（2）二次移动平均法　当时间序列不为水平发展趋势，而是呈现明显的向上或向下变化趋势时，用一次移动平均法进行预测就变得不太合适。原因在于，此种趋势下，一次移动平均

NOTE

值总是滞后于实际值的变化，使预测值偏低。因此出现了二次移动平均法。

二次移动平均法是在一次移动平均值的基础上再进行二次移动平均，求得二次移动平均值。需要指出的是，在二次移动平均法中，二次移动平均值不是直接用于预测，而是要通过两次移动平均，寻找移动平均滞后差的变化规律，进而求得移动系数，建立预测模型进行预测。

目前，在线性趋势预测中，较为常用的是二次指数平滑法。但对同时具有线性与周期变动的时间序列，二次移动平均法仍然是一种较为有效的方法。

二次移动平均法的公式为：

$$M_t(1) = \frac{x_t + x_{t-1} + \cdots x_{t-n+1}}{n}, \quad M_t(2) = \frac{M_t(1) + M_{t-1}(1) + \cdots M_{t-n+1}(1)}{n}$$

式中，$M_t(1)$ 为第 $t$ 期一次移动平均值，（同上述一次移动平均法）；

$M_t(2)$ 为第 $t$ 期二次移动平均值；t 为时间序列的编号；$n$ 为选定移动的期数。

二次移动平均法的预测模型为：$x_{t+T} = a_t + b_t T$

式中：$a_t = 2M_t(1) - M_t(2)$，$b_t = \frac{2}{n-1}(M_t(1) - M_t(2))$；$T$ 指从 $t$ 期开始向前预测的时期数；$n$ 为选定移动的期数。

**例9-5**：表9-6中记录了某中药饮片厂2005~2015年间的饮片销售量，请用二次移动平均法对该厂2016和2017年的销量进行预测。

表9-6  某中药饮片厂2005~2015年间的饮片销售量    （单位：吨）

| 序号 $t$ | 时间 | 销售量 | 当 $n=3$ 时 $M_t(1)$ | 当 $n=3$ 时 $M_t(2)$ |
|---|---|---|---|---|
| 1 | 2005 | 230 | | |
| 2 | 2006 | 245 | | |
| 3 | 2007 | 270 | 248.3 | |
| 4 | 2008 | 320 | 278.3 | |
| 5 | 2009 | 360 | 316.7 | 281.1 |
| 6 | 2010 | 375 | 351.7 | 315.6 |
| 7 | 2011 | 420 | 385 | 351.1 |
| 8 | 2012 | 450 | 415 | 383.9 |
| 9 | 2013 | 460 | 443.3 | 414.4 |
| 10 | 2014 | 490 | 466.7 | 441.7 |
| 11 | 2015 | 540 | 496.7 | 468.9 |

解：

首先，求 $M_t(1)$ 和 $M_t(2)$。

数值见表9-6。但需要指出的是，在二次移动平均中 $M_t(1)$ 和 $M_t(2)$ 与序号 $t$ 的对应方式与一次移动平均中是不同的。一次平均移动中 $M_t(1)$ 对应的项是 $t+1$ 项，即 $x_{t+1} = M_t(1)$。但在二次移动平均中，$M_t(1)$ 对应的是项是 $t$，如表9-6中所示。这是特别需要注意的地方。

其次，求 $a_t$ 和 $b_t$。

$a_{11} = 2M_{11}(1) - M_{11}(2) = 2 \times 496.7 - 468.9 = 524.5$

$$b_{11} = \frac{2}{n-1}[M_{11}(1) - M_{11}(2)] = \frac{2}{3-1}[496.7 - 468.9] = 27.8$$

第三，利用二次移动平均模型进行预测。

2016 年的销售量预测：$x_{12} = 524.5 + 27.8 \times 1 = 552.3$（吨）

2017 年的销售量预测：$x_{13} = 524.5 + 27.8 \times 2 = 580.1$（吨）

### （二）季节变动趋势预测法

季节变动是指某些市场现象的时间序列，由于受自然气候、生产条件、生活习惯等因素的影响，在若干年中每一年的某个特定时期都呈现较为固定的形态。对这些市场现象中客观存在的季节变动进行分析研究，探讨季节变动因素对市场现象发展趋势的影响作用，有助于掌握季节变动规律，并由此对其预测期内的季节变动值做出预测。

季节变动趋势预测法就是根据历史数据中所包含的季节变动规律，对预测目标的未来状况做预测的方法。为了比较正确地观察季节变动的数量规律，测定季节变动时，一般应搜集连续若干年的或至少 3 年的分月（季）的历史数据。季节变动趋势预测法主要通过建立季节模型进行，这里主要介绍水平季节指数法和直线趋势比率平均法两种方法。

**1. 水平季节指数法** 当市场现象的时间序列无趋势变动时，可采取水平季节指数法。无趋势变动指的是，市场现象的时间序列大体处于水平稳定状态，既没有明显的线性趋势，也没有循环变动情况，其中只含季节变动。水平季节指数法预测主要通过建立季节模型即季节水平模型来实现，其表达式为：

$$Y_t = Y \times f_t$$

式中，$Y$ 指的是时间序列的平均值，可以是预测前一年的月（或季）平均水平，也可以是已知年份所有数据月（或季）的平均水平。

$f_t = \dfrac{\text{同月（或季）平均数}}{\text{已知年份月（或季）总平均数}} \times 100\%$，为季节指数，表示季节变动的数量状态。

季节水平模型具体应用中，最重要的是确定季节指数 $f_t$。具体步骤：①计算各年同一月份（或季）的平均数，即将各年同一月份（或季）的数据加以平均；②计算全期各年月（或季）度数据的总平均数，即将所有月份（或季）的数据加总再平均；③计算各月（或季）的季节指数；④调整季节指数。

**例 9-6**：下面以表 9-7 为例，对季节指数的计算方法及季节水平模型的应用进行说明。下表中记录了某地区某品牌中成药销售统计情况，请用季节水平模型对 2016 年各季度的销售情况进行预测。

表 9-7　某地区某品牌中成药销售情况统计　　　　　　　　　　　　　　（单位：盒）

| 年度 | 一季度 | 二季度 | 三季度 | 四季度 | 年销售量 | 全年季平均 |
|---|---|---|---|---|---|---|
| 2012 | 360 | 180 | 200 | 400 | 1140 | 285 |
| 2013 | 420 | 200 | 220 | 440 | 1280 | 320 |
| 2014 | 460 | 240 | 240 | 480 | 1420 | 355 |
| 2015 | 480 | 260 | 280 | 500 | 1520 | 380 |
| 合计 | 1720 | 880 | 940 | 1820 | 5360 | |
| 同季平均数 | 430 | 220 | 235 | 455 | 335 | 335 |
| 季节指数（%） | 128.4 | 65.7 | 70.1 | 135.8 | 400 | |

解：

首先，计算季节指数：

①计算各年同季的平均数：

$$历年一季度的平均值 = \frac{360 + 420 + 460 + 480}{4} = 430$$

$$历年二季度的平均值 = \frac{180 + 200 + 24 + 260}{4} = 220$$

$$历年三季度的平均值 = \frac{200 + 220 + 240 + 280}{4} = 235$$

$$历年四季度的平均值 = \frac{400 + 440 + 480 + 500}{4} = 455$$

②计算全期总平均数：

$$全期总平均数 = \frac{1140 + 1280 + 1420 + 1520}{4 \times 4} = 335$$

③计算季节指数：

$$一季度的季节指数 f_1 = \frac{430}{335} \times 100\% = 128.4\%$$

$$二季度的季节指数 f_2 = \frac{220}{335} \times 100\% = 65.7\%$$

$$三季度的季节指数 f_3 = \frac{235}{335} \times 100\% = 70.1\%$$

$$四季度的季节指数 f_4 = \frac{455}{335} \times 100\% = 135.8\%$$

④调整季节指数：从理论上讲，当历史数据为季度数据时，各季节指数之和应为400%。若以上为月度资料，则各季节指数之和应为1200%。若由于计算过程中出现的各种误差（如四舍五入），使季节指数之和大于或小于400%（或1200%）时，就需要予以调整，调整的公式是：

$$调整后的各季季节指数 f_t = \frac{理论季节指数之和}{实际季节指数之和} \times 各（月）季实际季节指数$$

上表中，各季度季节指数之和 = 128.4% + 65.7% + 70.1% + 135.8% = 400%，所以不需要调整。但是，假设上表中的季节指数之和为399%，那就需要进行调整。以一季度为例，其计算方法是：

$$f_1 = \frac{理论季节指数之和}{实际季节指数之和} \times 各（月）季实际季节指数 = \frac{400\%}{399\%} \times 128.4\% = 128.7\%$$

其次，确定 $Y$ 值：

①以预测前一年的月（或季）平均水平，或已知年份所有数据月（或季）的平均水平作为 $Y$ 值。表9-7中，2015年季度的平均值380和2012～2015年全期的季度平均值335，都可以作为 $Y$ 值。

②若已知预测年度预测值，则 $Y = \dfrac{年预测值}{12（或4）}$。

第三，进行预测：利用公式 $Y_t = Y \times f_t$ 对2016年各季度销量进行预测，$Y$ 值取全期的季度平均值335，可得：

$Y_1 = 335 \times 128.4\% = 430$（盒）；$Y_2 = 335 \times 65.7\% = 220$（盒）

$Y_3 = 335 \times 70.1\% = 235$（盒）；$Y_4 = 335 \times 135.8\% = 455$（盒）

以上即是如何利用季节水平模型 $Y_t = Y \times f_t$ 进行预测的演示。

另外，季节指数的算法还可以通过历年各月（季）的数值同该年全年月（季）平均数之间的比率进行平均求得。其一般操作步骤为：

首先，计算历年各月（季）比值。公式为：

$$各月（季）比值 = \frac{各月（季）的数值}{该年全年的月（季）平均值} \times 100\%$$

表9-7中，各月（季）的比值，以一季度为例可计算如下：

$2012$ 年一季度比值 $= \dfrac{360}{285} \times 100\% = 126.3\%$

$2013$ 年一季度比值 $= \dfrac{420}{320} \times 100\% = 131.3\%$

$2014$ 年一季度比值 $= \dfrac{460}{355} \times 100\% = 129.6\%$

$2015$ 年一季度比值 $= \dfrac{480}{380} \times 100\% = 126.3\%$

其次，计算季节指数。公式为：

$$季节指数 f_t = \frac{历年同月（季）比值之和}{年数}$$

依然以表9-7中一季度为例，一季度的季节指数 $= \dfrac{126.3\% + 131.3\% + 129.6\% + 126.3\%}{4} = 128.4\%$。

**2. 直线趋势比率平均法**　当市场现象的时间序列既存在明显的季节变动又含有长期线性趋势时，可采用直线趋势比率平均法。直线趋势比率平均法的基本思路是首先分离出不含季节变动的长期直线趋势，消除直线趋势的影响，然后计算季节指数，最后建立预测模型，对季节变动趋势进行预测。

直线趋势比率平均法的预测模型是：

$$Y_s = T_i \times F_s$$

式中，$T_i$ 为直线趋预测值；$F_s$ 为季节指数。

直线趋势比率平均法的预测步骤分为以下几步：

（1）计算时间序列直线趋势预测值 $T_i$。

计算模型是 $T_i = a + b \times i$。a、b 两个参数可以通过移动平均法或指数平滑法求得，i 为季度序列常数。

（2）计算历年同季平均季节指数 $\bar{f}_s$，公式是：

$$\bar{f}_s = \frac{历年同季度总值平均数}{该季节趋势值平均数}$$

（3）计算季节指数 $F_s$。

基本思路是对平均季节指数进行正规化处理，使其均值为1。具体计算方法是：

$$F_s = \frac{平均季节指数 \bar{f}_s}{各季平均季节指数的均值}$$

（4）利用模型进行预测。

**例9-7：** 某医药公司2013～2015年各季度某品牌解暑药的销售量如表9-8所示。请预测该药品2016年各季度的销售量。

表9-8 某医药公司某品牌解暑药销售表 （单位：万盒）

| 年·季 | 销售量 | 一次移动平均值（n=4） | 二次移动平均值 | 直线趋势预测值 |
|---|---|---|---|---|
| 2013·1 | 90 | | | 71.99 |
| 2013·2 | 88 | | | 78.07 |
| 2013·3 | 140 | | | 84.15 |
| 2013·4 | 75 | 98.25 | | 90.23 |
| 2014·1 | 95 | 99.50 | | 96.31 |
| 2014·2 | 102 | 103 | | 102.39 |
| 2014·3 | 165 | 109.25 | 102.50 | 108.47 |
| 2014·4 | 84 | 111.50 | 105.81 | 114.55 |
| 2015·1 | 99 | 112.50 | 109.06 | 120.63 |
| 2015·2 | 120 | 117 | 112.56 | 126.71 |
| 2015·3 | 190 | 123.25 | 116.06 | 132.79 |
| 2015·4 | 110 | 129.75 | 120.63 | 138.87 |

解：首先，用二次移动平均法计算线性趋势值（$n=4$）：

$a = 2 \times 129.75 - 120.63 = 138.87$

$b = \dfrac{2}{4-1}(129.75 - 120.63) = 6.08$

$T_i = a + b \times i = 138.87 + 6.08 \times i$

$T_{2015\cdot4} = 138.87 + 6.08 \times 0 = 138.87$ （万盒）

$T_{2015\cdot3} = 138.87 + 6.08 \times (-1) = 132.79$ （万盒）

$T_{2015\cdot2} = 138.87 + 6.08 \times (-2) = 126.71$ （万盒）

………

$T_{2013\cdot1} = 138.87 + 6.08 \times (-11) = 71.99$ （万盒）

其次，计算历年同季平均季节指数 $\bar{f}_s$：

据公式 $\bar{f}_s = \dfrac{历年同季平均数}{该季节趋势值平均数}$，可得：

$$\bar{f}_1 = \frac{(90 + 95 + 99) \div 3}{(71.9 + 96.31 + 120.63) \div 3} = 0.98$$

………

$$\bar{f}_4 = \frac{(75 + 84 + 110) \div 3}{(90.23 + 114.55 + 138.87) \div 3} = 0.75$$

具体结果见表9-9。

**表 9-9　某医药公司某品牌解暑药销售季节指数**

| 项目 | 第一季度 | 第二季度 | 第三季度 | 第四季度 |
|---|---|---|---|---|
| 2013 年 | 90 | 88 | 140 | 75 |
| 2014 年 | 95 | 102 | 165 | 84 |
| 2015 年 | 99 | 120 | 190 | 110 |
| 季度总销售量平均数 | 94.67 | 103.33 | 165 | 89.67 |
| 季度趋势值平均数 | 96.28 | 102.39 | 100.47 | 114.55 |
| 平均季节指数 | 0.98 | 1.01 | 1.64 | 0.78 |
| 季节指数 | 0.89 | 0.89 | 1.49 | 0.71 |

第三，计算季节指数 $F_s$：

据公式 $F_s = \dfrac{\text{平均季节指数}\bar{f_s}}{\text{各季平均季节指数的均值}}$ 可得：

$$F_1 = \frac{0.98}{(0.98 + 1.01 + 1.64 + 0.78) \div 4} = 0.89$$

……

具体结果见表 9-9。

第四，利用模型 $Y_s = T_i \times F_S$ 进行预测。

$$Y_s = T_i \times F_S = (a+b\times i) \times F_S$$

2016 年第一季度：$Y_{2016 \cdot 1} = (138.87+6.08\times1) \times 0.89 = 129.01$（万盒）

2016 年第二季度：$Y_{2016 \cdot 2} = (138.87+6.08\times2) \times 0.89 = 134.42$（万盒）

2016 年第三季度：$Y_{2016 \cdot 3} = (138.87+6.08\times3) \times 1.49 = 234.09$（万盒）

2016 年第四季度：$Y_{2016 \cdot 4} = (138.87+6.08\times4) \times 0.71 = 115.86$（万盒）

### （三）趋势外推预测法

趋势外推预测法的基本思路：分析时间序列发展过程的规律，研究时间序列长期趋势变动的轨迹，寻求能反映序列变化轨迹的合适函数曲线，进而建立数学模型来进行预测。趋势外推法的基本假设：决定事物过去发展的因素，在很大程度上也决定该事物未来的发展，其变化不会太大；同时，事物发展过程一般都是渐进式的变化，而不是跳跃式的突变。趋势外推预测法主要包括直线趋势外推法和曲线趋势延伸法两类。

**1. 直线趋势外推**　直线趋势外推法又叫直线趋势延伸法，当市场现象的时间序列在较长时期内呈现连续且稳定上升或下降的线性变化趋势时，就可以使用此法进行预测。

直线延伸法的预测模型是：

$$y_t = a + bt$$

式中，$y_t$ 为第 $t$ 期预测值；$a$、$b$ 为直线方程参数；$t$ 为时间变量。

建立直线趋势方程 $y_t = a + bt$，首先要确定 $a$ 和 $b$ 两个参数，这里最常用的是最小二乘法。最小二乘法的基本原理：满足实际值与预测值的离差平方和最小的直线为最佳直线。若以 $y$ 表示时间序列中各期的实际值，$y_t$ 为预测值，直线趋势预测方程则满足 $\sum (y - y_t)^2 =$ 最小，即：

$\sum (y - a - bt)^2 = $最小。根据此式进一步退到和整理，可以得到两个标准式：

$$\begin{cases} \sum y - na - b\sum t = 0 \\ \sum ty - a\sum t - b\sum t^2 = 0 \end{cases}$$

解此方程式可得：

$$a = \frac{\sum y}{n} - b\frac{\sum t}{n}, \quad b = \frac{n\sum ty - \sum y\sum t}{n\sum t^2 - (\sum t)^2}$$

式中，$n$ 为时间序列的项数；$\sum$ 为各期相加之和；$t$ 为时间变量。

为了简便计算，可以设法令 $\sum t = 0$。方法是：当时间序列数据项数为奇数时，将 $t = 0$ 置于时间序列的中间，前面时间变量 $t$ 以 0 为起点延展，依次为 $-1$，$-2$，$-3$…后面的同理依次为 1，2，3…当时间序列的数据项数为偶数时，则项数相差为 2，将 $t = -1$ 和 $t = 1$ 两项置于时间序列的中央，以这两项为起点前后延展，前面的依次为 $-3$，$-5$，$-7$…后面的为 3，5，7…此种情况下可得 $\sum t = 0$。上述方程式可据此简化为：

$$a = \frac{\sum y}{n}, \quad b = \frac{\sum ty}{\sum t^2}$$

将求得的 $a$、$b$ 代入方程式 $y_t = a + bt$，即可利用直线趋势预测模型进行预测。

例 9-8：某地区某品牌抗感冒中成药 2013～1015 年各季度的销售记录如表 9-10 所示。请用直线趋势外推法预测 2016 年前两个季度的销售量。

表 9-10　某地区某品牌抗感冒中成药销售记录　　　　　　　　（单位：万盒）

| 年 | 一季度 | 二季度 | 三季度 | 四季度 |
|---|---|---|---|---|
| 2013 | 64 | 66 | 70 | 72 |
| 2014 | 75 | 80 | 84 | 90 |
| 2015 | 92 | 98 | 100 | 106 |

解：首先，根据表格绘制散点图，看其是否具有直线趋势。

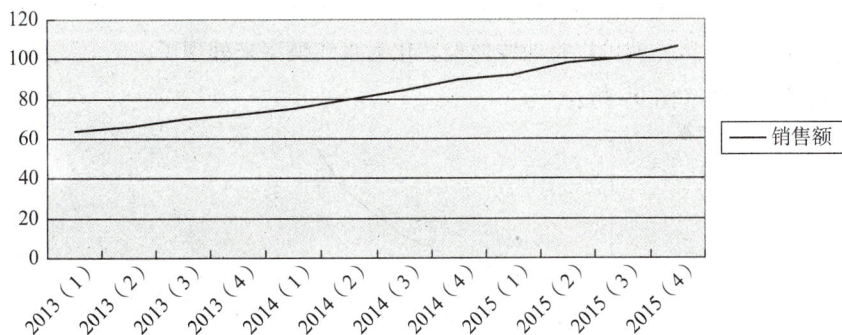

图 9-2　某品牌抗感冒中成药销售记录

由图 9-2 可知，该公司销售额时间序列基本成直线趋势，可以采用直线趋势预测法。

其次，$t^2$ 和 $ty$ 的值如表 9-11 所示，此处省略具体计算过程。

表9-11　某地区某品牌抗感冒中成药销售记录　　　　（单位：万盒）

| 季·度 | 时间变量$t$ | 实际销售量$y$ | $t^2$ | $ty$ |
|---|---|---|---|---|
| 2013·1 | −11 | 64 | 121 | −704 |
| 2013·2 | −9 | 66 | 81 | −594 |
| 2013·3 | −7 | 70 | 49 | −490 |
| 2013·4 | −5 | 72 | 25 | −360 |
| 2014·1 | −3 | 75 | 9 | −225 |
| 2014·2 | −1 | 80 | 1 | −80 |
| 2014·3 | 1 | 84 | 1 | 84 |
| 2014·4 | 3 | 90 | 9 | 270 |
| 2015·1 | 5 | 92 | 25 | 460 |
| 2015·2 | 7 | 98 | 49 | 686 |
| 2015·3 | 9 | 100 | 81 | 900 |
| 2015·4 | 11 | 106 | 121 | 1166 |
| $\sum$ | | 997 | 572 | 947 |

第三，$a = \dfrac{\sum y}{n} = \dfrac{997}{12} = 83.08$，$b = \dfrac{\sum ty}{\sum t^2} = \dfrac{947}{572} = 1.66$

第四，据预测模型 $y_t = a + bt$ 进行预测。

2016年第一季度的销售量预测：$y_t = 83.08 + 1.66 \times 13 \approx 105$（万盒）

2016年第二季度的销售量预测：$y_t = 83.08 + 1.66 \times 15 \approx 108$（万盒）

**2. 曲线趋势延伸法**　由于直线趋势预测法仅适用于时间序列呈现直线长期趋势变动的情况，但是很多市场经济活动的发展趋势会表现出不同形状的曲线变动趋势，这时直线趋势预测法就变得不够准确，需要采用曲线趋势延伸法，通过构建曲线预测模型来实现预测。

（1）指数曲线模型　指数曲线模型适用于预测目标时间序列逐期增减率大体相同情况下的预测，即预测目标时间序列呈现按大体相同比例增减的发展趋势。

①指数曲线预测模型：$y_t = a\,e^{bt}$（$a > 0$）

对该模型做线性处理（两边同时取对数）可得 $\ln y_t = \ln a + bt$，令 $Y_t = \ln y_t$、$A = \ln a$，则可以得出 $Y_t = A + bt$。这样就可以将曲线模型转化为直线模型来处理了。

②指数曲线模型图（图9-3）：

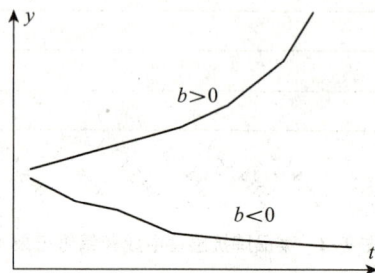

图9-3　指数曲线模型图

③指数曲线模型的差分特征：

表 9-12　指数曲线模型差分特征表

| 时序 $t$ | $y_t = ae^{bt}$ | 一阶差分比率 $y_t/y_{t-1}$ |
|---|---|---|
| 1 | $ae^b$ | — |
| 2 | $ae^{2b}$ | $e^b$ |
| 3 | $ae^{3b}$ | $e^b$ |
| 4 | $ae^{4b}$ | $e^b$ |
| | | |
| $t-1$ | $ae^{(t-1)b}$ | $e^b$ |
| $t$ | $ae^{tb}$ | $e^b$ |

通过表 9-12 可见，指数曲线模型的数字差分特征在于时间序列相邻项比率相等。所以，当市场现象的时间序列大致符合这一特征时，可以考虑选择指数曲线模型进行预测。

下面以表 9-13 为例来说明指数曲线模型的具体应用。

**例 9-9**：表 9-13 中记录了某医药公司 2008～2015 年的销售额，请预测分析该公司 2016 年的销售额。

表 9-13　某医药公司 2008～2015 年销售额统计表　　　　（单位：万元）

| 年度 | 2008 | 2009 | 2010 | 2011 | 2012 | 2013 | 2014 | 2015 |
|---|---|---|---|---|---|---|---|---|
| 销售额 | 800 | 1000 | 1300 | 1650 | 2040 | 2550 | 3200 | 4100 |

解：首先选择合适的预测模型：

方法是：①根据表格绘制散点图，如图 9-4：

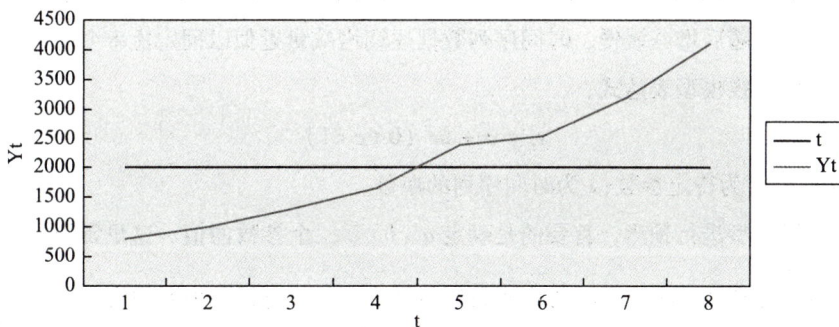

图 9-4　某医药公司销售额散点图

从图 9-2 初步判断，可以选择指数曲线模型。

②考察该公司销售额时间序列值得差分关系，如表 9-14 所示：

表 9-14　历年销售额差分特征表

| 年度 | 2008 | 2009 | 2010 | 2011 | 2012 | 2013 | 2014 | 2015 |
|---|---|---|---|---|---|---|---|---|
| 销售额（万元） | 800 | 1000 | 1300 | 1650 | 2040 | 2550 | 3200 | 4100 |
| 比率 | | 1.25 | 1.30 | 1.27 | 1.24 | 1.23 | 1.25 | 1.28 |

由表9-14可知，该公司销售额时间序列值的比率特征基本符合指数曲线模型特征。

综上可见，可以采用指数曲线模型进行预测。

其次利用指数曲线模型 $y_t = a\,e^{bt}$（a>0）进行预测。具体思路是：利用 $Y_t = \ln y_t = \ln a + bt = A + bt$，采用最小二乘法求得系数 A 和 b，然后通过 $A = \ln a$ 求得 $a$ 值，具体过程如表9-15所示。

表9-15　利用指数曲线模型预测

| 年度 | 序号 $t$ | $y_t$ | $\ln y_t$ | $t^2$ | $t\ln y_t$ |
|---|---|---|---|---|---|
| 2008 | -7 | 800 | 6.68 | 49 | -46.76 |
| 2009 | -5 | 1000 | 6.91 | 25 | -34.55 |
| 2010 | -3 | 1300 | 7.17 | 9 | -21.51 |
| 2011 | -1 | 1650 | 7.41 | 1 | -7.41 |
| 2012 | 1 | 2040 | 7.62 | 1 | 7.62 |
| 2013 | 3 | 2550 | 7.84 | 9 | 23.52 |
| 2014 | 5 | 3200 | 8.07 | 25 | 40.35 |
| 2015 | 7 | 4100 | 8.32 | 49 | 58.03 |
| $\sum$ | 0 | | 60.02 | 168 | 19.29 |

$$A = \frac{\sum Y_t}{n} = \frac{\sum \ln y_t}{n} = \frac{60.02}{8} = 7.5$$

$$a = e^A = e^{7.5} = 1808$$

$$b = \frac{\sum tY_t}{\sum t^2} = \frac{\sum t\ln y_t}{\sum t^2} = \frac{19.29}{168} = 0.11$$

所以，2016年的销售额预测值 $y_{2016} = 1880 \times e^{0.11 \times 9} = 5057.20$（万元）

（2）修正指数曲线模型　修正指数曲线模型预测法适用于预测目标时间序列的变化呈现为初期增减迅速，随后增减缓慢，时间序列数据逐期增减量近似以固定比率变动的趋势预测。

①修正指数曲线模型表达式：

$$y_t = a + bc^t \quad (0 < c < 1)$$

式中，$a$、$b$、$c$ 为待定参数；$t$ 为时间序列的期数。

应用该曲线模型进行预测，首要的是确定 $a$、$b$、$c$ 三个参数的值。这里常用的方法是三和法。具体步骤：首先将市场现象时间序列数据等分为三组，每组的项数均为 $m$，$m = \dfrac{n}{3}$。如果序列的总项数 $n$ 不能被3整除，余数为几则按照由远及近的顺序舍掉几项。其次将三组数据分别求和，即 $\displaystyle\sum_{t=0}^{m-1} y_t$、$\displaystyle\sum_{t=m}^{2m-1} y_t$、$\displaystyle\sum_{t=2m}^{3m-1} y_t$，可分别标记为 $\sum_1 y_t$、$\sum_2 y_t$、$\sum_3 y_t$，则：

$$\sum_1 y_t = (a + bc^0) + (a + bc^1) + \ldots + (a + bc^{m-1})$$

$$= ma + b(1 + c^1 + \ldots + c^{m-1}) = ma + b\frac{c^m - 1}{c - 1}$$

$$\sum_2 y_t = (a + bc^m) + (a + bc^{m+1}) + \ldots + (a + bc^{2m-1})$$

$$= ma + b(c^m + c^{m+1} + \ldots + c^{2m-1}) = ma + bc^m \frac{c^{m-1}}{c - 1}$$

$$\sum_3 y_t = (a + bc^{2m}) + (a + bc^{2m+1}) + \dots + (a + bc^{3m-1})$$

$$= ma + b(c^{2m} + c^{2m+1} + \dots + c^{3m-1}) = ma + bc^{2m} \frac{(c^m - 1)^2}{c - 1}$$

整理可得：

$$c = \sqrt[m]{\frac{\sum_3 y_t - \sum_2 y_t}{\sum_2 y_t - \sum_1 y_t}}$$

$$b = (\sum_2 y_t - \sum_1 y_t) \cdot \frac{c - 1}{(c^m - 1)^2}$$

$$a = \frac{1}{m}(\sum_1 y_t - b \frac{c^m - 1}{c - 1})$$

②修正指数曲线模型图，如图 9-5 所示：

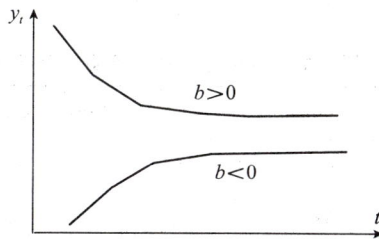

图 9-5　修正曲线模型图

③修正指数曲线模型的数字特征，如表 9-16 所示：

表 9-16　修正指数曲线模型的差分数字特征

| 时序 $t$ | $y_t = a + bc^t$ | 一次差 $y_t - y_{t-1}$ | 一次差比率 $\dfrac{y_t - y_{t-1}}{y_{t-1} - y_{t-2}}$ |
|---|---|---|---|
| 0 | $a + b$ | — | |
| 1 | $a + bc$ | | — |
| 2 | $a + bc^2$ | | $c$ |
| $\vdots$ | $\vdots$ | $\vdots$ | $\vdots$ |
| $t - 1$ | $a + bc^{t-1}$ | $bc^{t-2}(c - 1)$ | $c$ |
| $t$ | $a + bc^t$ | $bc^{t-1}(c - 1)$ | $c$ |

由表 9-16 可知，修正指数曲线模型的差分数字特征在于，时间序列相邻两项一次差的比值相等。

**例 9-10**：某地区某道地中药材 2007~2015 年的年产量统计如表 9-17。试预测该地区该药材 2016 年的年产量。

表 9-17　某地区某道地中药材年产量统计　　　　　　　　　　（单位：吨）

| 年度 | 2004 | 2005 | 2006 | 2007 | 2008 | 2009 | 2010 | 2011 | 2012 | 2013 | 2014 | 2015 |
|---|---|---|---|---|---|---|---|---|---|---|---|---|
| 产量 | 240 | 312 | 376 | 434 | 490 | 540 | 584 | 620 | 652 | 680 | 704 | 725 |

解：首先，选择预测模型。

①依据表 9-17 绘制散点图，如图 9-6 所示。

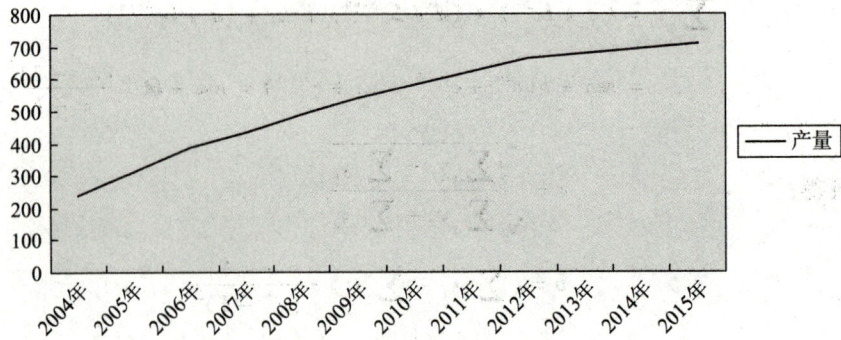

**图9-6　某地区道地药材年产量**

据散点图初步确定，可以采用修正指数曲线模型进行预测。

②时间序列的差分数字特征分析如表9-18所示。

**表9-18　某地区道地药材年产量数字特征表**

| 年度 | 2004 | 2005 | 2006 | 2007 | 2008 | 2009 | 2010 | 2011 | 2012 | 2013 | 2014 | 2015 |
|------|------|------|------|------|------|------|------|------|------|------|------|------|
| 年产量 | 240 | 312 | 376 | 434 | 490 | 540 | 584 | 620 | 652 | 680 | 704 | 725 |
| 一次差 | | 72 | 64 | 58 | 56 | 50 | 44 | 36 | 32 | 28 | 24 | 21 |
| 一次差比值 | | | 0.89 | 0.90 | 0.96 | 0.89 | 0.88 | 0.82 | 0.89 | 0.88 | 0.86 | 0.88 |

由表9-18可知，该时间序列数值一次差分比率大体相等。所以，综上可以确定，采用修正指数曲线模型进行预测是可行的。

其次，用三和法求参数a、b、c：用三和法对该时间序列进行转换，如表9-19所示。

**表9-19　三和法求参数a、b、c**

| 年度 | 时序 $t$ | 销售量 $y_t$ |
|------|----------|--------------|
| 2004 | 0 | 240 |
| 2005 | 1 | 312 |
| 2006 | 2 | 376 |
| 2007 | 3 | 434 |
| $\sum_1 y_t$ | — | 1362 |
| 2008 | 4 | 490 |
| 2009 | 5 | 540 |
| 2010 | 6 | 584 |
| 2011 | 7 | 620 |
| $\sum_2 y_t$ | — | 2234 |
| 2012 | 8 | 652 |
| 2013 | 9 | 680 |
| 2014 | 10 | 704 |
| 2015 | 11 | 725 |
| $\sum_3 y_t$ | — | 2761 |

由表可知：

$$m = \frac{n}{3} = \frac{12}{3} = 4 ; \quad \sum_1 y_t = 1362 ; \quad \sum_2 y_t = 2234 ; \quad \sum_3 y_t = 2761 。$$

所以，$c = \sqrt[m]{\dfrac{\sum_3 y_t - \sum_2 y_t}{\sum_2 y_t - \sum_1 y_t}} = \sqrt[4]{\dfrac{2761 - 2234}{2234 - 1362}} = 0.88$

$$b = \left( \sum_2 y_t - \sum_1 y_t \right) \cdot \frac{c - 1}{(c^m - 1)^2} = (2234 - 1362) \times \frac{0.88 - 1}{(0.88^4 - 1)^2} = -654$$

$$a = \frac{1}{m} \left( \sum_1 y_t - b \frac{c^m - 1}{c - 1} \right) = \frac{1}{4} \left[ 1362 - \left( -654 \times \frac{0.88^4 - 1}{0.88 - 1} \right) \right] = 884.96$$

2016 年该地区该药材的产量预测为：

$$y_{2016} = a + bc^t = 884.90 + (-654) \times 0.88^{12} = 743.85 （吨）。$$

（3）二次曲线模型　　如果市场现象时间序列的散点图大体呈抛物线状时，可以采用二次曲线模型进行预测。

①二次曲线模型的公式：

$$y_t = a + bt + ct^2$$

式中，$y_t$ 为预测值；$a$、$b$、$c$ 为参数；$t$ 为时间序列的期。

关于 $a$、$b$、$c$ 三个参数的计算可由最小二乘法求最佳拟合线得到，结果如下：

$$a = \frac{\sum y \sum t^4 - \sum t^2 y \sum t^2}{n \sum t^4 - (\sum t^2)^2}$$

$$b = \frac{\sum ty}{\sum t^2}$$

$$c = \frac{n \sum t^2 y - \sum y \sum t^2}{n \sum t^4 - (\sum t^2)^2}$$

②二次曲线模型图：二次曲线模型图大体呈抛物线形状，抛物线的开口和增减趋势由 $a$、$b$、$c$，三个参数决定，基本上可以分为以下四种类型，如图 9-7 所示。

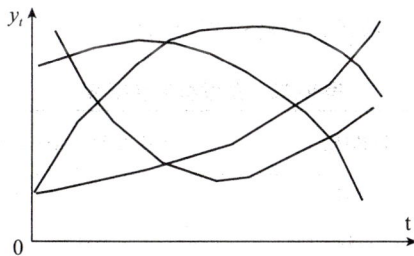

图 9-7　二次曲线模型图

需要注意的是：从二次曲线模型图中可见，其中一条曲线图形同指数曲线模型较为相似，所以在具体选择中，除了观察散点图形状外，还要注意时间序列的差分数字特征。

③二次曲线模型的差分数字特征，如表 9-20 所示。

**表 9-20　二次曲线模型差分数字特征**

| 时序 t | $y_t = a + bt + ct^2$ | 一次差分 $(y_t - y_{t-1})$ | 二次差分 $(y_t - y_{t-1}) - (y_{t-1} - y_{t-2})$ |
|---|---|---|---|
| 1 | $a + b + c$ | — | — |
| 2 | $a + 2b + 4c$ | $b + 3c$ | — |
| 3 | $a + 3b + 9c$ | $b + 5c$ | $2c$ |
| 4 | $a + 4b + 16c$ | $b + 7c$ | $2c$ |
| ⋮ | ⋮ | ⋮ | ⋮ |
| $t - 1$ | $a + (t-1)b + c(t-1)^2$ | $b + (2t-3)c$ | $2c$ |
| $t$ | $a + bt + ct^2$ | $b + (2t-1)c$ | $2c$ |

由表 9-20 可见，二次曲线模型的数字特征为二次差分值为一常数。所以，当一时间序列的统计数据值二次差分大体为常数时，可以选用二次曲线模型进行预测。

例 9-11：某药房 2016 年前 7 个月的销售额如表 9-21 所示。请预测该药房 2016 年 9 月份的销售额。

**表 9-21　某药房 2016 年月销售额**　　　　　　　　　　　　　　　　（单位：万元）

| 月份 | 1 | 2 | 3 | 4 | 5 | 6 | 7 |
|---|---|---|---|---|---|---|---|
| 销售额 | 254 | 312 | 376 | 446 | 524 | 609 | 700 |

解：首先，选择预测模型：根据该药房的销售时间序列做散点图，如图 9-8 所示：

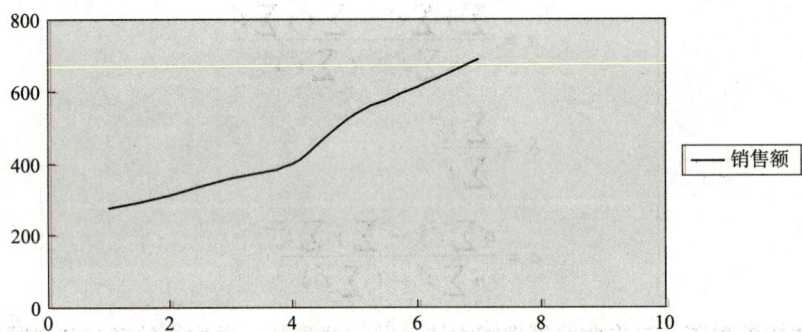

**图 9-8　某药房月销售额**

据图初步判断可以使用二次曲线模型，但同时也可使用指数曲线模型，需做进一步判断。

分析该时间序列的差分数字特征，如表 9-22 所示。

**表 9-22　曲线数字特征表**

| 时序 t | 销售额 $y_t$ | 一次差分 $(y_t - y_{t-1})$ | 二次差分 $(y_t - y_{t-1}) - (y_{t-1} - y_{t-2})$ |
|---|---|---|---|
| 1 | 254 | | |
| 2 | 312 | 58 | |
| 3 | 376 | 64 | 6 |
| 4 | 446 | 70 | 6 |
| 5 | 524 | 78 | 8 |
| 6 | 609 | 85 | 7 |
| 7 | 700 | 91 | 6 |

由表 9-22 可见，该药房月销售额时间序列数字特征为二次差分值基本为同一常数，符合二次曲线模型特征，可以采用二次曲线模型进行预测。

其次，计算参数 $a$、$b$、$c$，具体过程如表 9-23 所示。

表 9-23　二次曲线预测模型参数计算表

| 时间 | 销售额 $y$ | $t$ | $t^2$ | $t^4$ | $ty$ | $t^2y$ |
|---|---|---|---|---|---|---|
| 1 月份 | 254 | -3 | 9 | 81 | -762 | 2286 |
| 2 月份 | 312 | -2 | 4 | 16 | -624 | 1248 |
| 3 月份 | 376 | -1 | 1 | 1 | -376 | 376 |
| 4 月份 | 446 | 0 | 0 | 0 | 0 | 0 |
| 5 月份 | 524 | 1 | 1 | 1 | 524 | 524 |
| 6 月份 | 609 | 2 | 4 | 16 | 1218 | 2436 |
| 7 月份 | 700 | 3 | 9 | 81 | 2100 | 6300 |
| $\sum$ | 3221 | | 28 | 196 | 2080 | 13170 |

所以，$a = \dfrac{\sum y \sum t^4 - \sum t^2 y \sum t^2}{n \sum t^4 - (\sum t^2)^2} = \dfrac{3221 \times 196 - 13170 \times 28}{7 \times 196 - 28^2} = 446.52$

$b = \dfrac{\sum ty}{\sum t^2} = \dfrac{2080}{28} = 74.29$

$c = \dfrac{n \sum t^2 y - \sum y \sum t^2}{n \sum t^4 - (\sum t^2)^2} = \dfrac{7 \times 13170 - 3221 \times 28}{7 \times 196 - 28^2} = 3.40$

第三，利用二次曲线模型进行预测：从表 9-23 可知，8 月份的 $t$ 值应为 4，据公式 $y_t = a + bt + ct^2$ 可得：

$$y_{8月份} = 446.52 + 74.29 \times 4 + 3.40 \times 4^2 = 798.10 （万元）$$

综上，该药房 2016 年 8 月份的销售额预测值为 798.10 万元。

（4）龚珀兹曲线模型　龚珀兹曲线是英国统计学家和数学家龚珀兹（Gompestz）首先提出的一种数学模型，现主要用于耐用消费品的市场需求变化的描述与预测。

①龚珀兹曲线模型公式：

$$y_t = k\, a^{b^t} \ (k > 0)$$

式中，$y_t$ 为时间序列第 $t$ 期的值；$k$、$a$、$b$ 为三个参数；$t$ 为时间序列的期。

②参数计算：要想利用龚珀兹曲线模型公式进行预测，重要的是确定 $k$、$a$、$b$ 三个参数的值。确定 $k$、$a$、$b$ 三个参数值的基本思路：先将公式两边同时取对数可得：$\lg y_t = \lg k + (\lg a) b^t$，这样会得到一新的时间序列 $\lg y_t$，其变化规律呈修正指数曲线，因此可利用修正指数曲线参数公式计算求出 $\lg k$、$\lg a$、$b$，进而对 $\lg k$ 和 $\lg a$ 求反对数便可得 $k$ 和 $a$。

具体步骤：第一，对原时间序列数据作对数变换。将所得的新时序数据平均分为三段，每段的间距期为 $m$，即 $m = \dfrac{n}{3}$，然后分别求出三段的和，标记为 $\sum_1 \lg y_t$、$\sum_2 \lg y_t$、$\sum_3 \lg y_t$。

第二，按照修正曲线模型参数计算公式可得 $k$、$a$、$b$ 三个参数的值。具体为：

$$b = \sqrt[m]{\frac{\sum_3 y_t - \sum_2 y_t}{\sum_2 y_t - \sum_1 y_t}}$$

$$\lg a = \left(\sum_2 y_t - \sum_1 y_t\right) \cdot \frac{b-1}{(b^m-1)^2}$$

$$\lg k = \frac{1}{m}\left(\sum_1 y_t - \lg a \frac{b^m-1}{b-1}\right)$$

③龚珀兹曲线模型图形：将龚珀兹曲线模型公式两边同时取对数后，原公式可转化为 $\lg y_t = \lg k + (\lg a) b^t$，由此公式易见曲线图形的形状会随 $\lg a$ 和 $b$ 的数值变化而发生变化。简单来说，其图形大致有如下 4 种情况（图 9-9～图 9-12）：

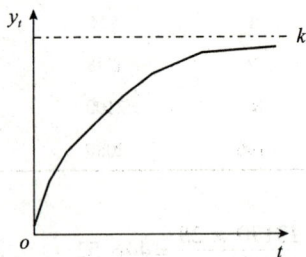

图 9-9

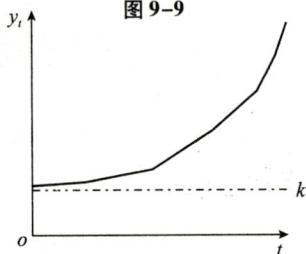

图 9-10

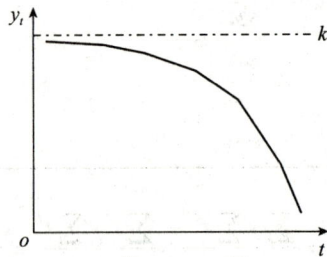

图 9-11

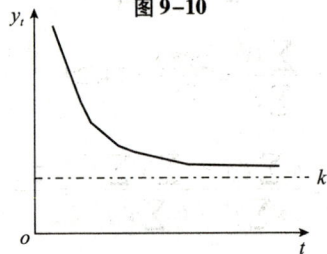

图 9-12

④龚珀兹曲线模型的数字特征，如表 9-24 所示：

表 9-24　龚珀兹曲线模型数字特征表

| 时序 t | $\hat{y}=ka^{b^t}$ | $\lg y_t = \lg k + b^t \lg a$ | $\lg y_t - \lg y_{t-1}$ | $\dfrac{\lg y_t - \lg y_{t-1}}{\lg y_{t-1} - \lg y_{t-2}}$ |
|---|---|---|---|---|
| 1 | $ka^b$ | $\lg k + b \cdot \lg a$ | — | — |
| 2 | $ka^{b^2}$ | $\lg k + b^2 \cdot \lg a$ | $b(b-1)\lg a$ | — |
| 3 | $ka^{b^3}$ | $\lg k + b^3 \cdot \lg a$ | $b^2(b-1)\lg a$ | $b$ |
| 4 | $ka^{b^4}$ | $\lg k + b^4 \cdot \lg a$ | $b^3(b-1)\lg a$ | $b$ |
| $\vdots$ | $\vdots$ | $\vdots$ | $\vdots$ | $\vdots$ |
| t-1 | $ka^{b^{t-1}}$ | $\lg k + b^{t-1}\lg a$ | $b^{t-1}(b-1)\lg a$ | $b$ |
| t | $ka^{b^t}$ | $\lg k + b^t \lg a$ | $b^t(b-1)\lg a$ | $b$ |

由表 9-24 可见，龚珀兹曲线模型数字特征表现为时间序列数值 $y_t$ 的对数的一次差比值为一常数。即如果时间序列观测值的对数一次差比值大体相等时，就可以利用龚珀兹曲线模型进行预测。

（5）罗吉斯曲线模型　罗吉斯曲线是由比利时数学家维哈尔斯特在研究人口增长规律时提出来的，又称为生长理论曲线。

①罗吉斯曲线模型公式：

$$y_t = \frac{1}{a + bc^t}$$

式中 $a$、$b$、$c$ 为三个参数；$t$ 为时间序列的期。

②参数计算：令 $Y_t = 1/y_t$，则公式可以转化为 $Y_t = a + bc^t$。这样就可以将罗吉斯曲线模型转换为修正指数曲线模型进行预测了。$a$、$b$、$c$ 为三个参数值，也同样可利用修正指数曲线求参数的方法，即三和法来进行计算。具体过程此处不再详述。

③罗吉斯曲线模型的数字特征，如表 9-25 所示：

**表 9-25　罗吉斯曲线模型数字特征**

| 时序 $t$ | $y_t = \dfrac{1}{a+bc^t}$ | $\dfrac{1}{y_t} - \dfrac{1}{y_{t-1}}$ | $\left(\dfrac{1}{y_t} - \dfrac{1}{y_{t-1}}\right) \big/ \left(\dfrac{1}{y_{t-1}} - \dfrac{1}{y_{t-2}}\right)$ |
|---|---|---|---|
| 1 | $\dfrac{1}{a+bc}$ | | |
| 2 | $\dfrac{1}{a+bc^2}$ | $bc(c-1)$ | |
| 3 | $\dfrac{1}{a+bc^3}$ | $bc^2(c-1)$ | $c$ |
| $\vdots$ | $\vdots$ | $\vdots$ | $\vdots$ |
| $t-1$ | $\dfrac{1}{a+bc^{t-1}}$ | $bc^{t-2}(c-1)$ | $c$ |
| $t$ | $\dfrac{1}{a+bc^t}$ | $bc^{t-1}(c-1)$ | $c$ |

由表 9-25 可知，罗吉斯曲线模型的数字特征表现为时间序列观测值 $y_t$ 的倒数一次差比值为一常数。当时间序列的数值符合这一特征时，可以选择罗吉斯曲线模型进行预测。

以上介绍了时间序列预测的三类方法。在实际应用中，对于应该选择哪种预测方法，首先要观察时间序列的规律，其次要观察时间序列数值的散点图，再次要分析时间序列所呈现的数字特征，依据这些特征综合考察，进而选择最优化的方法进行预测。

# 第二节　指数平滑预测法

## 一、指数平滑预测法的定义、特点及分类

指数平滑法预测是对移动平均法的改进与发展，是一种特殊的加权移动平均法。

指数平滑预测法改进了移动平均法的不足，具有以下几方面特点：首先，指数平滑预测法不需要保存历史数据，计算较为方便。即改进了移动平均法在应用中必须储存多个实际值，需要保存大量历史数据的不足。其次，指数平滑预测法对时间序列各个时期的数据均以考虑，并根据时间远近顺序赋予其不同的权数。即改进了移动平均法只利用最近 $n$ 期的数据，并简单假定这些数据同等重要的不足。再次，指数平滑预测法只需确定一个权数，其他期的权数可以按规律推算出来，使预测模型的更新更为简易。即改进了加权移动平均法确定多个权数的过程，应用更加简便。因此，指数平滑预测法是一种常用的市场预测方法。

NOTE

指数平滑预测法的基本公式是：

$$S_t = \alpha y_t + (1 - \alpha) S_{t-1}$$

式中，$S_t$ 为时间序列 $t$ 期的平滑值；$y_t$ 为时间序列 $t$ 期的实际值；$S_{t-1}$ 为时间序列 $t-1$ 期的平滑值；$\alpha$ 为加权系数，取值范围 $0 < \alpha < 1$。

将指数平法基本公式展开：

$$\begin{aligned}
S_t &= \alpha y_t + (1 - \alpha) S_{t-1} \\
&= \alpha y_t + (1 - \alpha)\left[\alpha y_{t-1} + (1 - \alpha) S_{t-2}\right] \\
&= \alpha y_t + \alpha(1 - \alpha) y_{t-1} + (1 - \alpha)^2 S_{t-2} \\
&= \alpha y_t + \alpha(1 - \alpha) y_{t-1} + (1 - \alpha)^2\left[a y_{t-2} + (1 - \alpha) S_{t-3}\right] \\
&\cdots\cdots \\
&= \alpha y_t + \alpha(1 - \alpha) y_{t-1} + \alpha(1 - \alpha)^2 y_{t-2} + \cdots \alpha(1 - \alpha)^{t-1} y_{t-n}
\end{aligned}$$

由此可见，其权数依次为 $\alpha$、$\alpha(1 - \alpha)$；$\alpha(1 - \alpha)^2 \cdots\cdots \alpha(1 - \alpha)^{t-1}$，是一个依次递减的等比数列。该预测方法之所以被称为指数平滑预测法，就是因为这个等比数列若绘成曲线是一条指数曲线，而不是说这种预测法的预测模型是指数形式。

实际应用中，指数平滑预测法的类型主要有一次指数平滑法和多次指数平滑法。本节主要介绍一次指数平滑法、二次指数平滑法和三次指数平滑法。

## 二、一次指数平滑预测法

一次指数平滑预测法是以本期实际值和上期的一次指数平滑值的加权和作为下期预测值的预测方法，适用于当时间数列基本呈水平稳定趋势变化情况下的预测，一般为短期或近期预测。

### （一）一次指数平滑预测法的公式和预测模型

一次指数平滑预测法的公式：

$$S_t^{(1)} = \alpha y_t + (1 - \alpha) S_{t-1}^{(1)}$$

式中：$S_t^{(1)}$ 为第 $t$ 期的一次指数平滑值；$S_{t-1}^{(1)}$ 为上一期一次指数平滑值；上标（1）表示一次平滑；$y_t$ 为第 $t$ 期的实际值；$\alpha$ 为加权系数（$0 < \alpha < 1$）。

一次指数平滑预测法的预测模型：$Y_{t+1} = S_t^{(1)}$。

### （二）加权系数 $\alpha$ 和平滑初始值 $S_0^{(1)}$

**1. 加权系数 $\alpha$ 的选择**　在一次指数平滑预测法的实际应用中，加权系数 $\alpha$ 的选择直接影响着预测结果，所以选择合适的加权系数至关重要。

从理论上讲，可通过公式 $\alpha = 2/(n + 1)$ 求得。但在实际应用中，$\alpha$ 的取值一般遵循以下原则：①如果预测目标时间序列的数据长期发展趋势比较稳定，没有突然不规则波动，$\alpha$ 取值应该小一点，一般而言不应超过 0.3；②如果预测目标时间序列的数据呈明显的上升或下降趋势，且波动较大，此时就需要加重近期观测值对预测程度的影响度，$\alpha$ 的取值就应大一些；③如果预测目标时间序列的数据虽然呈上升或下降趋势变化，但变化较为平缓，此时 $\alpha$ 的选择应适中些；④如果原始资料缺乏，可分别用几个不同的 $\alpha$ 值加以计算比较，取其预测误差小者用之。

**2. 确定平滑初始值 $S_0^{(1)}$**　平滑初始值 $S_0^{(1)}$ 的选择一般情况下有两种方法：一是当时间序列

的数据较多（$t \geqslant 50$）时，可选用时间序列的第一期实际值作为平滑初始值；二是当时间序列的数据较少时（$t < 50$）时，一般选择时间序列前几期的平均值作为初始值。在本章的计算中，是以前 3 期的平均值作为平滑初始值的。

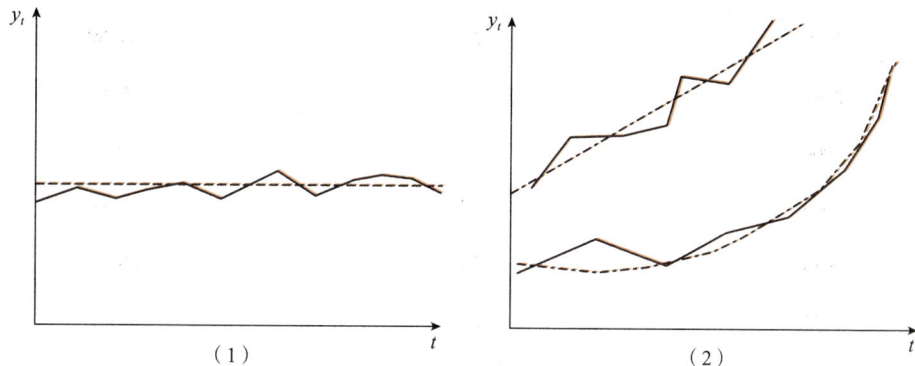

图 9-13 时间序列数据变化趋势

### （三） 一次指数平滑预测法适用的数据趋势图形

当时间序列的数据散点图基本呈图 9-13（1）状态，即水平平稳变化发展时，对该时间序列的预测可以采用一次指数平滑法。当时间序列的数据散点图如图 9-13（2）所示，呈现明显的线性趋势或非线性趋势运动，对该时间序列的预测则不适合采用一次指数平滑法。

**例 9-12**：某地区某道地药材 2005～2015 年的产量如表 9-26 所示。请预测该地区该道地药材 2016 年的产量。

表 9-26 某地区某道地药材产量统计表 （单位：吨）

| 时间 | 2005 | 2006 | 2007 | 2008 | 2009 | 2010 | 2011 | 2012 | 2013 | 2014 | 2015 |
|------|------|------|------|------|------|------|------|------|------|------|------|
| 产量 | 29 | 30 | 31 | 29 | 27 | 28 | 32 | 29 | 26 | 28 | 30 |

解：对该时间序列数值做散点图，观察其变化趋势，选择预测方法。如图 9-14 所示。

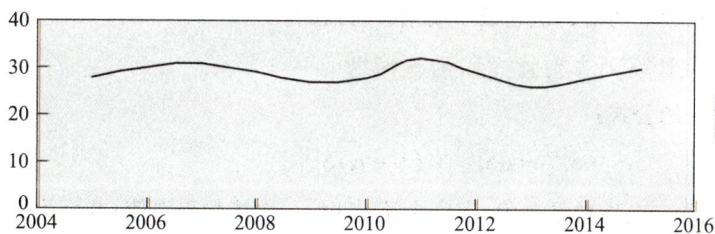

图 9-14 某地区某道地药材产量

从散点图可以看出，该时间序列基本呈水平平稳运动趋势，故可以采用一次平滑指数法进行预测。

（2）计算一次平滑值：

令 $\alpha = 0.2$，平滑初始值 $S_0^{(1)}$ 取前三期的平均值，即 $S_0^{(1)} = \dfrac{29 + 30 + 31}{3} = 30$，据公式 $S_t^{(1)} = \alpha y_t + (1 - \alpha) S_{t-1}^{(1)}$ 可得该时间序列的一次平滑值，如表 9-27 所示。

**表 9-27  一次指数平滑计算表**

| 年度 | 实际年产量 | 一次指数平滑值 |
|---|---|---|
| 2005 | 29 | 30 |
| 2006 | 30 | 29.80 |
| 2007 | 31 | 29.84 |
| 2008 | 29 | 30.07 |
| 2009 | 27 | 29.86 |
| 2010 | 28 | 29.29 |
| 2011 | 32 | 29.03 |
| 2012 | 29 | 29.62 |
| 2013 | 26 | 29.50 |
| 2014 | 28 | 28.80 |
| 2015 | 30 | 28.64 |

（3）计算 2016 年预测值：

据公式 $S_t^{(1)} = \alpha y_t + (1-\alpha)S_{t-1}^{(1)}$ 可得：

$$S_{2015}^{(1)} = 0.2 \times 30 + (1-0.2) \times 28.64 = 28.91 \text{（吨）}$$

所以，$Y_{2016} = S_{2015}^{(1)} = 28.91$（吨）。

### 三、二次指数平滑预测法

当时间序列具有明显直线上升或下降趋势时，则需要采用二次指数平滑预测法，即在一次指数平滑的基础上，对一次指数平滑值在做再做一次平滑。二次指数平滑预测法不直接用于预测，而是通过计算二次指数平滑值，建立数学模型进行预测。

#### （一）二次指数平滑预测法的公式和预测模型

二次指数平滑预测法的公式：

$$S_t^{(2)} = \alpha S_t^{(1)} + (1-\alpha)S_{t-1}^{(2)}$$

式中：$S_t^{(2)}$ 为第 $t$ 期的二次指数平滑值；$S_t^{(1)}$ 为第 $t$ 期的一次指数平滑值；$S_{t-1}^{(2)}$ 为上一期二次指数的平滑值；$\alpha$ 为加权系数。

二次指数平滑预测法的预测模型：

$$Y_{t+T} = a_t + b_t \times T$$

式中：$T$ 为从 $t$ 期开始到预测期的间隔数；$a$、$b$ 为参数。

计算方法：

$$a_t = 2S_t^{(1)} - S_t^{(2)};$$

$$b_t = \frac{\alpha}{1-\alpha}(S_t^{(1)} - S_t^{(2)})$$

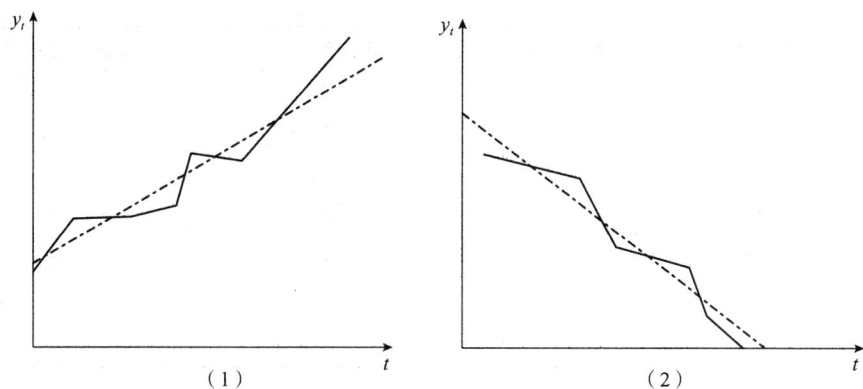

图 9-14

## （二）　二次指数平滑预测法使用的数据趋势图形

如图 9-14 所示，当时间序列的散点图大体呈直线上升或下降趋势时，可采用二次指数平滑法进行预测。

**例 9-13**：某药店连续 10 个季度的销售额记录如表 9-28 所示，请用指数平滑法预测第 12 季度该企业的销售额。

表 9-28　某药店季度销售额记录表 （单位：万元）

| 时序 | 1 | 2 | 3 | 4 | 5 | 6 | 7 | 8 | 9 | 10 |
|------|----|----|----|----|----|----|----|----|----|----|
| 销售额 | 56 | 76 | 78 | 76 | 86 | 98 | 102 | 115 | 99 | 120 |

解：对该时间序列值做散点图观察其发展趋势，选择预测方法。如图 9-15 所示：

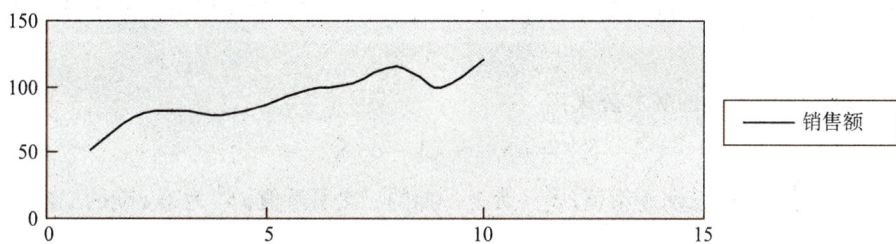

图 9-15　某药店季度销售额

从图 9-14 可见，该药店季度销售额时间序列呈明显的线性上升趋势，故应采用二次指数平滑预测法进行预测。

（2）计算一次指数平滑值和二次指数平滑值：令 $\alpha = 0.4$，平滑初始值取时间序列值前三项的平均数，即 $S_0^{(1)} = 70$，据公式计算一次指数平滑值和二次指数平滑值，结果如表 9-29 所示。

表 9-29　指数平滑值计算结果

| 时序 $t$ | 实际销售额 | 一次指数平滑值 $S_t^{(1)}$ | 二次指数平滑值 $S_t^{(2)}$ |
|----------|-----------|---------------------------|---------------------------|
|  |  | 70 | 70 |
| 1 | 56 | 64.4 | 67.76 |
| 2 | 76 | 69.04 | 68.27 |
| 3 | 78 | 72.64 | 69.71 |

续表

| 时序 $t$ | 实际销售额 | 一次指数平滑值 $S_t^{(1)}$ | 二次指数平滑值 $S_t^{(2)}$ |
|---|---|---|---|
| 4 | 76 | 73.98 | 71.41 |
| 5 | 86 | 78.79 | 74.37 |
| 6 | 98 | 86.47 | 79.21 |
| 7 | 102 | 92.68 | 84.59 |
| 8 | 115 | 101.61 | 91.40 |
| 9 | 99 | 100.57 | 95.07 |
| 10 | 120 | 108.34 | 98.18 |

（3）计算参数 $a$、$b$。

据公式 $a_t = 2S_t^{(1)} - S_t^{(2)}$，$b_t = \dfrac{\alpha}{1-\alpha}(S_t^{(1)} - S_t^{(2)})$ 可得：

$$a_{10} = 2 \times 108.34 - 98.18 = 118.50$$

$$b_{10} = \frac{0.4}{1-0.4}(108.34 - 98.18) = 6.77$$

（4）根据模型进行预测：该药店第 12 个季度的销售额预测值 $Y_{12} = a_{10} + b_{10} \times 2 = 118.50 + 6.77 \times 2 = 132.04$（万元）。

## 四、三次指数平滑预测法

二次指数平滑预测法解决了一次指数不能用于有明显直线上升或下降趋势变动的市场现象预测，但当时间序列呈现出某种非线性趋势时，二次指数平滑法就不适用了。对非线性趋势时间序列的预测要采用三次指数平滑法来进行预测，即在二次平滑基础上再进行一次平滑。

### （一）三次指数平滑预测法的公式和预测模型

三次指数平滑预测法的基本公式：

$$S_t^{(3)} = \alpha S_t^{(2)} + (1-\alpha)S_{t-1}^{(3)}$$

式中，$S_t^3$ 为第 $t$ 期的三次平滑值；$S_{t-1}^3$ 为上一期的三次平滑值；$S_t^2$ 为第 $t$ 期的二次平滑值；$\alpha$ 为加权系数。

三次指数平滑预测法的预测模型：

$$Y_{t+T} = a_t + b_t T + cT^2$$

式中，$T$ 为从 $t$ 期开始到预测期的间隔数；$a$、$b$ 为参数，计算方法如下。

$$a_t = 3S_t^{(1)} - 3S_t^{(2)} + S_t^{(3)}$$

$$b_t = \frac{\alpha^2}{2(1-\alpha)^2}\left[(6-5\alpha)S_t^{(1)} - 2(5-4\alpha)S_t^{(2)} + (4-3\alpha)S_t^{(3)}\right]$$

$$c_t = \frac{\alpha^2}{2(1-\alpha)^2}(S_t^{(1)} - 2S_t^{(2)} + S_t^{(3)})$$

### （二）三次指数平滑预测法使用的数据趋势图形

当时间序列的散点图如图 9-16 所示，大体呈曲线变化趋势时，可采用三次指数平滑预测法。

例 9-14：某医疗器械公司某产品 2006～2015 年的销售记录如表 9-30 所示，请用指数平滑法预测 2016 年该公

图 9-16　三次指数平滑法趋势图

司该产品的销售量。

表 9-30　某医疗器械公司某产品销售记录　（单位：台）

| 年度 | 时序 $t$ | 实际销售量 | 一次指数平滑值 | 二次指数平滑值 | 三次指数平滑值 |
|---|---|---|---|---|---|
| 2006 | 1 | 64 | 67.60 | 69.04 | 69.76 |
| 2007 | 2 | 68 | 67.76 | 68.53 | 69.27 |
| 2008 | 3 | 78 | 71.86 | 69.86 | 69.50 |
| 2009 | 4 | 96 | 81.51 | 74.52 | 71.51 |
| 2010 | 5 | 104 | 90.51 | 80.92 | 75.27 |
| 2011 | 6 | 152 | 115.10 | 94.59 | 83.00 |
| 2012 | 7 | 234 | 162.66 | 121.82 | 98.53 |
| 2013 | 8 | 389 | 253.20 | 174.37 | 128.87 |
| 2014 | 9 | 420 | 319.92 | 232.59 | 170.36 |
| 2015 | 10 | 460 | 375.95 | 289.93 | 218.19 |

解：（1）根据该公司该产品的销售记录的时间序列做散点图，如图 9-17 所示：

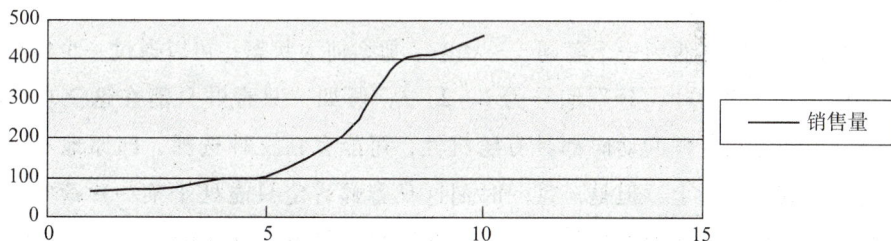

图 9-17　某医疗器械公司某产品销售量

据图 9-17 所示，该产品时间序列呈曲线形式变化，故适合三次指数平滑法。

（2）令 $\alpha = 0.4$，平滑初始值取前三项平均数，即 $S_0 = 70$，计算一次指数平滑值、二次指数平滑值、三次指数平滑值。具体过程此处省略，结果见图 9-17。

（3）计算参数 $a$、$b$、$c$。

$$a_{10} = 3 \times 375.95 - 3 \times 289.93 + 218.19 = 476.25$$

$$b_{10} = \frac{0.4^2}{2(1-0.4)^2}\left[(6 - 5 \times 0.4) \times 375.95 - 2 \times (5 - 4 \times 0.4) \times 289.93 + (4 - 3 \times 0.4) \times 218.19\right]$$
$$= 250.88$$

$$c_{10} = \frac{0.4^2}{2(1-0.4)^2}(375.95 - 2 \times 289.93 + 218.19) = 3.17$$

（4）利用模型进行预测：据公式 $Y_{t+T} = a_t + b_t T + cT^2$ 可得该公司该产品 2016 年的销量预测为：

$$Y_{2016} = 476.25 + 250.88 \times 1 + 3.17 \times 1 \approx 730 \text{（台）}$$

# 第三节 马尔柯夫预测法

## 一、马尔柯夫预测法的基本概念

马尔柯夫预测法是以俄国数学家 A. A Markov 命名的一种市场现象预测方法。它的基本原理是应用概率论中马尔柯夫链的理论和方法来分析市场现象变化规律，并借此分析预测未来变化趋势。

### （一） 马尔柯夫链

马尔柯夫链是一种随机时间序列，它的未来取值情况只与现在的状态有关，而与过去历史情况无关，具有无后效性，具备这一特性的离散型随机过程称为马尔可夫链。所谓无后效性是指系统在每一时刻的状态仅仅取决于前一时刻的状态，与过去的历史状态无关。例如，农民选择明年种什么经济作物，是玉米、大豆还是其他经济作物时，往往依据的是今年粮食的价格，而跟过去没有多大关系。这里描述的马尔柯夫链是马尔柯夫链中的简单类型，也可称为一阶马尔柯夫链。

### （二） 状态及初始状态

在马尔柯夫链中反复遇到一个名词——状态。那么何为状态，可以通过一个例子来加以说明。一池塘中有三片荷叶，分别编号为 1、2、3，假如一只青蛙只能在这三片荷叶上跳动，尽管每一时刻这只青蛙的动向都具有随机性，可能存在三种选择，即原地不动或跳到其他两片荷叶的其中一片上，但是，每一时刻这只青蛙肯定只能处于某一片荷叶上，把某一时刻青蛙所处的荷叶称之为青蛙的状态。由此可见，状态是互斥的，即某一事物不可能同时具有两种状态。

扩展到市场经济中，把市场经济现象在某一时刻出现的某种特定结果，称之为这一经济现象在此刻的状态。不同的经济现象对状态的划分是不同的，如某一商品的市场销售状态可以分为畅销、一般、滞销等，而某一商品市场供需现象的状态又可分为供不应求、持平、供大于求等。

一般情况下，将随机运动系统的随机变量 $X$ 在 $t$ 时刻所处的状态 $i$ 表示为：

$$X_t = i \, ( \, i = 1, \, 2, \, 3 \cdots n; \quad t = 1, \, 2, \, 3 \cdots )$$

初始状态，即事物发生变化前的状态。如上述的青蛙跳荷叶，假如青蛙在第一次跳动前位于 1 号荷叶上，就可以把 1 号荷叶称为青蛙的初始状态。

### （三） 初始概率和状态转移概率

各初始状态发生的概率称为初始概率，简单标记为 $P_i^0$。在实际应用中，可以通过历史资料计算的频率来近似代替初始概率。

如：在研究市场占有率时，假定一小区有 3 家超市（分别编号标记为甲、乙、丙），共享小区 100 户顾客。为研究 3 家超市的市场占有率，以研究时刻为界限，通过历史调查统计得知，有 50% 的顾客经常光顾甲超市，30% 的顾客经常光顾乙超市，20% 的顾客经常光顾丙超市，由此可认为，初始概率分别为 $P_1^0 = 0.5$，$P_2^0 = 0.3$，$P_3^0 = 0.2$。

市场现象由一种状态到另一种状态的变化称为状态转移。如由于技术的革新等，某种产品的市场销售状态可能会由一般变为畅销。但某一市场现象的状态是多样的，而事物每一时刻只能处于一种状态之中，如上面提及的青蛙跳荷叶，因此事物的状态转移具有随机性，要想评估事物状态转移的可能性就需要应用概率来描述。

概率论中的条件概率 P（B∣A）表达了由状态 A 向状态 B 转移的概率，在此可称为状态转移概率。条件概率的定义可简单描述为：在事件 A 发生条件下，事件 B 发生的概率，称为事件 B 在事件 A 条件下的条件概率，记作 P（B∣A）。

通常，对于由状态 $E_i$ 转移到状态 $E_j$ 的概率称之为从 $i$ 到 $j$ 的转移概率，记为：

$$P_{ij} = P(E_j \mid E_i) = P(E_i \rightarrow E_j) = P(X_{t+1} = j \mid X_t = i)$$

假设市场现象随机运动的状态空间为 $E = \{E_1, E_2, \cdots, E_n\}$，而每一个时刻市场现象只能处于其中一个状态，因此每一个状态都有 $n$ 个转向（包括转向自身），即：

$$E_i \rightarrow E_1, \ E_i \rightarrow E_2, \ \cdots, \ E_i \rightarrow E_i, \ \cdots, \ E_i \rightarrow E_n$$

那么在 $t$ 时刻市场现象处于状态 $E_i$ 的条件下，在 $t + k$ 时刻处于状态 $E_j$ 的条件概率可表示为：

$$P_{ij}^{(k)} = P(X_{t+k} = E_j \mid X_t = E_i), \ (E_i, E_j \in E)$$

当 $k = 1$ 时，上式可转化为 $P_{ij} = P(X_{t+1} = E_j \mid X_t = E_i)$，（$E_i, E_j \in E$）

这种当 $k = 1$ 时，由状态 $E_i$ 转向状态 $E_j$ 的条件概率称为由状态 $E_i$ 经一次转移到状态 $E_j$ 的转移概率，简称为一步状态转移概率。

当 $k = n$（$n = 2, 3, 4, \cdots\cdots$）时，由状态 $E_i$ 转向状态 $E_j$ 的条件概率称为由状态 $E_i$ 经 $n$ 次转移到状态 $E_j$ 的转移概率，简称为 $n$ 步状态转移概率。

### （四） 状态转移概率矩阵

系统所有的状态转移概率的集合所组成的矩阵称为状态转移矩阵。其中随机系统一步转移概率的集合所组成的矩阵称为一步状态转移概率矩阵，$n$ 步转移概率的集合所组成的矩阵称为 $n$ 步状态转移概率矩阵。

**1. 一步状态转移概率矩阵的形式**

$$P = \begin{array}{c} \\ E_1 \\ E_2 \\ E_3 \\ \vdots \\ E_n \end{array} \begin{array}{ccccc} E_1 & E_2 & E_3 & \cdots & E_n \\ \left[\begin{array}{ccccc} P_{11} & P_{12} & P_{13} & \cdots & P_{1n} \\ P_{21} & P_{22} & P_{23} & \cdots & P_{2n} \\ P_{31} & P_{32} & P_{33} & \cdots & P_{3n} \\ \vdots & \vdots & \vdots & \vdots & \vdots \\ P_{n1} & P_{n2} & P_{n3} & \cdots & P_{nn} \end{array}\right] \end{array}$$

该矩阵具有以下两点性质：

（1）非负性　即 $P_{ij} \geq 0$（$i, j = 1, 2, 3 \ldots n$）。

（2）行元素和为 1　即 $\sum_{j=1}^{n} P_{ij} = 1$（$i = 1, 2, 3 \ldots n$）。

**2. $n$ 步状态转移概率矩阵的形式**

$$P^{(n)} = \begin{matrix} & E_1 & E_2 & E_3 & \cdots & E_n \\ E_1 \\ E_2 \\ E_3 \\ \vdots \\ E_n \end{matrix} \begin{bmatrix} P_{11}^{(n)} & P_{12}^{(n)} & P_{13}^{(n)} & \cdots & P_{1n}^{(n)} \\ P_{21}^{(n)} & P_{22}^{(n)} & P_{23}^{(n)} & \cdots & P_{2n}^{(n)} \\ P_{31}^{(n)} & P_{32}^{(n)} & P_{33}^{(n)} & \cdots & P_{3n}^{(n)} \\ \vdots & \vdots & \vdots & \vdots & \vdots \\ P_{n1}^{(n)} & P_{n2}^{(n)} & P_{n3}^{(n)} & \cdots & P_{nn}^{(n)} \end{bmatrix}$$

该矩阵同一步状态转移矩阵一样具有以下两点特征：

（1）非负性　即 $P_{ij}^{(n)} \geq 0$（ $i, j = 1, 2, 3 \ldots n$ ）。

（2）行元素和为1　即 $\sum_{j=1}^{n} P_{ij}^{(n)} = 1$（ $i = 1, 2, 3 \ldots n$ ）。

**3. 一步状态转移概率矩阵和 $n$ 步状态转移概率矩阵之间的关系**　$n$ 步状态转移概率矩阵是状态 $E_i$ 经 $n$ 次转移到状态 $E_j$ 的转移概率矩阵，也就是在 $n-1$ 步转移的基础上再一次转移的结果。用公式可表达为：

$$P^{(n)} = P^{(n-1)} P = P^n \quad ( n = 2, 3, 4, \cdots )$$

**例 9-15**：某销售统计系统有三种状态 $E_1$、$E_2$、$E_3$（依次分别表示状态畅销、一般和滞销）。系统统计状态转移情况如表9-31所示。请计算该系统的一步状态转移矩阵和二步状态转移矩阵。

表 9-31　系统状态转移情况表

| 系统本步所处状态 | 系统下步所处状态 | | |
| --- | --- | --- | --- |
| | $E_1$ | $E_2$ | $E_3$ |
| $E_1$ | 20 | 5 | 15 |
| $E_2$ | 16 | 12 | 8 |
| $E_3$ | 15 | 5 | 10 |

解：首先，根据上表计算该系统的一步状态转移率，具体为：

$$P_{11} = \frac{20}{40} = 0.5, \quad P_{12} = \frac{5}{40} = 0.125, \quad P_{13} = \frac{15}{40} = 0.375$$

$$P_{21} = \frac{16}{36} = 0.444, \quad P_{22} = \frac{12}{36} = 0.333, \quad P_{23} = \frac{8}{38} = 0.223$$

$$P_{31} = \frac{15}{30} = 0.5, \quad P_{32} = \frac{5}{30} = 0.167, \quad P_{33} = \frac{10}{30} = 0.333$$

其次，由一步状态转移率的集合为一步状态转移率矩阵，可得该系统的一步状态转移率矩阵为：

$$P = \begin{bmatrix} 0.500 & 0.125 & 0.375 \\ 0.444 & 0.333 & 0.223 \\ 0.500 & 0.167 & 0.333 \end{bmatrix}$$

第三，据 $P^{(n)} = P^{(n-1)}P = P^n$ 可得该系统的二步状态转移率矩阵（即 $n = 2$）为：

$$P^{(2)} = P^2 = \begin{bmatrix} 0.500 & 0.125 & 0.375 \\ 0.444 & 0.333 & 0.223 \\ 0.500 & 0.167 & 0.333 \end{bmatrix}^2 = \begin{bmatrix} 0.493 & 0.167 & 0.340 \\ 0.481 & 0.204 & 0.315 \\ 0.491 & 0.174 & 0.335 \end{bmatrix}$$

## 二、马尔柯夫预测法的基本类型及应用

马尔柯夫预测法主要是运用马尔柯夫链建立预测模型，从而实现对商品销售状态、市场占有率及期望利润率等方面的预测。

### （一）商品销售状态预测

马尔柯夫链的最简单类型可以用来预测商品销售中下一期的最可能状态。其基本步骤如下。

**1. 对预测目标的整体状态进行划分**　如前所述，不同的经济现象对状态的划分是不同的，如某一商品的市场销售状态可以分为畅销、一般、滞销等。所以应用马尔柯夫链的最简单类型进行预测，首先要根据预测目的的需要，对预测目标所出现的状态进行划分。

**2. 计算初始概率**　初始概率是各初始状态发生的概率。在实际应用中，可以通过历史资料计算的频率来近似代替初始概率。具体到商品销售状态预测中，一般用某种状态在特定期限内出现的频率来近似代替初始概率。即假设商品销售的状态有 $n$ 个，分别为 $E_1$，$E_2$，$E_3$，$\cdots$，$E_n$，一共观察了 $M$ 期，其中状态 $E_i$ 和 $E_j$（$i$，$j \in n$）分别出现了 $M_i$ 和 $M_j$ 次，那么状态 $E_i$ 和 $E_j$ 出现的频率 $f_i$ 和 $f_j$ 分别为：

$$f_i = \frac{M_i}{M}; f_j = \frac{M_j}{M}$$

则 $f_i$ 和 $f_j$ 可近似代替状态 $E_i$ 和 $E_j$ 的初始概率，即：

$$f_i \approx P_i^0; f_j \approx P_j^0$$

在商品销售状态的实际应用中，计算初始概率更多的是想考察某一状态出现的次数，为计算状态转移概率和组成状态转移概率矩阵提供基础。

**3. 计算状态转移概率**　商品销售状态转移概率依然采用以频率近似代替概率的方法来计算。假设某销售现象可划分三种状态，分别为 $E_1$、$E_2$、$E_3$，则每种状态转移的转向有三种（包括转向自身）。已知该销售现象的历史资料共 $M$ 期中，状态 $E_1$ 出现了 $M_1$ 次，在状态 $E_1$ 的转移过程中，有 $M_{11}$ 次转向了自身，$M_{12}$ 次转向了 $E_2$，$M_{13}$ 次转向了 $E_3$，则状态 $E_1$ 转移的频率分别为：

$$f_{11} = \frac{M_{11}}{M_1}; f_{12} = \frac{M_{12}}{M_1}; f_{13} = \frac{M_{13}}{M_1}$$

用状态 $E_1$ 的转移频率近似代替状态转移概率，可得：

$$P_{11} \approx f_{11} = \frac{M_{11}}{M_1}; P_{12} \approx f_{12} = \frac{M_{12}}{M_1}; P_{13} \approx f_{13} = \frac{M_{13}}{M_1}$$

同理可得状态 $E_2$、$E_3$ 的状态转移概率。

**4. 根据状态转移概率建立状态转移概率矩阵进行预测**　根据上述状态转移概率可以建立状态转移概率矩阵 $P$。如果在划分的状态中，预测对象处于状态 $E_i$，那么 $P_{ij}$ 描述的就是状态

$E_i$ 在未来转向 $E_j$（$j = 1$，2，3，…，$n$）的可能性。在 $P_{ij}$（$P_{i1}$，$P_{i2}$，$P_{i3}$，…，$P_{in}$）中，按照最大可能性选择的原则，选取其中的最大值作为预测的依据。

**例9-16**：某药店近20个月的销售额统计如表9-32所示。请预测该药店第21个月的销售状况。

**表9-32　某药店销售状态统计表**　　　　　　　　　　　（单位：万元）

| 时间 | 1 | 2 | 3 | 4 | 5 | 6 | 7 | 8 | 9 | 10 | 11 | 12 | 13 | 14 | 15 | 16 | 17 | 18 | 19 | 20 |
|------|-----|-----|----|-----|----|----|----|----|----|----|-----|-----|----|----|----|----|----|----|-----|-----|
| 销量 | 120 | 116 | 50 | 120 | 55 | 40 | 76 | 76 | 74 | 40 | 120 | 125 | 70 | 55 | 72 | 73 | 73 | 60 | 100 | 110 |

解：（1）划分状态。按盈利状况和实际成本支出，将该药店的销售状态划分为：

销售额<60（万元），为亏损状态，标记为 $E_1$。

60（万元）≤销售额≤80（万元），为持平状态，标记为 $E_2$。

销售额>80（万元），为盈利状态，标记为 $E_3$。

（2）计算初始状态概率：为了使状态出现频率的显示更为直观，可以将销售额绘制散点图（图9-18），由图9-17可见：

状态 $E_1$ 的出现次数为5，即 $M_1 = 5$；状态 $E_2$ 的出现次数为8，即 $M_2 = 8$；状态 $E_3$ 的出现次数为7，即 $M_3 = 7$。

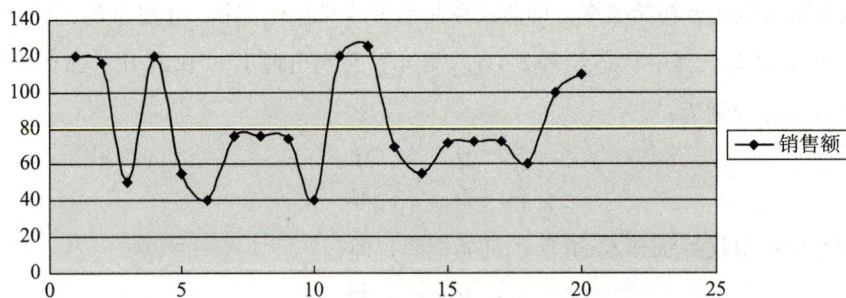

**图9-18　某药店销售额**

（3）计算状态转移概率：在计算状态转移概率中，最后一个数据不参与计算，因为无法确定其转向。由图9-18可见，状态 $E_1$ 有1次转向自身，2次转向 $E_2$，2次转向 $E_3$；状态 $E_2$ 有2次转向 $E_1$，5次转向自身，1次转向 $E_3$；状态 $E_3$ 有1次转向 $E_1$，2次转向 $E_2$，3次转向自身。即：

$$M_{11} = 1 \qquad M_{12} = 2 \qquad M_{13} = 2$$

$$M_{21} = 2 \qquad M_{22} = 5 \qquad M_{23} = 1$$

$$M_{31} = 1 \qquad M_{32} = 2 \qquad M_{33} = 3$$

由此可得：

$$P_{11} = \frac{1}{5} \qquad P_{12} = \frac{2}{5} \qquad P_{13} = \frac{2}{5}$$

$$P_{21} = \frac{2}{8} \qquad P_{22} = \frac{5}{8} \qquad P_{13} = \frac{1}{8}$$

$$P_{31} = \frac{1}{6} \qquad P_{32} = \frac{2}{6} \qquad P_{33} = \frac{3}{6}$$

$$P = \begin{bmatrix} \dfrac{1}{5} & \dfrac{2}{5} & \dfrac{2}{5} \\[2mm] \dfrac{2}{8} & \dfrac{5}{8} & \dfrac{1}{8} \\[2mm] \dfrac{1}{6} & \dfrac{2}{6} & \dfrac{3}{6} \end{bmatrix}$$

则：

（4）预测下一期销售额状态：由于第 20 期处于盈利状态，即 $E_3$，所以经一次转移转向三种状态的概率分别是：

$$P_{31} = \frac{1}{6} \; ; \; P_{32} = \frac{2}{6} \; ; \; P_{33} = \frac{3}{6}$$

而 $P_{33} > P_{32} > P_{31}$，所以第 21 个月的销售额超过 80 万元的可能性较大，属于盈利状态。

### （二）市场占有率预测

市场占有率是指企业某产品的销售量占同期市场同类产品总销量的百分比，是市场竞争的核心所在。因此，立足市场占有率的现状，应用马尔柯夫链正确预测市场后期占有率的变化，对企业发展与决策而言具有重要意义。

**1. 马尔柯夫预测法预测市场占有率的基本假设**　马尔柯夫预测法的基本原理：本期市场占有率取决于上期市场占有率状态及其转移状况。应用马尔柯夫预测法预测市场占有率的基本假设：研究对象仅适用于一阶马尔柯夫链，即市场的运动变化只取决于当前市场状态；市场竞争对手数量不变，既没有新的竞争者加入，也没有旧的竞争者退出；顾客相对均一，使用的状态转移概率矩阵适用于所有顾客；转移矩阵概率保持不变。

符合上述条件，便可以用马尔柯夫预测法对市场占有率进行预测。尽管在实际生活中，很多顾客的购买习惯并非仅受上一次购买经历的影响，但只要上期购买行为与本期购买关系最为密切，就可近似采用这一方法进行预测。

**2. 马尔柯夫预测法预测市场占有率的具体步骤**

（1）建立预测模型　假设市场上只有甲、乙、丙三个企业生产某一种产品，三个企业目前的市场占有率为：

$$S^0 = (\; P_1^{(0)} \quad P_2^{(0)} \quad P_3^{(0)} \;)$$

式中，$S^0$ 指市场占有率；$P_1^{(0)}$、$P_2^{(0)}$、$P_3^{(0)}$ 分别指甲、乙、丙三个企业的市场初始占有率。

同时假设三个企业市场占有率的状态转移率矩阵为：

$$P = \begin{bmatrix} P_{11} & P_{12} & P_{13} \\ P_{21} & P_{22} & P_{23} \\ P_{31} & P_{32} & P_{33} \end{bmatrix}$$

此矩阵中，$P_{11}$、$P_{22}$、$P_{33}$ 表示甲、乙、丙三个企业的市场占有率转移过程中保留原份额的概率；其他则表示转向的概率，如 $P_{12}$ 表示甲的市场占有率向乙转移的概率，即乙企业增加的市场份额。

由此可得，甲、乙、丙三个企业第一期的市场占有率为：

$$S^1 = S^0 P = (\; P_1^{(0)} \; P_2^{(0)} \; P_3^{(0)} \;) \begin{bmatrix} P_{11} \; P_{12} \; P_{13} \\ P_{21} \; P_{22} \; P_{23} \\ P_{31} \; P_{32} \; P_{33} \end{bmatrix}$$

同理，第 $n$ 期的市场占有率可表示为：

$$S^n = S^0 P^n = \begin{pmatrix} P_1^{(0)} & P_2^{(0)} & P_3^{(0)} \end{pmatrix} \begin{bmatrix} P_{11} & P_{12} & P_{13} \\ P_{21} & P_{22} & P_{23} \\ P_{31} & P_{32} & P_{33} \end{bmatrix}^n$$

（2）预测长期市场占有率　长期市场占有率是指在市场顾客流动趋向长期稳定状态下，经过一段时期以后的市场占有率。此时的市场占有率表现为稳定的平衡状态，即各企业丧失的顾客与争取到的顾客相抵消，从而顾客的流动对市场占有率不起作用，这时的市场占有率也称为终极市场占有率。

要想预测长期市场占有率，首先需要明确一个基本概念，即马尔柯夫链的遍历性。马尔柯夫链的遍历性是指对固定的状态 $E_j$，系统不管从什么状态出发，通过长时间转移，只要移动步数 $k$ 足够大，到达状态 $E_j$ 的概率都趋近于常数 $\pi_j$。遍历性的概念反映了系统经过 $n$ 次转移（理论上 $n$ 值趋近于无穷大即极限），系统达到平衡状态后，状态转移的概率为一常数，不随时间而变动。若马尔柯夫链具有遍历性，则常数 $\pi_j$（$j = 1, 2, 3 \cdots n$）为方程组：

$$\pi_j = \sum_{i=1}^{n} \pi_i p_{ij} \ \text{或} \ \pi = \pi P$$

在条件 $\pi_j > 0$，$\sum_{j=1}^{n} \pi_j = 1$ 下的唯一解。

利用这一方程组可实现对长期市场占有率的预测。但马尔柯夫链在什么条件下才具备遍历性？设有限状态马尔柯夫链 $\{X_n, n \geq 0\}$ 的状态空间为 $E(E_1, E_2, E_3, \cdots, E_n)$，$P$ 是它的一步转移概率矩阵，如果存在正整数 $m$，使对任意的 $E_i$、$E_j$（$E_i, E_j \in E$），都有 $P_{ij}^{(m)} > 0$（$i, j = 1, 2, 3, \cdots, n$），则此链具有遍历性。

例 9-17：已知市场上生产某中药材的厂家有三家，分别为 A、B、C，上个月的市场占有率分别为 30%、20%、50%，且转移概率矩阵为：

$$P = \begin{bmatrix} 0.8 & 0.1 & 0.1 \\ 0.2 & 0.7 & 0.1 \\ 0.1 & 0.1 & 0.8 \end{bmatrix}$$

试求：①三厂家 3 月份和 4 月份的市场占有率。②预测长期市场占有率。

解：①三厂家 3 月份和 4 月份的市场占有率：

3 月份的市场占有率为：

$$S^1 = (0.3 \quad 0.2 \quad 0.5) \begin{bmatrix} 0.8 & 0.1 & 0.1 \\ 0.2 & 0.7 & 0.1 \\ 0.1 & 0.1 & 0.8 \end{bmatrix} = (0.33 \quad 0.22 \quad 0.45)$$

即据预测 3 月份 A、B、C 三个厂家的市场占有率分别为 33%、22%、45%。

4 月份的市场占有率为：

$$S^2 = (0.3 \quad 0.2 \quad 0.5) \begin{bmatrix} 0.8 & 0.1 & 0.1 \\ 0.2 & 0.7 & 0.1 \\ 0.1 & 0.1 & 0.8 \end{bmatrix}^2$$

$$= (0.3 \quad 0.2 \quad 0.5) \begin{bmatrix} 0.67 & 0.16 & 0.17 \\ 0.31 & 0.52 & 0.17 \\ 0.18 & 0.16 & 0.66 \end{bmatrix}$$

$$= (0.332 \quad 0.364 \quad 0.304)$$

即据预测 4 月份 A、B、C 三个厂家的市场占有率分别为 33.2%、36.4%、30.4%。

②预测长期市场占有率：根据上述定义，本题中的矩阵显然具有遍历性，因此，顾客经过一定时期流动后最终会达到平衡状态。

设 $\pi = (\pi_1 \quad \pi_2 \quad \pi_3)$，根据公式 $\pi = \pi P$ 可得：

$$(\pi_1 \quad \pi_2 \quad \pi_3) \begin{bmatrix} 0.8 & 0.1 & 0.1 \\ 0.2 & 0.7 & 0.1 \\ 0.1 & 0.1 & 0.8 \end{bmatrix} = (\pi_1 \quad \pi_2 \quad \pi_3)$$

又有：$\pi_1 + \pi_2 + \pi_3 = 1$，由此可得到以下方程组：

$$\begin{cases} \pi_1 = 0.8\pi_1 + 0.2\pi_2 + 0.1\pi_3 \\ \pi_2 = 0.1\pi_1 + 0.7\pi_2 + 0.1\pi_3 \\ \pi_3 = 0.1\pi_1 + 0.1\pi_2 + 0.8\pi_3 \end{cases}$$

$$\pi_1 + \pi_2 + \pi_3 = 1$$

解此方程得：$\pi_1 = 0.417$；$\pi_2 = 0.25$；$\pi_3 = 0.333$。

即经过长期流动后，A、B、C 三个厂家的市场占有率分别为 41.7%、25%、33.3%。

**例 9-18**：A、B、C 三个公司同类中成药的市场占有率分别为 50%、30% 和 20%。由于 C 公司更改了营销策略，通过市场调查发现顾客购买行为发生了转移（调查统计周期为季度），具体情况如表 9-33 所示。请预测：①下一周期的市场占有率。②如果三个公司的营销策略不变，长期市场占有率状况。

表 9-33　顾客流动表　　　　　　　　　　　　　　　　（单位：万人）

| 初始占有 | | 周期 1 | | | |
|---|---|---|---|---|---|
| | | | 顾客数量转移情况 | | |
| 公司 | 顾客数量 | 公司 | A | B | C |
| A | 500 | A | 350 | 50 | 100 |
| B | 300 | B | 30 | 210 | 60 |
| C | 200 | C | 10 | 10 | 180 |

解：①由表可得：

$$S^0 = (0.5 \quad 0.3 \quad 0.2)$$

$$P = \begin{bmatrix} \dfrac{350}{500} & \dfrac{50}{500} & \dfrac{100}{500} \\ \dfrac{30}{300} & \dfrac{210}{300} & \dfrac{60}{300} \\ \dfrac{10}{200} & \dfrac{10}{200} & \dfrac{180}{200} \end{bmatrix} = \begin{bmatrix} 0.7 & 0.1 & 0.2 \\ 0.1 & 0.7 & 0.2 \\ 0.05 & 0.05 & 0.9 \end{bmatrix}$$

NOTE

下一周期的市场占有率为：

$$S^1 = S^0 P = (0.5 \quad 0.3 \quad 0.2) \begin{bmatrix} 0.7 & 0.1 & 0.2 \\ 0.1 & 0.7 & 0.2 \\ 0.05 & 0.05 & 0.9 \end{bmatrix} = (0.39 \quad 0.27 \quad 0.34)$$

即下一周期 A、B、C 三个公司的市场占有率分别为 39%、27%、34%。

②根据定义观察可，知本题中的矩阵显然具有遍历性，因此，顾客经过一定时期流动后最终会达到平衡状态。

设 $\pi = (\pi_1 \quad \pi_2 \quad \pi_3)$，根据公式 $\pi = \pi P$ 可得：

$$(\pi_1 \quad \pi_2 \quad \pi_3) \begin{bmatrix} 0.7 & 0.1 & 0.2 \\ 0.1 & 0.7 & 0.2 \\ 0.05 & 0.05 & 0.9 \end{bmatrix} = (\pi_1 \quad \pi_2 \quad \pi_3)$$

又有 $\pi_1 + \pi_2 + \pi_3 = 1$，由此可得到以下方程组：

$$\begin{cases} \pi_1 = 0.7\pi_1 + 0.1\pi_2 + 0.05\pi_3 \\ \pi_2 = 0.1\pi_1 + 0.7\pi_2 + 0.05\pi_3 \\ \pi_3 = 0.2\pi_1 + 0.2\pi_2 + 0.9\pi_3 \end{cases}$$

$$\pi_1 + \pi_2 + \pi_3 = 1$$

解此方程组得：$\pi_1 = 0.167$；$\pi_2 = 0.167$；$\pi_3 = 0.666$。

即，如果照此下去，A、B、C 三个公司的长期市场占有率分别为：16.7%、16.7% 和 66.6%。

### （三）期望利润预测

通常情况下，产品销售状态的转移也必将带来利润的转移。企业产品的期望利润预测就是指产品在销售状态发生转移时，对利润变化的预测。

设产品销售状态为 $E_1$ 和 $E_2$ 两种，分别代表畅销和滞销，其销售状态转移概率矩阵 $P$ 与其相应的状态转移利润矩阵 $R$ 表示为：

$$P = \begin{bmatrix} P_{11} & P_{12} \\ P_{21} & P_{22} \end{bmatrix} \qquad R = \begin{bmatrix} r_{11} & r_{12} \\ r_{21} & r_{22} \end{bmatrix}$$

则 $P$ 和 $R$ 构成了一个有利润的马尔柯夫链。式中，$P_{11}$ 表示畅销状态到畅销状态的概率；$P_{12}$ 表示畅销到滞销的概率；$P_{21}$ 表示滞销到畅销的概率；$P_{22}$ 表示滞销到滞销的概率。同理，$r_{11}$ 表示连续畅销的利润额；$r_{12}$ 表示由畅销转向滞销的利润额；$r_{21}$ 表示由滞销到畅销的利润额；$r_{22}$ 表示持续滞销的利润额。

在利润转移矩阵 $R$ 中，$r_{ij}$ 表示与状态转移概率矩阵 $P$ 中相对应的 $P_{ij}$ 利润数额（$i$，$j$ = 1，2，3，…），即状态 $E_i$ 到状态 $E_j$ 的利润。其中，$r_{ij} > 0$ 表示盈利，$r_{ij} < 0$ 表示亏本，$r_{ij} = 0$ 表示不亏不盈。

期望利润预测的基本思路就是根据已知的销售状态转移概率矩阵和利润矩阵，对未来的期望利润进行预测。

设 $V_i^{(k)}$ 为上述销售状态经过 $k$（$k$ = 1，2，3，…，$n$）步转移后的期望利润。则 $k$ = 1 时，即经过一次销售状态转移的期望利润为：

$$V_i^{(1)} = r_{i1}P_{i1} + r_{i2}P_{i2} = \sum_{j=1}^{2} r_{ij}P_{ij}$$

NOTE

式中，$i = 1$，$2$（当 $i = 1$ 时，表示产品处于畅销状态；当 $i = 2$ 时，表示产品处于滞销状态）。$V_i$ 表示期望利润；上标（1）表示经过一步转移。

规定产品初始状态的期望利润为 0，则一步转移的期望利润称为即时期望利润（假设初始状态的期望利润为 0）。

当 $k = 2$，即经过二步转移后的期望利润公式为：

$$V_i^{(2)} = (V_1^{(1)} + r_{i1})P_{i1} + (V_2^{(1)} + r_{i2})P_{i2} = \sum_{j=1}^{2} (r_{ij} + V_j^{(1)})P_{ij}$$

同理，经过 $k$ 步转移后的期望利润公式可推理为：

$$V_i^{(k)} = (r_{i1} + V_1^{(n-1)})P_{i1} + (r_{i2} + V_2^{(n-1)})P_{i2} = \sum (r_{ij} + V_j^{(k-1)})P_{ij}$$

**例 9-19**：某企业产品销售状态转移和利润转移情况如表 9-34 和表 9-35 所示，请预测：①该企业产品的即时期望利润；②计算该企业产品 3 个月后的期望利润。

**表 9-34　某企业产品销售状态转移情况表** （单位：百万元）

| 状态 | 畅销 | 滞销 |
| --- | --- | --- |
| 畅销 | 0.5 | 0.5 |
| 滞销 | 0.3 | 0.7 |

**表 9-35　产品利润转移情况表** （单位：百万元）

| 状态 | 畅销 | 滞销 |
| --- | --- | --- |
| 畅销 | 8 | 2 |
| 滞销 | 2 | -4 |

解：①由题意可知该产品的销售状态转移概率矩阵和利润分布矩阵为：

$$P = \begin{bmatrix} 0.5 & 0.5 \\ 0.3 & 0.7 \end{bmatrix} \qquad R = \begin{bmatrix} 8 & 2 \\ 2 & -4 \end{bmatrix}$$

$$V_1^{(1)} = r_{11}P_{11} + r_{12}P_{12} = 8 \times 0.5 + 2 \times 0.5 = 5(百万元)$$

$$V_2^{(1)} = r_{21}P_{21} + r_{22}P_{22} = 2 \times 0.3 + (-4) \times 0.7 = -2.2(百万元)$$

即，当本月处于畅销时，下月的即时期望利润为 $V_1^{(1)} = 5$（百万元）；当本月处于滞销时，下月的即时期望利润 $V_2^{(1)} = -2.2$（百万元）。

②该企业产品 3 个月后的期望利润：

$$V_1^{(2)} = (V_1^{(1)} + r_{11})P_{11} + (V_2^{(1)} + r_{12})P_{12} = 6.4(百万元)$$

$$V_2^{(2)} = (V_1^{(1)} + r_{21})P_{21} + (V_2^{(1)} + r_{22})P_{22} = -2.24(百万元)$$

$$V_1^{(3)} = (V_1^{(3-1)} + r_{11})P_{11} + (V_2^{(3-1)} + r_{12})P_{12} = 7.08(百万元)$$

$$V_2^{(3)} = (V_1^{(3-1)} + r_{21})P_{21} + (V_2^{(3-1)} + r_{22})P_{22} = -1.848(百万元)$$

即，当本月处于畅销状态时，3 个月后的期望利润为 708 万元；当本月处于滞销状态时，3 个月后的期望利润为亏损 184.8 万元。

## 第四节  回归分析预测法

### 一、回归分析的基本概念

#### （一）  函数关系和相关关系

在社会生活中，各种事物总是处于一定的相互联系之中。大到年降雨量同农业生产的关系，小到夏季气温高低与空调销量的关系等，各种事物之间总能构成一定的相互关系。这种相互关系有些是确定性关系，即某种确定的因素必然导致特定的结果；有些是非确定性关系，即某种确定的因素不一定产生可能的结果。

函数关系是指可以用函数关系式（诸如 $y = ax + b$ 等）来表示的一种确定性关系，即每一个确定的自变量 $x$ 必然有一个唯一的因变量 $y$ 与之对应。但在社会生活中，这种函数关系相对较少，事物之间的关系更多的是相关关系。

相关关系是事物之间存在着的非确定性关系，即变量之间不存在确定的数值对应关系。如产品广告投入和产品销量之间的关系即为相关关系。相关关系有多种类型，按性质划分，可以分为正相关和负相关。正相关指自变量和因变量之间变动的趋势和方向一致，负相关则为变动的方向相反。按相关程度划分，可以分为完全相关、不完全相关和不相关等多种。此外，还可以根据相关关系的形式、变量的个数等进行分类。

变量之间的函数关系可用函数表达式来描述，而相关关系则要用相关分析来分析和研究。相关分析主要包括两个方面：一是确定事物之间有无相关关系；二是考察相关关系的密切程度。

#### （二）  回归分析

"回归"原本用于描述生物遗产规律，为英国生物学家高尔登首先使用。他在研究人类身高遗传性时发现，如果父代的身高较高，子代的身高就会低于父代的身高，向族群的平均身高靠拢；如果父代的身高较矮，子代的身高就要高于父代的身高，同样向族群的平均身高靠拢。高尔登称这种现象为"回归"。随着经济社会的发展，在实际应用中回归逐渐被赋予了另外的含义，即用来表达变量之间的相关关系。

回归分析是在相关分析的基础上，通过建立回归方程来预测相关关系中变量的数量关系的预测方法。回归分析有多种类型，按自变量的个数可以分为一元回归分析和多元回归分析；按自变量与因变量的函数表达式，可以分为线性回归和非线性回归。在现实应用中一般采用一元线性回归预测法和多元线性回归预测法。

#### （三）  回归分析的预测步骤

**1. 确定因变量和自变量**  确定正确的相关关系对回归分析预测具有决定性作用，首要的任务就是确定因变量和自变量。在现实市场现象预测中，因变量是较易确定的。简言之，要实现的预测目标就是因变量。如要对 5 年内某地区某道地药材的产量做出预测，预测目标"5 年内某地区某道地药材的产量"就是因变量。

确定自变量是确定相关关系进行回归分析预测的关键和难点所在。就回归分析预测总体而言，确定自变量需要用系统思维的方式，分析市场现象的历史和现状，必要时还需要运用假设技术，先假设后验证。

**2. 确定因变量和自变量的关系** 因变量和自变量之间的关系有多种类型，一般情况下，可以通过绘制散点图来直观判断变量间的关系，然后根据具体的图形趋势选择合适的数学模型。

**3. 建立回归方程** 回归方程指用数学函数关系表达式来反映变量间的相关关系。

如果因变量和自变量之间的相关关系，通过散点图呈现线性发展趋势，根据这一关系建立的回归方程称为线性回归方程，其基本表达式为：$y = a + b_1x_1 + b_2x_2 + \cdots b_nx_n$。在线性回归方程中，当因变量只同一个自变量相关时，称为一元线性回归，其表达式为：$y = a + bx$；当因变量与两个及以上自变量相关时，称为多元线性回归，其表达式同线性回归方程的基本表达式。

如果因变量和自变量之间的相关关系，通过散点图呈现曲线发展趋势，根据这一关系建立的回归方程称为非线性回归方程，如指数曲线模型 $y = ab^x$、二次曲线模型 $y = a + bx + cx^2$ 等。

**4. 检验回归方程的有效性** 通过以上步骤建立的线性回归方程预测模型并不能直接用于预测，还应进行检验。对回归方程预测模型的检验主要有相关系数检验、标准差检验、$t$ 检验等。这里简要介绍相关系数检验和标准差检验。

（1）相关系数检验 相关系数检验的步骤：

①计算相关系数的基本公式：

$$r = \frac{\sum (x - \bar{x})(y - \bar{y})}{\sqrt{\sum (x - \bar{x})^2 \sum (y - \bar{y})^2}}$$

式中：$r$ 为相关系数；$x$ 为自变量值；$\bar{x}$ 为自变量值的平均数；$y$ 为因变量值；$\bar{y}$ 为因变量值的平均数；$\sum$ 表示汇总求和。

相关系数 $r$ 的取值范围为 $0 \leqslant |r| \leqslant 1$。当 $|r|$ 越接近 1 时，两个变量之间的线性相关程度就越高；当 $|r|$ 越接近 0 时，两个变量之间线性相关程度就越低；当 $|r| = 0$ 时，因变量 $y$ 的取值与自变量 $x$ 无关；当 $|r| = 1$ 时，$x$ 与 $y$ 完全相关。当 $0 < |r| < 1$ 时，称 $x$ 与 $y$ 存在一定的线性相关关系，其密切程度由 $|r|$ 的大小说明。一般当 $|r| > 0.7$ 或 $r^2 > 0.49$，为高度线性相关；$|r| \leqslant 0.3$ 或 $r^2 \leqslant 0.09$，为低度线性相关；$0.3 < |r| \leqslant 0.7$，为中度线性相关。此外，当 $r > 0$ 时，变量之间的相关关系为正相关；当 $r < 0$ 时，变量之间的相关关系为负相关。

②选择显著水平 $\alpha$（通常经济预测问题 $\alpha$ 选择 5% 或 10%）；根据 $\alpha$ 值和（$n-k$）（$k$ 为变量数量），查相关系数临界表，得到临界值 $r_\alpha$。

③比较 $r$ 和 $r_\alpha$，当 $|r| > r_\alpha$，表明两变量间存在显著的线性相关关系，检验通过；当 $|r| < r_\alpha$，则说明两个变量之间不存在显著的线性相关关系。

（2）标准差检验 回归标准差 $s$ 是用来估量观察值 $y$ 对回归直线的偏离程度的指标。$s$ 值越大，表示偏离程度越大；反之，$s$ 值越小，相关程度越好。标准差 $s$ 的计算公式为：

$$s = \sqrt{\frac{\sum (y_t - \widehat{y_t})^2}{n - k}}$$

式中，$s$ 为回归标准差；$y$ 为因变量第 $t$ 期的数值；$\widehat{y}$ 为自变量第 $t$ 期的数值；$s$ 为回归标准差；$k$ 是自由度，即变量的个数。

NOTE

判断回归标准差能否通过检验，常采用以下公式：$\frac{s}{\overline{y}} \times 100\%$（$\overline{y}$ 为因变量的平均值）。若 $s < 15\%$，则回归标准差检验通过。

**5. 求解方程，确定预测值**　回归方程的求解主要有两个方面：首先是计算方程式中的各项参数。一般情况下，回归方程的参数可通过最小二乘法求得，这里不再累述。其次是预测值的选择。回归方程的预测值有点值和区间值两种。如果求得的预测值为一确定数值，称为点值预测；如果求得的预测值为一数值区间，则称为区间值。点值预测的特点在于计算方便，而区间值预测的精度更高。

**6. 预测结果的评价**　建立起来的回归模型其预测结果是否正确与可信，需要借助一定的方式对预测结果进行检验。常用的检验方法就是运用正态分布原理测算置信区间等。

## 二、一元线性回归预测法

### （一）　一元线性回归预测法的含义

当市场现象的变化趋势（因变量 $y$）主要受一个相关因素（自变量 $x$）的影响，且因变量和自变量之间的数据分布呈线性趋势时，就可以采用一元线性回归预测法来分析。其预测模型为：$y = a + bx$。其中，$y$ 为因变量，$x$ 为自变量，$a$、$b$ 均为参数。

### （二）　一元线性回归预测法的步骤

**1. 确定因变量和自变量**　就一元线性回归预测法而言，因变量依然是要实现的预测目标。但与其他回归方程不同的是，一元线性回归自变量的确定相对较容易。一般情况下，对因变量起影响作用的唯一变量或主要变量即为一元线性回归预测下的自变量。

**2. 确定因变量和自变量之间的关系**　因变量和自变量之间的关系有多种类型，一般情况下，可以通过绘制散点图来直观判断变量间的关系。如果变量间的关系呈线性变化趋势，则可以采用一元线性回归预测方法进行预测。

**3. 建立一元线性回归方程**　一元线性回归方程的表达式为 $y = a + bx$。可见，建立一元线性回归方程的关键在于计算出参数 $a$ 和 $b$。一般情况下，$a$、$b$ 两个参数值可通过最小二乘法求得。具体过程此处省略，其最终表达式为：

$$b = \frac{n \sum xy - \sum x \sum y}{n \sum x^2 - (\sum x)^2}$$

$$a = \frac{\sum y - b \sum x}{n}$$

式中，$x$ 为自变量的值；$y$ 为因变量的值；$n$ 为历史资料的项数。

将参数 $a$、$b$ 带入一元线性回归预测模型 $y = a + bx$ 即可建立回归方程进行预测。

**4. 检验回归方程的有效性**　可采用相关系数和标准差检验法检验一元线性回归方程的有效性。

**5. 检验预测结果的可靠性**　为验证一元线性回归预测模型预测的可靠性，需要对预测结果进行检验，检验方法同上所述。

NOTE

**例9-20**：据某地区的市场调查结果发现，月收入水平8000元以上人数与某保健品的年消费量呈正相关关系。调查数据及相关计算结果如表9-36所示。请预测该地区月收入水平8000元以上人数达到15万人时，该保健品的消费量。

表9-36　某保健品消费调查情况表

| 序号 | 月收入8000元以上人数 $x$（万人） | 该保健品消费量 $y$（万元） | $xy$ | $x^2$ |
| --- | --- | --- | --- | --- |
| 1 | 2 | 240 | 480 | 4 |
| 2 | 3.8 | 380 | 1444 | 14.4 |
| 3 | 5 | 480 | 2400 | 25 |
| 4 | 5.5 | 560 | 3080 | 30.25 |
| 5 | 6 | 650 | 3900 | 36 |
| 6 | 7 | 710 | 4970 | 49 |
| 7 | 8.2 | 820 | 6724 | 67.24 |
| 8 | 9 | 920 | 8280 | 81 |
| 9 | 10 | 1000 | 10000 | 100 |
| 10 | 12 | 1100 | 13200 | 144 |
| 合计 | 68.5 | 6860 | 54478 | 546.93 |

解：（1）将月收入水平8000元以上人数与某保健品的年消费量数据做散点图。如图9-19所示。

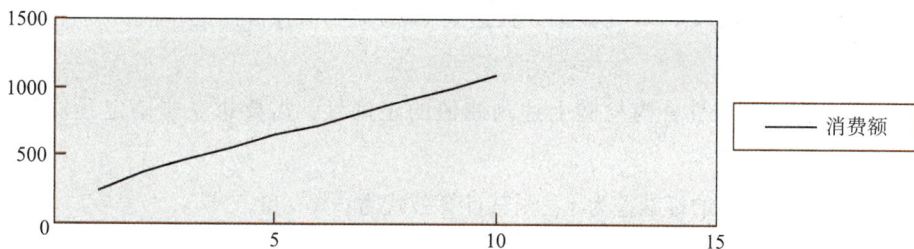

图9-19　某保健品消费量

可见，其散点图呈直线趋势，所以可以配以一元线性回归方程 $y = a + bx$。其中 $x$ 为该地区月收入8000元以上的人数，$y$ 为该地区某保健品的年消费量。

（2）求参数 $a$ 和 $b$，建立一元线性回归方程。

$$b = \frac{n \sum xy - \sum x \sum y}{n \sum x^2 - (\sum x)^2} = \frac{10 \times 54478 - 68.5 \times 6860}{10 \times 546.93 - (68.5)^2} = 96.35$$

$$a = \frac{\sum y - b \sum x}{n} = \frac{6860 - 96.35 \times 68.5}{10} = 26$$

由此可得一元线性回归方程式：$y = 26 + 96.35x$。

（3）回归方程有效性检验：利用相关系数对上述回归方程的有效性进行检测，如表9-37。

NOTE

表9-37　相关分析计算表

| 序号 | $x$ | $y$ | $x-\bar{x}$ | $(x-\bar{x})^2$ | $y-\bar{y}$ | $(y-\bar{y})^2$ | $(x-\bar{x})(y-\bar{y})$ |
|---|---|---|---|---|---|---|---|
| 1 | 2 | 240 | -4.85 | 23.52 | -446 | 198916 | 2163.1 |
| 2 | 3.8 | 380 | -3.05 | 9.30 | -306 | 93636 | 933.3 |
| 3 | 5 | 480 | -1.85 | 3.42 | -206 | 42436 | 381.1 |
| 4 | 5.5 | 560 | -1.35 | 1.82 | -136 | 18496 | 183.6 |
| 5 | 6 | 650 | -0.85 | 0.72 | -36 | 1296 | 30.6 |
| 6 | 7 | 710 | 0.15 | 0.02 | 24 | 576 | 3.6 |
| 7 | 8.2 | 820 | 1.35 | 1.82 | 134 | 17956 | 180.9 |
| 8 | 9 | 920 | 2.15 | 4.62 | 234 | 54756 | 503.1 |
| 9 | 10 | 1000 | 3.15 | 9.92 | 314 | 98596 | 989.1 |
| 10 | 12 | 1100 | 5.15 | 26.52 | 414 | 171396 | 2132.1 |
| $\Sigma$ | | | | 81.71 | | 698060 | 7500.50 |

据表可得：

$$r = \frac{\sum (x-\bar{x})(y-\bar{y})}{\sqrt{\sum (x-\bar{x})^2 \sum (y-\bar{y})^2}} = \frac{7500.50}{\sqrt{81.71 \times 698060}} \approx 0.9931$$

选择显著水平 $\alpha = 0.05$，本例题中 $n = 10$，$k = 2$，即 $n - k = 8$，对照相关系数表可知 $r_\alpha = 0.6319$。$|r| > r_\alpha$，所以检验通过。

（4）利用回归方程 $y = 26 + 96.35x$ 计算预测值：把已知条件"该地区月收入 8000 元以上人数为 15 万人"即自变量 $x = 15$ 代入方程可得：

$$y = 26 + 96.35x = 26 + 96.35 \times 15 \approx 1471.25 \text{（万元）}$$

所以，当该地区月收入 8000 元以上人数达到 15 万时，该保健品的年消费量可达 1471.25 万元。

（5）测算预测的可靠性：为检验上述预测值的正确性，需要进一步确定预测值的置信区间。

假设该回归方程波动的标准差为 $s$，则其计算公式为：

$$s = \sqrt{\frac{\sum (y_t - \hat{y}_t)^2}{n-2}}$$

式中：$y_t$ 为第 $t$ 期的实际发生值；$\hat{y}_t$ 为第 $t$ 期的回归方程预测值；$n$ 为期数。

由正态分布理论可知，因变量值取值范围在 $\hat{y}_t \pm s$ 之内的概率为 68.26%，在 $\hat{y}_t \pm 2s$ 之内的概率为 95.44%，在 $\hat{y}_t \pm 3s$ 之内的概率为 99.74%。一般情况下，取 $\hat{y}_t \pm 2s$ 为置信区间。

为求置信区间值，可取平行于回归直线的两条直线：

$$y = \hat{y}_t - 2s，\text{即} y = a - 2s + bx$$

$$y = \hat{y}_t + 2s，\text{即} y = a + 2s + bx$$

将自变量 $x = 15$ 代入上述两条平行直线方程，便可以得到一个区间值，即当 $x = 15$ 时的置信区间。如果回归方程预测值落于这一区间中，说明预测结果可靠；反之，预测结果不能用于实际判断。

具体求解过程如下：

首先列表计算标准差 $s$，计算过程涉及数据如表9-38。

表 9-38　标准差计算表

| 序号 | x | y | 回归方程预测值 $\hat{y}$ | $y-\hat{y}$ | $(y-\hat{y})^2$ |
|---|---|---|---|---|---|
| 1 | 2 | 240 | 218.70 | 21.30 | 453.69 |
| 2 | 3.8 | 380 | 392.13 | -12.13 | 147.14 |
| 3 | 5 | 480 | 507.75 | -27.75 | 770.06 |
| 4 | 5.5 | 560 | 555.93 | 4.08 | 16.61 |
| 5 | 6 | 650 | 604.10 | 45.90 | 2106.81 |
| 6 | 7 | 710 | 700.45 | 9.55 | 91.20 |
| 7 | 8.2 | 820 | 816.07 | 3.93 | 15.44 |
| 8 | 9 | 920 | 893.15 | 26.85 | 720.92 |
| 9 | 10 | 1000 | 989.50 | 10.5 | 110.25 |
| 10 | 12 | 1100 | 1182.20 | -82.20 | 6756.84 |
| $\sum$ | | | | | 11188.96 |

据表可得：

$$s = \sqrt{\frac{\sum (y_t - \hat{y}_t)^2}{n-2}} = \sqrt{\frac{11188.96}{8}} = 37.40$$

将 $s$ 代入上述两条平行线可得：

$$y = a - 2s + bx = 26 + 2 \times 37.40 + 96.35x = 100.80 + 96.35x$$

$$y = a + 2s + bx = 26 - 2 \times 37.40 + 96.35x = 96.35x - 48.8$$

将 $x = 15$ 代入上式可得：

$$y_1 = 100.80 + 96.35 \times 15 = 1546.05$$

$$y_2 = 96.35 \times 15 - 48.8 = 1396.45$$

由此可得，当 $x = 15$ 时因变量的置信区间为 $[1396.45, 1546.05]$。不难发现上述预测结果 1471.25 处于这一区间内，说明通过该一元线性回归方程预测的结果可信。

## 三、多元线性回归预测法

### （一）多元线性回归预测法的含义

一元回归预测法主要是解决因变量受某一自变量影响的问题。但现实市场的变动往往受到多重因素的影响，而且很难对这些因素做主次性的区分，这时就需要对多种因素即多个自变量进行分析。多元回归就是对两个或多个自变量同一个因变量之间相关关系的分析。当多个自变量同一个因变量之间的关系为线性关系时，这种相关关系分析就称为多元线性回归分析，其基本方程式为：

$$y = a + b_1x_1 + b_2x_2 + \cdots b_nx_n$$

式中：$y$ 为因变量；$x_1$，$x_2 \cdots x_n$ 为自变量；$a$，$b_1$，$b_2 \cdots b_n$ 为方程参数。

如果自变量的个数为两个，此时的多元线性回归方程就称为二元线性回归方程，它是多元回归方程中较为简单的形式。

### （二）多元线性回归预测法的步骤

多元线性回归预测法的步骤基本同一元线性回归预测法相同，主要分为以下几个部分。

1. 确定自变量和因变量：多元线性回归预测法中自变量的确定较一元线性回归预测法要

困难许多，所以除对历史和现实数据进行分析外，还需要充分运用预测人员的经验，进行系统、科学的分析。

2. 建立多元线性回归方程：首要问题依然是参数的计算。多元线性回归方程参数的求解方法常用的依然是最小二乘法。

3. 检测方程的有效性。

4. 计算预测值。

5. 检验预测值的可靠性。

6. 预测值可靠性的检验方法依然可采用方差分析、测算置信区间等。

### （三） 多元线性回归法预测法的具体应用

下面通过例题，以多元线性回归中较为简单的二元线性回归预测法的应用为例，具体阐述多元线性回归预测法的实际应用。

**例 9-21：** 假设某地区抽样调查结果表明，该地区某品牌医疗保健器械的销售额同该地区 55 岁以上人群年增数量和户均收入水平密切相关，且呈线性正相关关系。调查数据如表9-39所示。请预测当该地区 55 岁以上人群年增数量为 15 万、户均收入 10.5 万时，该品牌医疗保健器械的销售额。

表 9-39　某地区某品牌医疗保健器械销售调查统计数据

| 序号 | 该医疗器械销售额 $y$（万元） | 55 岁以上人群年增量 $x_1$（万人） | 户均收入水平 $x_2$（万元） |
|---|---|---|---|
| 1 | 71 | 5 | 3 |
| 2 | 73 | 6 | 4 |
| 3 | 80 | 7 | 5 |
| 4 | 84 | 8 | 6 |
| 5 | 86 | 9 | 7 |
| 6 | 92 | 10 | 8 |
| 7 | 112 | 11 | 8.5 |
| 8 | 118 | 12 | 9 |
| 9 | 124 | 13 | 9.5 |
| 10 | 130 | 14 | 10 |

解：（1）建立二元线性回归方程：

根据表9-39和题干可见，该地区该品牌医疗保健器械的销售额同55岁以上人群年增数量及户均收入水平存在相关关系，且呈线性相关，所以配之以二元线性回归方程：

$$y = a + b_1 x_1 + b_2 x_2$$

式中：$y$ 为该医疗保健器械的年销售额；$x_1$ 为月收入 8000 元以上人群数量；$x_2$ 为 35～50 岁人群数量；$a$、$b_1$、$b_2$ 为方程参数。

参数求解依然采用最小二乘法。依据最小二乘法可从 $y = a + b_1 x_1 + b_2 x_2$ 中导出下列方程组：

$$\sum y = na + b_1 \sum x_1 + b_2 \sum x_2$$

$$\sum x_1 y = a \sum x_1 + b_1 \sum x_1^2 + b_2 \sum x_1 x_2$$

$$\sum x_{2y} = a \sum x_2 + b_1 \sum x_1 x_2 + b_2 \sum x_2^2$$

列表进行计算，如表 9-40 所示。

表 9-40　二元线性回归方程参数计算表

| 序号 | $y$ | $x_1$ | $x_2$ | $x_1y$ | $x_2y$ | $x_1x_2$ | $x_1^2$ | $x_2^2$ |
|------|------|-------|-------|--------|--------|----------|---------|---------|
| 1 | 71 | 5 | 3 | 355 | 213 | 15 | 25 | 9 |
| 2 | 73 | 6 | 4 | 438 | 292 | 24 | 36 | 16 |
| 3 | 80 | 7 | 5 | 560 | 400 | 35 | 49 | 25 |
| 4 | 84 | 8 | 6 | 672 | 504 | 48 | 64 | 36 |
| 5 | 86 | 9 | 7 | 774 | 602 | 56 | 81 | 49 |
| 6 | 92 | 10 | 8 | 920 | 736 | 80 | 100 | 64 |
| 7 | 112 | 11 | 8.5 | 1232 | 952 | 93.5 | 121 | 72.5 |
| 8 | 118 | 12 | 9 | 1416 | 1062 | 108 | 144 | 81 |
| 9 | 124 | 13 | 9.5 | 1612 | 1178 | 123.5 | 169 | 90.25 |
| 10 | 130 | 14 | 10 | 1820 | 1300 | 140 | 196 | 100 |
| $\Sigma$ | 970 | 95 | 70 | 9799 | 7239 | 730 | 985 | 542.5 |

将表 9-40 中各数据代入上述方程组得：

$$970 = 10a + 95b_1 + 70b_2$$

$$7999 = 95a + 985b_1 + 730b_2$$

$$7239 = 70a + 730b_1 + 542.5b_2$$

解此方程组可得：$a = 25.566$；$b_1 = 13.882$；$b_2 = -8.635$

将参数代入可得方程：$y = 25.566 + 13.882x_1 + (-8.635)x_2$

（2）验证方程的有效性：

用标准差验证上述方程的有效性。计算标准差 $s = \sqrt{\dfrac{\sum (y_t - \widehat{y_t})^2}{n-k}}$。

列表计算如下（表 9-41）：

表 9-41　标准差计算表

| 序号 | $x$ | $x_2$ | $y$ | 回归方程预测值 $\widehat{y}$ | $y - \widehat{y}$ | $(y - \widehat{y})^2$ |
|------|------|-------|------|--------------------|-----------|------------------|
| 1 | 5 | 3 | 71 | 69.071 | 1.929 | 3.721 |
| 2 | 6 | 4 | 73 | 74.318 | -1.318 | 1.737 |
| 3 | 7 | 5 | 80 | 79.565 | 0.435 | 0.189 |
| 4 | 8 | 6 | 84 | 84.812 | -0.812 | 0.659 |
| 5 | 9 | 7 | 86 | 90.059 | -4.059 | 16.475 |
| 6 | 10 | 8 | 92 | 95.306 | -3.306 | 10.930 |
| 7 | 11 | 8.5 | 112 | 104.8705 | 7.1295 | 50.830 |
| 8 | 12 | 9 | 118 | 114.435 | 3.565 | 12.709 |
| 9 | 13 | 9.5 | 124 | 124 | 0 | 0 |
| 10 | 14 | 10 | 130 | 133.564 | -3.564 | 12.702 |
| $\Sigma$ | 95 | 70 | 970 | | | 109.953 |

据表可得：

$$s = \sqrt{\frac{\sum (y_t - \widehat{y_t})^2}{n - k}} = \sqrt{\frac{109.953}{10 - 3}} = 3.963 \text{（在二元回归方程中有 3 个变量，故 } k = 3\text{），} \frac{s}{\bar{y}} =$$

$\frac{3.963}{97} < 15\%$

所以，检验通过，该二元回归方程可靠。

（3）计算预测值：将该地区 55 岁以上人口增量 $x_1 = 15$，以及户均收入 $x_2 = 10.5$ 代入方程 $y = 25.566 + 13.882x_1 + (-8.635)x_2$ 可得预测值：

$$y = 25.566 + 13.882 \times 15 + (-8.635) \times 10.5 \approx 143.13$$

即当该地区 55 岁以上人口年增量 15 万人，户均收入 10.5 时，该医疗器械的销售额约为 143.13 万元。

（4）对预测值进行评价：依然运用正态分布理论测算置信区间。

首先计算标准差，其计算公式为 $s = \sqrt{\dfrac{\sum (y_t - \widehat{y_t})^2}{n - k}}$

式中：$s$ 为回归标准差；$y$ 为因变量第 $t$ 期的数值；$\widehat{y}$ 为自变量第 $t$ 期的数值，$s$ 为回归标准差；$k$ 是自由度，即变量的个数。对于二元线性回归方程而言，$k = 3$。

根据正态分布理论，若取 95% 的置信区间，即取 $\widehat{y_t} \pm 2s$ 为置信区间，则置信区间的范围表达式为：

$$y = \widehat{y} + 2s = a + 2s + b_1 x_1 + b_2 x_2$$
$$y = \widehat{y} - 2s = a - 2s + b_1 x_1 + b_2 x_2$$

将上式计算的 $s = \sqrt{\dfrac{\sum (y_t - \widehat{y_t})^2}{n - k}} = \sqrt{\dfrac{109.953}{10 - 3}} = 3.963$，以及 $a$、$b$ 两参数值代入上述范围表达式可得：

$$y = 25.566 + 2 \times 3.963 + 13.882x_1 + (-8.635)x_2$$
$$y = 25.566 - 2 \times 3.963 + 13.882x_1 + (-8.635)x_2$$

将 $x_1 = 15$，$x_2 = 10.5$ 代入上式，可得到 $y = 143.13$ 的置信区间，即

$$y = 25.566 + 2 \times 3.963 + 13.882x_1 + (-8.635)x_2$$
$$= 25.566 + 2 \times 3.963 + 13.882 \times 15 + (-8.635) \times 10.5$$
$$\approx 151.05$$
$$y = 25.566 - 2 \times 3.963 + 13.882x_1 + (-8.635)x_2$$
$$= 25.566 - 2 \times 3.963 + 13.882 \times 15 + (-8.635) \times 10.5$$
$$\approx 135.20$$

上述置信区间说明，当该地区 55 岁以上人口年增量为 15 万，户均收入为 10.5 万时，该医疗器械的销售额有 95% 的可能性为 135.20 万 ~ 151.05 万元之间。可见，二元线性方程的预测值 $y \approx 143.13$ 万元，处于这一区间中，说明该预测结果可信。

### （四）　三个或三个以上变量的多元回归方程

对于三个或三个以上变量的多元回归方程，其运用的基本思路和方法同二元线性回归方程基本一致。由于三个或三个以上变量的计算非常复杂，大都需要应用计算机软件进行处理，所

以这里不做详细介绍。

# 第五节　大数据在市场预测中的应用趋势

## 一、大数据在市场预测中的应用前景

随着网络信息数据爆炸式的增长及数据存储和云计算等信息技术的迅速发展，大数据作为一个新型概念应运而生，并快速发展。我国的"十三五"发展规划中更是将大数据上升到国家战略层面。各国及各行业之所以重视大数据，并不是因为大数据本身的宏大性，而是重视大数据的预测功能。

预测性分析是大数据最核心的功能，也是大数据的核心价值。大数据预测的逻辑思路是：每一种非常规的变化事前一定有征兆，每一件事情都有迹可循，如果找到了征兆与变化之间的规律，就可以进行预测。大数据预测虽然无法确定某件事情必然会发生，但却可以根据海量数据的处理给出一个较为近似真实的概率。

随着大数据的发展，未来大数据在企业市场预测中必将发挥极其重要的作用。影响市场供求关系的因素是多样化的，其中有一些因素更是复杂化的，如影响消费者消费行为的因素等。但大数据凭借其海量的数据规模、互联网等适时的数据搜集媒介、高效的数据分析方式，正能解决当前企业解决市场预测中的各项难题。

Joan Lewis 是宝洁全球客户和市场知识官，在 2011 年 ARF 的演讲中呼吁要让社会化媒体的大数据应用于市场研究。她讲到了大数据在市场预测中的几点优势特征：①数据的丰富性和自主性。社会化媒体数据包含了消费者的购买习惯、用户需求、品牌偏好等，且都是消费者自愿表述的对产品满意度和质量问题的想法，充满了情感因素，无需费尽心思地引导消费者参与调查问卷。②减少研究的"未知"视角。市场问卷调查有其固有的局限性，那就是必须明确问题是什么。问卷设计者本身有未知的方面，所以在设计问题时会忽略自己的"未知"，但这些"未知"很有可能就是消费者所需要的方面。③数据的实时化的特征。不同于以往的发放回收市场调研报告再解决消费者问题，如今可以使营销人员快速发起营销活动，第一时间测试营销新方法，同时可以第一时间确认理解和追踪消费者的反馈。④数据的低投入特征。传统的市场调研方式费工费时，结合社会化媒体的市场调研则是低投入高回报的产业。使用正确的调研产品和方法便可以对消费者群体的用户习惯和反馈进行透彻分析。运用社会化媒体监测软件帮助企业在线倾听消费者意见。（注：此处参考了 http：//socialbeta. com/t 的部分材料。）

## 二、大数据在市场预测中的应用举例

### （一）　根据消费者消费行为数据的分析，预测潜在市场需求

Target 是美国最大的连锁超市之一，该超市基于数据挖掘系统分析结果给一位高中女生寄去婴儿用品优惠券，其父亲发现后投诉 Target 误导未成年人，但却在之后了解到他女儿已经怀孕的事实。原来 Target 超市的数据库系统给每个顾客分配一个 Target Guest ID，在该条目下详细记录顾客的信用卡信息、网上注册信、在 Target 官网浏览的每一个页面和停留时间长短、每

次的购买行为等信息，数据挖掘团队专门分析这些收集到的历史信息，预测顾客将来的购物行为和需求甚至生活方式，然后发邮件给顾客。例如判断一个女性怀孕，线索是该顾客已经发生了的消费行为，她可能购买了维生素补给、大量的专用乳液、无水洗手液等典型的孕妇会购买的一些商品，在孕妇、婴儿用品页面停留较长时间等。Target 积极应用大数据，赶在零售商之前圈定了市场宝贵的顾客资源。（案例来源：根据互联网编辑而成）

### （二） 根据多样化的信息，预测现有市场的可能变化

中国移动能通过大数据分析，对企业运营的全过程进行针对性的监控、预警、跟踪。大数据系统可以在第一时间自动捕捉市场变化，再以最快捷的方式推送给指定负责人，使其在最短的时间内获知市场行情。例如，利用大数据可及时进行客户流失预警：一个客户使用最新款的苹果手机，每月准时缴费，平均一年致电客服 3 次，使用 4G 业务。如果按照传统的数据分析，可能这是一位客户满意度非常高、流失概率非常低的客户。事实上，当搜集了包括微博、社交网络等新型来源的客户数据之后，这位客户的真实情况可能是这样的：客户在国外购买的这款手机，手机中的部分功能在国内无法使用，在某个固定地点手机经常断线，彩信无法使用——他的使用体验极差，正在面临流失风险。这就是中国移动一个大数据分析的应用场景。（案例来源：https：//www.douban.com/group/topic/52597847/）

### （三） 根据海量的数据，提高市场预测的准确性

一个家电销售公司做促销活动，其累计了 10 年的会员数据，在这个城市有接近 170 万的会员数据，利用大数据这家公司实现了对市场的准确性预测。首先，该公司对会员数据进行分类和清洗，准确掌握会员的现有需求、消费能力、消费时间等；其次，该公司通过大数据发现，在这个城市，平均 1 个消费者首先买了彩电，大概在 112 天，接下来会买彩电，再接下来过一周是买洗衣机还是冰箱。最后根据以上数据分析，按照会员购买的等级，即会员购买的可能性分了三级（C1、C2、C3），最终预测出可能有购买需求的会员数量为 197116 个。（案例来源：http：//zj.kankancity.com/news/438/4384439.shtml）

---

### 【思考与练习】

#### 一、名词解释

1. 时间序列预测法

2. 直线变动趋势

3. 直线趋势外推法

4. 指数平滑法

5. 马尔柯夫链

6. 回归分析

#### 二、简答题

1. 移动平均法的基本思想是什么，有何优缺点？

2. 指数平滑法和移动平均法相比，有何特点？

3. 怎样运用指数平滑法进行预测？

4. 季节变动趋势预测法有何特点？

5. 运用指数曲线模型进行预测的数据特征是什么？

6. 如何运用修正指数曲线模型进行预测？

7. 罗吉斯曲线模型的数据特征是什么？

8. 怎样运用二次曲线模型进行预测？

9. 马尔柯夫预测的基本原理是什么？

10. 无后效应的含义是什么？

11. 马尔柯夫预测法主要用于哪些方面的预测？

12. 回归分析的具体步骤是什么？

13. 如何进行一元回归分析？

14. 多元回归分析的含义是什么？

15. 如何进行二元回归分析？

## 三、计算题

1. 表9-42和表9-43中列出了两个医药批发公司A和B 1~10月份的销售额，请合理选用移动平均法对两公司未来两个月的销售额进行预测。

**表9-42　A公司1~10销售额统计表**　（单位：万元）

| 月份 | 1 | 2 | 3 | 4 | 5 | 6 | 7 | 8 | 9 | 10 |
|---|---|---|---|---|---|---|---|---|---|---|
| 销售额 | 300 | 320 | 340 | 320 | 350 | 370 | 340 | 360 | 350 | 370 |

**表9-43　B公司1~10月份销售额统计表**　（单位：万元）

| 月份 | 1 | 2 | 3 | 4 | 5 | 6 | 7 | 8 | 9 | 10 |
|---|---|---|---|---|---|---|---|---|---|---|
| 销售额 | 349 | 498 | 646 | 976 | 1529 | 2302 | 2193 | 2269 | 2386 | 2454 |

2. 某商品2008~2015年的销售额统计如表9-44所示，请使用指数平滑法预测该商品2016年的销售额。（平滑系数 $\alpha$ 取值0.5）

**表9-44　某商品销售额统计表**　（单位：万元）

| 年份 | 2008 | 2009 | 2010 | 2011 | 2012 | 2013 | 2014 | 2015 |
|---|---|---|---|---|---|---|---|---|
| 销售额 | 110 | 128 | 145 | 162 | 180 | 198 | 220 | 230 |

3. 某药店历年销售情况统计如表9-45所示，请用直线趋势延伸法预测该企业下一年度的销售额。

**表9-45　某药店历年销售情况统计表**　（单位：万元）

| 年份 | 2008 | 2009 | 2010 | 2011 | 2012 | 2013 | 2014 | 2015 |
|---|---|---|---|---|---|---|---|---|
| 销售额 | 45 | 48 | 56 | 59 | 63 | 65 | 69 | 72 |

4. 假设市场上有三种品牌的降压药（标记为A、B、C），6月份的市场占有率分别是30%、40%、30%。各品牌销售变化情况如表9-46所示，请预测：①8月份的市场占有率；②长期市场占有率。

NOTE

表 9-46　市场占有率转移情况表

| 本月状态 | A | B | C |
| --- | --- | --- | --- |
| A | 0.5 | 0.3 | 0.2 |
| B | 0.2 | 0.7 | 0.1 |
| C | 0.1 | 0.1 | 0.8 |

5. 据某地区的市场调查结果发现，新生婴儿年增数量与某婴儿用品的年消费量呈正相关关系，调查数据及相关计算结果如表 9-47 所示。请预测该地区新生婴儿年增量达到 11 万人时，该婴儿用品的消费量如何。

表 9-47　某地区新生婴儿年增量与某婴儿用品销量表

| 序号 | 新生婴儿年增量 $x$（万人） | 该用品消费量 $y$（万元） |
| --- | --- | --- |
| 1 | 3 | 260 |
| 2 | 3.8 | 380 |
| 3 | 5 | 480 |
| 4 | 5.5 | 560 |
| 5 | 6 | 650 |
| 6 | 7.5 | 760 |
| 7 | 8.2 | 820 |
| 8 | 9 | 920 |
| 9 | 9.5 | 9800 |
| 10 | 10 | 1100 |

### 四、案例分析

设某市场销售甲、乙、丙三种品牌的同类型产品，购买该产品的顾客变动情况如下：过去买甲牌产品的顾客，在下一季度中有 10% 转买乙牌产品、10% 转买丙牌产品。原买乙牌产品的顾客，有 30% 转买甲牌的，同时有 10% 转买丙牌的。原买丙牌产品的顾客中有 5% 转买甲牌的，同时有 15% 转买乙牌的。

问：经营甲种产品的工厂在当前的市场条件下是否有利于扩大产品的销售？假设甲乙丙三种品牌的同类型产品市场的初始占有率为 50%、30%、20%，且顾客变动趋势保持不断，那么该产品未来的市场占有率如何？

# 第十章　大数据分析技术

**【本章导读】**

随着可移动设备、物联网、云计算和云存储等技术的发展，无论是生产方式、消费方式还是生活方式均可被记录，产生大量数据。在大数据时代，市场调查的手段也将面临挑战和变革。通过本章的学习，同学们应理解大数据的概念和特征，掌握基于大数据的市场调查流程，熟悉大数据采集、抽样和预处理过程，了解大数据挖掘的一般方法。

**【导入案例】**

### 大数据变革公共卫生

2009 年出现了一种新的流感病毒——甲型 H1N1，这种流感结合了导致禽流感和猪流感病毒的特点，在短短几周内迅速蔓延开来。全球的公共卫生机构都担心一场致命的流行病即将到来。和所有的国家一样，美国要求医生在发现新型流感病历时要告知疾病控制和预防中心。但由于人们可能患病多日实在忍受不了才会去医院，同时这个信息传送回疾病中心也需要时间，因此，确定新流感病例时往往会有一两周的延迟，而且，疾病中心每周只进行一次疾病数据汇总。

在甲型 H1N1 流感爆发的几周前，互联网巨头谷歌公司的工程师们在《自然》杂志上发表了一篇引人注目的论文，令公共卫生官员们和计算机科学家们倍感震惊。文中解释了谷歌为什么能够预测冬季流感的传播，不仅是全美范围的，甚至可以具体到特定的区域和州。谷歌通过观察人们在网上的搜索记录来完成预测。谷歌保存了多年来所有的搜索记录，而且每天都会收到来自全球超过 30 亿条的搜索指令，如此庞大的数据资源足以支撑和帮助他们完成这项工作。

所以 2009 年，甲型 H1N1 流感爆发的时候，与习惯性滞后的官方数据相比，谷歌数据成为更有效、更及时的指示标。公共卫生机构的官员们获得了非常有价值的数据信息。惊人的是，谷歌公司的方法甚至不需要分发口腔试纸和联系医生——它建立在大数据基础之上。这是当前社会所独有的一种新型能力，即以一种前所未有的方式，通过对海量数据进行分析，获得有巨大价值的产品和服务或深刻的洞见。

（资料来源：维克托·迈尔·舍恩佰格、肯尼思·库克耶著，盛杨燕、周涛译，《大数据时代生活、工作与思维的大变革》，浙江人民出版社，2012 年）

移动互联网、云计算和物联网等新兴技术的出现，不仅改变了人们的生活、生产方式，也促进了全球范围内数据量的急剧增长，形成大数据。如何对大数据进行有效挖掘与分析，从而深入立体地勾画用户行为，将是发挥大数据价值的关键，亦是对传统市场调查方法的延伸与补充。本章将系统归纳大数据的概念与特征，提出基于大数据的市场调查流程，就大数据的采集、抽样、预处理、挖掘方法进行系统阐述。

NOTE

# 第一节　大数据概述

## 一、大数据概念

"大数据"无论在理论界还是实业界都已经成为热点，著名未来学家阿尔文·托夫勒于1980年就在其经典著作《第三次浪潮》中，将大数据热情地赞誉为"第三次浪潮的华彩乐章"。进入21世纪，大数据引起了《自然》和《科学》等国际顶级学术期刊的兴趣与广泛关注，并分别于2008年和2011年推出大数据专刊，探讨大数据在互联网技术、网络经济学、超级计算、环境科学、生物医学等多个科技方面带来的挑战及大数据研究的重要性。2011年5月，全球知名咨询公司麦肯锡（Mckinsey and Company）发布了《大数据：创新、竞争和生产力的下一个前沿领域》报告，指出"数据已经渗透到每一个行业和业务职能领域，逐渐成为重要的生产因素，而人们对于海量数据的运用将预示着新一波生产率增长和消费者盈余浪潮的到来，标志着'大数据'时代的到来"。大数据概念最先由经历信息爆炸的学科，如天文学和基因学创造，如今几乎已运用到所有领域中。大数据最初是指数据的量大，超过了一般电脑在处理数据时所能使用的内存量，需要工程师改进数据处理的工具，从而导致了新的处理技术的产生，如谷歌的Map Reduce和开源Hadoop平台。然而数据量积累到一定程度，也发生了质的变化——信息形态发生改变。时至今日，大数据尚未形成统一的定义，人们往往将其与数量巨大、结构复杂、类型多样等特征相关联。

维基百科将大数据定义为巨量数据、海量数据、大资料，指所涉及的数据规模大到无法通过人工在合理时间内截取、管理、处理并整理成为人力所能解决的信息。高德纳于2012年对大数据进行了界定，认为大数据是大量、高速、多变的信息资产，需要更新型的处理方式促成更强的决策能力、洞察力与优化处理。大数据白皮书在对大数据进行界定时认为，大数据的定义与定义主体的身份有关，取决于你是一位计算机科学家，还是金融分析师，或者是一位为风险投资人推销这一概念的企业家。大数据白皮书从资源、技术、应用三个层次对大数据的概念进行了界定：从数据资源看，大数据具有量大、结构复杂、类型多样等特征；从技术层面看，大数据是需要新型计算机架构和算法的新技术；从应用层面看，大数据强调以新的理念应用于辅助决策、发现新的知识，强调在线闭环的业务流程优化。我国学者也对大数据的界定进行了尝试。于洋认为大数据是"严格的解释是无法在容许的时间内用常规软件对其内容进行抓取、处理、分析的数据集合"。周英等人将大数据界定为以不同形式存在于数据库、网络等媒介上蕴含丰富信息的规模巨大的数据，与一般的海量数据相比具有数据体量巨大、数据类型繁多、价值密度低、处理速度快等特征。

## 二、大数据来源与特征

### （一）　大数据来源

随着互联网技术的发展，智能手机、可穿戴设备的应用，传感器技术、定位技术及其他观测技术的进步，消费行为、位置信息、人体生理信息等数据更容易生成、采集、存储和挖掘，形成大数据。具体而言，大数据来源包括企业内外部数据两大类。

**1. 企业内部数据** 企业内部数据的来源包括企业数据化档案、企业信息化系统和企业物联网络。企业数据化档案包括商业交易记录、维修记录、客户投诉记录及历史档案等。如美国纽约的 Con Edison 电力公司通过对城市地下电力网络 100 多年维修和事故记录档案进行数据挖掘，成功预测出发生引燃事故的检修孔。沃尔玛通过对历史销售数据进行挖掘，发现了啤酒和尿布的关联性，将啤酒和尿布进行捆绑销售。

随着信息技术的发展，信息化系统在企业已几近普及，如 OA（Office Automation）、ERP（Enterprise Resource Planning）、CRM（Customer Relationship Management）等多种类别，使得人、财、物、时间、空间、客户交互等数据大量生成，并在信息系统存储和沉淀。这些信息系统自带的分析工具如报表生成、运营分析、客户分析等功能为企业管理决策提供诸多参考。

企业产品的智能化互联和企业内部管理的物联网络是物联网数据产生的主渠道。施耐德电器通过电梯设备的数据化物联网，将电梯的等待时间降低了 50%。美国 Sociometric Solution 公司推出了一款智能工牌，内置多种传感器，可记录员工的沟通行为——包括声调、姿态和身体语言，从而实时了解员工的工作状态。

**2. 企业外部数据** 互联网大数据是企业外部数据的重要来源，移动互联的发展，加速了网络大数据的生成。门户网站已超越纸媒，成为公众获取新闻资讯的主渠道。社交媒体，包括 Facebook、微博、微信、网络社区的互动性，加速了数据的生成、传播。截至 2016 年第一季度末，新浪微博月活跃用户达到 2.61 亿。2.0 版《数据永不眠》显示，每分钟 Facebook 上有 246 万的帖子被分享，Twitter 上有 28 万条推送，Youtube 上能收到 72 小时时长的视频，谷歌上收到 400 万次搜索请求。随着社交媒体用户的增长，数据生成的速度继续增长，形成海量的数据。

企业外部数据的另一重要来源是物联网大数据。据著名咨询公司 Gartner 预测，到 2020 年，全球将有 250 亿台设备通过物联网连接，诸如汽车、家电、办公设备等将连接音频、视频采集器和虚拟感官系统，数据生成速度将更快、广度将更宽。

---

**知识拓展**

### 海尔 U+发布 2.0 战略做物联网时代引领者

2016 年 3 月 8 日，海尔 U+智慧生活 2.0 战略发布暨成果体验会在上海世博中心金厅举行，以 U+智慧生活大脑、海尔优家 APP 2.0 及网器生态场景商务模式率先布局物联网。

海尔 U+智慧生活平台是一个开放、透明的平台，凭借其开放的接口协议，不仅可以将任何品类的家电、不同的服务接入到系统中，而且可以在系统中实现互联互通。在海尔 U+智慧生活平台上，依托互联工厂、优家 APP2.0 系统为用户与攸关方提供了互联互通的新体验。

互联工厂前联研发、后联用户，直接支持用户参与制造交互。全新升级的海尔优家 APP2.0，为用户提供家电定制、生产、配送、安装的全流程可视化体验，并且汇聚全球制造资源，将用户需求和制造资源无缝聚合在一起，实现智能制造下的大规模定制。这个全球首个"开放、透明"的生态体系，有效解决了物联网发展中"各自为政"的问题，率先拿到了破局的关键钥匙。

NOTE

在改善用户体验方面，与微软战略合作，并在合作的基础上首推 U+智慧生活大脑。U+智慧生活大脑是海尔 U+智慧生活平台思考决策的核心，采用了语音识别、图像识别等自然交互技术，像人一样"能听、能看、会说、能思考、有情感"，理解你的要求，帮用户控制家电；更重要的是，它能感知用户的生活习惯和行为喜好，实现自主决策，主动提供服务。

发布会上，海尔 U+智慧生活平台对七大生态圈进行升级，创新推出网器生态场景商务模式。以海尔馨厨生态圈为例，作为一个具有创新功能的网器，突破性地集购买、储存、烹饪、娱乐、交互五大厨房场景于一身。目前，该网器已经整合了包括古井贡酒、雪花、加多宝、蜻蜓 FM、星艺、罗莱家纺、欣和、喵上生鲜、中粮、本来生活、金龙鱼、统一等多个生态链体系的近 30 家跨界资源品牌商，共同为消费者提供健康生活全新体验。

（资料来源：赛迪网；作者：思静；发布时间：2016-03-08）

### （二）　大数据特征

IBM 公司将大数据的特征提炼成 5V，即量大（volume）、高速（velocity）、多样（variety）、价值（value）、真实（veracity）。

**1. 量大**　是指数据量巨大，呈指数级增长，数据规模从 TB 级升跃为 PB 甚至 EB 级，体现在存储量和计算量上。随着移动设备、物联网和云计算、云存储等技术的发展，生活和生产轨迹均可被记录，产生大量数据。企业内部、网络电商、社交平台等持续生成大量数据，汇集在一起，已经形成了 PB 级的数据量。

**2. 高速**　是指数据更新、增长、存储、传输、处理速度快，需要对数据进行实时分析。马丁·希尔伯特和普里西利亚·洛佩兹于 2011 年在《科学》上发表了一篇文章，对 1986 ~ 2007 年人类所创造、存储和传播的一切信息数量进行了追踪计算，估算：1986 ~ 2007 年，全球数据存储能力每年提高 23%，双向通信能力每年提高 28%，通用计算能力每年提高 58%。

**3. 多样**　是指数据的结构、数据类型和数据来源多样。既包括结构化的数据，又包括半结构化和非结构化的数据；既包括文本数据，又包括图像、视频等信息，数据类型丰富。数据来源也越来越多样，不仅产生于组织内部运作的各个环节，也来自于组织外部。

**4. 价值**　大数据量大、价值高，但其价值密度不高，需要通过数据挖掘，从大量的数据中挖掘价值。以视频为例，连续不间断监控过程中，可能有用的数据仅仅有一两秒。

**5. 真实**　大数据是客观生成的，但也可能存在滚雪球式的错误倾向，用户输入的错误、冗余、腐败都会影响数据价值。

## 三、大数据带来的机遇与挑战

### （一）　大数据带来的机遇

互联网技术的发展对经济社会产生巨大影响，在改变人类工作方式、生活方式的同时，也加速了大数据的生成速度。在大数据科技浪潮下，物联网和互联网产生大量数据，包括数字化的商业记录、物流数据、最终消费数据、电子商务交易数据、网络在线文本、社交媒体数据、搜索引擎数据、用户位置信息、可穿戴设备捕捉生成的数据等。通过清洗、挖掘互联网、物联网衍生的大数据，将进一步反哺政府、非营利型组织、企业决策者，有助于提高人们决策的效率和质量。对于企业、组织而言，大数据有利于其更好地了解消费者的行为，识别市场机会，为企业、组织开发新产品，优化生产服务流程提供重要支撑。

### 知识拓展

#### 借助健身应用程序，预测健康状况

　　Azumio 公司推出一款"健身达人"的健身应用程序，还推出了一款叫作"睡眠时间"的应用，可以通过苹果手机检测用户睡眠周期，通过应用程序收集的数据，可以了解用户在发生什么，以及身体健康状况趋势。例如心律不齐，就意味着健康出现了问题。随着用户的增加，后台形成数百万人的健康大数据，科学家们可以通过各种算法来预测用户的健康状况。

（资料来源：大卫·芬雷布著，孙唯编，
盛杨燕译《大数据云图》，浙江人民出版社，2013 年）

　　对于市场调查而言，基于大数据的调查，避免了传统调查方法中调查对象不配合、样本代表性不足、调查时间成本高、调查结果误差大等一系列难题，大大提升了市场调查的效率和质量。例如，现行的居民家庭日记账是通过统一的报表和计量方式将调查对象的收入消费行为转化为可用的数据，在大数据时代将有可能实现通过对超市商场收银系统、ETC 电子收费系统、GPS 定位测量、银行转账、微信等数据进行挖掘从而收集到需要的数据，不再需要调查对象长期认真的配合。这种数据收集方式可以有效避免人为误差，篡改数据的可能性越来越小，数据质量将更有保证。

### （二）　大数据应用的挑战

**1. 数据的公开性差，数据公开交易尚不成熟**　大数据的来源较为广泛，基于社交网络的态度数据公开程度高，便于采集。而电商企业、O2O 平台、可穿戴设备提供商等由交易和服务产生的数据体量大、价值高，公开程度低，主要用于企业自身的战略、管理与营销决策。这些大数据不仅有利于行业内主体分析用户消费行为与习惯，其数据价值亦可溢出至其他看似不相关的行业。目前我国成立了第一家大数据流通机构——上海数据交易中心。

### 知识拓展

#### 上海数据交易中心介绍

　　上海数据交易中心有限公司（简称"上海数据交易中心"）是经上海市人民政府批准，上海市经济和信息化委员会、上海市商务委员会联合批复成立的国有控股混合所有制企业（沪经信推〔2016〕19 号），于 2016 年 10 月 7 日正式成立。作为上海市大数据发展"交易机构+创新基地+产业基金+发展联盟+研究中心"五位一体规划布局内的重要功能性机构，上海数据交易中心承担着促进商业数据流通、跨区域的机构合作和数据互联、政府数据与商业数据融合应用等工作职能。交易中心以国内领先的"技术+规则"双重架构，创新结合 IKVLTP 六要素技术，采用自主知识产权的虚拟标识技术和二次加密数据配送技术，结合面向应用场景的交易规

则，将在全面保障个人隐私、数据安全前提下推动数据聚合流动。

交易中心电子交易系统以面向应用场景的产业需求为导向，以完善的会员注册审核、去身份化元数据规制、自主挂牌控制、ID 标识匹配、统一结算与清算等平台功能，实现商用数据衍生产品的在线连续聚合交易。数据交易平台不响应应用场景合理维度之外的任何数据请求，不存储任何交易方的数据，不传输任何个人的隐私数据（PII 信息），不允许使用方非授权数据留存，数据交易效率、交易安全和个人隐私将得到有效保障。

（资料来源：中心官网）

**2. 数据结构化程度低，数据存储结构不统一**　由于大数据的来源广泛，数据类型繁多，如网络日志、视频、图片、地理位置信息等，多以非结构化和半结构化为主，无法用传统的方式度量和处理，必须在现有的结构化数据汇总挖掘方式下，建立非结构化的数据分析利用方法。

## 四、基于大数据的市场调查流程

Bart Baesens 将基于大数据的市场调查流程提炼为六个步骤，如图 10-1 所示。首先，定义所要解决的问题。与传统的市场调查流程相似，基于大数据的市场调查流程，第一步是定义所需要解决的问题。其次，收集企业内外部的源数据，确定本次调查所需要的数据。所有数据需要被汇聚到一个特定的临时区域，可能是数据集市也可能是数据仓库，基于此进行探索性分析，如利用联机分析处理（OLAP）工具进行多维数据分析（向上、向下钻取，数据切片、切块，以及旋转等）。第三步是数据清洗，以发现并纠正数据文件中可识别的错误，包括检查数据一致性、异常值和缺省值处理、重复数据的删除等。第四步是数据转换，完成更多、更深入的数据处理，如数据分箱、将字符型数据变量转化成数值型数据变量、根据所需的维度进行汇总等。第五步是数据分析与建立模型，在预处理和数据转换的基础上，根据问题需求，完成不同类型的市场细分与预测，如客户流失预警、欺诈检测、购物篮分析等。最后一步是对模型进行解释与评价，该项工作往往由业务专家进行。

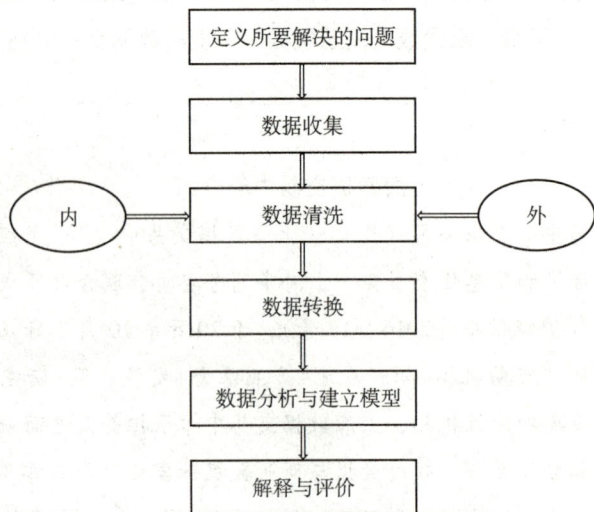

图 10-1　基于大数据的市场调查流程

# 第二节 大数据采集、抽样与预处理

## 一、大数据的存储形式与类型

### （一）数据存储形式

采集数据之前，首先需要明确数据存放的位置及以何种形式存储。根据数据存储形式，将大数据分为结构化数据、非结构化数据及半结构化数据。结构化数据，简而言之就是数据库，如企业 ERP 系统、财务系统、医疗 HIS 系统、教育一卡通、政府行政审批和其他核心数据库。非结构化数据，包括视频、音频、图片、图像、文档、文本等，如医疗影像系统、视频点播、视频监控、文本服务器（PDM/FTP）、媒体资源管理等具体应用。半结构化数据，包括邮件、HTML、报表、资源库等，如邮件系统、WEB 集群、资源库、数据挖掘系统、档案系统等。

### （二）数据类型

大数据类型主要包括连续变量和分类变量。连续变量是指变量的取值落在某个区间，该区间可能存在上下限，也可能无上下限。常见的连续变量包括销售额、销售量、RFM（最近一次消费、消费频率、消费金额）。分类变量包括无序分类变量、定序分类变量和二元分类变量。无序分类变量是指其取值只能在个数有限的一组数字/字符串中选取，所分类别之间无程度和顺序差别，如婚姻状况、职业等。定序分类变量是指其取值只能在一个有意义的序列中选取，不同取值有顺序和程度的差别，如信用评级、年龄段编码、收入水平编码、教育水平编码等。二元分类变量是指分类结果只有两个取值，如性别。

## 二、互联网大数据的采集与处理

随着社交网络、电子商务、移动互联技术的发展，其互动性、高速度、自生成的特点，促使越来越多的用户数据产生，为企业商业模式创新和营销决策奠定了数据基础。互联网网页数据是大数据重要来源之一，具有分布广、结构化水平低、数据量大等特征，成为企业获取用户消费体验、产品态度、用户偏好等数据的重要来源。因此，需要对互联网网页大数据的采集与处理流程及技术进行探索，为企业进行舆情监测与危机公关、营销战略和策略制定提供依据。网络爬虫是互联网大数据采集的重要技术手段。

### （一）爬虫体系架构

网页数据采集是指获取互联网中相关网页内容，并从中抽取用户所需要的属性内容。网页数据处理是将获取的数据进行内容和格式上的转化和加工，并存储下来。爬虫（Spider）通常用来进行网页大数据的采集，通过开发者预先分配的种子 URL 集合，依据建立的规定，自动进行互联网资源采集。爬虫体系架构包含主从分布式结构爬虫、对等分布式结构爬虫和基于分布式计算平台爬虫三种模式。

**1. 主从分布式结构爬虫** 是指通过一台特定的链接服务器对爬虫抓取过程中产生的链接集合进行维护，各个爬虫节点不断向链接服务器获取链接并向网络发起下载请求，将采集的链接列表页传输给链接服务器，链接服务器通过对各个爬虫节点的负载情况进行分析，调整爬虫资源。该种模式层次清晰、URL 分布策略灵活，但随着爬虫节点的增加，作为调度中心的链接服务器容易成为系统瓶颈，有可能产生单节点故障，甚至产生系统崩溃。

**2. 对等分布式结构爬虫**　与主从分布式结构爬虫相比，缺少链接服务器，每个爬虫节点获取数据后，通过一定的规则，将提取出的新 URL 集合分别发送给对应的爬虫服务器，每个爬虫服务器均按相同规则获取链接。对等分布式结构虽然克服了主从分布结构的风险，但由于缺乏调度中心的指挥，导致服务器的任务不均衡，一旦发生故障，将有可能无法抓起该服务器对应的链接。

**3. 基于分布式计算平台爬虫**　利用分布式计算平台，无需过度关注爬虫的分布式通信和任务分配，将工作重点集中于爬虫逻辑，其实质处理过程是工作流的处理。首先，抓取数据；其次，去除噪声；第三，进行链接提取和网页内容提取，Spout 进行持续数据输入，Bolt 不断进行数据处理。该模式综合了主从结构和对等结构的优势，动态分配处理节点，根据需求扩展工作节点数量，不存在单点故障，也能灵活控制 URL 分配。由于将网页下载、网页去噪、链接提取等拆分到不同的机器中并行工作，数据获取效率和质量均超过前两种模式。

### （二）　网页解析

网页解析是爬虫的核心功能，也是爬虫下载过程中最重要的任务，包括处理请求状态码、处理网页链接、提取链接和内容等。

**1. 状态码处理**　在对网站服务器进行数据访问时，并不一定返回结果，通常返回状态码，爬虫需要根据服务器状态码做出相应反应。例如："1 某"代表请求已经被接受，但是需要继续处理；"2 某"代表服务器已经成功接收处理；"3 某"表示重新定向，客户端需要进一步操作；"4 某"表示服务器无法完成客户端的请求，客户端需要检查操作的正确性。"5 某"表示服务端原因，无法正常完成请求。

**2. 链接去重**　爬虫每次进行页面分析都会获得新的链接集合，而这些链接集合有可能会与已有链接重复，因此，需要去掉重复的链接。布隆过滤器是链接去重的较新方法，弥补了以往采用的哈希过滤占用内存、分布式数据库处理速度慢及磁盘路径方法使得文件碎片过大的缺陷。

**3. 广告过滤**　网页中除了存在需要提取的文档内容，还存在大量噪声，包括头部导航栏、侧边栏、广告信息等，这些信息干扰了正常的网页提纯，需要将其过滤掉。导航栏和侧边栏信息在正文提取时，可根据文字分布情况进行提取。而广告信息由于信息复杂多变，且在正文中也可能存在广告信息，因此，需要进行准确的广告信息识别。在实践中，Adblock plus 的思想被运用至广告拦截工作中。Adblock plus 是著名的广告过滤插件，安装在浏览器中，具有非常好的过滤效果，其对搜索引擎在广告范围定义和广告鉴定方式方面有很好的借鉴作用。

**4. 网页去重**　在网络中可能存在相同或相似的页面，如某篇博客、某篇新闻被转载至其他网站。爬虫在抓取数据的过程中，会对重复性页面进行过滤，以避免不必要的 CPU 消耗和额外的任务。网页的相似性主要包括完全相似、内容相似和局部性相似三种情况。对于完全重复的文档，可以进行删除；对于相似的文档，则对文档进行归类分组。当然，网页重复或高度相似，也有积极的一面。网页重复率越高，说明文档内容越受欢迎，与其他文档相比，重要性更高，应赋予较高权重。

**5. 链接提取**　链接的提取方式有两种：一种是采用 HTML 解析器，提取网页中所有 a 标签；另外一种是采用正则表达式提取。在提取链接时，需要先验证是相对链接还是绝对链接，如果是相对链接，则需要转换成绝对链接。

**6. 爬虫协议**　爬虫协议由站长制定，约定网站中哪些数据可以被爬取，哪些数据不能被爬取，以及哪些爬虫没有权限访问数据，其目的是保护网站用户隐私安全。爬虫协议内容为一个 robots. txt，约定在网站的根目录下，包括一级域名和二级域名。User-Agent 代表允许的爬虫名称，"＊"表示所有爬虫都可以访问，Disallow 表示不允许访问的域名下的所有资源，Allow 表示允许的位置或者目录。爬虫需要遵守爬虫协议，并且避免在高峰期抓取数据带来网站流量负荷。目前各大搜索引擎都有自己的爬虫，例如：百度的 baiduspider，Google 的 googleebot、google-mobile，搜狗的 sogou spider，好搜的 360spider，新浪微博的 Python 爬虫等。当然还有一些通用的爬虫能访问不同的网站，如八爪鱼采集器等。

### （三）　网页结构化

网页结构化是通过网页分析，将网页从非结构化数据解析为结构化数据，包括网页的编码信息、网页的正文信息、网站的标题、网页的发布时间和网站的语言检测等。

### （四）　爬虫权限应对

虽然很多网站都有搜索引擎爬虫，允许用户爬取数据，但出于数据安全和网络拥塞方面的原因，会实施反爬虫策略。并不是所有的爬虫都是搜索引擎爬虫，也存在部分爬虫恶意窃取信息，给网站带来威胁。过度的数据爬取，可能会造成宽带堵塞，增加网站购置高性能服务器的成本。因此，很多网站为了避免此类问题的发生，只允许主流搜索引擎爬虫爬取数据。无论是分布式环境还是独立环境，反爬虫策略导致爬虫遭遇禁止频繁访问、禁止未登录访问等限制。

## 三、数据抽样

大数据的典型特征是量大，宽表数据往往达到几十万乃至上百万级记录，如果对所有数据进行处理、训练，将会耗费大量时间，因此有必要对数据进行抽样。抽样可以作为数据归约技术使用。与小规模调查抽样方法类似，大数据抽样的方法主要包括简单随机抽样、系统随机抽样、整群抽样、分层抽样和多阶段抽样。具体选择何种抽样方法，要考虑样本的代表性和随机性。代表性表示样本与总体的接近程度，随机性表示个体被抽入样本的偶然性。在对总体质量不了解时，应采用完全随机的方式进行抽样。当对总体质量有所了解时，可采用分层随机或系统随机抽样来提升样本的代表性。当采用简单随机方式存在困难时，可采用分段随机抽样或整群随机抽样。

## 四、数据预处理

大数据是来自于生产、生活、商业中客观存在的数据，但由于现实存在的一些问题，如录入错误、格式错误、传输错误或用户出于隐私保护的动机故意录入错误值，导致数据不正确、不一致、有噪声。因此，需要对收集的大数据进行预处理，以保证数据的正确性、完整性、一致性，从而使分析结果具有可信性和可解释性。数据预处理主要完成四大任务，即数据清洗、数据集成、数据归约和数据变换。

### （一）　数据清洗

数据清洗的核心任务是填充缺省值、去除数据中的噪音及解决不一致的问题。

**1. 缺省值处理** 缺省值的处理方法包含两类，一类是删除法，另一类是插补法。删除法是对缺省值进行处理最简单、最原始的方法，即将存在缺省值的记录删除。该方法适用于样本量大而缺省值少的情况，通常缺失值记录占样本总体的5%以内。当样本量小而缺省值记录多时，直接删除缺省记录将降低样本的代表性，削弱统计意义。

插补法的思想是通过估计最可能的值来填充缺省数据，与全部删除相比，信息丢失量小。在大型数据库中，每条记录的字段多达几十个甚至上百个，因为个别字段值的缺失而删除整条记录，对信息是极大的浪费。插补法主要包括均值插补、回归插补、极大似然估计。均值插补可根据数据的属性选择插补方式，对于定距型数据以存在值的平均值插补，对于非定距型数据以存在值的众数插补。回归插补是利用线性回归或非线性回归得到的数据对某个变量的缺省值进行插补。极大似然估计是在大样本和缺失类型为随机缺失的情况下，假设模型对于全样本是拟合的，可通过观测数据的边际分布对未知参数进行极大似然估计。期望值最大化是极大似然估计中常采用的计算方法。

**2. 噪声过滤** 噪声是数据中存在的随机误差，虽然噪声的存在是正常现象，但由于其会影响变量真值的反应，因此，必要时需要过滤噪声数据。回归法、均值平滑法、离散点分析法及小波法是去除噪声的常用方法。回归法是用函数拟合数据来光滑数据，即用回归后的函数值代替原始数据。回归法是否适用应基于对数据趋势的判断，只有符合线性趋势的才比较适合用回归法，因此，在做回归之前需要对数据进行可视化，以判断数据的趋势与规律，进而确定是否适合用回归法去除噪声。均值平滑法适用于具有序列特征的变量，用临近的若干数据的均值替代原始数据。对于具有正弦时序特征的数据，采取均值平滑法过滤噪声效果显著。离散点分析法是通过聚类的方法检测离群点，并将其删除。小波法去噪是通过寻找实际信号空间到小波函数空间的最佳映射，得到原信号的最佳恢复。

### （二） 数据集成

数据集成是将分散在数据源中结构一致或不一致的数据，从逻辑上或物理上集成到统一的数据集合中，实现数据的一致性，提高数据的共享性，提升用户访问与使用数据的效率。数据集成的数据源形式丰富，包括 XML 文档、HTML 文档、电子邮件、普通文件等结构化和半结构化信息。常用的数据集成方法有联邦数据法、中间件集成方法和数据仓库方法。

### （三） 数据归约

大数据集可能包括数以百计的属性，而大部分数据可能与数据分析与挖掘不存在相关性，或者存在冗余数据。为了提升数据挖掘的效率和质量，需要对数据进行归约，其目的是得到与原始数据集效果相似甚至更好，而数据量更精益的数据量。数据归约最常用的策略是属性选择和样本选择。属性选择是通过删除不相关或冗余属性减少数据量。

### （四） 数据变换

数据变换是将数据的表现形式进行变换，常用的数据变换形式包括数据标准化、离散化和语义转换。

数据的标准化是将数据按比例缩放，使其落入小的特定区间，典型的数据标准化是离差标准化（0-1标准化）和标准差标准化（Z-score 标准化）。离差标准化是将原始数据进行线性变换，使结果落到［0-1］区间。标准差标准化是使经过处理的数据服从标准正态分布。

离散化是对连续型数据进行切分，形成若干数据"段"，即按一定的规则将连续变量的定义域划分为几个区间，并用一个符号来代替特定区间。

例如：将居民月收入数据切割成若干段，"1"代表月收入水平在3000元以下；"2"代表月收入水平为3000~5000元；"3"代表月收入水平为5000~8000元；"4"代表月收入水平为8000~10000元；"5"代表月收入水平在10000元以上。

基于算法的需要，例如决策树、NaiveBayers算法，不能直接使用连续型数据，克服数据中隐藏的缺陷，以及便于对非线性关系进行诊断和描述，离散化的数据处理模式在大数据挖掘中经常被采用。

语义转换是将字符型数据转换成数值型数据。

例如：客户满意度这个属性的构成元素是｛非常满意、满意、一般、不满意、非常不满意｝，语义转换后，可以用｛1，2，3，4，5｝来同步替换原来的属性值。

# 第三节　大数据挖掘方法

## 一、关联规则方法

### （一）关联规则的概念和分类

**1. 关联规则的概念**　关联规则的概念由 Agrawal 等于1993年最先提出，最初用于对顾客购物篮进行分析，挖掘出顾客经常同时购买哪些商品，识别顾客购买行为模式。购物篮分析有助于挖掘出交易数据库中不同商品之间的联系；顾客经常同时购买哪些商品，识别顾客购买行为模式，分析结果有助于优化商品货架布局、库存管理及根据顾客购买模式对用户进行分类。由此可见，关联规则始于数据库的交易记录分析，其目标是发现数据项集之间的关联关系或相关关系。文本分析也可运用关联规则方法，旨在检测某篇文档中哪些词汇频繁同时出现。关联规则的应用有助于挖掘出品牌社区中顾客对某些品牌的认知和态度。如今，关联规则已经拓展至电子商务平台、医疗保健行业、金融证券行业、电信和保险业的错误校验和自动推荐等。例如，亚马逊公司采用基于关联规则的自动推荐系统，基于客户的历史购买行为和浏览行为，给客户推荐商品；银行系统中，会根据信用卡客户每月的账单金额，调整信用额度。

---

**知识拓展**

**当啤酒遇见尿布**

沃尔玛拥有世界上最大的数据仓库系统，为了能够准确了解顾客在其门店的购买习惯，沃尔玛对顾客的消费行为进行了购物篮分析，目的是想知道顾客经常一起购买的商品有哪些。沃尔玛数据仓库里集中了各门店的原始交易数据，利用数据挖掘方法，对这些数据进行了分析和挖掘。一个意外的发现是："跟尿布一起购买最多的商品竟是啤酒！"经过大量实际调查和分析，揭示了一个隐藏在"尿布与啤酒"背后的美国人的一种行为模式：在美国，一些年轻的父亲下班后经常要到超市去买婴儿尿布，而他们中有30%~40%的人同时也为自己买一些啤酒。产生这一现象的原因是：美国的太太们常叮嘱她们的丈夫下班后为小孩买尿布，而丈夫们在买尿布后又随手带回了他们喜欢的啤酒。

**2. 关联规则涉及的基本概念**　关联规则挖掘中涉及的基本概念如下。

（1）项与项集　项是项目的简称，指数据库不能进一步分割的最小单位信息，用符号 i 表示。项集是项目集合的简称，通常用 $I = \{i_1, i_2, \cdots, i_n\}$ 表示，其中 $I$ 中项目的个数为 $n$，项目集合 $I$ 成为 $n$-项目。例如，集合 {感冒药、抗生素、降压药} 是一个 3-项集。

（2）事务　如果 $I = \{i_1, i_2, \cdots, i_n\}$ 是数据库中所有项目构成的集合，一次处理包含的项目的集合用 $T$ 表示，$T = \{t_1, t_2, \cdots, t_k\}$，$T$ 所包含的项目都是 $I$ 的子集。例如，顾客在超市的一次购物中购买了多种商品，在数据库中会形成一条交易记录，交易记录中的商品在数据库中有一个唯一、共同的标识，如交易流程号，用以表示这些商品是由同一顾客同一次购买的。该顾客的本次购物活动对应一个数据库事务。

（3）关联规则　关联规则是形如 $X \Rightarrow Y$ 的蕴含式，其中 $X$、$Y$ 分别是 $I$ 的子集，其中 $X \subset I$，$Y \subset I$，并且 $X \cap Y = \emptyset$。$X$ 称为关联规则的前提，$Y$ 称为关联规则的结果。关联规则反应的是 $X$ 中的项目出现时，$Y$ 中的项目也跟着出现的规律。

（4）关联规则的支持度（support）和置信度（confidence）　关联规则的支持度是指同时包含 $X$ 和 $Y$ 的交易数量与总交易数量的比值，记作 support $(X \Rightarrow Y)$ = support $(X \cup Y)$ = $P(XY)$。关联规则的置信度是指同时包含 $X$ 和 $Y$ 的交易数量与所有包含 $X$ 的交易数量之比，表示为 confidence $(X \Rightarrow Y)$，即 confidence $(X \Rightarrow Y)$ = support $(X \Rightarrow Y)$ / support $(X)$ = $P(Y \mid X)$。置信度反映了出现 $X$ 的事务中，包含 $Y$ 的条件概率。在进行数据挖掘时，必须先认为设定最小支持度阈值和最小置信度阈值。当支持度和置信度均大于最低阈限值时，说明关联规则 $X \Rightarrow Y$ 为强关联规则，否则为弱关联规则。

**2. 关联规则的分类**　根据处理变量的类别，可将关联规则分为布尔型和数值型。布尔型关联规则处理的值均为离散的、种类化的。例如：性别 = "男" ⇒ 学历 = "博士"。数值型关联规则是指对数值型字段进行处理，将其进行动态的分割，或者直接对原始数据进行处理，数值型关联规则中可以包含种类变量。例如：性别 = "男" ⇒ 收入 = 10000。

根据规则中数据的抽象层次，可将其分为单层关联规则和多层关联规则。例如，联想笔记本电脑⇒施乐打印机，是一个细节数据上的单层关联规则；笔记本电脑⇒施乐打印机，是一个较高层次和细节层次之间的多层关联规则。

根据规则中涉及数据的维数，将其分为单维关联规则和多维关联规则。单维关联规则只涉及数据的一个维度，即处理单个属性中的一些关系，例如：电脑⇒打印机。多维关联规则是初步属性之间的某些关系，例如：性别 = "男" ⇒ 收入 = 10000。

## （二）关联规则挖掘的常用算法

关联规则挖掘最著名和常用的算法是 R. Agrawal 提出的 Apriori 算法和韩家炜（2000 年）等提出的 FP-Growth 算法.

**1. Apriori 算法**　关联规则的挖掘分为两步：首先，找出所有频繁项集；其次，由频繁项集产生强关联规则，但其总体性能由第一步决定。Apriori 算法是搜索频繁项集最简单、最基本的算法，该方法使用逐层搜索的迭代方法。通过扫描数据库，累积每个项的计数，收集满足最小支持度的项，识别出频繁 1-项集的集合，记作 $L_1$。在 $L_1$ 的基础上，寻找频繁 2-项集，即 $L_2$。在 $L_2$ 的基础上，寻找频繁 3-项集 $L_3$。依次类推，直到不能再找到频繁 K-项集。根据最小置信度，由频繁项集产生强关联规则。Apriori 算法的过程如图 10-2 所示。在实际工作中，由于事务记录量大，数以万计。这时就需要运用程序识别所有的频繁项集。

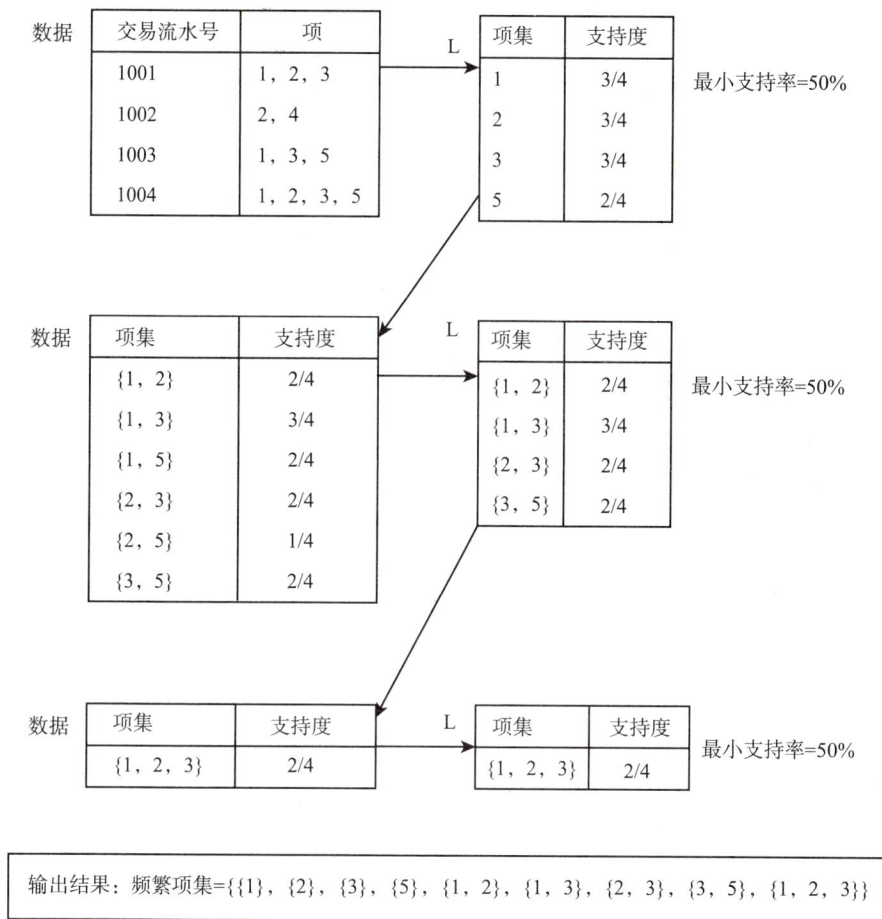

**图 10-2　Apriori 算法**

**2. FP-Growth 算法**　FP-Growth 算法与 Apriori 算法最大的区别是不产生候选集，仅需要扫描两次数据库，避免了重复扫描数据库的成本。具体操作步骤：第一步，扫描事务数据库 D，收集频繁项集合，得到频繁 1-项集 F，并根据支持度水平，由高至低降序排列，得到频繁项集表 L；以此为基础，创建 FP-树的根节点。第二步是根据 FP-树，挖掘频繁项集。

该算法在进行长频繁项集挖掘时效率较高，但依然存在一定的局限性：①在数据挖掘的过程中，如果大项集的数量很多，并且由原数据库得到的 FP-树的分支很多很长，则耗用大量的时间与空间，挖掘效率不高。②由于海量数据集合放在大型数据库，在生产 FP-树时每次都要扫描数据两次，导致系统需要反复申请本地及数据库服务器的资源查询相同内容的海量数据，会增加服务器的负荷，且降低算法效率。

### （三）关联规则的后处理

在挖掘关联规则的过程中，会产生数量庞大的规则集，识别出对现实有价值的关联规则将变得非常重要。因此，需要对关联规则进行后续处理。首先，与业务专家合作，过滤掉那些包含已知关系模式的规则。其次，通过调整最小支持度和最小置信度，进行敏感性分析，以确定合适的支持度和置信度，尤其针对购买频率低但利润空间高的产品。第三，利用可视化工具进行进一步分析，发现一些意想不到的规则，为创新商业模式提供依据。

## 二、细分技术

### （一）细分技术的概念和应用场景

细分就是把市场、客户、观测值划分为若干个群组，使得同一群组内部具有最高的同质化水平，而不同群组间的异质化水平最大。细分技术又称聚类技术。在营销实践中，通过大数据挖掘，可以对客户进行洞察，深入了解客户群体的特征属性，如人口统计特点、生活方式情况、态度、行为、社交网络等，将客户聚类成不同类型，识别出最具价值的客户及他们的消费特征，为市场定位和推广策略选择提供依据。在销售管理中，细分技术有助于进行销售片区划分。

例如：某公司在全国有几十个子市场，可根据每个市场的人口数量、人均可支配收入、地区零售总额、各商品的销售量等指标，将市场细分为若干销售片区，销售经理可依据每个市场特点，制定相应的销售战略和策略。

另外，利用细分技术有利于企业做竞争对手分析，实行差异化竞争。例如，企业可根据产品属性特征、品牌知名度、美誉度等指标，将市场中的相关品牌进行聚类，识别出直接竞争对手，为后续品牌战略制定提供依据。

### （二）细分技术方法

细分技术是无监督学习的过程，典型的聚类过程包括数据预处理、特征表达、相似度计算、聚类及聚类结果的有效评估。传统常用的聚类方法包括基于分区的 K-means 聚类，基于密度的 DBSCAN 聚类和基于神经网络的 SOM 聚类。

**1. 基于分区的 K-mean 聚类**　K-mean 是著名的划分聚类分割方法，也是经典的聚类方法之一。由于该算法的效率高，在对大规模数据挖掘进行聚类分析时得以广泛使用。目前很多算法，如高斯混合算法，都是在该算法基础上的扩展和优化。K-mean 算法采用的是两阶段反复循环过程算法，当不再有数据元素被重新分配时，循环结束。其基本原理是从数据集中选取 K 个点，每个点初始地代表每个簇的聚类中心，通过计算各个样本与聚类中心的距离，将其赋给最近的簇，接着重新计算每个簇的平均值。整个过程不断反复，直至所聚成的簇达到收敛状态。K-mean 算法虽然被广泛采用，但存在一定的局限性，不适用于发现非凸面形状的聚类簇，或者大小差别很大的簇。另外，其对"噪声"和离散点比较敏感，少数离散点都会对聚类中心产生极大的影响。

**2. 基于密度的 DBSCAN 聚类**　DBSCAN（density-based spatial clustering of applications with noise）是基于高密度联通区域的空间聚类算法，与划分聚类方法不同，它将簇定义为密度相连的点的最大集合，能够将具有足够高密度的区域划分为簇。该算法的聚类过程：首先，从数据库对象集 D 中找到任意对象 P，并查找 D 中关于 Eps 和 MinPts 的从 P 密度可达的所有对象。如果 P 是核心对象，则找到了一个关于参数 Eps 和 MinPts 的类；如果 P 是一个边界点，则没有对象从 P 密度可达，P 被暂时标示为噪声点。其次，处理 D 中的下一个对象，以此类推。DBSCAN 算法的优点是聚类速度快，并能够在存在噪声的空间内发现任意形状的聚类。但该算法也存在一定的局限性，即虽然能够对高维数据进行聚类，但聚类过程中由于采用欧氏聚类计

NOTE

算式，尚未考虑各影响因素的权重，导致聚类效果不佳。因此，该算法一般不运用于高维度数据聚类。

**3. 基于神经网络的 SOM 聚类** SOM（self organizing maps，自组织映射）神经网络，由芬兰神经网络专家 Kohonen 教授于 1981 年提出，模拟人脑自组织特征映射的功能，是一种无监督学习的模式。该算法假设输入对象中存在拓扑结构和顺序，能将任意输入模式映射成一维或二维空间，但原有的拓扑结构保持不变。SOM 算法的步骤：①初始化节点；②选择下一个对象；③确定该对象最近的节点；④更新该节点和附近的节点；⑤重复步骤②到步骤④，直至节点变化不大或超过某个阈值；⑥指派每个对象最近的节点。由于 SOM 算法整个学习过程需要较长的处理时间，所以很难满足大数据处理的需求。已有研究表明，SOM 算法在输出节点较少的情况下，会产生与 K-means 算法类似的结果。

以上三种经典聚类算法，在单机情境下普遍采用，常用于处理小规模数据。在面对大数据时，需要对数据进行抽样和降维才能提升数据处理效率，但往往以损失精准度为代价。为了提升对大规模数据的处理效率和精度，出现了多机聚类算法，以并行聚类和基于 MapReduce 的聚类为代表。并行聚类是指对数据进行划分并将其分布在不同的机器上，加快了单机聚类的速度，并增加了可扩展性。基于 MapReduce 的聚类是将任务分布在大量的服务器上分布执行的任务分区机制，包括 Map 和 Reduce 两个阶段。Map 阶段是将一个任务分解为更小的子任务，并将其分配到不同的服务器上执行；Reduce 阶段是合并子任务执行的结果。

## 三、分类方法

### （一）分类的概念

分类的目的是根据数据集的特点构造一个分类函数或分类模型，也称为分类器，将未知类别的样本映射到给定的类别中。分类算法通过分析已知类别训练集，发现分类规则，以此为依据预测新数据的类别。分类算法的应用非常广泛，例如银行中的风险评估工作、客户类型判定、文本检索和搜索引擎的分类等。

### （二）常用的分类方法

**1. 贝叶斯分类** 贝叶斯分类是一类分类算法的总称，这类算法均基于贝叶斯定理，故称作贝叶斯分类。贝叶斯分类是利用概率统计知识进行分类的算法，其思想是对于给出的待分类项，求解在此项出现的条件下各个类别出现的概率，出现在哪个类别的概率最大，就认为此待分类项属于哪个类别。朴素贝叶斯分类器建立的基础是类条件独立性假设：给定类节点（变量）后，各属性节点（变量）之间相互独立。整个朴素贝叶斯分类分为三个阶段：第一个阶段是准备工作阶段，其任务是确定特征属性，并对每个特征属性进行适当划分，接下来由人工对一部分待分类项进行分类，形成训练集；第二个阶段是分类器训练阶段，由程序自动计算完成，其任务是生成分类器，其主要工作是计算每个类别在训练样本中的出现频率及每个特征属性划分对每一个类别的条件概率估算；第三个阶段是应用阶段，其任务是使用分类器对待分类项进行分类。

**2. K-最近邻** K-最近邻（K-nearest neighbor，KNN）分类算法，是一个理论上比较成熟的方法，是较简单的机器学习算法之一。该方法的思路：给定一个训练数据集，对新的输入实例，在训练数据集中找到与该实例最邻近的 K 个实例。如果这 K 个实例多数属于某个类，就把该输入实例分类到这个类中。当无法判定待分类实例属于已知分类中的哪一类时，可依据统计学的理论分析它所处的位置特征，衡量周围邻居的权重，将其分配至权重更大的一类。该方法的优点在于进行类别判别时，只与少量相邻样本有关，避免样本的不平衡问题，另外，对于类域交叉或重叠较多的待分类样本集，K-最近邻算法较其他方法更合适。该方法也存在一定的局限性，由于需要计算每一个待分类样本到已知样本的距离，才能计算出它的 K 个最近邻点，因此计算量较大。针对该不足，实际工作过程中，可通过事先对已知样本进行剪辑，去除对分类作用不明显的样本，或对样本进行分群分层来消除。总体而言，该方法适用于解决样本容量较大的自动分类问题，但在运用于样本容量较小的分类问题时比较容易产生误分。

**3. 决策树**　决策树又称为分类树，是以实例为基础的归纳学习算法，既可以处理分类变量，也可以处理连续变量；既可以用图形，也可以用 IF THEN 的规则表示模型，可读性和可解释性较高。决策树运用归纳方法产生分类规则和分类树，再用新数据进行预测分析。树的每个节点代表某个属性，每个分支路径代表的是某个可能的属性值，每个叶节点对应从根节点到叶节点所经历的路径所表示的对象的值。决策树构建主要包括三个步骤：首先，选择适当的算法训练样本构建决策树；其次，适当修剪决策树；第三，从决策树中萃取知识规则。与贝叶斯分类算法相比，决策树的优势体现为构建过程不需要任何领域的知识或参数设置，更适用于探测知识。决策树学习算法中，最常用的是 ID3 和 C4.5。

**4. 人工神经网络**　神经网络是分类技术中的重要方法之一。神经网络研究始于 1943 年的 M-P 模型，从人脑的生理结构出发研究人类的智能行为，模拟人脑信息处理的能力。在这类模型中，大量的节点（或称为神经元、单元）之间相互连接构成网络，即神经网络，以达到处理信息的目的。多层感知器是目前神经网络研究与应用中基本的网络模型之一，该模型是一种单向传播的多层前馈网络模型，具有高度的非线性映射能力。BP 算法是多层前向神经网络中最重要的算法，采用有监督的方式进行训练和学习，学习过程由信号的正向传播和误差的反向传播两个过程组成。神经网络的优势体现在四个方面：第一，可以任意精度地逼近任意函数；第二，由于其为非线性模型，能够适用于各种复杂的数据关系；第三，该模型具备很强的学习能力，能更好地适应数据空间的变化；第四，能够模拟人脑的某些功能，具有智能特点。

**5. Logistic 回归**　Logistic 回归是一种概率型非线性回归，其回归模型的因变量是分类变量，是当前比较常用的机器学习方法。当预测值是 0～1 时，适合研究二分类问题，主要应用于分析某种现象发生的概率，如客户流失预测、信用评分中好坏人的概率、股价涨跌概率等。当回归模型的值呈 S 曲线时，适用于某些特殊问题的预测，如流行病学中危险因素与疾病风险关系的预测。与神经网络和决策树方法相比，Logistic 回归适用场景具有一定局限性。

**6. 支持向量机**　支持向量机（support vector machine，SVM）是一种新的具有潜力的分类技术，由 Vapnik 领导的 AT&TBELL 实验室研究小组于 1963 年提出，是一种基于统计学习理论的模式识别方法。由于支持向量机具有很多好的特质，在解决小样本、非线性及高维模式识别问题中具有独特优势，能够在很大程度上克服"维数灾难"和"过度学习"等问题，目前已经成为广泛使用的分类算法之一。

## 四、文本分析技术

随着互联网技术的发展、电子商务的繁荣，以及互联网+产业的整合，通过文本来记录和表达行为和观点，变得越来越普遍。通过挖掘文本大数据来解决各种实际问题变得触手可及。例如，通过分析电子商务平台上的用户评论数据，可以准确分析出产品或服务中存在的不足，了解用户的期望，为升级产品和改善服务提供依据；通过监测和分析网络中关于某些产品和品牌的态度和观点，有利于了解和应对品牌舆情；通过分析公众在品牌社区中的发帖与回帖信息，可以了解消费者的需求、兴趣、偏好，从而实现精准营销。文本分析技术是通过计算技术对非结构化的文本字符串中所包含的词、语法、语义等信息进行表示、理解和抽取，挖掘和分析出其中包含的事实、观点、态度和情感。其主要任务包括分词、词性标注、语义相似度、依存句法分析、情感倾向分析、文档关键词提取、文档句子相似度分析、文档核心句抽取、聚类分析等。

**1. 分词** 分词是自然语言处理过程中对文本信息处理的最基础工作。从语言学角度看，分词技术是将语句拆分成基本构成单元。从搜索引擎的角度看，分词技术是将长文本拆分为可以理解的短文本信息，以更好地进行文本分析。分词包括英文分词和中文分词。英文分词的过程包括：首先，通过分隔符将英文单词进行分割；其次对切分好的单词进行单词还原；最后选择是否移除停用词，包括语气助词、副词、介词、连接词等词语。中文分词的方式很多，最常用的是基于词库的分词方式，对于搜索引擎使用的自然语言处理框架，往往需要利用机器学习的方式，目前公认较好的机器学习方式是基于条件随机长模型的中文分词技术。

**2. 词性标注** 词性标注是给分词结果中所有的词标注其词性特征，包括动词、名词、形容词、副词等。对中文词性标注相对比较简单，因为大多数中文词语只有一个词性。为了提高词性标注精准性，可以采用基于统计学习方法进行词性标注，常用的方法为隐马尔科夫模型。隐马尔科夫模型在解决问题时一般包括评估、解码和学习三个阶段。中文词性标注属于解码问题，只需要对隐马尔科夫模型进行参数训练，通过维特比算法计算出最可能的隐藏状态序列。

**3. 语义相似度** 语义相似度是指特定环境下词语的相似性。在对中文语义进行分析时，需要通过数值的方式量化词语相似程度。一般根据世界知识与分类体系计算语义相似度，或者通过语料库统计学习方式计算相似度。

**4. 依存句法分析** 依存句法分析是针对句子和短语进行结构化分析，以确定句子中的词与词、短语与词之间的关系，利用树结构进行层次化表达。依存句法分析可通过机器学习的方式实现，例如，可采用清华大学汉语均衡语料库 TH－ACorpus 中的中文语义依存分析语料库实现。

**5. 情感倾向分析** 情感倾向分析的目的是识别出用户在语言表达过程中心理状态的两级观点。计算机的任务是将文本信息转换成机器可以识别的情感数值，用以表示情感的积极与消极程度。情感语料库是进行情绪情感分析的基础，通过语料库分析实现情感识别。

**6. 文档关键词抽取** 文档关键词抽取是给予不同词语不同权重，有助于理解文本本身最基本的表达含义。针对网页文档分析而言，可从网页元数据、网页文档内容自动标注和系统自动化抽取三个方面进行文档关键词抽取。某些网页会通过 meta data 指定网页关键词，这样可通过元数据标识关键词。某些内容类网站，在内容结束时会标注关键字。关键词中最重要的是通过系统自动化提取，常用的系统自动化提取方法为 TF-IDF 和采用词语权重（TextRank）的方法。

**7. 文档句子相似度分析** 文档句子相似度分析可以采用词频统计及余弦相似性分析，其分析思想是如果两个句子或文档越相似，则他们的内容也越相似。可用 TF-IDF 对词语进行分析，再利用余弦相似性计算词语向量大小。句子相似度的分析步骤为分词处理、计算词频、构建词频向量、向量相似度计算。文档相似度的计算过程类似于句子相似度，只是不对文档中的所有句子进行拆分，然后对句子进行相似度分析，而是通过提取各自关键词，利用关键词对词频进行统计，再利用余弦相似性计算。

**8. 文档核心句抽取**　文档核心句又称为文档中心句，除了文档标题能表达文档核心意思，文档核心句也是对文档内容的高度凝练，其处理过程为：首先，进行短句预处理；其次，对每个句子进行分词及词性标注处理，并过滤掉停用词及部分词性无关词语，利用 TextRank 计算每个句子中词语的权重，筛选出关键词；第三，通过关键词计算句子之间的关系紧密程度，以相同的关键词数量作为紧密值，最终确定核心句。

**9. 聚类分析**　文本的聚类分析是文本处理过程中非常重要的环节。聚类是将某些特征相同的文本，归纳为同一类簇，是一种无指导性的学习，在预先不知道分类标签的情况下自动形成的信息聚集，通常采用 K-mean 算法。分类是将文本划分为某一特定已知类型，是一种指导性学习方法，通常采用朴素贝叶斯算法，包括数据准备、分类器训练及分类识别三个阶段。

移动互联时代，人人都是自媒体，数据产生的速度更快，具有体量大、复杂度高、质量参差不齐等特征，对文本分析技术提出了更高的要求和挑战。如何有效处理语法不规则的文本及有效识别各种新出现的网络词语，成为文本挖掘的关键。而目前采用的分词方法多是基于词典的方法和有监督机器学习的方法，虽然理论界和应用领域都在探索无监督机器学习的方法来解决自动分析，但在互联网文本领域的应用尚存在较大难度，需要持续探索。另外，文本大数据尤其是互联网文本大数据中掺杂着很多低质量甚至虚假的信息，将干扰分析结果的准确性，如何从中识别并剔除这些异常数据，提高分析结果的可信性，成为当前文本挖掘的难点。虽然互联网文本大数据挖掘存在着很大的技术难题，但文本大数据蕴含着巨大的商业价值，在金融、保险、卫生、电子商务等众多领域具有广阔的市场前景。在不久的将来，文本分析技术将广泛应用于商业舆情监测、市场预测、用户画像、精准营销等各个方面。

---

**知识拓展**

### 文本分析技术助推品牌实现在线管理

在移动互联时代，品牌在线管理处于一个充满挑战和刺激的环境中，过去通过几周才能传播演进的观点或认知，现在只需几个小时就能传播扩散。微博网站报告显示，在 2012 年秋天，该网站上每天能看到 5 亿条微博。用户会在微博、微信、网络论坛等社交媒体中发表自己对品牌的看法、态度和观点。为了更好地管理企业品牌形象，需要采用技术手段对用户针对品牌的态度、认知监测和管理。

首先，识别用户发表评论所用的语言。语言识别是基础，能帮助确定问题或赞誉的规模和范围。其次，寻找用户的情感倾向。情感倾向分析是品牌管理的重要工具，能帮助品牌管理者聚焦于那些不满意的顾客，以及出现问题的产品和服务。当然，也能锁定那些品牌忠诚度高的客户。更为重要的是，情感倾向分析能告诉品牌管理者用户对产品的总体感觉、关于各个属性的感觉及感觉强度如何，有助于品牌方进行相应的改进和疏导。例如，当用户出现负面评论时，可以选择给用户发私信，发送离他们最近的零售店列表，以便去更换产品，或者发送一个能够处理这一问题的常见问题页面链接，帮助他们解决问题。这个过程要求品牌管理方快速反应，在用户出现抱怨后的第一时间做出反应。如果处理得当，不但不会损失客户，反而会提高客户对该品牌的忠诚度。一旦识别情绪、评论分类或处理反馈的流程到位，品牌形象、美誉度和忠诚度将有持续改善的机会。

（资料来源：《大数据学习与机器学习》）

### 【思考与练习】

#### 一、简答题

1. 大数据为医药行业带来了哪些机遇与挑战？

2. 与传统市场调查方法相比，基于大数据的市场调查有何特点？

3. 请结合大数据挖掘工具，以某一品牌为载体，以微博或品牌社区为平台，挖掘用户品牌态度特征。

#### 二、案例分析

##### 广东省人民医院利用大数据调配床位

广东省人民医院创建于 1946 年，位于广州市中山二路和东川路交界处，是广东省最大的综合性医院，是国内规模最大、综合实力较强的医院之一。长期以来，该医院优势专业病源充足，病人候床情况严重，排队入院；相反，有些专业空床情况明显，病床使用率 65% 左右。在对医院数据，包括各科室床位使用情况、诊疗活动、平均住院费用、平均住院周期等，以及患者数据，包括挂号数据、电子病历、患者基本数据等，进行挖掘的基础上，管理层打出了模糊临床二级分科、跨科收治病人、集中床位调配权的一套"组合拳"。对跨科收治病人之后的科与科之间的工作量、收入、支出、分摊成本等指标进行合理的划分，强化了入院处的集中床位调配权，解决病人入院排队情况，使医院更好地履行社会责任，同时也增加了医院的效益。

思考题：

1. 该案例中，医院使用的大数据来源是什么？

2. 为了更好地进行数据收集与挖掘，医院的管理信息系统需如何优化？

3. 大型医院的病人数据，还可以做哪些挖掘与运用？

NOTE

# 第十一章    市场调查报告

**【本章导读】**

　　通过市场调查，了解市场信息，收集调查资料，经过系统整理和分析后，撰写一份有价值的市场调查报告，才能体现市场调查最终结果，以便企事业单位有效运用市场调查结果，为决策、执行决策、调整决策提供基本依据。在本章学习中，需要了解市场调查报告的概念、重要性、特征和分类，熟悉市场调查报告的写作结构，掌握书面调查报告的写作步骤和撰写要求，领会口头调查报告的关键要素，培养撰写市场调查报告的技能。

**【导入案例】**

### 2014 中国移动医疗调研报告（节选）

　　2014 年 9 月，中国医疗器械行业协会移动及智慧医疗专委会联合医疗器械创新网发起了移动医疗调研，力图全面呈现人们对国内移动医疗发展趋势、市场、产品的看法及软硬件消费的真实态度。

　　共有 461 名受访者参加了本次以问卷调查方式的调研活动。本次调研中，样本年龄大多在 20~40 岁之间，学历多为本科（43.9%）或硕士及以上（26.0%），从事职业包括医疗器械从业人员、医疗相关服务业人员、制药从业人员等。

　　调查发现：

　　1. 人们普遍看好移动医疗在中国的发展，尤其看好长期的发展形势。数据显示，49% 受访者认为两年内中国移动医疗有比较好的发展。54.9% 的受访者认为 10 年内移动医疗有比较好的发展。另外，相比较 11% 的受访者认为 2 年内中国移动医疗发展会非常好，更多的受访者（29.1%）认为移动医疗 10 年内在中国会发展得非常好。

　　2. 近九成受访者相信移动医疗将改变人们对医疗信息的获取方式。数据显示，63.3% 的受访者同意移动医疗将改变人们对医疗信息的获取方式，22.8% 的受访者非常同意移动医疗将改变人们对医疗信息的获取方式。

　　3. 移动医疗产品购买目的多样化，生理健康记录占最大比例。数据显示，30.91% 受访者购买移动医疗目的是生理健康记录，27.47% 是疾病监测管理。日常饮食管理、体力训练、帮助睡眠、药物治疗管理分别是 6.04%、8.79%、7.55%、7.83%。生理健康记录及疾病监测管理为最主要目的。这也说明随着生活水平的提高，人们对健康监测越来越重视。

　　4. 移动医疗产品未来最主要应用场所是为老人及慢性病人服务的社区中心。数据显示，50.4% 受访者认为移动医疗产品未来最主要应用场所是为老人及慢性病人服务的社区中心，23.5% 认为是亚健康人群社区，19.1% 认为是传统医疗场所，4.4% 认为是连锁药房等体系。目前人口老龄化是一个世界性的难题，我国人口老龄化的问题也提上了日程。1997 年，中国

60 岁以上老人有 1 亿多，占总人口的 10%，到 2040 年预计将达到 2.5 亿以上，占总人口的 23.79%，60 岁以上的人口是 20 多岁人口的 2~3 倍。因此移动医疗的出现似乎成为了解决人口老龄化的一个主要方法。

非常有意思的是，虽然受访者普遍认为移动医疗产品未来最主要应用场所是为老人及慢性病人服务的社区中心，但是实际上有移动医疗使用经验的人一般为年轻人，本次研究的样本年龄也大多数在 40 岁以下。

5. 移动医疗产品存在的主要问题是功能不全、独立性不强、无完整信息处理系统。数据显示，26.32% 受访者认为移动医疗产品主要问题是功能不全，没有满足顾客的所有需求；19.77% 认为是多为智能手机配件，独立性不强；18.21% 认为是无完整有效的信息处理系统；11.95% 认为是性价比低；11.52% 认为是个人数据等不到保护。这些问题均存在于移动医疗产品中，阻碍了移动医疗产业的发展。

6. 近八成受访者认为移动医疗硬件产品合理价位是千元以内。数据显示，30.8% 受访者认为移动医疗硬件产品合理价位是 301~500 元人民币，，25.3% 认为合理价位是 501~1000 元人民币，21.3% 认为合理价位是 300 元以内，12.6% 认为合理价位是 1001~1500 元人民币。总的来说，千元以内是中国消费者对移动医疗硬件产品价格的承受范围。

这一情况也与目前我国收入水平及移动医疗早期接受者的特征相符。本次调查中一半认为自己了解移动医疗的受访者年龄在 20~30 岁之间，三成受访者的年收入不到 10 万元，因此千元以内的价格与他们的实际购买力相符。

7. 业内人士认为移动医疗硬件产品价格偏高显著多于非业内人士。数据显示，业内人士认为移动医疗硬件产品价格偏高显著多于非业内人士。有 60.2% 业内人士认为移动医疗硬件产品价格水平偏高，但只有 40.4% 非业内人士觉得移动医疗产品价格水平偏高。虽然双方认为价格偏高的比例均居首位，但业内人士认为移动医疗硬件产品价格偏高显著多于非业内人士。另外，认为移动医疗硬件价格水平太高的业内人士比例（6.3%）也多于非业内人士（5.1%）。认为价格偏低的业内人士只有 2.1%，而认为价格偏低的非业内人士有 21.3%。

这一现象可能是业内人士对移动医疗硬件成本及应用功能相对比较了解，因此对其价格水平期望值相对比较低。

8. 六成受访者最近一年内只下载过 1~2 个移动医疗 APP。数据显示，61.2% 受访者最近一年内只下载过 1~2 个移动医疗 APP，30.4% 最近一年内下载过 3~5 个，5.6% 下载过 5~8 个。这说明目前移动医疗 APP 虽然在投资领域及软件领域备受关注，但是在市场应用上尚处于初级阶段，还有很长的一段路要走。

9. 近六成受访者认为移动医疗 APP 合理收费方式为免费。数据显示，58% 受访者认为移动医疗 APP 合理收费方式为免费，23.5% 认为合理收费方式为按次收费，18.5% 认为合理收费方式为按月收费。大部分消费者不愿意放弃免费的午餐，移动医疗 APP 的盈利点到底在哪儿？解决这个问题迫在眉睫。

（资料来源：http://www.d1net.com/fun/314035.html）

这是一篇关于移动医疗的市场调查书面报告，本篇报告描述了市场调查结果，介绍了背景情况和调查目的，交代了调查时间、调查范围等情况，给人以总体印象。同时将市场情况、分析、建议等内容结合起来写作，采用横式结构，并以小标题揭示文章要点。文章能够恰当运用调查所得的数据资料，增强了调查报告的准确性和说服力。文章适当运用叙述、说明和议论相结合的表达方式，语言准确、简明，通俗易懂。

# 第一节　市场调查报告概述

## 一、市场调查报告相关概念

### （一）调查报告

调查报告是以书面或口头的形式向有关组织或个人汇报调查情况的一种应用文体，是调查主体就某项任务在一定范围内对特定对象开展深入细致的考察了解后，将调查中收集的材料加以全面系统的归纳整理、严谨科学的分析研究、客观准确的总结提炼，以寻找事物内在联系和发展规律、揭示事物本质和特征，得出更加符合实际的结论，并据此提出相应意见和建议，由此形成具有相对固定格式的一种汇报性应用文书，为决策、执行决策、调整决策提供基本依据。

### （二）市场调查报告

市场调查报告是调查报告的一种，它是科学运用各种调查方式和方法，有针对性地对特定市场的供求矛盾、潜在需求、发展前景、企业决策执行效果等部分或全部市场情报资料进行全面系统的收集整理，并对其进行分析研究、整理归纳、提炼总结，以客观真实地认识特定市场，揭示特定市场内在关系，挖掘事物客观发展规律，做出相应判断或提出相关建议，并在此基础上形成的书面材料。

## 二、市场调查报告的作用

市场调查是被广泛用于分析、研究和洞察现代经济社会活动的一种重要手段，而市场调查报告是调查过程的收官阶段，也是调查过程较为重要和关键的环节之一。市场调查报告是调查和分析成果的有形产品，是调查成果展现的重要形式。市场调查的价值不仅取决于调查所收集到的信息资料，还受到调查报告撰写质量的影响。调查报告的整体质量关系到整个调查工作的好坏。实践证明，一份好的市场调查报告能为企业管理者提供客观有效的决策参考依据，为企业的经营活动发挥有效的导向作用。

市场调查报告的作用主要表现在以下几个方面：

1. 市场调查报告是呈现市场调查成果的重要载体。市场调查的信息能否被重视并发挥作用，进而将调查成果转化为社会效益，很大程度上取决于调查报告对调查信息的有效组织和展现。

2. 市场调查报告为企业科学决策提供依据。市场调查搜集和掌握的材料需要经过归纳整理、分析研究，对未来一定时期内市场发展前景和发展趋势进行预测，做出定性和定量结论，并以文字图片报告的形式展现出来，才能为决策者了解市场、洞察事件提供参考。它是发掘市场供求关系、捕捉市场机会、掌握和研究某种情况、制定和调整决策措施的重要依据。如市场营销管理的主要任务，是要发现消费者的需求，捕捉市场机会，也就是发现营销问题和解决营销问题。而其成功与否，在很大程度上有赖于市场调查活动的开展，包括调查报告的撰写。在企业品牌策略、营销策略、流通策略等市场营销活动中应以市场调查为出发点，灵动掌握产品市场信息。这一方面说明了市场调查的重要性，另一方面也说明市场调查能为企业品牌策略、营销策略、流通策略等提供决策的依据。

3. 市场调查报告是检验决策措施贯彻执行情况，及时掌握决策实施效果的一种有效方法。实践是检验真理的唯一标准。企业决策措施是否科学有效，关键在于市场的认可度，呈现市场调查结果的市场调查报告有助于企业及早掌握市场的可接受度。

4. 通过调查市场报告对典型事例进行分析研究、总结提炼，得出具有导向性和一般性的经验来推动企业的经营活动。

5. 通过撰写市场调查报告，有助于更好地探寻有关事件根源，明辨是非，以便做出最佳处理。

## 三、市场调查报告的局限性

在强调市场调查报告重要性的同时，也应该清楚认识到市场调查报告存在的局限性。

1. 受多种因素影响，市场调查获取的信息未必都是客观真实的，从而影响调查报告的使用价值。例如，有些信息难以通过市场调查的形式获得；正确的调查方法未必能获得真实的调查信息；市场发展的动态前进，以及市场信息瞬息万变，导致调查获得的信息资料可能滞后于市场发展速度。

2. 因主观、客观因素变化，可能导致调查报告存在一定程度的误差。如调查实施者、报告撰写者和调查分析方法的差异性和局限性等因素，可能降低调查报告的参考价值。

由此可知，企业应该对市场调查及其报告有非常清醒的认知，既要重视和积极有效地开展市场调查，尽可能掌握市场第一手信息资料，避免企业市场信息来源于市场调查方式和渠道的雷同性，导致获取信息的同一性、经营策略和营销模式的相似性及市场调查报告撰写者对调查信息的处理方法和自身的局限性等问题，又要客观理性地对待市场调查结果，正确研判，重在参考。

## 四、市场调查报告的特征

### （一）真实性

市场调查报告作为企业决策参考的重要依据决定了其必须提供真实可靠的材料，用事实说明问题。市场调查报告要对材料的真实性、确定性展开分析，并上升到理论的层次，找出其中有规律性的东西，总结出结论。要确保收集整理材料的真实性和市场调查报告的可用性。首先，要求调查人员在调查过程中坚持客观真实的原则，采取严谨务实的态度，客观反映事物本来面目，避免弄虚作假，这样才能写出真实可靠、对工作具有指导意义的市场调查报告。其次，市场调查报告应建立在通过采集和掌握大量现实和历史资料的基础上进行分析研究，提炼总结。最后，市场调查报告应主要运用叙述性语言，以写实的方式，实事求是地反映被调查事物。

### （二）针对性

市场调查报告应目的明确，内容集中。一般而言，市场调查报告是调查主体为解决现实问题或周密企业决策行为等带有明确的调查目的或调查意图，对特定的调查客体进行相关调查研究而撰写的调查报告。因此，调查报告具有很强的针对性。由于调查主体的行为具体明确，调查内容集中明了，反映的问题才具体、深刻。调查报告的针对性越强，其作用和价值就越大。

### （三）逻辑性

市场调查报告应观点鲜明，立论有据。论据和观点要有严密的逻辑关系，条理清晰。调查报告离不开确凿的事实，但又不是材料的机械堆砌，而是对核实无误的数据和事实进行严密的逻辑论证，探明事物发展变化的原因，预测事物发展变化的趋势，提示其内在的本质性和规律性，得出科学的结论。论据不应局限于列举事例、讲故事。逻辑关系则是指论据和观点之间内在的必然联系。如果没有逻辑关系，无论多少事例也很难证明观点的正确性。

### （四）时效性

市场调查报告内容须与时俱进。市场调查报告的目的是服务于实际工作，而市场信息瞬息万变，这就意味着它必须讲求时效性。不同的时间在经济上呈现出来的现象，以及最终表现出来的结果几乎是完全不同的。对于企业来说，如果错过了这个时间可能整个市场的情况几乎就改变了。

市场调查报告的时效性表现在，只有当调查实施者真正把握住关键时间点的市场信息，对市场调查成果的使用才有足够的意义和作用。时间在不断变化着，整个市场上消费者的消费喜好和消费倾向都在随时间推移不断发生变化，因此，调查实施者在进行市场调查时要对此给予足够的重视。如果对此不予关注，调查过程进展缓慢，或者拖延时间，很大程度上就会延误企业决策时机或者误导企业决策的制定和执行，必然会导致一些问题。从这个意义上来说，时效性其实是对于真实性的一个支撑，在过去某段时间是这样的，但是在将来就不一定了，所以有时效性才有真实性，在整个调查的过程中应该严格把握好。

---

**知识链接**

**2016 年中国一、二线城市（如北京、上海等城市）房地产政策**

上半年在接连政策宽松刺激之下，各类需求集中释放推动市场整体高位运行，代表城市商品住宅月均成交创历史同期最高水平，同时品牌房企业绩大增，普遍对热点城市土地市场投资态度积极，造成地价短期急剧攀升。下半年中央层面房地产政策趋稳，地方强化因城施策，热点城市逐渐收紧将是楼市政策主基调。整体市场的量价增速将回调，房企将更多地关注货币政策温和渐进式收缩。这里，不同时间段因房地产市场情况变化而变化着的政策具有典型的时效性，不能机械地根据2016年上半年房地产政策下的市场供求关系、价格趋势等情况来制定下半年的企业房产营销策略。

---

### （五）典型性

市场调查报告呈现的事实材料须有代表性，这种代表性的特点在经济活动市场调查报告中尤为突出。调查报告的材料必须是典型的，在调查中应当对调查对象进行科学筛选，找出最具有代表性的事物作为调查对象，以便从中探索事物的发展规律，寻求解决矛盾的办法，以点带面，给全局的工作提供借鉴。

## （六）保密性

市场调查报告的保密性体现在两个方面：第一是为客户保密。许多市场调查通常情况下由客户委托市场调查公司进行。因此市场调查公司及从事市场调查的人员必须对调查获得的信息保密，不能将信息泄露给第三者。在激烈的市场竞争中，信息是非常重要的，不管是有意或是无意，也不管信息泄露给谁，只要将信息泄露出去就有可能损害客户的利益，反之也会损害市场调查公司的信誉。所以市场调查人员必须特别谨慎，严格职业操守。第二是为被调查者提供的信息保密。不管被调查者提供什么样的信息，也不管被调查者提供信息的重要性程度如何，如果被调查者发现自己提供的信息被暴露出来，一方面可能给他们带来某种程度的伤害，另一方面也会使他们失去对市场调查的信任。被调查者愿意接受调查是调查业存在的前提，如果市场调查不能得到被调查者的信任和配合，那么整个市场调查业的前景也是不堪设想的。

## 五、市场调查报告的分类

市场范围极其广泛，每一项调查均是围绕特定的目标展开的，这就决定了市场调查内容必然十分丰富，根据不同的调查内容所取得的成果而最终呈现的调查报告也必然具有不同的类型。这里仅根据市场调查报告的范围、功能、内容和报告呈现形式进行划分。

### （一）根据范围划分

**1. 专题调查报告**　这类报告主要侧重某个问题进行深入调查后所形成的报告，调查的内容常常在标题上反映出来。它可及时揭露现实生活中的矛盾，反映群众的要求和意见，研究迫切需要解决的问题，并根据归纳的结果提出处理意见、对策及解决问题的措施，是针对专一事件与问题撰写的调查报告。

**2. 综合调查报告**　这类报告是围绕一个中心问题，进行多方面普遍调查，并对取得的材料进行分析研究，综合整理，进而写出的某一部门或某一方面的重大事项在某一时期内总体情况的调查报告，具有全面、系统、深入和篇幅较长的特点。

### （二）根据功能划分

**1. 情况类调查报告**　情况类调查报告是以比较全面系统地反映某一单位、地区或行业范围内的经济、社会等事业发展的基本情况和运行态势为主的一种调查报告。这种调查报告主要是为了弄清情况，供决策者参考使用和社会公众参阅，以期引起重视。其具有很强的针对性，是在深入、系统地研究社会基本情况的基础上写成的。它涉及的领域比较广泛，如政治、经济、文化、生活、工业、农业、科技、教育等。也可以就其中某一个领域的某一方面开展调查，如市民消费观、新时期的人生观、小学中学大学的教育、下岗再就业、毕业就业、出国留学等问题的调查研究。

**2. 典型经验类调查报告**　典型经验类调查报告一般都是针对某一特定对象的先进事迹、先进做法进行有目的、有系统地调查研究后写出来的反映和总结典型经验的调查报告。报告通过分析典型事例、典型经验，并从中总结出新经验，起到总结宣传典型经验，从而指导和推动某方面工作的作用，用于介绍和推广实际工作中出现的具有普遍意义的新鲜经验。典型经验调查的对象可以是先进人物，可以是取得显著成绩的单位，也可以是新涌现的新生事物。他们在发展过程中之所以取得成就，必定有其内在的规律。寻找出这种必然性和规律，能提高人们对他们的认识，起到推广、发展和借鉴的作用。

**3. 问题类调查报告**　这类调查报告多以当前工作和社会生活中发生的有代表性的突出问题、不良现象和社会弊端为目标，进行专项调查，分析问题的原因和性质，澄清事实真相，明

NOTE

确造成的危害和后果，并提出解决问题的途径和建议，为问题的最后处理提供依据，也为其他有关方面提供参考和借鉴的一种调查报告。其目的是引起有关部门和广大人民群众的重视，从而采取措施，解决问题，分析问题的实质，对一些危害国家和人民利益的人和事及社会上的不正之风、不良现象给予曝光，帮助人们提高认识，吸取教训，引以为戒，自觉抵制同类现象的发生。

**4. 研究类调查报告**　研究类调查报告是围绕某个专项，在一定行业、区域等范围内，运用科学的调查研究方法收集信息资料并开展客观分析取得的成果而形成的报告。

### （三）　根据内容划分

**1. 消费者调查报告**　消费者调查报告是以特定的消费者行为、需求、习惯等展开调查形成的报告。

**2. 产品调查报告**　产品调查报告是以企业特定产品生产、销售、供需等展开调查形成的报告。

**3. 行业调查报告**　行业调查报告是以特定行业现状展开调查形成的报告。

**4. 品牌调查报告**　品牌调查报告是以产品品牌策划和营销中的特定内容展开调查形成的报告。

**5. 渠道调查报告**　渠道调查报告是以营销渠道为特定内容展开调查形成的报告。

**6. 满意度调查报告**　满意度调查报告是以顾客对企业产品、服务为特定内容展开调查形成的报告。

**7. 广告调查报告**　广告调查报告是围绕特定对象的广告策略展开市场调查形成的报告。

### （四）　根据呈现形式划分

**1. 书面调查报告**　书面调查报告是系统完整的报告，包括方案策划、组织培训、资料收集、汇总整理、结果报告等市场调查全过程的所有信息和结论，是以文字、图片、数据等书面形式呈现的报告。

**2. 口头调查报告**　口头调查报告是由项目主持者在需要时，将市场调查结果向管理层或委托单位所做的口头简报，是报告人以口头陈述与听众进行面对面沟通交流的报告形式。

# 第二节　市场调查书面报告

## 一、市场调查书面报告的结构

市场调查报告通常有相对固定的结构，一般由标题、目录、摘要、前言、主体、结尾、附录几部分组成。

### （一）　标题

市场调查报告的标题分为两种：一种是公文式标题，一般由"事由（调查对象调查内容）文种"构成，如《关于大学生消费心理健康状况的调查》。另一种是文章式标题，也可划分为单行标题和双行标题（即正副标题）。单行标题直接揭示文章主题，如《江苏省医药市场调研报告》。双行标题（正副标题）一般正标题揭示调查的主题或结论，副标题点明调查对象。如《一个开放型经济技术开发区——浦东新区经济发展调查》。

市场调查报告标题的特点有表明观点的，例如《儿科感冒用药市场前景广阔》；也有不点明观点，仅写市场调查范围，或者是指出调查对象的，如《奇瑞汽车出口市场调查》。

标题下方一般依次是报告呈送的对象、报告撰写人姓名及所在单位（若与报告呈送对象为同一单位可以省略）、报告日期。

＿＿＿＿市场调查公司

Add：中国上海＿＿大厦＿＿楼　　　　Tel：（86）021-＿＿＿＿

Post：＿＿＿＿　　　　Fax：（86）021-＿＿＿＿

＿＿＿＿市场调查报告

项目经理：＿＿＿＿

＿＿年＿＿月＿＿日

**图 11-1　调查报告标题页示意图**

## （二）目录

调查报告视篇幅大小，一般应有目录，以方便使用者检索。目录应包含报告所有章节标题和起始页码。应引起注意的是，报告中的表格和统计图均应列在目录中。

目　录

一、摘要 …… 1
二、前言（调查情况） …… 1
　1. 研究背景及目的 …… 1
　2. 研究内容 …… 2
三、研究方法 …… 3
四、××调查结果 …… 3
　1. ××的知名度 …… 3
　2. ×××× …… 4
　3. ×××× …… 5
　4. ×××× …… 7
　5. ×××× …… 8
　6. ×××× …… 9
　7. ××××× …… 12
五、××调查结果 …… 13
　1. ×× …… 13
　2. ××× …… 14
　3. ×× …… 14
　4. ×××× …… 16
　5. ××××× …… 18
六、结论及建议 …… 18
　附录一：×××问卷 …… 22
　附录二：××××数据 …… 25
　附录三：×××问卷 …… 28
　附录四：××统计数据 …… 36
　附录五：××统计图

**图 11-2　目录内容示意图**

## （三）摘要

摘要，顾名思义就是要简明扼要、重点突出地反映整个调查报告的核心内容，主要写明何时、何地、如何实施、有何结果和建议。摘要应在正式报告形成后撰写，力求篇幅简短。

---

知识链接

目的：探讨在布鲁杆菌病（布病）感染患者中应用盐酸多西环素治疗的效果及过敏反应的发生率。方法：回顾性分析2014年1月1日~2015年7月31日洛阳市确诊的1168例布病患者的临床资料，观察患者应用盐酸多西环素的治疗效果和不良反应发生情况。结果：2014年以来，洛阳市共报告盐酸多西环素过敏20例，平均发病率为1.71%。其中2014年报告6例，发病率为0.91%，2015年报告14例，发病率为2.81%，两年的发病率比较差异有统计学意义（$P<0.05$）；不同年龄患者发病率比较差异有统计学意义，以30岁以下组发病为多（$P<0.05$）；患者过敏反应症状和体征以全身皮疹瘙痒为主。结论：应用盐酸多西环素治疗布病感染患者，过敏反应多样化，应不断总结经验，防控盐酸多西环素治疗导致的过敏。

（资料来源：杨晓华等人在《中外医学研究》发表的
《盐酸多西环素治疗布鲁氏菌病过敏反应调查报告》）

---

## （四）前言

前言也称引言或导语，主要起陈述情况和领起全文的作用。

**1. 前言的基本内容**　调查自身的情况，如介绍调查的时间、范围、对象及方法等；调查对象的概况，如调查对象的现状、效果、问题等情况；调查目的和研究成果；调查报告的内容及观点。这些内容不一定全写，要视具体情况而定。长篇市场调查报告都应有前言，一般包含下列三个内容，或兼而有之，或单写一项。

（1）简要介绍所调查对象的情况　简要介绍所调查对象的情况分以下两种类型。

①介绍性能、用途。

例如：一篇关于MP5播放器的调研报告

MP5播放器就是采用软硬协同多媒体处理技术，能够用相对较低的功耗、技术难度、费用，使产品具有很高的协同性和扩展性，还第一个将ARM11平台应用于手持多媒体终端，其主频最高可达1GHz，能够播放更多的视频格式，如avi、asf、dat等，以及最丰富网络资源的rm、rmvb。这就给消费者及行业的发展带来了实在的好处，也使得行业发展的瓶颈得到了解决。

②介绍该调查对象（在我国）的兴起、发展情况。

例如：宝洁公司在广州成立了中国的第一家合资企业——广州宝洁有限公司，从此宝洁公司就以迅猛的发展优势占据中国日用品市场，其步伐之快让中国一些老牌日用品公司措手不及，被迫淡出市场。目前能对宝洁公司造成一定威胁的日用品公司不超过三家，一是联合利华，二是强生，这两家公司的产品能在市场上争夺宝洁产品的市场份额，其他日用品公司能对其造成的影响几乎可以忽略。

（2）简明叙述所调查区域情况　表述所调查区域经济情况将更加有利于对调查目的、调查内容和结论的理解，客观上起到进一步周密调查报告内容的作用。

例如，一篇调查黑龙江海伦市大豆复兴计划的调查报告如此描述："黑龙江海伦市地处第四积温带的镰刀湾地区，适合大豆生长，是我国今年粮食种植结构调整的重要地区，今年海伦积极响应国家的大豆扶持计划，并制定相应的海伦大豆复兴计划……"

（3）**准确交代调查的目的、方法及组织等情况** 详细介绍调查目的、方法及组织等情况是调查报告的必要环节。一份调查报告只有目的清楚，调查组织有效，调查方法得当，对调查获取的信息分析科学具体，逻辑清晰，结论才有可信度，报告才有应用价值。

"根据当前人们对感冒药的了解和使用情况，初步分析当前药品市场上流通的感冒药各种方面的不如人意，探讨新感冒药的开发前景，意义非常重大。通过深入调查分析，判断感冒药所在的细分市场，对感冒药总体市场的需求总量和市场容量做出判断；明确目标市场，对目标市场的用户、用途、产品特征、价位、用户需求及偏好进行分析调查。调查由本市某大学承担，调查时间是2016年7~8月，调查方式为问卷式访问调查，本次调查选取的样本总数是2000户。各项调查工作结束后，该大学将调查内容予以总结……"

**2. 前言撰写的原则** 开门见山、简明扼要、紧扣中心、吸引读者。经常采用的写作方法有以下几种：概述式，概述调查对象基本情况、全文主要内容及调查报告的基本观点。简介式，简要交代调查经过，如调查的时间、地点、对象、过程、内容、结论、方式等。议论式，直接用议论的方式点明调查问题的重要性，揭示问题的本质、规律，表明作者的观点、态度。提问式，采用设问的方式提出调查报告的主题，引起读者的关注。前言的写法相对灵活，以上几种方式可以单独运用，也可以多种方式融合运用。按照常规的写法可根据实际情况，拓展新法。

例如，《杭州大厦购物中心定位调查报告》的前言："杭州大厦购物中心是杭城著名的大型零售商场之一。几年来在市场激烈竞争中，由于重视调查研究，搞好市场定位，掌握商战主动权取得了明显成果。杭州大厦购物中心重新装修后，即以中高档定位作为目标市场。为了验证购物中心市场定位是否准确，揭示经营效果与市场定位的相关性，我们开展了商场客源的调查，并通过对顾客的基本情况及其购物动机的统计分析，对上述问题归纳一个客观的结论性的判断。"

### （五）主体

主体是调查报告的核心内容，是充分揭示调查研究成果的重要部分，最终决定调查报告的质量和价值，调查经过的描述和分析主要在主体部分实现。

**1. 主体基本内容**

（1）**客观叙述调查获得的事实情况** 该部分要清晰描述调查对象的具体情况，如整个事件产生的前因后果、发展经过、具体措施等。

（2）**科学分析调查的事实** 分析要依据事实，分析原因，追根求源，揭示本质。

（3）**真实表明观点和结论** 撰写者的观点和调查报告的结论应该建立在实事求是、客观、公正、全面、准确、恰当的基础之上。

**2. 主体结构**

（1）**纵式结构** 即按时间先后顺序写出事情产生、发展、高潮和结局的演进过程，在此基础上总结出经验做法及客观规律。或根据事实的逻辑关系，按提出问题（摆情况）-分析问

NOTE

题（找原因）－解决问题（下结论）的顺序安排层次。

（2）横式结构　将调查的内容分为相对独立或并列的几个部分，分别从不同视角、不同侧面说明核心问题，能突出中心，使论述较为全面、系统。

（3）对比式结构　将不同事物加以对比，如大小、正反、今昔、成败等，在对比中更深入地认知事物。

（4）综合式结构　即将纵式结构、横式结构、对比式结构等结合在一起。有的以纵式结构为主，兼用横式或对比式结构；有的以横式结构为主，兼用纵式或对比式结构。按照调查的内容，可并列成几个部分来写。通常的形式，是按照事物的逻辑顺序，把调查的基本内容分成互相联系的几个问题来写。按逻辑顺序写能给人以真实、亲切的感觉，看起来很自然。

例如，《中国药店市场调查报告》的主体部分是这样布局的："第三章药店市场需求调查、第四章药店市场供给调查、第五章药店产品价格调查、第六章药店产品进出口调查分析、第七章药店市场竞争调查、第八章药店市场渠道调查、第九章药店产品用户调查、第十章药店品牌调查、第十一章药店重点细分区域调查、第十二章药店产品重点企业调查、第十三章 国内主要药店企业盈利能力比较分析、第十四章国内主要药店企业成长性比较分析、第十五章国内主要药店企业偿债能力比较分析 、第十六章国内主要药店企业营运能力比较分析、第十七章药店产品市场风险调查。"每一章节都做了具体陈述分析，逻辑层次清晰，内容丰富饱满。

### （六）结尾

市场调查报告的结尾是结论性陈述，需根据调查情况而定。依据调查报告所属的不同类型，区别对待。有的结尾总结全文、突出主题；有的结尾提出疑问、启发思考；有的结尾瞻望前景、鼓舞士气。结尾要求写得简短有力，意味深长。从收集的众多资料可以得出，对于经验性的调查报告，很少仅写一段结束语，大多都是用主体中最后一部分作为市场调查报告全文的收尾部分。

以抗感冒药品市场调查报告结尾为例：

第一，抗感冒药物占零售市场的份额仅次于保健类药品，这其中包括一定的季节因素。另外，消费者用药趋向于名牌产品，排名靠前的四个品牌，无论销量还是销售额都占据了相当大的市场份额。前两年销量不错的某品牌感冒药品，尽管在消费者心中仍有着很高的知名度，但却跌出了前十名以外，这与其广告投放量缩小有一定关系。第二，抗感冒药物的消费特点接近于日用消费品，但它又终归是一种药品，不同于一般的日用品消费。感冒药品消费属谨慎的消费行为、适量消费，需求弹性较小。和普通日用品一样，在产品认知方面受广告（特别是电视广告）影响大，但在购买决策上，医生建议、营业人员推荐甚至店堂陈列对消费者影响很大。因为在药品消费上，消费者是典型的非专业性购买，自主性较弱，只能因广告或医生建议和其他外部因素被动地接受。尽管感冒是多发病、常见病，但人们对其基本知识仍不是很了解，这种情形也导致药品生产者和销售者在价格制定上有很大的主动性。第三，价格水平偏高，应有进一步下降空间，感冒作为一种常见性、多发性的疾病，使得抗感冒药物成为常备药品，目前的价格仍然偏高。对生产厂家来说，利润比较高，但随着竞争进一步加剧，品牌进一步集中，价格应有下降空间。对于市场挑战者来说，除了提高产品质量、加强广告宣传和其他措施外，使用恰当的价格定位策略也是一个争取市场份额的好方法。第四，需要重视通路促销。好的广告创意、精美的广告制作、高播放频率是提高品牌知名度的有效方法，但通路促销在促使消费者购买方面起的作用更大。广告仅仅使消费者知道产品，出色的广告甚至可以引起消费者的购买兴趣，但是店员推荐、卖场陈列在促使消费者做出最终购买决策上显然更有影响力。企业如果想仅仅凭借大量的广告投入便获得大量的市场份额，将会变得越来越困难。OTC 市场的竞争，不仅仅是产品与广告的竞争，谁对消费者研究得透，谁更注重消费者，谁就能取得竞争优势。第五，传统中成药应能够有所作为。在销售额、销售量排序前十位的十几种药品中，清一色的全是西药。其实，我国的传统中药在治疗感冒方面还是有独特疗效的，并且副作用较小。我们认为，在感冒的前期预防上，传统的中成药有着广阔的前景。但是，对于治疗感冒急症的患者来说，西药仍然有着不可替代的作用。总之，抗感冒药物不仅仅是一种药品，更是一种商品，特别是在药品分类管理以后，OTC 市场的竞争也越来越接近于普通商品的竞争，谁越了解顾客，越接近顾客，谁就能赢得顾客的信任，就能赢得市场。

### （七）　附录

附录是将本调查报告所使用的参考资料、调查对象详细情况、调查记录、统计图表等报告所涉及的主要资料的名称和调查问卷样稿按照报告使用顺序依次编号列出。

## 二、市场调查书面报告的写作步骤

**1. 确立市场调查项目机构人员和调查内容**　针对目标，及时成立由相关专业和专家组成的市场调查组织机构，围绕目标研究确定市场调查内容。

**2. 拟定写作计划，确定报告提纲**　确定市场调查相关准备阶段及工作内容，据此拟定市场调查步骤和报告撰写提纲。

**3. 开展市场调查，获取第一手资料**　针对目标，根据市场调查提纲，访问政府有关主管部门、相关行业协会、公司营销人员和技术人员等与目标有关的机构和人员及其相关信息，实地调查各有关生产商、运营商、经销商与终端消费客户，开展问卷调查等。

**4. 充分利用互联网等各类平台核实各类信息源**　查阅有关报纸、杂志、期刊、国内年行业协会出版物、各类会议资料、国内外政府出版物（如统计数据、年鉴、计划、总结等）、专业数据库、企业内部刊物及宣传资料等相关资料信息。

**5. 进行数据分析建模，完善调查报告提纲**　回收调查数据，进行相关实验，并运用统计分析方法进行归纳整理、科学分析、评估和预测，建立相关数据模型，在此过程中逐步完善调查报告提纲。撰写市场调查报告要有相对严谨的逻辑思维，写作前必须明确为什么写、写什么、怎么写，有一个清楚的整体构思，也就是撰写提纲。撰写提纲如同盖楼房要先绘出图纸一样，不至于出现跑题或失调现象。如果没有提纲，想到什么就写什么，很容易出现下笔千言、离题万里、层次不清、结构混乱、详略失当等毛病。提纲有两种写作类型：一种是简略式，即用简单的条文式把各层次的内容概括出来；一种是详列式，即用完整的语言具体明确地把各层次的内容概括起来。无论采用何种形式，都应围绕主题，有纲有目，层次清晰，高度概括，简洁醒目。调查报告如果是多人合作，提纲则可使各位撰写者了解自己所写部分在报告中的地位和要求，从而保证系统一致并互相衔接，避免重复和脱节。

**6. 起草报告并围绕调查目的，反复修改成文**　根据调查报告提纲，紧扣调查目的，按照先主后辅的顺序，起草书面调查报告，反复修改，最终定稿。

### 三、市场调查书面报告的写作要求

#### （一）精确用词，灵活表达

调查报告的真实性决定了其用词须准确恰当，同时又要注意使用具有弹性力度的语言。如介绍调查对象的基本情况、调查的经过、调查的典型事实等，同时也要辅以议论，来分析和评价事实材料、阐明作者的观点、揭示事物的本质特征。既不能过多罗列现象，只叙不议；也不能议论过多，喧宾夺主。市场调查报告用词和构思上需要认真把握，要做到用词精确、质朴、言简意赅，构思真实、准确、新颖，逻辑清晰。调查不能走马观花，要"一沉到底"直接和广大群众见面，把真实的情况录下来，掌握第一手资料。撰写调查报告时，要说真话，写实事，这是写好调查报告的前提。切忌故弄玄虚，也不可随心所欲，使用一些"大约""大概""大致""大多"之类的词眼。要理顺事物内部与外部的联系、作用、趋势，寻找内部的规律性，从中得出道理，引出启示，求出解决问题的方法。文风要朴实，实实在在，文如其人，言为心声。调查报告不同于文学作品、议论文等文体，以简洁、准确和通俗为原则，但在保证其准确性的前提下，恰当地运用格言、俗语、警句、佳言等，效果则会更好。不要文过饰非，弄虚作假，或堆砌华丽辞藻装点门面。做调查研究是为了解决问题，因此提出的方法要切实可行，具有可操作性，切不可夸夸其谈，毫无实际价值。准则即标准，要把握判别是非的标准。

例如，关于某地房地产市场调研报告中，关于加强房地产价格监测工作的语言就很简洁明："建立起科学有效的房价监测和预警体系，加强对房地产市场的调控，维护房地产市场价格秩序，促进房地产业持续健康发展。重点监测土地出让价格，新建商品房、存量房的交易价格；当前特别要重视加强对住宅类商品房价格的监测工作。加强房价的季度、年度分析预测工作，将出让土地面积、房地产开发投资额，新建商品房的开工面积、竣工面积、销售面积、空置房面积及空置率，市场平均价格及变动情况和原因等列入分析内容。一旦发现价格异常波动，及时提出预警建议。"

#### （二）明确观点，坚定立场

市场调查报告应有鲜明的观点和正确的立场，既不能误导群众，也不能误导领导，导致错误的决策，产生不良后果。首先，准确选题，力求鲜明，一篇报告只能围绕一个主题。其次，深入分析，由表及里，由浅入深，逻辑严密。经过深思熟虑，透过现象看本质，使调查报告中要说明的道理意旨深邃，具有较强的指导意义。第三，明确中心，提炼主题。主题是一篇调查报告的灵魂和统帅，体现调查报告的价值。第四，主要观点要带有创造性、超前性和方向性。当然，绝不能刻意追求标新立异。

#### （三）客观分析，方法科学

市场调查报告只有经过周密分析、客观行文，其主题与材料高度统一，材料才会充分显示其意义，主题才会有坚实的基础，结论才会有强大的说服力，整个调查报告才会显得血肉丰满，周密完善。市场调查报告的目的就是揭示事物的本质规律。调查研究是一个整体，把调查得出的东西加以分析综合，归纳总结上升到理论，这就是研究。要在正确思想的指导下，用科学的理论方法，对材料分门别类进行系统分析研究，切忌调查时走马观花、浅尝辄止。在调查研究中，为了防止以偏概全，必须获取大量的材料，正面与反面的、局部与整体的、历史与现实的、主观与客观的、领导与群众的等，经过"去粗取精，去伪存真，由此及彼，由表及里"

NOTE

的过程，分清现象与本质、优点与不足、主要矛盾与次要矛盾，找出规律性的东西，形成调查报告的观点。精心鉴别，严选材料，在调查报告中事实是说话的基础。然而，它又是由具体材料构成的，尤其是大规模的社会调查中所获得的材料更是丰富而复杂，因此使用这些材料时需要进行核实、鉴别、分析和判断。如果材料不完整、不典型，就需要补充，不要草率地使用；如果材料陈旧，琐屑而无意义，则不要勉强使用。剔除、补充、核实是为了完整地使用典型材料、综合材料、对比材料和统计材料，能更好更充分地正确说明观点，表现主题，使调查报告具有说服力。

### （四）　实事求是，言之有物

一篇成功的调查报告必须占有大量的、确凿的材料，但不等于材料越多越好，而要去粗取精、好中选优。在谋篇布局、结构成章时，不能把所有的材料都堆砌进来，而要把最能反映本质、最有说服力和最生动的材料写到报告里，就如从矿石中提炼纯金一样。经过精选的材料在报告里常常会起到画龙点睛、举一反三的效果。无论是对现行政策执行情况进行调查研究、总结经验或揭露问题，还是为制定新的政策、计划提供情况和依据，都必须以确凿的事实为基础，只有这样，报告才具有说服力。调查报告主要靠事实反映客观情况，说明问题实质。调查报告的观点必须从调查材料中直接概括出来，不能先入为主，主观想象，先行假设，然后求证。如果作者的观点、结论不是建立在事实的基础上，即使观点正确，也很难有说服力。要用材料说明观点，做到观点与材料统一，要注意三方面：一是选用具有代表性的材料来说明观点；二是用准确的统计数字来说明观点；三是通过不同事物的对比或相同事物不同方面的对比来突出观点。在写法上，要具体，不要空洞；要有点有面，不要笼统浮泛，以偏概全。

例如，一篇关于市场医疗器械改革的调查报告，议论多于事实。作者在这篇调查报告中以2/3的篇幅论证了改革的必要性、可能性与艰巨性，却没有举出改革前医疗器械市场有哪些弊端，市场和医院、群众有哪些欢迎改革的表现，在改革中遇到了哪些思想阻力和实际困难，改革后出现了什么新气象、取得了哪些社会效果。因此，该调查报告不能使读者体会到改革的威力。

### （五）　行文客观，实施周密

这是写好调查报告的关键。行文时要注意运用简洁的语言进行表达，并用实例来解释说明。叙述调查事实时，力求客观，避免带有个人主观或感情色彩浓厚的语句。叙述时一般采用第三人称或非人称代词，如"作者发现……""笔者认为……""这些数据表明……"等。这些都是调查报告客观性的体现。

此外，调查报告的客观性还需要调查实施的周密性支撑。要从现实需要出发，选好调查题目，明确目的，确定调查对象，拟出调查提纲，制定必要的调查表格。调查提纲和表格应包括调查的课题、调查的对象、调查的重点和项目等内容。要运用各种调查方法，如开调查会、个别访问、实地考察、调查问卷、查阅档案资料等。这些方法和措施既是调查周密性的体现，更是调查客观性的必然要求，决不能借题发挥或把臆想的东西纳入报告之中。

# 第三节　市场调查口头报告

市场调查报告口头报告是市场调查报告的又一种呈现形式。实践证明，由于市场调查报告的使用者主要是企业的决策管理人员，他们工作繁忙，难以有充足的时间阅读书面报告，一般都采取面对面口头汇报的形式进行，往往能收到意想不到的良好效果，因此口头报告的价值愈来愈为人们所重视。它不仅起到了对书面报告的有力补充和支持作用，同时还具有书面报告所没有的功能。例如：允许听众提问，并可逐条回答，进行面对面沟通交流；市场调查者可以着重强调报告中最重要的内容，而人们在阅读时可能对此并未引起足够注意。由于已经有了市场调查书面报告，且需要介绍的内容涉及面较广，又要回答可能出现的提问，所以报告的口头汇报对市场调查者提出了很高的要求。因此只有明确口头汇报的目标，认真谋划，充分准备，重点突出，详略得当，才能取得较好的报告效果。

## 一、市场调查口头报告的特征

与书面报告相比，口头报告具有以下特点。

1. 口头报告能用较短的时间阐释所需调查的问题。

2. 口头报告一般利用图片、数据，借助多媒体等形式，生动、形象，具有感染力，容易给对方留下深刻印象。

3. 口头报告能与听者直接交流，有利于增强双方的互动沟通，能够充分清晰地表达报告的主要意图和目的。

4. 口头报告具有一定的灵活性，可根据具体情况对报告内容、时间做出恰当的调整。

## 二、市场调查口头报告的作用

市场调查口头报告是向调查需求者有侧重点、有针对性地陈述，以加深需求方对书面报告的理解，回答需求方提出的质疑，补充需求方需要了解的内容，从而扩大市场调查活动的效度和市场调查结果的应用深度。对企业的某些决策者来说，口头报告是了解调查结果的唯一途径。

## 三、市场调查口头报告的关键要素

口头报告相比书面报告有其自身无可取代的优势，但能否充分发挥其作用，取决于许多因素，主要可归纳为"充分的准备、行之有效的模拟练习、饱满生动的适时演讲"。

### （一）充分的准备

**1. 认真准备好详尽的口头报告提纲**　口头报告提纲是汇报的逻辑灵魂所在，需要给予足够的重视。首先，采用口头报告方式需要有一份精心设计的提纲，包括报告的基本结构、内容、顺序、层次，报告内容和风格需要结合听者的要求、偏好、态度和特点，以及教育背景、专业技术水平等因素。其次，要事先准备听者可能提出的问题和可能出现的状况，做到胸有成竹，才能自如应对。

**2. 字斟句酌，生动新颖**　口头报告提纲需要运用凝练精辟的语言归纳整理所要汇报的内容，做到思路清晰，观点精炼，语言流畅，逻辑性强，遣词用语朴实准确，关键语句要字斟句酌。报告中涉及评价性表述的，需要把握好分寸，掌握好尺度。列举数字要准确无误，尽量规避如大概、估计、可能之类的词语。听者通过口头报告需要获取高质量有参考价值的信息，因此，需要汇报内容角度新颖，观点独特，有一定的高度和深度，要善于在纷杂的事物中抓住最重要的观点、意见、建议，既突出重点，给听者以启发，又让人耳目一新。

**3. 善借图表，形式灵活**　语言的信息量终究有限，在做口头汇报中要善于采用图表和数据来辅助和支持口头报告。图片、表格、数据是口头调查报告的主要内容，容易让听者的脑海中形成一幅完整清晰的画面，易于信息的接收和理解。需要注意的要点：要使制作的图表显得尤为重要和权威性，需要保证图表清晰易懂，对图表进行有目的的筛选，只留最重要的图表，可用不同的颜色使图表更加鲜明突出，一般以三种以内的颜色搭配为宜；图表可通过 Power Point 等软件形式，借助黑板、幻灯、录像和计算机等可视物加以呈现，选择何种可视物可根据听者的实际情况和设施而定，原则要保证使室内的人都能看清；要保证数据的真实性和一致性。

### （二）行之有效的模拟练习

口头汇报前要模拟汇报场景，反复练习汇报内容，让整个汇报过程了然于胸，自然流畅。熟悉所要报告的内容是缓解紧张情绪的有效途径。汇报中最紧张的时刻常发生在报告开始时，为减少心理障碍，尤其要注意练习汇报的开头部分，良好的开头是成功的一半。模拟中要力求言语表达易听易懂，适当增加趣味性和幽默感，活跃氛围，增强汇报效果，要借助声音、眼神和手势等变化，帮助理解，加深印象。要反复练习，仔细推敲琢磨，

### （三）饱满生动的适时演讲

**1. 镇定自若，灵活多变**　汇报时，要结合听者的实际情况，运用诙谐幽默的语言，信心百倍地将市场报告主要信息和重点内容以口头形式向听众娓娓道来。汇报中尽量目视听者，不要低头看着讲稿或看着别处。与听者保持目光接触，有助于判断他们对汇报的喜欢或厌烦状况，对内容的理解程度，同时也传达着对听者的尊重。要注意听者的心理变化，适时调整语言及内容表达方式，调动其兴趣点，让听者对报告内容入心、入脑。

**2. 把握互动，机智应对**　口头报告中若遇到提问和疑问，要快速反应，敏捷思维，沉稳应对，这是考验汇报者临场应变发挥的能力，也是获得认可、赢得尊重的良好机会，应灵活把握。在汇报过程中除非涉及有关演讲的清晰性，否则最好不要回答问题，以免影响汇报者的演讲思路，也可能会使听者游离报告主题之外或造成时间不够等现象。在汇报开始前可告之报告后回答问题或进行个别交流。

**3. 切勿拖延，控制时间**　口头汇报要控制好时间和节奏，在有限的时间内讲完报告是最基本的要求，同时也为互动交流预留必要的时间。滔滔不绝的汇报不仅浪费时间，也影响报告的效果。口头汇报结束后，应主动请听者等相关关系人细致阅读书面报告，以增加听者对整个报告的认知深度和广度。

---

知识拓展

#### 中药配方颗粒市场调查报告

前言

中药配方颗粒概念源自国外，生产技术国人自主研发，已进入工业化大生产阶段。中药配方颗粒是将中药饮片经浸提、浓缩、干燥等工艺精制而成的单味中药产品。日本、韩国、中国台湾地区在 20 世纪 70 年代便开始研制颗粒剂，并以中药配

方颗粒产品成功赢得国际市场。我国经历了 20 余年自主研发，于 2001 年我国药监局正式命名中药配方颗粒，到 2010 年中药配方颗粒高层论坛公布，已完成 600 余味中药配方颗粒的生产规范，预计 2011 年市场规模达到 23 亿元。

国内中医药接受度逐步提高，中药材需求日益扩大，推动中医药服务高端化发展，配方颗粒有望受益。中医药"治未病"理念的不断提升，在主观上推动了中医逐步成为高端医疗市场的重要部分，中药配方颗粒凭借诸多优点将成为受益者。

国际中药地位提升，中药国际贸易我国尚处于幼稚期，中药配方颗粒有望成为国际贸易桥梁。日本有 210 个汉方药制剂处方均来源于中国，生产所用原料的 70% 来自中国，在国际中药制剂市场中却占有 80% 的份额，其复方颗粒远销欧美等国家，而我国 5% 的市场份额中以初级中药饮片形式的产品占比达 70%。我们认为，中药配方颗粒有望成为拓展国际中药贸易的桥梁。

我国中药配方颗粒处于"试生产"阶段，产品优势明显，市场不断扩容，未来 3 年市场规模将翻倍。国家药监局共批准了六家中药配方颗粒试生产企业，1200 种商品中药材中超过一半的品种已经实现单方颗粒工业化大生产，预计 2011 年实现营收 23 亿元，与 2006 年相比，年复合增长率达 58.77%，是医药产业最具活力的细分市场之一。目前配方颗粒销售规模小、市场潜力大、各生产企业均着手产能扩增，我们预计未来 3 年中药配方颗粒仍将保持 30% 以上增速，到 2014 年市场整体规模有望突破 50 亿元。

## 1　中药行业整体情况

### 1.1　国内市场欣欣向荣

#### 1.1.1　中药行业受政策支持，增长势头明显

中医药学理论体系是在春秋战国至东汉末年，随着《黄帝内经》《难经》《神农本草经》《伤寒杂病论》等典籍的相继问世，全面总结了古代医学、药物学知识的基础上确立的。其后，经历代医家的反复实践与检验，而得以充实提高。

中医凭借其积累深厚的经验优势，新中国成立后一直是重点发展与扶持对象，多位国家领导人对中医药持肯定态度，2003 年国务院颁布《中华人民共和国中医药条例》，成为中医药事业发展的里程碑，中医药行业发展正式进入快速成长通道；"十二五"规划中也对中医药发展提出了更高的要求，着力于人才建设与中药学术科研领域，加快中药现代化步伐，与国际接轨。

#### 1.1.2　中医认知度逐步提高，个性化治疗促进饮片快速增长

中药在国内具有强大的消费基础，中国患者对于中医认知度在不断提升，到中医院就诊的患者人数不断增长，其中还没有考虑到综合医院中医科就诊的患者人数，从增速上看，近三年中医院就诊患者增速保持在 9%～10% 水平，高于综合医院。

由于中医药个性化治疗的优越性，中药治疗逐渐成为高端人群乐于接受的医疗渠道。所谓个性化治疗更看重通过中药饮片组方并以特定方式进行煎熬处理的汤药，尽管组方成分相对固定，但是在有经验的中医师手上，将对患者进行综合评判，在药量上对组方进行调整，使之成为最适合患者的治疗方案。

中药饮片是指在中医药理论指导下，根据辨证论治和调剂、制剂的需要，对中

药材进行特殊加工炮制后的制成品，自 2006 年始随着中草药的紧缺、游资炒作，中药材价格节节攀升。2011 年全国中药饮片产业营业收入达 853.72 亿元，与 2006 年相比，复合增长率达到 35% 以上。

### 1.2 我国在国际市场处于幼稚期

#### 1.2.1 国际中药消费处于上升期

有报道称中草药在国际市场上越来越受到关注，其市场规模每年以 10% 的速度增长。据 WHO 统计，目前全世界约有 40 亿人使用植物药治疗。据 GIA 估算，到 2015 年，国际植物药市场规模将达到 931.5 亿美元。

美国是世界植物药市场第一大国，75% 的美国居民用过植物药或草药补品，植物药相比于化学药、生物药等，具有更少的毒副作用，逐渐被人们所接受。据美国草药咨询组织数据，2010 年美国药草保健品市场规模达到 52 亿美元。

欧洲是第二大消费地区，其中德国 1961 年在第一部药品法令中正式列入植物药。目前德国是欧盟国家中使用植物药最多的国家，约占欧洲草药市场的 70%。德国卫生部批准的可供使用的植物药有 300 种（大部分为颗粒剂），并有 3.5 万名医生使用过草药提供治疗。

#### 1.2.2 我国中医药国际市场份额有待提升

20 世纪 50 年代，我国将中药饮片炮制技术列入保密技术范畴并制定出相关政策法规，《中国禁止出口限制出口技术目录》明确规定，"中药饮片炮制技术"中的"毒理中药的炮制工艺和产地加工技术"及"常用大宗中药的炮制工艺和产地加工技术"禁止出口。《外商投资产业指导目录》中也指出"传统中药饮片炮制技术的应用及中成药秘方产品的生产"禁止外商投资。

尽管国外企业未能获得中药饮片炮制的保密技术，但通过购买我国的中药饮片进行二次加工，日本等国外企业成为拉动国际中药市场快速发展的主力军。以日本为例，自 1976 年开始，210 种汉方制剂逐步被纳入日本的国民健康保险体系，随之日本的药用植物栽培业、汉方制药产业得到了迅速的发展，虽然日本只有 210 个汉方药制剂，处方来源于中国，生产所用原料的 70% 来自中国，但在国际中药制剂市场中却占有 80% 的份额，其复方颗粒远销欧美等国家。而我国 5% 的市场份额中以初级中药饮片形式的产品占比达 70%。

单纯以初级产品进行国际贸易的道路已经在多个行业被证实走不通，我国中医药产业有待于大幅提升。我国政府也意识到这方面的问题，在"十二五"规划中着重对中药国际化短板问题进行剖析并加以要求，未来我国企业有望在国际市场上推出更多含有更高附加值的产品。

## 2 中药配方颗粒概况

### 2.1 发展历程

中药配方颗粒是采用现代科学技术，仿照传统中药汤剂煎煮的方式，将中药饮片经浸提、浓缩、干燥等工艺精制而成的单味中药产品。产品保持了中药饮片的性味与功效，质量稳定可靠，应用于中医临诊处方的调配，适应辨证施治、处方变化的需要，且有不需煎煮，服用方便、吸收快捷、剂量准确、安全清洁、携带便利等优点。

汤剂是我国应用最早、最广泛的一种剂型，金代李杲曾指出："汤者荡也，去大病用之。"汤剂是适应中医辨证论治、随症加减原则的剂型，具有吸收快、迅速发挥药效的特点，至今仍然是中医的主要用药方式。当随着时代的进步、生活节奏的加快，对中医药提出了新的要求，许多患者因不愿意煎中药而放弃了中医治疗，中医门诊量呈现下降趋势，进而影响了中医的发展。

日本、韩国、中国台湾地区在20世纪70年代便开始研制颗粒剂。在日本因掌握中医理论辨证论治汉方的医生不多，故大多生产使用复方颗粒剂，并以传统经典方命名组方；中国台湾地区则采用复方加减、单味浓缩中药等形式，市场上参与中药贸易流通的除中成药、饮片外，主要见到的是台湾各"浓缩中药厂"数百种复方、单味系列品种。

我国大陆浓缩颗粒起步较晚。20世纪50年代初期，广东丘晨波教授等发起过这一项工作，因各方面时机不成熟未能成功。直到"七五"期间，江西中医学院（现江西中医药大学）周异群教授等完成101味单味中药工艺小试，并组方进行共、分煎药理、化学、临床等方面研究，获得专家鉴定。20世纪80年代末，江苏江阴的中医药研究员在总结前人经验、教训的基础上，对国内外浓缩颗粒的工艺、设备、质量标准、生产管理、市场等方面展开了历时3年的调研，于1992年正式成立江阴天江药业有限公司，专门从事研究生产"中药配方颗粒"。从此，饮片改革的一项重要实践在江苏拉开了序幕。通过多年实践，2001年我国药监局正式命名中药配方颗粒，到2010年中药配方颗粒高层论坛公布，已完成600余味中药配方颗粒的生产规范。

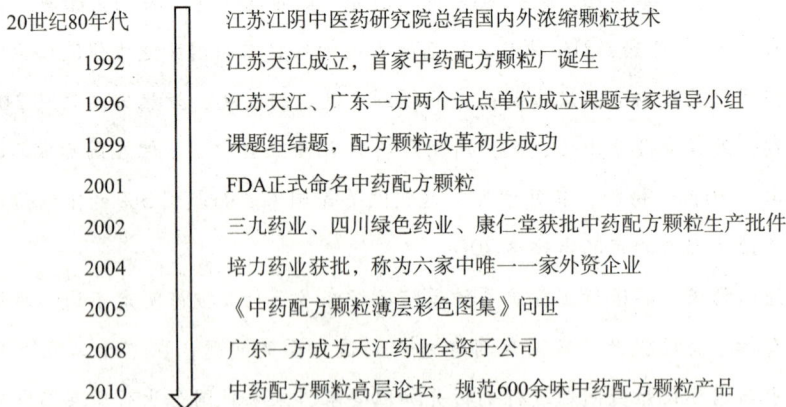

| 20世纪80年代 | 江苏江阴中医药研究院总结国内外浓缩颗粒技术 |
| 1992 | 江苏天江成立，首家中药配方颗粒厂诞生 |
| 1996 | 江苏天江、广东一方两个试点单位成立课题专家指导小组 |
| 1999 | 课题组结题，配方颗粒改革初步成功 |
| 2001 | FDA正式命名中药配方颗粒 |
| 2002 | 三九药业、四川绿色药业、康仁堂获批中药配方颗粒生产批件 |
| 2004 | 培力药业获批，称为六家中唯一一家外资企业 |
| 2005 | 《中药配方颗粒薄层彩色图集》问世 |
| 2008 | 广东一方成为天江药业全资子公司 |
| 2010 | 中药配方颗粒高层论坛，规范600余味中药配方颗粒产品 |

**图11-3　中药配方颗粒发展历程**

2.2　中药配方颗粒安全有效，优点突出

多项临床研究实验证实，中药配方颗粒与传统饮片在脑血管病、心血管病、消化道疾病、免疫力调节等多个领域应用效用相当；同时，根据李淑霞等人对中药配方颗粒的研究，配方颗粒优点突出，集中体现在保障疗效、易于服用等方面。

2.2.1　机械化大生产保障药物品质

中药配方颗粒代替中药饮片用于临床，从而根本改变了几千年来中药饮片以根、茎、叶、花、果实等直接入药煎煮的方法，同时患者即冲即服，回避了煎煮过程。在这个工序中，操作者对加水量、浸泡时间、火候、煎煮时间、先煎、后下等技术操作不当时可能影响疗效。通过机械化大生产，按照统一的质量标准，有效地保障了中药配方颗粒的药物品质，大大降低了因为煎熬操作不当引起疗效损失的概率。

2.2.2　统一质量标准保障疗效

虽然目前大部分中药配方颗粒尚未形成统一的质量标准，但卫生行政部门已经着手这方面工作，将对每一种药材根据其有效成分的性质，制定生产工艺、质量标准及检测方法，制定出免煎饮片与中药饮片两者之间的用量换算关系，以确保临床疗效。

2.2.3　便于服用、携带

中药配方颗粒经科学处理，服用时不需煎煮，只需按医师处方以开水冲服即可，从而减少人力，节省了时间，方便患者服用。又由于体积小，携带更方便，最适于旅途服用和工作繁忙、无时间煎煮的患者、急重症患者服用。

2.2.4　便于保管、调配

中药配方颗粒采用铝铂袋包装，不易吸潮，避免了中药贮藏、保管不当带来的走油、变色、虫蛀、霉变等质量问题，减少了污染，方便保管。由于其包装袋上都标明了与原生药的换算关系，调配更加方便、卫生快捷，可避免传统中药手抓、秤称带来的分剂量误差，也改观了传统中药房给人脏、乱、累的现象。

2.3　地方医保政策催化配方颗粒快速发展

按规格折算后，配方颗粒比饮片的价格高出30%～40%。生产配方颗粒的原料全部采用符合药典标准的中药饮片，再经过一系列的工业化生产过程和全过程质量控制，因此，中药配方颗粒的价格在一定范围内高出饮片是正常的。

目前中药配方颗粒尚未进入国家医保范围，主要原因在于目前国家食品药品监督管理局将中药配方颗粒定位于原料药，纳入中药饮片范围管理。人力资源和社会保障部认为中药配方颗粒是一种新的剂型，价格偏高，由于各地发展不平衡，各地根据自身情况进行医保规范，目前大部分省、市、自治区、直辖市将中药配方颗粒归入中药饮片管理系统，属于医保范围。

3　国内中药配方颗粒市场处于快速成长期

3.1　配方颗粒处方快速增长，中青年患者更为青睐

在多项临床研究中，研究者结果显示，中药配方颗粒处方数量呈逐年上升趋势，使用量明显增长。其中在浙江省中医院2009年配方颗粒处方比例达到7.15%，同比增长达75%，这与2011年底在东直门中医院调研结果的趋势相符，与3名中医院医师交流处方习惯，我们发现2011年开具的配方颗粒处方量同比2010年增长接近一倍。

同时患者中更多年轻患者及儿童趋向选择调配中药颗粒处方，尤其工作压力

NOTE

大、生活节奏快的白领阶层更加青睐中药配方颗粒。相关调研显示，71%的人有意愿尝试这一新鲜事物，且62%的人愿意多付30%的费用使用配方颗粒。

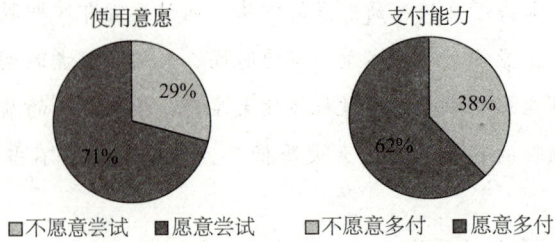

**图11-4    中药配方颗粒使用意愿及支付能力调查**

我们认为，中药配方颗粒凭借其简便的使用方式，临床应用空间有望逐步取代传统饮片汤剂。

### 3.2  中药配方颗粒市场规模

目前我国国内中药配方颗粒市场规模尚小，有统计称2009年国内配方颗粒市场销售规模达到10.9亿元，2006～2009年复合年均增长率达68.46%，预计2011年市场规模将达到23亿元。

同时中药配方颗粒毛利率可达60%以上，根据红日药业2011年年报披露，其配方颗粒业务毛利率达69.99%，已经成为公司盈利的主力产品。

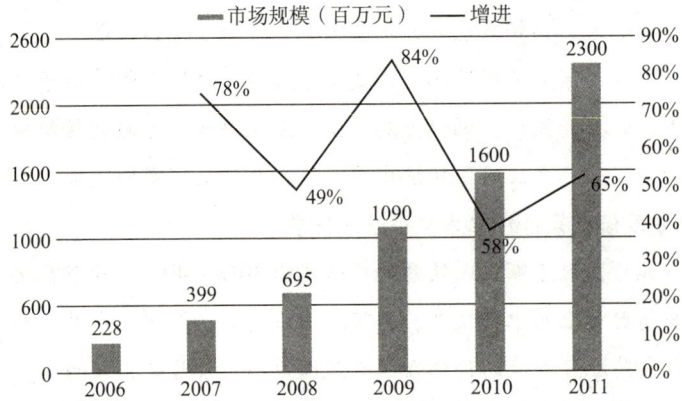

**图11-5    2006～2011年国内中药配方颗粒市场规模及增速**

### 4  主要配方颗粒生产企业

天江药业通过多年实践，配方颗粒在小范围内使用取得了较好的临床效果，于2001年我国药监局正式命名中药配方颗粒，并于2002～2004年先后通过一方药业、康仁堂、三九药业、绿色药业、培力药业等5家企业，连同天江药业共计6家配方颗粒试点厂家，行业集中度较高。由于天江药业实践时间长、行业龙头地位稳固，近年来市场占有率达到50%以上。三九药业紧随其后。市场占有率为15%～20%，康仁堂近两年发展迅速，2011年市场占有率达到11.7%（2010年为7.1%）。

此外，国内地区性垄断局面较为明显，天江药业主要集中在江苏、浙江地区销售，三九药业集中在山东、广东销售，康仁堂集中在京津地区。

### 4.1  天江药业

天江药业是国家级高新技术企业、国家食品药品监督管理局批准的首批"中药配方颗粒试点生产企业"、首个通过国家 GMP 认证的中药配方颗粒生产企业。作为国家中医药管理局的试点企业，其生产与销售都在严格的管理下进行。1993 年，天江药业生产的中药配方颗粒已经在江苏省一些中医院开始试点销售，完成了中国中药配方颗粒从无到有的历史性纪录。

1998 年天江药业已经初步建立了 300 多个单味中药配方颗粒的生产工艺和质量标准，且在国家中医药管理局的指导下，销售范围已经扩大到全国十多个省。市场销售的成倍增长，使得天江药业不得不扩建新厂以满足市场需求，但前 5 年的所有销售收入都用于中药配方颗粒的生产研发与技术改进，再建新厂已无能力。此时，周嘉琳引入了如今天江药业的第一大股东财务投资者上海家化，天江药业改制为股份制公司。之后天江药业稳步发展，年复合增长率达到 30% 左右，2011 年中药配方颗粒营收预计达到 12.5 亿元。

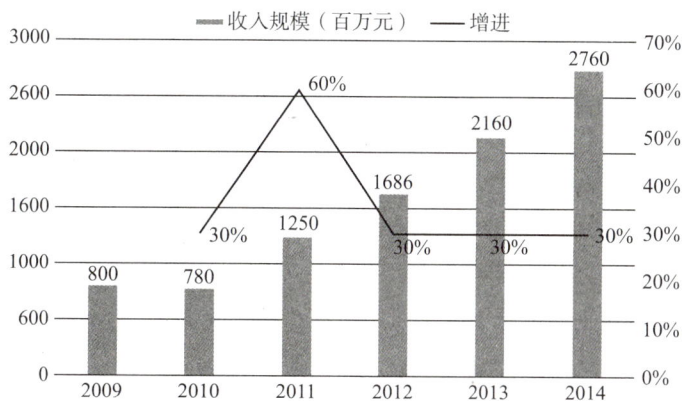

**图 11-6　2009～2014 年天江药业中药配方颗粒营收预测**

### 4.2　北京康仁堂（红日药业）

北京康仁堂药业有限公司全成分中药配方颗粒于 1998 年正式立题，是北京医药行业唯一一个重大科技成果转化项目。

公司与国家大型的中药科研院所合作，提出中药配方颗粒"全成分"概念，创新使用中药指纹图谱标准技术，并应用此项技术对常用中药配方颗粒 400 余种"全成分"工艺进行研究，解决了中药配方颗粒与中药汤剂"单煎、共煎"的等同性问题，产生专利 100 余项，建立了一套完整的中药配方颗粒的工艺和质量标准，

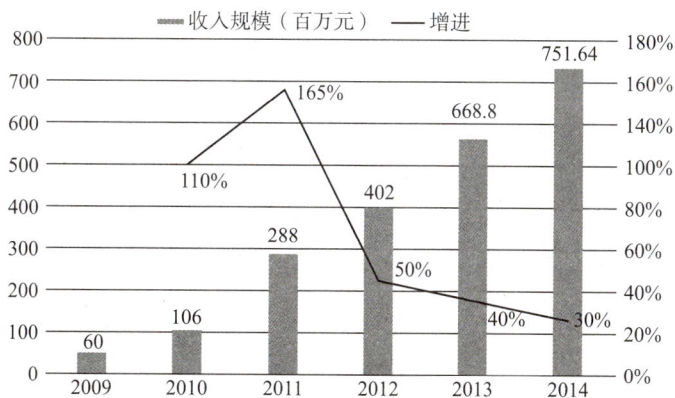

**图 11-7　2009～2014 年红日药业中药配方颗粒营收预测**

形成了行业内第一个质量控制体系，建立了中药药材、中药饮片、中药配方颗粒质量标准，填补了国家的空白，满足了工业化生产及临床的需求。公司产品在京津地区得到了广泛认可，2009～2011 年复合增长率达到 131.5%，2011 年实现营收 2.68亿元，预计未来 3 年复合增长率达到 40% 以上。

### 4.3　华润三九

华润三九医药股份有限公司 1999 年 4 月 21 日，由三九企业集团、三九药业股份有限公司等 5 家公司发起设立股份制公司。公司药业于 2002 年获得 sFDA 批准生产中药配方颗粒，参与单味中药浓缩颗粒剂技术改造项目，被列入国家第三批重点技术改造项目之列，获得国家 2037 万元人民币的专项资金补助。2008 年公司"单味中药浓缩颗粒剂技术改造"项目获得深圳市贸易工业局下发的"项目竣工验收结果通知书"。

公司着力发展广东、山东市场，目前已经是市场占有率第二的配方颗粒生产企业，仅次于天江药业，近年来保持较快增速。2006～2011 年复合增长率达39.86%，2011 年由于产能受限增速放缓，全年实现营收 3.8 亿元，同比增长 28%，预计产能短板进一步解决后，未来 3 年复合增长率有望达到 25% 以上。

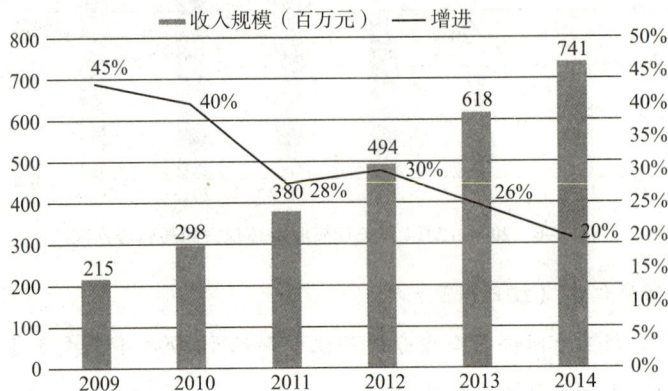

图 11-8　2009～2014 年华润三九中药配方颗粒营收预测

### 4.4　其他

另外三家试生产配方颗粒的企业有一方制药、新绿色药业、培力（南宁）药业。

广东一方制药有限公司成立于 1993 年，是中国以现代植物提取技术改革中医中药传统汤剂的先行者，是首批国家级"中药配方颗粒试点生产企业""中药饮片剂型改革生产基地"。

四川绿色药业科技发展股份有限公司始建于 1989 年，2002 年国家药品食品监督管理局批准生产中药配方颗粒；2012 年新绿色药业斥资 6.9 亿元在彭州工业开发区建设中药配方颗粒及川芎系列提取物高技术产业化项目，建成后将成为国际上规模最大、设备最先进的中药配方颗粒生产基地，预计投产后 3 年内可实现年销售收入 20 亿元。

Pura Pharm Corporation（培力集团）于 1998 年在香港成立，在中国台湾、新加坡、泰国、菲律宾、美国及加拿大设有分公司。1998 年培力（香港）集团投资

5000 万港币研发成功"农本方"中药配方颗粒，1999 年实现单方颗粒出口香港，2000 年"农本方"复方产品成功投入市场，是国内首个获准的复方中药配方颗粒，2001 年"农本方"系列列入国家中医药管理局中药浓缩颗粒科研项目，2003 年"农本方"系列成功出口美国、加拿大、菲律宾等地，2004 年培力获得中药配方颗粒试点生产企业，成为全国六家试点生产企业中唯一一家外资企业，2005 年香港市场"农本方"中药配方颗粒全港占有率达到 65%，同时开始进入国内市场，目前全国 24 个省、市、自治区，共 200 余家医院使用公司产品。

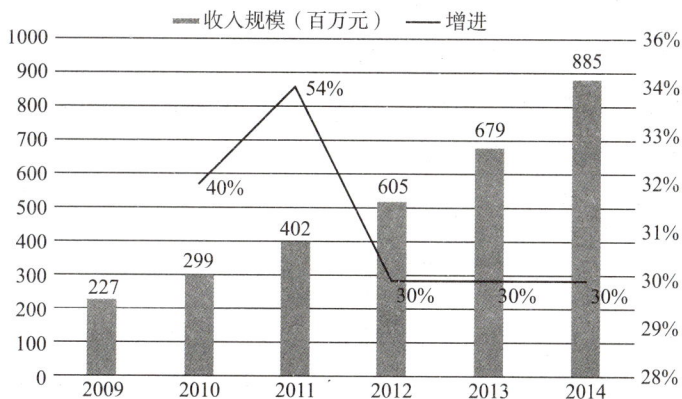

图 11-9　2009～2014 年一方、绿色、培力中药配方颗粒营收预测

从销售规模上看，这三家生产企业相对较小，预计 2011 年三家配方颗粒合计营收 4 亿元，近年来保持 30% 左右增速。我们预计，随着产能扩大和市场增容，这三家企业未来 3 年有望保持 30% 左右增速。

5　未来市场前景分析

5.1　中医有望领导高端医疗市场

人口老龄化在中国未来 40 年内将呈现加速趋势，老龄人口疾病发病率高，且以重病、慢性病为主。有统计称，我国占比 11% 的 60 岁以上老龄人口的药品消费接近全国药品消费总量的 50%。此外，亚健康状态越来越成为人们关注的焦点。在近期的健康情况调研中，结果显示，主流城市的白领亚健康比例达 76%。日益严峻的人口老龄化趋势和人们健康状况的恶化，成为医疗保健需求大增的核心原动力。

随着人们保健、"治未病"意识的不断增强，中医在医疗市场的地位与日俱增。据卫生部门数据统计，我国中医医院就诊患者每年以接近 10% 的增速上升，而综合医院增速则保持在 5% 左右。我们认为，患者对于中医的信任度保持向好方向发展，未来中医市场有望进一步扩大。同时随着中医药国际化的步伐加快，中药材的需求量将进一步加大。

据统计，我国传统中药资源总数多达 1.3 万种，包括动物、植物和矿物三大类，以植物类药物居多，为 11146 种，其中商品中药材 1200 种，已研究成功可栽培药用植物 400 多种，目前栽培药材仅占商品中药材品种的 30%。随着对中药材需求的急剧增加，野生中药资源，尤其是道地药材资源受到严重破坏。我国目前共有 169 种药用植物被列入《野生药材资源保护条例》《濒危动植物国际公约》和《国家野生植物保护条例》，在贸易和利用上受到相应的管制和限制。在我国处于濒危状态的近3000种植物中，用于中药或具有药用价值的占60%~70%。

我们认为，在目前的中药材种植技术条件下，随着中药材需求规模不断扩大，中药资源必将出现较明显的供需不平衡，为部分中医药资源跟随市场定价创造客观条件。更重要的是，中医药"治未病"理念的不断提升，在主观上推动了中医逐步成为高端医疗市场的重要部分。

## 5.2 中药配方颗粒市场规模未来三年翻一番

中药配方颗粒是传统中药饮片的替代产品，在生产、储存、流通环节更能够保障质量，更重要的是在患者使用过程中操作简便，对传统饮片冲击很大。但是由于目前国内没有统一的质量监督标准，6家生产企业各自为政，每家都在使用自己的制药技术，这样在客观上给配方颗粒市场发展带来了一些不利因素。尽管如此，近年来中药配方颗粒仍保持高速发展，增速高于传统中药饮片，表明市场在逐步接受和推动配方颗粒的发展。

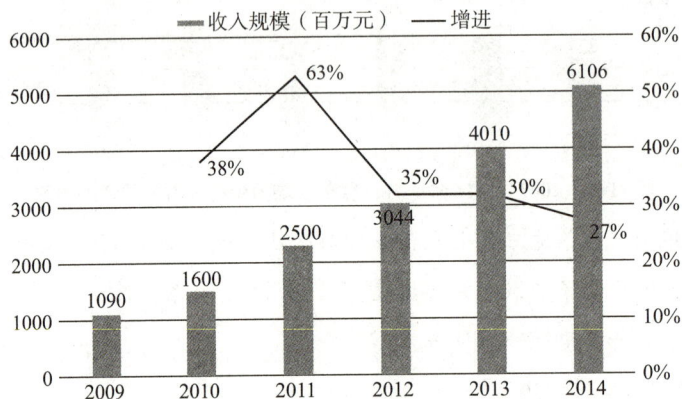

**图11-10 中药配方颗粒整体市场预测**

我们认为，中药配方颗粒的制作技术已经成熟，1200种商品中药材中超过一半的品种已经实现单方颗粒工业化大生产。在这样的前提下，国家相关部门也着手对中药配方颗粒进行统一管理，制定统一的质量标准，从"试生产"提升到正常生产地位。在医保方面，从理论上讲中药配方颗粒应属于中药饮片范畴，中药饮片享受国家医保政策，中药配方颗粒理论上也应享受同等待遇，目前已进入半数以上的省（自治区、直辖市）医保范畴，未来随着工业化大生产、质量标准统一、脱掉"试生产"帽子、市场充分竞争等因素催化，配方颗粒有望进入国家医保范畴。鉴于目前配方颗粒市场规模小、潜力市场大、各生产企业着手产能扩增等因素，我们预计未来三年中药配方颗粒仍将保持30%左右增速，成为医药行业中最具活力的细分行业之一，到2014年市场整体规模有望突破50亿元。

## 5.3 配方颗粒是中药国际化、国际市场竞争的必经之路

日本、韩国及中国台湾地区医药企业的实践证明，单方中药配方颗粒已经被欧美等多个国家所接受，经过多年的市场培育，执业医师对于中草药的认识越来越深，患者对于中草药治疗的信心越来越强，中药配方颗粒已经成为中医药国际化的桥梁。由于国内制药企业出口形式以中草药原料为主，目前我国在国际中医药市场上毫无竞争实力，仅仅作为原料供给商，再由日本、韩国进一步加工出口到国际市

场。随着国内中药配方颗粒质量标准完善，我国配方颗粒有望成为重磅产品参与国际市场竞争，中药配方颗粒有望成为中药国际化、国际市场竞争的必经之路。

6　投资标的与投资建议

我们认为，中药配方颗粒市场前景好，尚处于待开发状态，仍有较大的上升空间。从需方看，我国中医药市场日益繁荣，中医受众与日俱增，需求将进一步加大，而中药配方颗粒具有较好的质量保障和便于使用的优点，在中药饮片需求快速增长的背景下，配方颗粒可能成为下一片蓝海；从供方看，目前我国仅批准 6 家企业进行中药配方颗粒的"试生产"，政策壁垒使得这几家公司有充分的时间进行技术壁垒建设与市场销售布局，6 家企业均为受益者。

（资料来源：http：//wenku. baidu. com/view/6a77bd26ad02de80d4d 840b6. html? from = search）

## 【思考与练习】

### 一、简答题

1. 试述市场调查报告的概念及其重要性。

2. 市场调查报告有哪几种类型？

3. 简述市场调查书面报告的结构。

4. 简述市场调查书面报告的写作要求。

5. 市场调查结果口头报告有哪些关键要素？

### 二、实践题

以小组为单位，确立并围绕调查课题，收集相关资料，运用所学知识进行客观分析，写一篇 2000 字以上的调查报告，推荐小组 1 名同学在全班作一次口头报告。要求：书面报告结构合理，条理清晰，整个调查过程交代清楚；口头报告主题突出，合理运用多媒体工具和软件、图表增加视听效果。

# 主要参考文献

［1］McDaniel C.，Gates R. 市场调查精要［M］.8 版.范秀成，杜建刚译.北京：电子工业出版社，2015.

［2］Proctor T. 营销调研精要［M］.3 版.吴冠之译.北京：机械工业出版社，2004.

［3］Bart Baesens. 大数据分析——数据科学应用场景与实践精髓［M］.北京：人民邮电出版社，2016.

［4］Jared Dean. 大数据挖掘与机器学习［M］.北京：人民邮电出版社，2015.

［5］阿尔文·C·伯恩斯，罗纳德·F·布什.营销调研［M］.北京：中国人民大学出版社，2011.

［6］巴里·J·巴宾，威廉·G·齐克芒德.营销调研精要［M］.6 版.北京：清华大学出版社，2016.

［7］陈黎明，张芳，许涤龙.市场调查与分析实验［M］.北京：中国统计出版社，2011.

［8］戴明锋，金勇进，孙捷.我国公民权力意识的抽样调查方案设计［J］.数理统计与管理，2015（7）：656-665.

［9］窦志成.文本大数据分析技术的机遇与挑战［J］.金融电子化，2015（11）：59-61.

［10］芬雷布.大数据云图［M］.杭州：浙江人民出版社，2014.

［11］冯丽云.现代市场调查与预测［M］.北京：经济管理出版社，2008.

［12］海沫.大数据聚类算法综述［J］.计算机科学，2016，43（s1）：380-383.

［13］韩德昌，李桂华，刘立雁.市场调查与预测教程［M］.北京：清华大学出版社，2008.

［14］季晓晶.大数据时代统计调查工作的挑战与思考［J］.统计与咨询，2013（5）：17-19.

［15］简明，金勇进，蒋妍.市场调查方法与技术［M］.3 版.北京：中国人民大学出版社，2009.

［16］蒋萍.市场调查［M］.2 版.上海：上海人民出版社，2012.

［17］蒋志华.市场调查与预测［M］.北京：中国统计出版社，2009.

［18］景凤杰，曾伏娥.市场营销调研［M］.北京：高等教育出版社，2012.

［19］柯惠新，沈浩.调查研究中的统计分析法·基础篇［M］.北京：中国传媒大学出版社，2015.

［20］孔祥金，李伟.医药市场调查与预测［M］.北京：科学出版社，2007.

［21］雷培莉.市场调查与预测［M］.北京：经济管理出版社，2008.

［22］李灿.市场调查与预测［M］.北京：清华大学出版社，2012.

［23］李国正，史周华.中医药统计学与软件应用［M］.北京：中国中医药出版社，2016.

［24］李世杰，于飞.市场调查与预测［M］.2 版.北京：清华大学出版社，2014.

［25］李巍.网络调查研究方法应用效果的实证研究［D］.太原：山西师范大学，2009.

［26］李英枫.新编统计学［M］.北京：北京大学出版社，2008.

［27］李志强，蔡宏宇.市场调查与预测［M］.2 版.长沙：湖南大学出版社，2014.

NOTE

［28］刘登辉，韩千里．市场调查与预测［M］．北京：中国经济出版社，2008．

［29］刘凡平．大数据搜索引擎原理分析及编程实现［M］．北京：电子工业出版社，2016．

［30］楼红平．市场调查与预测［M］．北京：人民邮电出版社，2012．

［31］马连福，张慧敏．现代市场调查与预测［M］．3版．北京：首都经济贸易大学出版社，2010．

［32］纳雷希·马尔霍特拉．营销调研基础－结合社会化媒体［M］．4版．北京：清华大学出版社，2015．

［33］纳雷希·马尔霍特拉．营销调研精要［M］．北京：中国人民大学出版社，2016．

［34］石建立．市场调查实务［M］．北京：北京理工大学出版社，2011．

［35］万华，张宏志．新编市场调查与预测［M］．沈阳：东北大学出版社，2011．

［36］王春枝，斯琴．德尔菲法中的数据统计处理方法及其应用研究［J］．内蒙古财经大学学报，2011，9（4）：92-96．

［37］维克托·迈尔·舍恩伯格．大数据时代：生活、工作与思维的大变革［M］．杭州：浙江人民出版社，2013．

［38］魏炳麒．市场调查与预测［M］．大连：东北财经大学出版社，2010．

［39］魏高文．卫生统计学［M］．北京：中国中医药出版社，2014．

［40］夏学文．市场调查与分析［M］．北京：高等教育出版社，2016．

［41］肖院生．市场调查实务［M］．2版．重庆：重庆大学出版社，2015．

［42］吉尔伯特·A·丘吉尔，唐·拉柯布奇．营销调研：方法论基础［M］．北京：北京大学出版社，2010．

［43］杨子．移动互联网调查与纸笔调查测量差异性研究——以上海某高校的调查为例［D］．上海：华东师范大学，2015．

［44］姚小远，杭爱明．市场调查原理、方法与应用［M］．上海：华东理工大学出版社，2015．

［45］叶伟．市场调查与预测［M］．北京：北京理工大学出版社，2011．

［46］袁勤俭，宗乾进，沈洪洲．德尔菲法在我国的发展及应用研究［J］．现代情报，2011，31（5）：3-7．

［47］张灿鹏，郭砚常．市场调查与分析预测［M］．北京：清华大学出版社，2008．

［48］赵国栋．网络调查研究方法概论［M］．2版．北京：北京大学出版社，2013．

［49］周英，卓金武，卞月青．大数据挖掘系统方法与实例分析［M］．北京：机械工业出版社，2015．

［50］庄贵军．市场调查与预测［M］．2版．北京：北京大学出版社，2014．

NOTE